安倍晉三大戰略

JAPAN'S GRAND STRATEGY IN THE ERA OF ABE SHINZŌ

Michael J. Green
麥可・葛林——著 譚天——譯

LINE *of* ADVANTAGE

今天的美日同盟是岡本行夫與傅高義（Ezra Vogel）教授兩人一手締造的心血結晶，謹以此書緬懷這兩位前輩恩師。多年來，兩人提攜我們眾多後進始終不遺餘力，但願我們都能在兩人的愛國精神、專精學術與道德情操的高標感召下努力不懈。

目次

台灣版附錄　台灣對安倍大戰略的思考與回應

前言

國家獨立自衛之道有二：一曰捍衛主權線，不容他人侵害；二曰防護利益線，不失己身之形勝。所謂主權線乃國之疆土，所謂利益線，乃鑑乎鄰國接觸之勢、緊繫我主權線安危之區域也。大凡諸國，未有不具主權線、抑或不具利益線者。

——山縣有朋，一八九〇年

日本回來了。

——安倍晉三首相，戰略與國際研究中心，華府，二〇一三年二月

安倍回來了

二〇一三年二月二十二日，歷經六年政治亂局的安倍晉三首相踏上「戰略暨國際研究中心」（CSIS）講台，慶祝他的風光重返華府。二〇〇七年九月，在他的執政聯盟失去日本國會參議院控制權，他本人也因腸疾病倒之後，安倍的第一任首相任期做了十二個月就戛然而止。之後幾年，日本換了六位首相，中國武裝民船不斷在日本管理的尖閣列島（譯按：即釣魚台群島）水域興風作浪，美國總統巴拉克・歐巴馬（Barack Obama）還謔稱首相鳩山由紀夫「呆頭呆腦」，日本在國際間無分敵我、一再受辱。[1] 二〇一〇年，國際貨幣基金會（International Monetary Fund，IMF）宣布中國超越日本，成為全球第二大經濟體，接著在二〇一一年三月，日本遭到戰後死傷最慘重的地震與海嘯。面對這一切種種，日本人民雖能展現堅忍與勇氣，執政黨民主黨（DPJ）的政治領導人繳出的成績單卻慘不忍睹。在首相小泉純一郎從二〇〇一到二〇〇六年在世界舞台上演出一段決定性角色之後，日本又一次陷入六神無主的迷惘，淪為一個自憐自艾、連內政都無力自理，更遑論塑造區域與全球發展的領導國。

在安倍發表CSIS演說之前數月，以前副國務卿理查・阿米塔吉（Richard Armitage）與前助理國防部長約瑟夫・奈伊（Joseph Nye）為首的美國一群兩黨資深亞洲政策專家，提出有關美日同盟的一篇新報告，對日本的徬徨不前表示擔憂。報告在結論中還語帶挑釁地質疑日本是否有意繼續身為一個「一流強國」。[2]安倍讀了這篇報告，也頗表同感。在那次以英文發表的CSIS演說中，安倍目光直視阿米塔吉與坐在觀眾席上的其他報告作者，包括我，為這樣的質疑作答：「日本不會淪為二流強國，現在不會，將來也永遠不會！」[3]之後八年，安倍重新調整日本體制與同盟關係，證明他這句話不是說說而已。

新的大戰略

當權力均勢出現結構性改變，意志力強悍的領導人又能不為環境所屈，把握機會、塑造新環境時，民族國家（nation-state）往往能布署新的大戰略。哈利・杜魯門（Harry S. Truman）、狄恩・艾奇遜（Dean Acheson）與冷戰初期那些把握「風雲際會」（present at the creation，譯按：美國國務卿艾奇遜寫了一本備忘錄，講述他在主持國務院期間的決策，書名就是「風雲際會」）而崛起的領導人，就是美國現代史上因結構性改變、領導人趁勢崛起、布署大戰略的例證。[4]隆納・雷根（Ronald Reagan）、瑪格麗特・柴契爾（Margaret Thatcher）與海爾麥・柯爾（Helmet Kohl）等一九八〇年代領導人，也都曾開創冷戰取勝新戰略，各領一代風騷。二戰戰後，日本的大戰略推手是首相吉田茂與他的吉田主義：儘量降低地緣政治風險、依賴美國提供安保、全力投入經濟以追求自主與自由。安倍從二〇一二到二〇二〇年推動的日本轉型大戰略，影響之深遠與之前眾多例證相比毫無遜色。它標示吉田主義的結束，與日本一個國策新紀元的展開。

安倍在二〇一二年重掌政權時面對的核心挑戰，是如何因應習近平治下中國的全力爭取區域霸權。事實上，安倍之所以能東山再起，主要正是因為中國加劇對日本威懾引起日本民眾擔憂，此外許多自民黨領導人也認為只有安倍具有足夠經驗與智慧，能夠重振日本在亞洲的地位、挽回美國信心，以對抗中國的步步進逼。[5]

多年來，國際關係學者一直假定，處於這種敵我權勢消長環境中，像日本這樣的國家有三大類選項：他們可以攀附新興強權；他們可以營造外在均勢、建立聯盟，以重建有利的權力均勢；或者他們也可以營造內在均勢，盡可能擴大本身的相對軍事、經濟或其他國力。[6]安倍在戰略與國際研究中心宣示日本「不會淪為二流強國，現在不會，將來也永遠不會」，表明日本不會採取攀附中國的選項。事實上，自日本開國天皇自稱天照大神後裔、擁有跟中國帝王譜系同樣悠久的神代傳承以來，一千三百年間，日本始終沒有接受中國霸權。安倍運用他破天荒、超過七年的首相任期推動外在與內在均勢戰略，重建更有利的對華情勢。

就外在均勢而言，安倍打破日本多年來一直信守的集體自衛禁忌，讓日本可以就超越日本本土防禦以外的任務，與美國以及澳洲這類安全夥伴進行緊密的聯合規劃與軍事行動。他宣布推動「自由開放的印太」（Free and Open Indo-Pacific，FOIP）戰略，加強日本在印度—太平洋地區的外交、軍事能力構築、與基礎設施金援活動，以對抗中國在亞洲稱霸的野心。二〇一七年，唐納德・川普（Donald Trump）政府在為它尚未定案的亞洲政策尋找架構與名號時，借用了FOIP，據為己有——四年後，喬・拜登（Joe Biden）政府也如法泡製——而澳洲與印度也遵從安倍早先的建議，與美國締約建立亞洲四大海洋民主國的「四方安全對話」（Quad）。[7]擔憂中國擴張的歐洲國家也紛紛效尤，開始採取「印太」戰略做法。[8]

不過，如果安倍的外在均勢作為以務實為本，它卻是具有濃厚國際主義色彩的作為。在安倍領導下，日本沒有想方設法將中國趕出區域合作，而是投入重大多邊貿易與外交協議，以強化能為中國未來行徑塑形的規則制定。舉例說，當川普政府退出《跨太平洋夥伴協定》（*Trans-Pacific Partnership*，TPP）時，日本挺身而出，完成這項協議，鞏固亞洲的全球貿易規範（希望美國終能重返協議），同時還簽訂一項納入中國、稱為《區域全面經濟夥伴協定》（*Regional Comprehensive Economic Partnership*，RCEP）的區域內貿易協定。澳洲的「洛伊國際政策研究所」（Lowy Institute）因此在二〇一九年一項對區域諸國國力與影響力的評估報告中達成結論說，日本已經脫穎而出，成為「亞洲自由秩序的領導者」。[9]

與這項外在均勢戰略相輔相成的，是一項內在均勢戰略。儘管安倍僅將日本國防預算做了極小幅調漲，但他的成績主要表現在質、而不是量的均勢上。也就是說，他的努力重點在於組織性改革與內部整合，使日本能運用有限資源、發揮最大衝擊。安倍組建了日本戰後第一個全功能國家安全體制。這包括建立新的美式國家安全會議（National Security Council，NSC，譯按：即「國家安全保障會議」），以及正式的《安保法》（又稱「日本和平安全法制」）；提升首相辦公室的人事與決策指導權；授權軍隊與海上保安廳參與決策過程與行動實施；強化各軍種與海上保安廳間的協同作業能力；統一情報分析與情資安全。為振興日本疲弱的經濟，他針對表現不佳的區塊進行改革（特別是觀光業，在他任內，產值增加了三倍）；改革股市報酬（修改指數以更佳反映股市報酬）；並且鼓勵婦女參與經濟（在安倍任內，日本婦女的經濟參與度超越美國）。

當然，他的改革整體成果並非都很成功。日本與緊鄰韓國的關係惡化，與俄國的交往也陷於困境，在安倍的外在均勢戰略上留下危險的漏洞。在容易改革的市場區塊，他的「安倍經濟學」雖說成果可圈可點，但他的經濟政策帶來的成長主要來自金融寬鬆與刺激方案。若沒有更深入、以市場為基礎的結構性改革，這些做法很難發揮長治久安的高經濟成效。有鑑於二〇二〇年的國防開支仍不到國民生產毛額（GDP）百分之一，日本實現戰略規劃與聯合軍事行動新目標的資金仍未充分到位。

無論如何，當美國才剛就與中國競爭的長程戰略展開辯論時，日本已經有了自己的戰略。早在川普政府於二〇一七年發表《國家安全戰略報告》（*National Security Strategy of the United States of America*）、強調與中國戰略競爭的四年以前，日本已經在二〇一三年發表了日本國家安全戰略，說明與中國競爭的全面做法。[10] 日後分別成為拜登總統國安顧問與首席印太事務協調官的傑克・蘇利文（Jake Sullivan）與庫爾特・坎貝爾（Kurt Campbell），曾於二〇一九年提出批判，說川普的做法過於「零和」，主張美國必須對中國找出一項「競爭而不惹禍」的戰略，但當時日本已經在實施一項這樣的戰略。[11] 誠如外交政策學者哈爾・布蘭茲（Hal Brands）與柴克・庫伯（Zack Cooper）所說，美國的所有盟國中，能像這樣從科技貿易到軍事嚇阻、到價值、到外交與基礎設施，與中國展開全方位競爭的國家，只有日本而已。[12] 儘管美國高級決策人士在訂定美國戰略時，或許不會刻意效法日本模式，但華府的戰略有太多與東京對北京的戰略雷同之處，卻是不爭之實。

反面論點的思考

但儘管洛伊研究所這類組織將日本譽為亞洲自由秩序新領袖，川普與拜登政府也都採納了日本的關鍵性戰略做法，日本成功研擬、執行重大戰略的真正能力仍有一些令人疑慮之處。一整代專精歐洲或中東事務的美國外交政策領導人，仍將日本視為美國戰略附屬品，而不是一個自成一格、逐漸嶄露頭角的思想領袖。當我告訴美國外交政策領導人或國會議員，對近年來美國的中國戰略最有影響力的國家首推日本時，他們一開始都有些不以為然——不過在經過一番反思之後，一般都會同意我的看法。值得一提的是，於安倍辭職後出版的《外交事務》（*Foreign Affairs*）二〇二〇年十一／十二月號，刊出一篇有關日本的社評，名為〈低估了的強國〉（*The Underappreciated Power*），社評作者、布魯金斯（Brookings）研究員米雷雅・索利斯（Mireya Solís）又一次提醒讀者，何以日本能一方面對全球對華政策發揮這麼大的影響力，同時還能在印太地區維持一種開放的自由秩序。[13]

三個有關日本能力與影響力的負面假定，對日本特具殺傷力。它們雖不能損及這本書的核心論點——安倍轉變了日本戰略——但有助於詮釋日本面對的一些限制，也因此值得我們加以考慮。

第一個負面假定是，日本面對太多內在衍生的結構性挑戰，無暇塑造外在安全環境。一度號稱飛馳中的經濟機器、即將超越美國的日本，如今人口漸減、商業文化過於保守，已經淪為許多人口中的跛足巨人。由於七十五歲以上老人將於二〇二〇至二〇四〇年間增加百分之二十，日本面臨嚴峻的人口挑戰已是不爭之實。[14] 不過，就像二十世紀八〇與九〇年代高估日本國力一樣，近年來人們對日本的低估也同樣不準確。更重要的是，日本正因為不能只依靠經濟成長提升國家影響力，才不得不考慮運用其他過去遭到忽略的國力工具，包括軍隊、婦女授權、軟實力、貿易談判、與外在聯盟和夥伴關係等。[15] 或許之後日本還會考慮移民等等其他國力來源。確實也是如此：如果經濟力量是國家戰略影響力的唯一評估指標，美國經濟產值的全球占有率在一九四五至一九七〇年間從百分之五十跌到百分之二十五，但世界首要強國的地位卻仍然屹立不搖；英國的全球經濟產值占有率從未超越百分之十（日本目前的占有率約為百分之七），但能稱霸全球百餘年，豈不令人費解？簡言之，答案在於國策戰略。但無論怎麼說，就算日本技巧高超、能夠以小圖大，它的戰略仍然受限於相對國力消長情勢時不我與的現實。因相對國力不足，而迫使選項必須更聰明的事實，催生了第二個負面假定——日本或任何一個民主國家是否有能力推動「大戰略」。大多數學者認定，紀律、秘密、與堅持不懈地追求國家目標，是遂行大戰略的必要途徑。但誠如我在我那本美國亞洲戰略史《超越天意》（*By More than Providence*）中所說，制衡、爭議、與透明是民主治理三大要件，而這三大要件又都對大戰略的遂行構成制約。[16] 拜戰後反戰綏靖主義文化之賜——幾十年來，日本政界與學界人士對「戰略」一詞避之惟恐不及，認為它軍國主義色彩過重——日本的故事尤其複雜。多年來，日本學者也注意到，日本戰前與戰後出現的官僚風氣，能讓國家決策方向因繁文縟節與派系鬥爭而模糊不清。[17] 冷戰期間，國務卿喬治・舒茲（George Shultz）就曾發牢騷說，與日本打交道，你的「大戰略很快就會變成果醬」。[18]

美國學者雖說見到日本戰略在冷戰過後逐漸具有競爭性，但他們一般強調的是經濟戰略或「技術國家主義」，主要目標在於挑戰美國的主導地位。不過，當日本經濟奇蹟於一九九〇年代碰壁時，這派觀點逐漸失勢。[19] 就在這個時空背景下，我提出日本的《勉為其難的現實主義》（Japan's Reluctant Realism，二〇〇一年），認為包裹在嚴密的戰後綏靖主義與民主爭議下的日本，仍是一個對國際系統權力、等級、與威望高度敏感的民族國家，也因此，為因應對中國權力均勢的變化，日本能有更主動的外交政策。[20]

就某種方式而言，在「戰略」一詞之前加一個「大」字不無誇張之嫌，因為加上一個「大」字的用意，只是表示這項戰略的內容不限軍事手段、全面運用一切國家權力工具而已。毫無疑問，主要民主國家不讓非民主國家專美，也會因應國際系統結構性變化而採取變化。不過民主國的改變，往往是一種政治學者理查・貝茨（Richard Betts）所謂的「元過程」（metaprocess）：一種「將目標與手段有效聯結——儘管或許談不上高效——的過程」。[21]二十多年前，這種過程在日本展開，我當時稱它為「勉為其難的現實主義」。在自民黨與其對手民主黨政府執政期間，「元過程」以不同的方式加速進行。自民與民主兩黨黨內與黨際辯論很重要，戰後反戰聲浪也仍然大舉塑造、侷限了政府選項。[22]日本不像美國或英國一樣具備全套國家安全工具；現在不具備，短期內也不會具備。不過，針對不斷崛起的中國，日本的主動制衡戰略的全面性走勢已經很明顯。日本的「勉為其難」已經過去。日本的大戰略儘管仍有許多瑕疵，日本內部對於從科技脫鉤到人權等眾多議題也仍然爭議不休，但在印太地區對抗中國霸權野心的民主國陣營中，擁有最明確概念化、最有共識、最能落實大戰略的國家，大概非日本莫屬。當然，美國官員不時也會被日本特有的那套官僚政治與政治作秀搞得灰頭土臉——而且這種感覺往往是交互有之的。就以美國與英國的「特殊夥伴關係」來說，即使在關係最強的時代，美、英兩國之間這類官僚摩擦也層出不窮。[23]兩國關係之所以「特殊」，關鍵不在於雙方沒有摩擦，而在於戰略方向與共同意旨的明確。

第三個負面假定是，安倍是例外而不是常態——後安倍時代的日本，會回到較消極、被動的模式，安倍的個人戰略屬性不會重演。毫無疑問，下文就會談到，安倍如何在風雨飄搖的動盪之機以獨樹一幟的方式領導日本。[24]他特重歷史與戰略，從二〇〇六—二〇〇七年那段失敗的首相任期中汲取教訓，並於六年後重構新政。或許日本得等相當一段時間才能又出現一位像安倍這樣有決斷、有戰略眼光的領導人。安倍卸任後，日本民眾顯然對他寫下的轉型政績讚譽有加——《朝日新聞》的一項民調發現，百分之七十一的日本人贊同安倍政績，其中大多數人認為他在外交事務與國防上的表現尤其可圈可點。[25]根據洛伊研究所發表的二〇一八年亞洲實力指數（Asia Power Index），安倍是整個亞洲地區最有效率的領導人。[26]事實上，安倍的卸任讓許多人憂心忡忡，不知道日本會不會像一九八〇年代的中曾根康弘與二〇〇〇年代的小泉純一郎等強人領袖卸任後一樣，重演短命首相交替上台的鬧劇。

但安倍治理下強化了的戰略軌跡不太可能迅速改變。所以如此，部分原因在於，導致安倍大戰略的元過程是歷經十餘年才成形的產物。安倍沒有發明組成這項戰略的一切環節，他只是將它們拼湊在一起。如下文所述，像安倍一樣，安倍的前任、民主黨籍首相野田佳彥也曾試圖對日本國防與貿易政策進行同樣改革，但之後由於民主黨民意崩盤，以及聯合政府內鬨而難有作為。菅義偉在二〇二〇年繼安倍出任首相時，保證將繼續安倍的國安政策，而自民黨內有意取代菅義偉的對手也一致強調應該與中國競爭，沒有一個人提出替代戰略方案。當安倍卸任時，對安倍的外交政策觀點批判最大力的人是「立憲民主黨」（CDP）黨魁枝野幸男。枝野主張採取較為鴿派的外交政策，但立憲民主黨在二〇二〇年選舉中僅僅獲得百分之十五選票，在國會眾議院四百六十五個席位中僅拿下一〇九席。[27]不僅如此，枝野與其他黨領導人還向我強調，枝野的立憲民主黨不會在對抗中國霸權野心這類核心戰略議題上挑戰安倍或菅義偉。同樣重要的是，由於安倍在二〇一二—二〇二〇年間推動的國家安全官僚架構改革，首相享有新的國安權威，國家安全保障會議下的官僚體系也更加一體化。有意角逐首相的人沒有一個表示願意放棄這些首相級的戰略決策新工具。

當然，如果日本的外在環境劇變，現有戰略架構也會隨之改變。我們會在本書結尾討論一些這類黑天鵝事態。我們還會針對角逐日本領導權的重量級人士進行檢討，以說明未來可能出現的一些變數。不過，除非爆發外來驚天巨變，無論是誰出來領導日本，都不大可能像安倍這樣提出一項讓日本如此改頭換面的大戰略。不僅在他任期內，在整個安倍晉三時代，這項大戰略都將是日本的國安準則。

歷史脈絡：日本國家利益線之定義

我們之所以認為安倍大戰略的大體輪廓能歷久不衰，另有一個日本地理與歷史方面的原因。面對險惡的新地緣政治環境，日本領導人為了競爭而被迫調整體制與外交政策戰略，這不是第一次。事實上，如果想找一種與吉田主義對比的戰略，你會發現日本在十九世紀的立場與今天的情勢若合符節。面對中國土崩瓦解的清帝國，以及俄羅斯與歐洲帝國主義強權窮凶極惡的擴張，明治政府的領導人山縣有朋在一八九〇年宣稱，日本必須放大眼光，超越當下的領土防衛視野，思考該在何處劃出「利益線」以形塑外在環境，防阻對手控制進犯日本的關鍵通路。[28]

雖說安倍使用的字眼與山縣有朋當年所用的不一樣，根據安倍的新主動外交與國防政策，進入二十一世紀的日本也像當年一樣，搜尋著適當的「利益線」——但有一項非常重要的差異。山縣有朋的第一優先是建立一道海上緩衝區，然而他的利益線很快就劃在**亞洲大陸**上，以主控朝鮮半島為開端，然後往滿洲與中國延伸；直到最後，日本發現自己必須與英美等海洋民主國家作戰，否則就只能退出中國。日本選擇與這些海上列強開戰，並因此吞下慘敗。[29]相較之下，安倍卻選擇了一個和日本自山縣有朋時代以來的大戰略相比，相當另類的願景；他在劃定利益線的時候，決定性地將之劃在**海上**。在山縣有朋的時代、也就是二十世紀初期，日本由於陸軍、軍國主義者與大陸主義者壟斷東京決策圈，所以在利益線規劃上顯得模糊不清。這個另類願景，可以歸功於維新派青年坂本龍馬一八六七年在向明治天皇提出「船中八策」時倡議的戰略；坂本主張建立強大海軍，將日本貨幣改為銀本位，遵從國際商業規範，全面發展海權。

本書下面即將談到，安倍與他的政府一再刻意運用海洋與大世界名詞，界定日本的新大戰略——「四方安全對話」與「自由開放的印太」戰略的構築就是例證。安倍的新利益線雖說刻意以地緣概念為本——強調海洋對島國的重要性——但也認定日本依賴商務，必須努力爭取區域性與全球性決策與規範訂定的主導權。安倍主張從海路到網路空間，保衛進入日本的各種門戶，以達到「對和平主動貢獻」的目標，但他提出的達標手段不是戰前日本採取的先發制人軍事征服戰略，而是理念、投資、結盟、與外交手段的競爭。[30]

儘管有這些重要差異，但基於三個理由，坂本的故事與日本早期歷史對我們了解日本的新大戰略很有幫助。首先，事實證明，日本不必重返二十世紀三〇與四〇年代窮凶極惡的軍國主義老路，也能躋身全球一流強國之林。在很長一段時間，日本只能在綏靖主義與擁有全套軍備的「正常」國家兩者之間擇一而為。這樣的前提，就像緊箍咒一樣限制了戰後日本的外交與安全政策學術研究。當然，一九四五年以來的反軍國主義文化，對日本國安政策準則理論構築的衝擊一直很大——但為了因應國際政策架構，這些準則也會改變——就日本的案例來說，它們的變化幅度頗為可觀。[31]安倍的大戰略雖說並不迴避軍事手段，但對外交、經濟、與觀念思想工具的強調也不遑多讓。有關這一點的誤解，使許多人在安倍上台時紛紛提出警告，說日本將重返軍國主義老路。[32]但安倍用海洋與大世界作為戰略架構的做法已經生效：今天世人眼中的日本，不是一個歷史「否定主義」（revisionism，譯按：意指否定歷史事實，也稱為歷史修正主義）國家，而是極端重要的國際自由秩序保護者。

其次，從歷史角度對日本的海洋戰略進行反思，不難看出身為島國自然而然的優先選項。我們今天一般認定，日本於一九三〇至四〇年代在亞洲大陸擴張利益線的做法，對於仰賴海洋的島國而言不僅風險過高，也是一項對國家資源分配的嚴重誤判。這種做法不僅不道德，就戰略而言也很愚蠢。對今天的日本而言，與其他海洋大國互通聲氣以強化全球商務標準、保護海上通道，是理所當然的走勢，安倍的傳承很可能因此持之久遠，其他主張聯中抗美的另類戰略也因此將乏人問津。美國、澳洲、與其他海洋民主國紛紛採取同樣做法、構築「印太」戰略的事實，會進一步強化這種架構的持續。所以說，早期海洋戰略的出現、瓦解、與戰後的逐步復甦，對安倍的日本外交政策轉型有重要的歷史助攻之效。

再談第三點。日本的海洋戰略架構一方面說明它何以能幫日本有效運用國力、投入海上通道與全球標準防禦，同時也為這項新戰略不斷出現的一些缺失提供了解釋。日本已經大體上放棄了塑造朝鮮半島地緣政治——而這正是山縣有朋提出的原始利益線的目標。我們將在下文中看到，僅根據歷史恩怨或國內政治，不能解釋日本對南韓政策何以出現自我挫敗式的轉向。從海權觀點來說，朝鮮半島顯然對日本大戰略至關重要。二〇一七年的美國與朝鮮人民民主共和國（DPRK，北韓）危機讓日本提高警覺，但日本多年來一直沒有嘗試塑造朝鮮半島地緣政治——或許這是因為日本志在海權，將重心擺在海上所致。

歷史就這樣提供了關鍵時空背景，但這裡指的，不僅是兩次世界大戰期間那段歷史——政治學者喜歡用那段歷史與日本戰後的反戰綏靖主義作對比。隨著吉田主義為新的大戰略取代，與百年前相形之下，日本做出的選項好得太多。透過更加主動的海洋戰略架構，安倍想證明日本二十世紀早期的擴張是日本歷史上的反常，而不是常態。這套說詞不能為日本開脫一九三〇與一九四〇年代在亞洲各地犯下的罪行，但它經由地理角度，確實提供一個更長遠的歷史視野，幫我們了解日本決策人面對的一些揮之不去的誘因。基於這個理由，本書將就較廣的歷史背景，以日本在陷入軍國主義狂潮前所做選項為開端，逐一探討日本戰略的方方面面。

本書架構

我們要在以下篇章，將安倍大戰略擺在日本地緣與歷史環境下，解說這項戰略的邏輯、持久性、與缺失；說明其他國家面對類似環境時採行的對策；從日本早期歷史直到今天，追蹤日本本身的選擇；然後詳述安倍如何為了因應新環境而將日本的外交、國防、與經濟政策改頭換面。

第一章檢驗日本追求國家安全與聲望的地緣環境與國家主張，從最早期與中國的交流紀錄談起，談到日本與西方的對抗，以及之後再次崛起，成為今天鼓吹西方價值最積極、有效的亞洲國家。這一章以歷史大環境為背景，進行有關中國、韓國、與西方的辯論，但特別強調日本早自十七世紀起就成為海洋國的事實。這項知識性譜系很重要，因為它是安倍的海洋戰略架構的基礎，安倍對美日同盟、「四方安全對話」與「自由開放的印太」戰略的做法都以它為藍本。

第二章檢驗日本與中國的關係——中國是對日本主權與安全的最大威脅，是導致安倍二〇一二年東山再起的幕後推手，但中國也是推動日本經濟成長的經濟夥伴，因此也是安倍得以掌權的重要關鍵。美國外交關係協會（Council on Foreign Relations）的學者希菈·史密斯（Shelia Smith）認為，這種兩個所謂「親密競爭對手」間相互依存、卻又在地緣政治上激烈競爭的複雜關係，是以下幾章日本大戰略的決定性要件。[33]

第三章討論日本面對中國挑戰提出的、最重要的因應之道——就是美日同盟。過去幾十年一直想方設法、不願跟隨美國在亞洲推動圍堵戰略的日本，現在已經決定與美國進行更緊密的安全合作，也接受可能因此捲入亞洲衝突的風險——這一切為的就是迫使美國捲入西太平洋防務。往往有人認為，日本之所以重新擁抱美日同盟，不過是為了對付中國崛起，或迫於來自華府的壓力，而不得不採取的避險措施，但更好的解讀是，這是日本的主動出擊，目的在塑造美國選項以對付中國。如美國民調所示，而本章也會有更詳盡的解說，安倍在這項行動中可以說大獲全勝。

第四章檢驗日本在今天東京與世人口中所謂「印太地區」塑造區域秩序的戰略。這一章討論日本在詮釋印太地區未來的結盟站隊、基礎設施、價值、與體制上與中國的競爭。為了解這些競爭的概念架構，早先在第一章有關海洋戰略的勾勒就變得很重要。

第五章討論日本的區域塑造戰略的致命弱點——及日本與兩韓的關係。當首爾與東京都需要強化雙邊合作、以因應不斷變化的地緣政治情勢之際，雙方關係卻始終裹足不前：始作俑者當然是日本曾經殖民朝鮮半島的史實，但日本的區域性戰略逐漸偏重海洋也是一個原因。

第六章檢驗日本為謀求內在均勢——特別是為建立更中央集權的國家安全政府，為日本未來領導人提供國策工具與施政展望——而投注的努力，以此做為對本書各項個案研究的結尾。

在本書結論中，我們要觀察日本的選項對維護亞洲安定與繁榮的重要性，還要考慮美國國內領導層變化或突如其來的海外結構性轉變——例如美國削減開支或中國自由化——對日本戰略思考過程可能造成的影響。

安倍推動的日本大戰略轉型，是現代亞洲國際關係最重要的發展之一。在中國逐漸於二十一世紀崛起的情況下，了解這項轉型的來龍去脈，能幫我們對競爭變局做出更佳評估。

第一章
現代日本大戰略的歷史溯源

中國正重蹈日本在上個世紀犯下的錯誤，只不過這次是一個陸權大國幹著追求海上征服的蠢事罷了。

——前首相麻生太郎對作者說的話，二〇二〇年二十世紀上半段的往事，像揮之不去的陰魂始終纏著日本：在那段期間，日本在亞洲各地進行殘忍的軍事征服，造成數以百萬計人命損失，其中有幾百萬是日本人；若干那段期間的日本領導人——包括安倍晉三的外祖父岸信介——是否初衷良善，在日本國內迄今仍是爭議不休的懸案；此外，就算民調顯示亞洲其他國家對日本的信任超越任何他國，中國與兩韓的國民表述卻仍然認定日本人死不悔改。[1]

這些歷史包袱也對日本學者糾纏不休。更具深思熟慮、對抗中國的權力均勢戰略，已經逐漸蔚為風潮，成為日本學界思考新常態，但許多人仍不斷透過過去軍國主義透鏡，解讀這段歷史，形成日本戰後綏靖文化與外在地緣政治壓力兩者之間的一場拉鋸戰。這樣的辯證架構並沒有錯，而且能幫我們評估改變的步伐，了解日本國家安全可用工具的局促。但在日本早已從主要民主國中脫穎而出、成為亞洲最主動的區域秩序塑造者多年之後，這樣的辯證卻仍然一味強調日本國策的「被動國」模式，也因此相對而言，它不能讓我們了解日本戰略構思，或日本在國際系統的作用。[2]

安倍的謀士一直努力不懈，想將日本人有關世界角色的思考從一九三〇與一九四〇年代的桎梏中解放。舉例說，安倍的前國安副顧問（國家安全保障局次長）兼原信克，就在《歷史的教訓》一書中指出，八十年前，日本在世界秩序的逐漸崩潰聲中向軍國主義沉淪，終於遭致慘敗。今天日本面對的變局與當年如出一轍，他呼籲讀者奮起擔當，主動守護民主。[3] 兼原信克說，今天的日本不應一味強調軍國主義原罪，將綏靖主義視為解毒良方。反之，正因為一九三〇年代犯下的那些幾乎毀掉世界秩序的罪行，值此機會與危險重現的歷史關頭，日本更有責任做出拯救自由世界秩序的戰略選項。兼原信克如此運用歷史大做文章，或許看起來像是對左派反安倍外交政策理論的反駁，但這並非他的要旨。他追求的不是逃避日本那段黑暗的夢魘，而是以一種新方式運用這些歷史教訓，訂定戰略選項，讓日本邁步向前。

從日本戰前軍國主義溯源的角度，對整個二十世紀史進行解析——這種做法的優劣，歷史學者自會進行辯論，但對那些想了解日本現行戰略的根本與耐久性的讀者而言，透過更全面的歷史透鏡觀察當代日本政策選項，有一些重大好處。如前言所述，今天日本的選項不僅取決於地緣政治，也取決於戰時經驗。一百多年前，在面對同樣地緣政治挑戰時，日本領導人做了錯誤選項——不過要記住，他們其實是有選項的。這很重要。

地緣政治與日本的戰略選項

地緣政治能幫助一個政體進行判斷，了解這個政體是否相對而言不受威脅，或處於潛在敵手環伺之下。歷史經驗開創有關戰爭性質與政治的先入之見，從而造就不可抗拒的戰略緊迫性。而意識型態與文化也在有意與無意之間，塑造決策者與他們社會的走勢。

——威廉森．莫瑞（WILLIAMSON MURRAY）

一千五百年來，日本的地緣政治一直與它的戰略文化盤根錯節、糾纏不清，直到今天仍然如此。由本州、四國、九州、北海道四大島與六千八百個小島組成的日本列島，總面積略大於英倫三島。但與英國及其他重要海洋國不同的是，日本欠缺耕地與可以通航的水道。日本境內處處是不宜人居的陡峭高山，火山、河流、與森林星羅棋布，可耕地只占全境百分之十二，半數以上人口聚居在百分之六的土地上，形成今天的東京、大阪、與名古屋都會圈。源於高山的河流由於河道過陡、過淺，水勢湍急，只能用於灌溉與發電，不能像泰晤士河（Thames）或密西西比河（Mississippi）一樣用於內河航運。一千多年來，日本的海上運輸幾乎完全侷限於本州、四國、與九州等大島之間的內海。當英國人用強韌的柚木打造遠洋海船之際，日本人卻對材質較輕的日本扁柏（一種柏樹）情有獨鍾，因為它不僅供應無缺，而且適合內陸航運。[4]

同時，與英國相形之下，走入現代以前的日本因大海阻隔，享有的安全大得多。朝鮮半島最接近日本的部分也遠在一百九十公里之外（見左圖1.1），與切割英國與歐洲大陸的英吉利海峽——只有二十一公里寬——的情況成強烈對比。日本海上的天候時而極端嚴峻，一二七四年，蒙古艦隊入侵日本時就曾慘遭颱風（日本人所謂「神風」）蹂躪而全軍覆滅。再往遠處看，與中國大陸最近的地方相隔也有八百公里之遙，而且每年總有半年時間濁浪滔滔，不利行船。俄屬庫頁島（Sakhalin，譯按：俄人稱為薩哈林島）與日本北方的北海道隔海對望，這處海域雖說寬僅四十五公里，但天候狀況更加險惡，而且幾世紀以來只有俄人住在島上。西半球遠在九千公里外。十九世紀科技——特別是蒸汽動力——讓日本人重新思考海洋天險

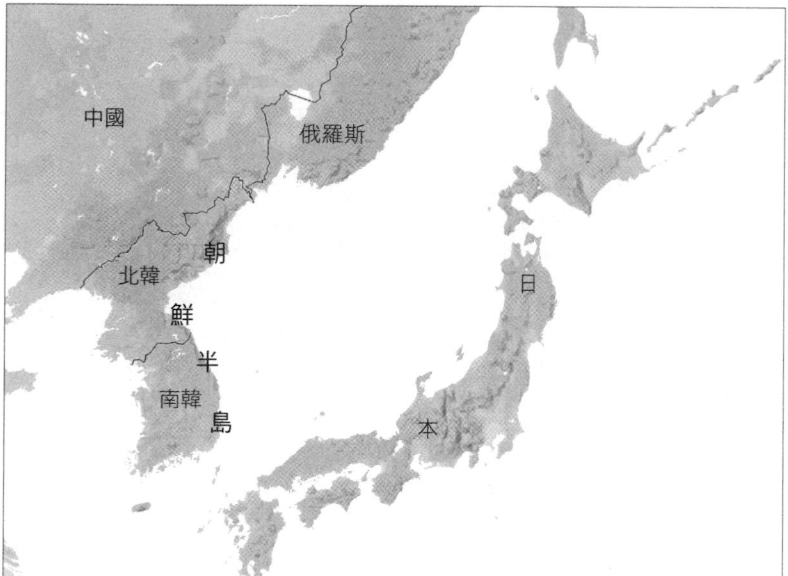

1.1　日本及朝鮮半島相對位置圖

能為他們帶來多少安全屏障的問題。不過這是在英國成為全球海上霸主幾世紀以後才姍姍來遲的事。就像日本史上出現的其他一切事件一樣，日本被迫跟進。

這種列島地緣同時也塑造了日本的內政發展。縱橫交錯、與世隔絕、但耕地有限的山谷與島嶼，助長了集體主義與地方派閥的強烈競爭，損及中央式領導。這種地形也讓入侵者不勝其擾，從十一世紀的女真族海盜（譯按：即所謂「刀伊入寇」）到十三世紀的蒙古，以及一九四五年的美國盡皆如此。在臨近的朝鮮，入侵者可以輕鬆分化地方派閥與領主，進行各個擊破與征服，但日本不一樣。在日本境內，派閥可以彼此打得你死我活，卻不讓日本列島陷入外來征服之險。事實上，日本派閥鬥爭一直呈現「競爭輸出」的特色：幾次入侵朝鮮半島，帝國陸軍與海軍不解決內部衝突而決定與中、美兩國作戰，或在戰後決定不以競爭手段迫使國內大型工業集團（日語稱「企業間組織」）合併，而決定將剩餘產品外銷，都是這類例證。[5]

與英國類同的是，日本的地緣與內部派閥鬥爭也造就一種既賦予君王統治法統、又讓貴族享有相當權力的政治文化。在英國通過《大憲章》（*Magna Carta*）四百年前，聖德太子已經訂定「冠位十二階」，明訂日本貴族對天皇的權利。[6]就這樣，日本政權的更迭也像英國與美國一樣，原因總不外保守派菁英對抗需索過度的君王（例如一六八八年的英國，一七七六年的美國，一八六八年的日本）。農民革命是俄國、法國、與中國這類大陸國家特有的產品。島國基本上比較保守。

另外必須強調的是，儘管地緣位置疏離、政治屬性狹隘，在整個有紀錄的歷史過程中，日本卻享有與亞洲大陸的持續互動。由於朝鮮半島近在咫尺，日本一般不必承擔政治去合法化風險也能進口優勢的外國科技或文化。根據中國的紀錄，曾在西元前三百年到大約西元二百五十年間主控本州與九州的彌生人，就因為發現技不如人，而從中國與朝鮮進口優越的灌溉水稻耕作等關鍵性科技。[7]之後，中國漢朝的政治文化、書法、藝術、以及佛教思想也從朝鮮半島流入日本。但直到彌生人開始從朝鮮半島進口大陸科技一千多年以後，一場大規模入侵的威脅才由蒙古人占領朝鮮而終於成真。也因此，日本人已經成為善用外來科技與文化、進行自我強化的能手，日本政權的合法性也沒有像中國與朝鮮一樣、遭到外來勢力入侵的慘痛效應。德川大將軍在一六〇〇年關原之戰取勝、鞏固權勢之後，因擔心內部敵對勢力利用外來科技謀反而決定鎖國。[8]當日本於十九世紀中期重啟國門時，明治維新派提出「和魂洋才」（即用西方的科技長才搭配日本精神）口號，意圖運用外國科技加強日本的獨立自主。

這種冷眼旁觀亞洲大陸事態發展的大戰略，使日本領導人可以針對外在世界秩序、階級、與競爭性質不斷調適。由於與大陸地緣區隔，日本領導人可以利用時間餘裕進行觀察、分析、與共識構築。他們必須專注秩序與階級，因為朝鮮半島風雲日緊——北方島嶼與緊鄰日本的西太平洋水域也開始動盪不安——也因為日本領導人仍然仰仗海外優勢科技以維護本身的統治法統。從一開始，地緣因素使然，日本就必須在一種重階級秩序、而且往往處於無政府狀態下的地區競爭。

中國核心秩序下的日本

對階級與自治的專注，意味日本得根據中國調整它的戰略座標，因為中國自古以來就是東亞文明的歷史核心。日本研發了一套政治文化，讓日本站在以中國為核心的亞洲的邊緣：尊重中國，但保持自主，既從中國文化中追求法統，又獨樹一幟，在象徵意義上堅持與中國分庭抗禮。

八世紀的《日本書紀》（日本編年史）是日本第二古老的正史，也是將日本納入亞洲的第一本正史。部分以漢字寫成的這本書對中國文化崇敬有加，並引用儒家概念，認為統治者法統以一種天賜的階級秩序為根本。[9] 事實上，在《日本書紀》問世以前，大和朝廷（西元二五〇—七一〇年）就對中國唐朝的規劃與治理模式十分嚮往，並根據這些模式打造首都奈良與它的民、刑法典。但大和朝廷也是亞洲唯一自稱天朝、與中國分庭抗禮的皇朝，用「天皇」而不用「王」來稱呼自己的君主。聖德太子鼓吹這種自尊自大的沙文主義，於七世紀之交遣書中國，稱天皇為「日出之國」國君，還把中國稱為「日落之國」，惹惱了當時中國隋朝皇帝。[10]

儘管日本對中國的藝術與文化優越性崇拜有加，日本學者卻不斷想方設法，在一個以中國為核心的國際秩序中強調日本的自主與威望。十四世紀，貴族北畠親房發表《神皇正統記》，作為《日本書紀》補記，強調「日本是神造之國，是天上的祖先奠基之地，日照大神要她的子孫後代永遠在此統治。只有日本王室是神統，其他國家沒有類似例證。日本稱為神國，原因就在這裡。」[11]到十八世紀初年，這種對中國的沙文主義已經出現在地理學者西川如見這類日本學者的作品中。西川如見認為，與中國隔絕這件事本身就是日本優越性的來源：「我們的國家是東方萬邦之冠，旭日東昇首先照亮我們，讓我們第一個感受到生機勃發的陽光，這是雷鳴與閃電勃然而生的土地。日本（太陽之本）這名字取得再適當不過。」[12]

在以中國為核心的世界裡追求法統的日本人，還包括平賀源內這類作者。平賀源內在他的一七六三年諷刺小說《風流志道軒傳》中嘲諷中國風俗：

> 中國的風俗與日本不一樣。中國那些皇帝就像浪人一樣；人們厭倦了他們就說些冠冕堂皇的大話，例如天下為天下人所有，不是一個人的云云，然後用暴力手段推翻他們。正由

於這個國家過於流氓，賢人智者才會紛紛忍不住出面教訓。在日本，如果有人膽敢對皇帝如此無禮，就算稚齡小兒也會挺身怒斥，不會沉默，因為我們舉國上下都是忠貞臣民。我們的皇帝舉世無雙，原因就在這裡。[13]

與同一時期出現在遙遠英國的認同之旅相較，日本這種新興的島國認同神似得讓人稱奇。西川與平賀強調日本的純潔與獨特，倫敦那些英國國會議員與評論家們，也同樣鼓吹一種純潔而勤勉的「不列顛」（Britain）認同，與歐陸那些邋遢的「天主教與法蘭西異類」抗衡。[14]不過英、日兩者之間有重大差異。英國的帝王脈絡源於德國漢諾威（Hanover）王朝，在漢諾威以前則源自荷蘭的奧倫治王室（House of Orange）。也因此，英國的政治與戰略與歐陸政治夾纏不清，而當年日本的政治與戰略則與中國與亞洲大陸還沒有多少糾葛。英國經常面對西班牙或法帝國的威脅，日本卻鮮少遭到來自中國的海上威脅（蒙古於十三世紀末從朝鮮侵入日本是例外）。英國所以能成為地表最強的海洋國，主要因為它必須擊敗這些來自海上的威脅，但由於中國在十四世紀以後已經退出海洋，十七世紀的日本可以放棄它微不足道的海上航運傳統，集中全力對付內部威脅。此外，英國與日本面對的大陸強權的分布也有基本性差異：歐陸群雄並起，哈布斯堡（Habsburg）、霍亨索倫（Hohenzollern）與波旁（Bourbon）等王朝相互爭霸，英國得以運用這種情勢塑造權力均勢，而日本一般而言在亞洲大陸只面對單一帝國威權。同時，日本非常關注朝鮮半島的發展，而英國也極力防堵歐陸霸權控制低地諸國（Low Countries，譯按：指歐洲西北沿海地區，包括荷蘭、比利時、盧森堡等國），以保衛英吉利海峽制海權。在近代史上，日本很少跨出朝鮮半島、進入亞洲大陸影響權力均勢，而英國外交官則經常透過結盟或戰爭手段在歐陸合縱連橫。不過，基於自衛或自我確認等理由，日本領導人確曾處心積慮、操控朝鮮半島的權力均勢。像英國進兵法蘭德斯（Flanders，譯按：位於西歐低地區，是英、法王國爭奪的目標）一樣，當機會到來或迫於必要時，日本也會直接以武力進犯朝鮮。

在清帝國即將敗亡的最後幾年，明治時代領導人、也是日本皇軍建軍者的山縣有朋，為描述俄羅斯或其他帝國強權一旦控制朝鮮半島可能帶來的危險，曾在十九世紀末引用一名普魯士參謀官的話，說朝鮮半島是一把「對準日本心臟的匕首」。[15] 這話說得一點不錯。《日本書紀》裡面談到，大和朝廷如何在四世紀之初鞏固它在南方大島九州的政治根據地，然後擴張勢力進入朝鮮半島南端，以奪取較精密的陶器與鐵器生產手段。到四世紀末，大和已經成功打造了一個治理機構，控制位於今天韓國城市金海附近的伽倻國。當位於半島東北部的高句麗開始向南擴張，於三九九年侵入「三韓」的百濟時，百濟與伽倻要求大和派遣五萬「水軍」以逐退入侵軍。高句麗在此役獲勝，日本人撤軍。之後大和軍於六六三年重返朝鮮，意圖協助重建百濟，結果遭新羅與中國唐朝派遣軍的聯軍擊敗，日本人又一次撤軍。[16]

這個模式輾轉反覆、重演幾百年。當中國積弱時，日本勢力伸入朝鮮半島。一旦中國強大，日本勢力就從朝鮮半島撤出。幾個朝鮮王國的鬩牆之爭——以及之後宮廷內部的派系傾軋——引來日本與中國的干預，也加劇了日、中兩強權力均勢變化導致的衝突。之後日本因內戰仍頻，無暇兼顧，直到十六世紀末，大軍閥豐臣秀吉才趁明帝國衰敗而出兵朝鮮。豐臣秀吉的進犯雖說終以失敗收場，但明帝國也因此勞師遠征，國力大傷，幾年後敗於來自北方的滿洲入侵者手下。滿洲人建立的清帝國崛起以後，日本在德川幕府統治下進入鎖國時期，直到兩個世紀後，清帝國在歐洲列強步步進逼下開始土崩瓦解，日本人才又一次重返朝鮮半島。本書下文將談到，在今天的日本、南韓、與中國歷史學者眼中，這種朝鮮派閥主義與中日競爭的鬧劇仍然不斷重演。[17]

但在十八世紀，當亞洲大陸風雲變色之際，日本仍然享有海洋阻絕的天險屏障。地理學者西川如見在一七九一年說過一段話，頗能反映德川領導人的觀點：「日本的防衛態勢比全世界任何其他國家都優越。與大國接壤的小國幾乎無一倖免，都得向大國屈服，甚至最後遭大國吞併。日本在地理位置上與一個大國緊鄰，但兩國間隔著浪濤洶湧的海，讓兩國可以相對而言各行其是。也因此，日本從未遭到必須向大國屈服的厄運，更別說遭大國吞併了。」[18] 只是這種天險屏障沒能持續很久。

西方帝國主義與海洋戰略的初現

早在美國海軍將領馬修・培里（Matthew Perry）率領「黑船」（Black Ships）於一八五三年駛入江戶灣（Edo Bay）之前數十年，也就在西川誇稱日本地緣位置全亞洲第一的大約同時，一小群日本學者已經開始示警，說日本列島其實很容易遭到歐洲海洋強國進犯。一七九一年，軍事理論家林子平（一七三八—一七九三年）在所著《海國兵談》中提出警告說，「從江戶的日本橋到中國、到荷蘭，除了水路以外沒有明顯的疆界」，於是乎「我們的敵人可以用他們的船艦，隨意攻擊我們的海岸。也因此，我們不能只仰賴島國優勢而安枕無憂」。[19] 林子平主張造船，鑄砲，與現代軍事操演（不主張鑽研當時流行的個人劍術）：所有這些建議都遭德川幕府禁止。後來成為日本大戰略主軸的這些觀念，當年都被視為叛國。用來印刷他的作品的木刻印版也因此遭官員沒收，失去蹤影，直到一個世紀後明治維新時代展開，海洋戰略家們才開始大張旗鼓，翻印林子平的作品。

無論怎麼說，新的「海防論」開始在日本不斷散布。英法聯軍在第一次鴉片戰爭（一八三九—一八四二年）中擊敗清帝國，更激起日本人研究西學（西方知識）的風潮，位於名古屋附近出島的小小荷蘭商館，就這樣成為合法研究西學的中心。當時人稱「蘭學派」的著名學者佐久間象山（一八一一—一八六四年）說，日本「可以不理會有關政府與道德的理論，但必須吸收引進高度精巧的科技與機械，才能做好抵禦外侮的準備」。[20]水戶藩（譯按：「藩」是日本幕府時代的諸侯領國，為地方行政單位，有些類似今天的縣）藩主德川齊昭在一八四六年解釋說，西學帶來的主要教訓是，「對日本這樣的濱海國而言，戰艦應該是第一道防線」。[21]在日本與美國談判期間代表幕府與美方簽約的堀田正睦，也在一八五七年指出，「軍事力量永遠由國家財富衍生」，而這種財富「主要來自貿易與商務」。因此，日本應該「締結友好聯盟，派遣船隻到世界各國進行貿易，效法外人之長，補足我們之短，厚植我國國力，完成我國武備」。[22]蘭學派大師、慶應義塾大學創辦人福澤諭吉也大聲響應，呼籲當局效法英國大戰略，「擴張海軍，以便我們達成以商立國的宗旨」。[23]

但就在這些主張面對世界的海防論出現的同時，另一派知識分子認為，日本因為擁有尚武文化的傳統，而與中國不同，所以應該用科技現代化重振這種尚武文化。海洋是日本的軟肋，這話雖然不錯，但在十九世紀後半段領導日本現代化的明治朝領導人，絕大多數認為，西方勢力凌駕中國導致日本人喪失對日本尚武文化的信心，為建立新國家認同、重拾這種信心，日本必須擴張陸軍。[24]

學者佐藤信淵是最早提出這個觀點的代表人物之一。他在一八二三年發表論文《宇內混同密策》（意指擴張的秘術），認為日本想抵禦歐洲威脅，唯一可行之道就是建立獨裁專制政府，搶在西方以前，運用西方科技征服東亞。佐藤主張侵占滿洲（中國東北）、朝鮮、與東南亞——日本在一九四〇年建立的「大東亞共榮圈」就以這些主張為藍本。[25] 之後，長州藩武士吉田松陰（一八三〇—一八五九年）也提出同樣主張，認為日本需要在亞洲大陸建立緩衝區。吉田松陰是幾名明治維新運動領導人的精神領袖，一八五九年遭江戶幕府以叛亂罪處決。他說，「我們要把握有利機會奪取滿洲，才能與俄羅斯正面對決；重占朝鮮，才能盯著中國；拿下南方諸島，才能進軍印度。」[26]

之後，自由派作家中江兆民，在他的《三醉人經綸問答》中，對日本在進入世界舞台之初面對的相互矛盾的戰略選項，有很精妙的論述。[27] 在這篇問答中，三名醉漢中那個醉心西學、叫做「紳士君」的人，極度天真而且理想主義得無可救藥，他主張日本擁抱小國自由主義，斷然放棄武器，建立人人平等的民主，讓歐洲列強「自慚形穢」。與他爭得面紅耳赤的第二個醉漢是個主張「東方第一」的狂熱愛國者「豪傑君」。豪傑君認為戰爭與擴張在所難免，宣稱

「世上有個大國（中國）…又大又富有天然資源…卻非常軟弱…我們何不過去，把那個國家的一半或三分之一剝下來據為己有？如果我們發布皇令，召集全國健男壯丁，應該至少可以集結四、五十萬人大軍…我們的小國家可以立即搖身一變，成為一個俄羅斯或一個大不列顛」。第三個醉漢是代表「甜美理性」的「南海先生」。南海先生反對前兩人的極端論點，但沒有提出自己的解決辦法，說明中江兆民本身認為，日本在國家認同與戰略選項上出現難以解決的緊張、分歧。

明治維新時代要角、青年浪人坂本龍馬，正是這種緊張與分歧的代表。坂本是劍道高手，早年在「尊王攘夷」旗幟下鼓吹反西方的抵抗運動。他在一八六二年仗劍出行，打算暗殺德川幕府首席海軍專家、主張對西方開放的勝海舟。結果坂本不但沒有殺害勝海舟，還對勝海舟的才華折服不已，拜在勝海舟門下，成為明治維新志士中主張海洋戰略的主要聲音。一八六五年，坂本成立日本第一家商貿館，開始從海上走私槍械、支援長州藩的反幕府叛軍。翌年，他成功斡旋，說服長州藩與對手薩摩藩建立軍事同盟。這個同盟最後導致德川幕府崩潰，坂本也因此成為還政於皇談判的重要人物。坂本在一八六七年提出闡述日本現代化戰略的「船中八策」，主張建立強大海軍，採取銀本位貨幣，與國際商貿準則看齊。在明治天皇主政前僅僅三個月，坂本龍馬遇刺身亡，年僅三十一歲，不過他的「八策」之後納入皇諭，成為日本現代化運動的戰略準則。[28]（日本《朝日新聞》於一九九九年向兩百名頂尖主管與知識分子提出問卷，要他們舉出現代日本最需要的歷史人物，結果坂本名列榜首。）[29]

不過，儘管新成立的明治政府採納坂本的「八策」，這時主政的長州與薩摩兩藩政治人物，卻因兩藩相互對立的文化而在戰略上嚴重分歧。在一八六三年開創日本史先例，透過徵兵方式成立第一支非武士軍隊（奇兵隊）的長州藩，勢力較大，主控新成立的帝國陸軍。勢力較單薄的薩摩藩，由於自一六〇九年以來就是琉球國（沖繩）名義上的宗主，一直重視海權，於是成為新海軍的主導。[30]對山縣有朋這些長州藩領導人來說，一八六八年重建皇國統治後的最高優先，就是鎮壓一百多起叛亂與反政府農民暴動，號召來自全國各地愛國青年，建立一支國軍。海軍由於僅於一八六八年為新政府在淡路島外海打了一場小仗，兵員來自較有限的地理位置，建軍過程獲得的助力也較少。

當海軍終於在一八七三年與陸軍分家，成為獨立軍種時，第一任海軍卿（部長）就是勝海舟。勝海舟是一位奇人，也難怪原本立意行刺他的坂本龍馬為他的無比魅力折服，甘願拜在他門下。勝海舟於一八二三年生在一個小小武士之家，原名「義邦」，在以一等學生官的身分從海軍官校（在馬修．培里的黑船來到以後，日本人在長崎建立的學校，由荷蘭人教授）畢業後，自稱「海舟」。他西語流利，專精海軍建築，曾在一八六〇年指揮荷蘭人造的蒸氣輪「咸臨丸」執行日本赴美的第一次外交任務。[31]身為海軍部長的勝海舟，大力鼓吹國際主義、倡導科技，不過一則因為他曾為德川幕府要員，再則也因為海軍無力勸服朝中其他主張發展陸軍的領導人，他的努力成果乏善可陳。在一開始，就像當年德意志帝國與美國海軍那些渴望大展鴻圖的戰略家一樣，日本海軍部也要求增加軍費，以便在南方海域建立殖民帝國。[32]直到清帝國在一八八〇年代末期建立海軍、引起日本陸軍矚目為止，勝海舟與他的接班人的擴軍大業並無進展。內部政爭與大國角逐開始炒作朝鮮半島這把「對準日本心臟的匕首」，對山縣有朋與陸軍來說，為取得進出朝鮮半島的通路，海軍力量突然間變得不可或缺。

隨著引進英國與法國戰艦，官兵開始接受英國皇家海軍的槍砲與戰術訓練，日本海軍開始迅速現代化。當中日甲午戰爭於一八九四年開打時，日本海軍大將伊東祐亨領導的艦隊在鴨綠江江口遭遇規模較大的中國北洋水師，日本派出由快速艦艇組成的「飛船隊」走在主戰艦隊前方，高速衝往北洋艦隊，擊沉大多數清軍主力船艦，遂讓日本取得黃海制海權，直到戰爭於一八九五年落幕為止。十年後，東鄉平八郎率領日本艦隊以同樣了不起的戰術，在對馬海峽擊敗俄羅斯海軍提督齊諾威．羅傑斯特文斯基（Zinovy Rozhetsvensky）的艦隊（像東鄉仰慕的英雄、英軍提督納爾遜〔Nelson〕百年前在特拉法加海戰〔Battle of Trafalgar〕採取的戰術一樣，東鄉也率領艦隊搶占「T」字頭，擊潰羅傑斯特文斯基的艦隊。）由於這時的日本已是舉世公認的海軍強國，美國總統西奧多・羅斯福（Theodore Roosevelt）興高彩烈地寫信給奧夫瑞・泰耶・馬漢（Alfred Thayer Mahan，美國海軍上校，極力鼓吹美、英、日三國聯手保衛太平洋，以對抗獨裁專制的大陸強國）說，「日本人在玩我們的遊戲了！」[33]

大陸擴張的愚行

美國海軍戰爭學院（U. S. Naval War College）歷史學者潘恩（S. C. M.Paine），在她的二戰前日本戰略研究中說，日本所以能擊敗中國與俄國，首要因素是海洋戰略運用，次要因素是在大陸進行的土地征服。[34] 在對馬海戰結束後，日本帝國海軍威望與影響力達於頂峰。「日本的奧夫瑞・泰耶・馬漢」佐藤鐵太郎——官拜上校（之後晉升少將），海軍理論家——讓海軍內部一些國際派與伊藤博文等政治領導人折服不已。佐藤鐵太郎在一九〇八年說，英國由於能擺脫它在歐陸的包袱才能鞏固本土國防安全，日本在擊敗俄羅斯之後已經取得「一流」強國地位，現在日本也需要效法新盟友英國的榜樣。[35] 英國海軍歷史學者巴拉德（G. A.Ballard）在一九二一年的研究報告《海洋對日本政治史的影響》（*The Influence of the Sea on the Political History of Japan*）中指出，由於總是將制海權視為陸地征戰之輔，日本才會在十六世紀那場規模比特拉法加海戰更大的戰役中敗於朝鮮，現在日本終於發展出一套海洋戰略遠景，已經成為世上僅次於英國與美國的第三大海洋國，希望日本能運用「溫和、克制、與政治智慧⋯讓自我控制與理性勝出，果真如此，北太平洋在我們這一代應該不會硝煙密布、砲聲隆隆」。[36]

巴拉德認為，位尊權重的海洋大國應基於商業與自衛理由，保障海洋孔道暢通，一方面有技巧地投入海外權力均勢，與其他海洋大國互通聲息——只不過，當時日本帝國陸軍以及政界民族主義狂熱分子迷信一種大陸擴張新戰略，而巴拉德的觀點與這種陸權新戰略相互衝突。日本國內與國際政治結構開始不利於海權論點，日本戰略文化也逐漸沉淪，退入中江兆民筆下那名「東方第一豪傑君」代表的黑暗期。明治時代幾名大人物在二十世紀第二個十年紛紛亡故（首先是一九〇九年在哈爾濱遇刺的伊藤博文），日本政黨元氣大傷，無力保有政治主控權；歐洲列強也在法蘭德斯戰場上自相殘殺，造成在亞洲的權力真空；美國掉頭注意內政；中國也建立共和，開始重建民族自主，讓日本帝國陸軍中那些大陸擴張派蠢蠢欲動。隨後全球金融危機於一九二九年爆發，日本可以經由與西方經濟合作、透過全球商務建立國家安全與威望的前提遭到重創。[37]

在之後墜入軍國主義的過程中，日本帝國海軍並非沒有責任，但誠如歷史學者畢士禮（W. G. Beasley）在他的日本帝國主義經典研究中所說，海軍領導層「一般認為屬於溫和派。也就是說，與陸軍領導人相形之下，海軍更重貿易與移民，比較不關心兼併土地。對日本社會中那群經由國家財富成長而取得影響力的新貴而言，海軍是他們的「天然盟友」。[38]

當然，日本陸軍原本就比海軍更有權勢。此外，一九三〇年代經濟動盪的衝擊，加上蔣介石的國民革命軍與蘇聯勢力在亞洲大陸對日本的步步進逼，也讓激進派氣焰在日本陸軍內部更囂塵上。陸軍內部「皇道派」力主對蘇聯發動先發制人攻擊，然後順勢擴張勢力進入中國。一九三六年二月二十六日，皇道派青年軍官發動流血政變失敗，皇道派也被解散，但駐在中國境內的關東軍翌年主動出擊，掀起日本侵華戰爭，終於把日本送上與美、英直接對抗之路。

陸軍主控的東條英機內閣在一九四一年年底達成結論，認定德國將在歐戰取勝，日本可以趁機發動閃擊，打垮美國、英國、與荷蘭，以維護日本對中國的控制，並在東亞建立閉關自守的勢力。海軍領導人，特別是山本五十六大將，對這項計劃的成功機率毫無信心，但還是遵照計劃，於一九四一年十二月對英、美在夏威夷、菲律賓、與新加坡的據點發動攻擊。[39]英國海軍將領巴拉德曾在一九二一年提出警告說，如果他對日本前途的預估有誤，太平洋可能「成為帶領這個世界走上有史以來最血淋淋的種族衝突道路」。[40]他或許輕估了這場大禍造成的後果。幾個世紀以來戰無不勝的日本人，這次嚐到日本史上最慘重的軍事敗績。數十年後，歷史學者五百旗頭真在他的《戰後日本外交史》序言中說，日本之所以在二十世紀走上毀滅性戰爭的不歸路，是海洋國為謀國家安全而選擇大陸擴張的愚行的直接後果。[41]

戰後國家戰略的探尋

戰後日本，無論就物質、政治、與精神條件而言都已在戰火中摧殘殆盡，這樣的國家當然不可能出現什麼如何對抗西方列強、提升亞洲內部自主的大戰略辯論。戰後初期，日本的辯論聚焦於國家生存與復甦。政治左派倒向戰前被禁的社會主義或共產主義，開始鼓吹反戰中立，但提不出什麼復甦之道。拜美軍占領之賜，保守派在當時統治菁英中仍占有大多數。這些保守派分為兩大陣營，反映——但並非複製——日本政界戰前的分裂。根據政治學者理查・薩繆爾斯（Richard Samuels）的解釋，其中「主流保守派」一般認為，「日本必須與大國結盟、取得經濟復甦，才能加強國家安全。他們反對軍事開支，接受與美國的不平等結盟，用它做為護盾，以重建繁榮」。[42]與他們持反對立場的是所謂「非主流保守派」。這派人士認為主流派對西方勢力過於順服，認為日本人生來「充滿傳統民族主義（不過不是極端民族主義）情緒，抱持一種有機的民族觀，主要由於帝國體制與新儒家價值觀，日本強調團結，強調為國家秩序犧牲，是一個獨特『國體』」。[43]非主流保守派主張改寫日本一九四七年非戰憲法，追求更獨立、平等的國安與外交政策角色。但在如何達到這些目標的問題上——應該與美國分擔更多區域安全責任，或是與中、俄關係正常化，以謀求更大自主——他們莫衷一是。

反主流派領導人鳩山一郎在一九五五年成為自民黨第一任黨魁，此後自民黨持續執政直到冷戰結束。但在冷戰結束後，主導日本政治政策走向、主控自民黨的，是主流保守派。後冷戰時代日本戰略走向的設計人，是先後於一九四六至一九四七年與一九四八至一九五五年間擔任首相的吉田茂。事實證明，他的外交與經濟政策通過數十年考驗而無懈可擊。他主張，日本應該與美國結盟以換取保護、市場、與科技，避免在內部進行費時耗力、重建軍備的辯論；日本應該將經濟復甦置於最高優先；應該投入最起碼的軍備重建，以保證不會遭美國遺棄；日本應該駁斥反主流保守派所提的修憲建議，應該堅守憲法第九條的規定，以免日後亞洲發生戰爭時被美國拖下水。[44]曾任駐英大使、身為戰時東條政府死對頭的吉田茂，重新調整了日本外交政策重心，向海洋國靠攏，一方面尋求新工具，確保經濟復甦、極力縮減國防，重建與亞洲諸國的關係，以維護、促進日本自主。

吉田茂設計的寬廣而包容的政策做法果然有效。社會主義者開始在意識型態上左傾，反對美日聯盟與憲法改革，許多反主流保守派開始右傾，主張憲法改革與更多的國安獨立。結果是大多數自民黨人採取中間路線，全力投入日本人民最高優先的經濟成長。[45]早先的意識型態分裂沉入檯面下。戰前吉田領導的自由黨出身的主流保守派人士，在自民黨內組成掌控全局的派閥，之後在佐藤榮作、田中角榮、竹下登、小淵惠三等人領導下相繼組閣——在所屬派閥掌控國家預算的情況下，有關這些領導人的政治分贓醜聞甚囂塵上，但他們促成農村成長的政績也同樣為人津津樂道。池田勇人、大平正芳、鈴木善幸、與宮澤喜一領導的派閥，是第二波主流保守派的大本營，這些領導人都以技術官僚色彩濃厚、強調經濟表現、不重國安政策、名聲也相對清廉著稱。反主流保守派先後在安倍晉三的外祖父岸信介與福田赳夫領導下組閣。河野一郎是另一派反主流保守派領導人，這派人馬於一九八〇年代中期組建了中曾根康弘內閣。

岸信介早年實驗的許多政治理念，後來對他的孫子安倍頗有啟發。岸信介極端反共，不信任左派。他相信日本的安全不僅取決於亞洲、也與西方陣營的命運息息相關。他認為日本應該承擔更多風險以支持美國領導的國際秩序，但也應該加強國力，成為這個秩序中與美國更對等的夥伴。他認為日本可以借鏡印度的反帝國主義與亞洲團結論，他相信對日本而言，透過些許民族主義來重建是健康的。[46]

其他反主流政界人士追隨岸信介的領導，將日本推上今天的安倍大戰略之路——但由於主流派與吉田論重新取得戰略主導，這段過程的政治壽命並不持久。岸信介在一九六〇年通過美日安保條約修正案，他的接班人避開地緣政治問題，誓言要讓日本國民收入倍增。中曾根於一九八〇年代宣稱日本是美國對抗蘇聯的「不沉母艦」，但之後他的接班人將地緣政治問題束之高閣，終於因為美國在一九九〇—一九九一年的波斯灣戰爭（Gulf War）期間向日本求助而尷尬不堪。[47]由於戰亂苦痛在一代政治領導人心目中記憶猶新，日本的經濟奇蹟又如此成功，要日本採取主動出擊的地緣政治戰略似乎完全沒道理。

現實主義和平論

不過，在國家政治圈外，日本大學裡一小群自稱國家安全現實主義派的學者開始搜尋一種新的大戰略，這種戰略既不依賴理想化的戰後非戰論，也不攻訐戰前的軍國論。這些學者雖附和漢斯·摩根索（Hans Morgenthau）等美國著名現實主義派的說法，但也深受日本人民的反軍國情緒與揮之不去的戰爭記憶的影響。結果是，他們開始擁抱國際關係學者神谷萬丈（早年現實主義派的繼承人）所謂的「現實自由主義」，認為：

> 國家的角色仍然至高無上，但國家處在一個相互依存的世界；軍事力量角色是決定國際關係層級的一項關鍵，但並非總是最重要的因素；軍事力量是維護和平與治安的基本要

件，但就整體國策而言，軍事力量的重要性減退，經濟與文化力量成為關鍵；國際組織反映真實權力均勢，但也是整合小國利益、繁榮、與安全的重要論壇。[48]

簡言之，戰後日本現實主義派一方面承認日本可用的工具極其有限，必須仰賴與美國結盟，一方面也找出理由，為日本領導人與民眾聚焦國際系統權力政治的做法辯解。

此外，戰後日本現實主義派也援引日本史上自由派與國際主義派先例，為自己的「日本屬性」戰略觀尋求法統，一方面提出一條明確途徑，讓日本從戰前辯論那些黑暗因素中脫身。舉例說，戰後最有影響力的現實主義派知識分子、京都大學的高坂正堯，就曾師事他著名的父親、戰前「京都學派」的高坂正顯，學習國際關係與哲學。高坂正顯在一九三〇年代以德國哲學為本，根據日本文化與歷史特性，在日本構築了一種國家社會主義意識型態。高坂正堯經常抱怨從小被迫學習德國人約翰・赫爾德（Johann Herder）與馬丁・海德格（Martin Heidegger）的東西，但在自己的日本戰後戰略研究中，也承認不能忽視國家主義與國家認同角色。[49]他擔心戰後的日本人已經失去國家意識。他嘗試以新渡戶稻造的精神，建立一種既能反映國家利益、又能兼顧國際主義的新哲學。新渡戶稻造是二十世紀初期日本外交官與學者，曾力主創建國際聯盟（League of Nations），著有《武士道》一書，解釋日本不同於西方的民族特性。[50]對戰後日本現實主義派而言，最重要的任務莫過於訂定一套戰略，既能維護日本在亞洲的獨特角色與認同，有別於美國，又能加強美日同盟與日本對普世規範的承諾。

現實主義派這種聯盟與積極參與國際安全事務的構想，當年因遭到日本媒體與學術界圍剿而陷於孤立。對現實派批判最力的代表人物是東京大學教授丸山真男。丸山是廣島原爆倖存者，他抨擊美日同盟，認為這種系統將使戰前的極端國家主義（hypernationalism）死灰復燃。[51]其他左派學者，如丸山的東京大學同事坂本義和，承認國際系統的無政府特性，但主張日本將國防武力直接交由聯合國支配，以確保日本不受美國挾制，並適度掙脫軍國主義。[52]就許多方式而言，在戰後最初幾十年間的反軍事環境下，左派知識分子的自決與國家主義論點讓人數眾寡懸殊的中間偏右現實派人士難以招架。[53]

在左派教授鼓勵學生參與一九六〇年反美日安保條約修正案的大規模示威之後，現實主義派更加發揚光大，開始吸引一些反主流的政治領導人，主流派人士轉而投入現實派陣營的也不在少數。神谷萬丈的父親、學者神谷不二當時寫道，日本民眾必須了解「國際政治的本質就是『權力政治與國家利益的交集』」。[54]教過高坂正堯的京都大學教授、一九八〇年代在中曾根等幾任首相主政期間擔任國家安全顧問要職的豬木正道，指責左派先進分子，說他們迷戀馬克思獨裁，說他們抱持烏托邦式的非戰綏靖主義。[55]

在一開始，戰後現實主義派將「國家利益」視為學術辯論合法命題，為保衛這個概念的本身而戰，但在一九六〇年的反安保條約示威過後，他們開始就戰後日本國家安全戰略方向提出思考方式。在很大程度上，鼓舞他們這麼做的主因是美日安保條約的修訂。修訂後的安保條約在第六條指出，為謀「遠東安全」，美國有必要在日本保有基地，意指主權國日本在區域安全政策上扮演一個角色（一九五一年的原始條約是在美軍占領的情況下談判達成的）。高坂正堯就是在這種時空背景下，於一九六三年發表他的第一篇重要論文「現實主義者的和平論」。[56]他認為，日本左、右兩派惡鬥已經扭曲了辯論本質，他寫這篇論文的目的，在於建立適用於日本、歷久不衰的國際關係原則。高坂正堯用一種冷靜的現實主義搭配當年知識分子間盛極一時的理想主義，強調如果想創造條件，在亞洲內部建立一個更理想的和平與裁軍世界，就必須運用嚇阻、聯盟、與權力均勢戰略。意義重大的是，高坂指出，由於兼具經濟發展、美日同盟、與科技競爭力等優勢，日本有影響亞洲權力均勢的能力。他認為，戰後秩序要旨在於透過手段競爭，不在於土地掠奪，日本擁有玩這種新遊戲的工具，而且不必訴諸危險的戰前軍國主義。[57]儘管他沒有這麼說，但基本上，高坂正堯是在為日本的利益線尋找一個新定義。

對高坂而言，他的日本戰後國家利益與認同定義的邏輯架構，是早年明治時代世界主義海洋戰略的衍生。他在一九六五年發表的《海洋國家日本的構想》中指出，日本的商務與安全依賴海洋，因此需要美日同盟，但作為貿易、投資、科學、與國際法伸張的領導國，海洋也可以是日本的獨立認同與宗旨的來源。[58] 他說，池田勇人首相一年前提出的「日本國民收入倍增」計劃不過是一種達標手段，沒有文化基礎，作為一個海洋國，日本永遠不可能成為「中國核心」系統的一部分，但日本既不能拒絕亞洲也不能拒絕西方，日本必須更加勇往直前，與美國結盟可以以和平手段達到這些目的。[59] 高坂的論點，實際上就是將日本獨特的島國地緣條件，從一種孤立與自滿之源轉為一種「存在的理由」，主張日本與世上其他民主大國並肩合作，支持安定、商務、與法治。

不過，高坂的日本自由—現實主義海洋戰略雖為他帶來更多學生，支持他的社會知識分子、自民黨政界人士人數也越來越多，但在全國範疇內，它仍是少數派觀點。之後，日本經濟於一九八〇年代躍升至全球第二，戰略辯論也失去了緊迫性。這時的日本，與中國的商務關係比與美國的更緊密。一九八五年，七大工業國（G7）財政部長通過《廣場協議》（*Plaza Accord*），將日圓幣值暴漲將近一倍，把日本推上聯合國與布列敦森林（Bretton Woods）國際金融體系中僅次於美國的第二高位，也打開了日本投資東南亞、拉丁美洲、與美國本身的水閘。一九八〇年代政治人物對「全面性國家安全」概念情有獨鍾。我們將在下文談到，對他們而言，這種概念幾乎就像執照一樣，讓他們可以在外交政策、而不是在競爭戰略上撒幣。[60] 日本使用的一些手段很顯然，但事實證明他們的戰略目標與方式令人費解。無論怎麼說，執政的自民黨內這時出現一小群中階政治人物，例如岸信介門徒、前外相椎名悅三郎之子椎名素夫，開始主張身為西方陣營一員的日本，應該扮演更積極的安全角色，而且聲勢日隆（我在東京大學研讀時，曾於一九八七至一九八九年間在日本國會為椎名素夫工作）。日後安倍與他的盟友倡導的理念，許多出自這個時代圍繞在椎名素夫身邊的學者與外交官，岡崎久彥就是其中一人。岡崎是外務省與防衛省資深官員，主張更強硬的地緣政治戰略，認為中國有一天會嘗試重奪亞洲核心地位，日本今後的安全將幾乎完全依賴盎格魯—撒克遜海上霸權。[61]

當然，當年的主要威脅不是中國，而是不斷向太平洋軍事擴張的蘇聯。美國的戰略家們立即察覺，對雷根政府的新「海洋戰略」——在世界大戰爆發時，防堵、摧毀蘇聯艦隊——而言，日本的島鏈位置極具關鍵。理查・阿米塔吉（Richard Armitage）與詹姆斯・凱利（James Kelly）等美國高官不斷訪問東京，與椎名、岡崎、以及其他自民黨、外務省、與防衛要員討論對抗蘇聯共產主義之道。[62]他們贏得中曾根、以及安倍之父、外相安倍晉太郎等更資深日本領導人的支持。幾十年後，阿米塔吉與凱利以喬治・布希（George W. Bush）政府亞洲政策主導人與安倍晉三密友的身分再訪東京。

但直到一九八〇年代晚期，岡崎這類人士的聲音在日本政界仍屬少數。冷戰期間的東西方競爭逐漸退色，美日兩國不斷升溫的貿易摩擦似乎標示著今後國際關係動向。越來越多的美國與日本知識分子開始認定，高坂、岡崎與他們的門徒當年主張的那套結盟策略已經老舊過時，以科技—民族主義與經濟競爭為基礎的新地緣政治——他們似乎認為日本是這種競爭的行家——已經出現。[63]

從勉為其難的現實主義到海洋戰略的捲土重來

隨後，一切有關日本權力與區域以及全球秩序來源的假定突然在一瞬間都崩潰了。首先，一九九〇年的波斯灣戰爭證明先進軍事力量仍然舉足輕重，日本自身想僅憑經濟工具以塑造安全議題的能力有限。接著，日本日經指數在一九九〇年秋重挫百分之四十，標示日本高成長「泡沫」結束，長期的經濟萎縮——所謂「失落十年」——就此展開。隨著日本經濟表現每下愈況，冷戰期間的兩極化國際政治結構崩潰，日本國內政治角逐的基礎也亂了套。在蘇聯集團崩潰後，社會黨首先垮台，自民黨也於一九九三年在爆發一連串政治分贓醜聞之後下野。自民黨雖在兩年後重掌政權，但這時的自民黨只能靠拉攏夥伴——頗具反諷意味的是，拉攏對象還包括垂死的社會黨內的那些昔日宿敵——組織聯合內閣。最後，或許也是最重要的，是北京於一九九五與一九九六年在台灣周邊試射飛彈，證明中國現在能夠運用國力進行威懾，不必考慮與日本的經濟相互依存。在一個階級式亞洲秩序中，事態突然明朗：北京從未準備接受日本的支配，甚或與日本的對等。誠如前首相麻生太郎日後所說，「中國正重蹈日本在上個世紀犯下的錯誤，只不過這次是一個陸權大國幹著追求海上征服的蠢事罷了。」[64] 面對權力消長的渾沌不明，日本領導層只能勉為其難、再一次關注權力均勢邏輯。

之後二十年——先是幾屆自民黨政府，接下來是反對黨日本民主黨政府，最後是安倍晉三的政府，都無一例外地將對付中國的權力均勢邏輯納入外交與國家安全政策。自民黨內的主流保守派，在橋本龍太郎（一九九六—一九九八年間擔任首相）領導下改變路線。橋本龍太郎是佐藤與田中派一脈繼承人，但他本人在外交政策思想上鷹派色彩比較濃厚，主張採取更有效的國家安全路線。在二〇〇一年四月自民黨總裁選舉中，橋本龍太郎為反傳統的第三代反主流派政治人物小泉純一郎擊敗。從那以後（除了日本民主黨在二〇〇九—二〇一二年間組了幾次短命內閣之外），前後二十年間，每一屆自民黨政府的組成核心都是曾由岸信介領導的反主流派。戰後高坂與岡崎的現實派現在代表日本政治領導人的主流觀點，高坂最傑出的門生成為首相安倍的國師，岡崎本人還親自出馬，為安倍的連任做準備。[65] 知識分子思潮也大幅轉向，就連左傾學者也開始倒向高坂的和平現實論，主張較自由的國際主義權力均勢戰略，與坂本義和以及丸山真男的聯合國中立主義或解除武裝的綏靖主義漸行漸遠。[66]

安倍鞏固了戰略架構

我們於是又回到安倍晉三。在他第一任首相任期期間（二〇〇六—二〇〇七年），安倍沒有對他的家族的意識型態左派宿敵採取行動，卻高舉小泉純一郎的改革民粹主義大旗，對抗自民黨內守舊派，結果遭到重挫。[67]選民認為支持他沒有好處；安倍在他的第一場重要選戰中失去參議院控制權，隨後因病無法視事而突然辭職。不過安倍從這些錯誤中記取教訓。在下野的數年之間，他對自己的政治敗績與日本國際影響力的跌入谷底痛定思痛。以一種溫斯頓・邱吉爾（Winston Churchill）或理查・尼克森（Richard Nixon）的精神，安倍運用賦閒的時間研究日本戰略環境，會晤志同道合、來自日本、美國、與澳洲的官員與保守派外交政策學者專家，一步步重建自己在自民黨內的政治資本，讓自己成為擊敗日本民主黨、重建日本在世界舞台聲望與影響力的最佳人選。由於一種能對抗他的腸疾的新藥問世，安倍拾回健康的身體。二〇一二年九月，他贏得自民黨總裁選舉，同年十一月領導自民黨在選戰中取得壓倒性勝利。

在第二任首相任內，安倍刻意留心他在第一任任期間造成短板的領域，選用最優秀、最傑出的官僚進首相辦公室替他工作。套用他在二〇一三年與我共進午餐時對我說的話——他下定決心，一定要把百分之七十的時間花在經濟問題上。[68]安倍雖然仍然與右翼人士交往，但在第二任首相任內，他的主要工作是確保日本的一流強國地位——這主要是戰略問題，而不是意識型態問題。[69]

基於這個目的，他開始研究從德川幕府時代的林子平到明治時代的勝海舟，再到戰後的高坂正堯與岡崎久彥的海權架構。在重返首相府以前，以及之後數年間發表的多次演說中，安倍引用高坂早先提出的觀念，認為日本應該作為一個負責任的海洋國，不應該像中國一樣，在東亞進行陸權獨裁政體的霸權行為。誠如安倍的講稿撰稿人與外交政策智囊谷口智彥在二〇一九年所說，過去的日本政府可以在大陸或海洋戰略間做選擇，在安倍領導下，「日本選擇海上路線，讓這個國家可以配合美國的亞洲防衛政策，扮演更重大的戰略角色」。[70]

日本根據美國國家安全會議（U.S. National Security Council）發表年度報告的模式，於二〇一三年發表日本第一篇國家安全戰略報告《國家安全保障戰略》。報告在一開始就明確指出，日本面對一種「越來越嚴厲的安全環境」，必須主動出擊以加強嚇阻；必須與美國以及與亞洲其他志同道合的國家合作，以改善安全環境；並且「根據普世價值與規則，強化國際秩序，改善全球安全環境，營造一個和平、安定、與繁榮的國際社會」。整篇報告的海洋戰略陳述十分明確：「日本四面環海，拜龐大的專屬經濟區與綿長的海岸線之賜，作為海洋國的日本，已經透過海上貿易與海洋資源開發謀得經濟成長，並且努力追求『開放而安定的海洋』」。[71]或者，如同安倍之後於二〇一四年在瑞士達沃斯（Davos）論壇發表主題演說時所說：

> 歸根究柢，繁榮的基礎來自人民與財物的運行自由。在海洋通道，在空中，以及近年來在外太空與網路空間，通行自由必須隨時確保。想全面保障這些不可或缺的公共財的安全與和平，唯一途徑就是積極維護法治。基於這個宗旨，自由、人權、與民主等基本價值必須確保。沒有其他另類選項。亞洲的和平與安定一旦不保，必將為整個世界帶來龐大連鎖效應。[72]

安倍所以強調海洋安全，所以強調日本必須與其他民主海洋國結盟，顯然主要考量到來自中國的威脅。在美日同盟、印太區域秩序、與內在均勢取捨等問題上，中國已經成為影響日本決策選項最重要的單一因素。八世紀的《日本書紀》首次在日本戰略選項中談到中國。到二〇一三年，日本在《國家安全保障戰略》中又一次提到中國的威脅。

第二章
中國

你們每個人都得好好盯著中國⋯

——吉田茂為日本外務省新進人員講習時說的話，一九六一年

不必惹禍上身的競爭？

二〇一四年一月，安倍在達沃斯發表演說指出，「亞洲的和平與安定一旦不保，必將為整個世界帶來龐大連鎖效應。」他說這番話的本意在為他的新戰略背書，說明何以這項強調海洋安全與全球規範的戰略有助於防堵戰亂。但對當時那些歐洲與會人士來說，百年前第一次世界大戰陰魂不散，餘悸猶存，有關日本與中國可能因東中國海一些小島爆發衝突、毀掉國際和平的耳語也甚囂塵上，揮之不去。安倍雖也認識那些與會人士，但對他們的了解顯然還是不夠深——他特別談到百年前那場「八月砲火」（譯按：指第一次世界大戰，因講述第一次世界大戰的經典歷史著作《八月砲火》（*The guns of August*）而得名）以突顯日本新戰略做法的必要性。他再三保證日本將「主動貢獻和平」，但這些保證卻因他對中國的點名批判而遭到稀釋。一名中國商人隨後在會中演說，狂傲駁斥安倍的說法，表示中國可以發動一場閃電戰擊敗日本，原本氣氛已經低靡的會場變得更加充滿肅殺。[1]

誠如麻省理工學院（MIT）政治學者傅泰林（Taylor Fravel）在他有關中國崛起的研究中所說，「根據各種權力過渡理論，當一個崛起中的國家對現狀不滿，企圖與主控一個區域或系統的國家平起平坐，而且不惜使用武力改變這個系統的規則與體制時，爆發衝突的可能性最大。」[2]一九九〇年代中期，時任新加坡總理的李光耀講得更直白。他提出警告說，日本與中國同時強大的狀況很罕見，上一次出現這種狀況在十九世紀末年，兩國因此打了一場災情慘重的惡戰。[3]

不過現在不是一九一四年，也不是中日爆發甲午戰爭的一八九四年。日本與中國和平共存，兩國的經濟相互依存程度遠超越一九一四年的英國與德國，尤勝於一八九四年的日本與中國自然更不在話下。中日兩國今天的競爭雖說有明顯的軍事面，對日本來說，國策仍是主要競爭模式。

海洋國與它們的大陸對手

但應該選用哪一種國策？日本對華外交政策自古以來就不斷改變，戰後這段期間也不例外。就像英國當年折衝歐陸大國之間一樣，日本也絞盡腦汁尋找如何塑造外海權力均勢的正確途徑。在十九世紀拿破崙戰爭結束後，「歐洲協同體」（Concert of Europe）帶來的安定讓英國充滿自信，但英國也做了一旦情勢有變進行干預的準備。歐洲協同體創議人、英國外相卡斯爾雷子爵（Viscount Castlereagh）當時說，英國有能力從海外塑造權力均勢，因為「我們的力量與權威享譽歐陸，與任何土地兼併相比，對我們的信心更加實際」。[4]但在卡斯爾雷子爵後，首相喬治·坎寧（George Canning）不再信任一切歐陸國家，不再對歐陸進行積極外交政策干預，決定仰賴英吉利海峽與皇家海軍保護英國在海外的實質商業與地緣政治利益。[5]到一八五〇年代，巴麥尊子爵（Viscount Palmerston）擔任首相後帶領英國重新加入歐陸的影響力均勢遊戲，但在一八六五年過後，外相愛德華·斯坦利（Edward Stanley）再次撤出歐陸，說「如果一個政府無意採取行動因應一項威脅，這個政府就有責任遠離這項威脅。」[6]在二十世紀之初，外相愛德華·格雷爵士（Sir Edward Grey）不能像他的前任那樣及時看清歐陸權力均勢，等到發現德意志帝國取勝法國與俄國的圖謀，準備進行嚇阻、干預時，已經為時過晚。[7]換言之，一九一四年的這個教訓，不是中日戰爭無法避免，而是日本對亞洲策略的敏捷性攸關亞洲和平，與百年前英國的歐陸政策影響歐陸和平如出一轍。

日本的新海權戰略強調，日本應加強印太地區其他國家抵抗北京擴張的能力，透過塑造中國周邊環境的手段與中國競爭。不過，日本會為了因應中國之強、而不是中國之弱而訂定對華戰略，這還是一百多年以來頭一遭。誠如歷史學者小代有希子所說，戰前的日本緊緊盯著中國與「俄羅斯以及隨後的蘇聯的強大身影，視它們為西方文化與共產主義意識型態在亞洲的中介」。[8]正因為這種對中國的軟弱與俄國的侵犯的密切關注，山縣有朋才會於二十世紀之交尋求日本本身在亞洲大陸的「利益線」。山縣本人的對華戰略其實很矛盾。他一方面相信，中國的領土完整、經濟發展、與泛亞洲種族團結是日本對抗歐洲帝國主義的重要工具，但他同時也認定，日本需要在亞洲大陸完成若干層面的征服，「為我們在中國境內的貿易與產業建一個基地」，一旦發生緊急狀況，日本才能「掌控『遠東咽喉』，防禦敵人的一切入侵」。[9]之後，在中國內戰引起的恐懼與貪婪驅使下，山縣之後的日本領導人將「利益線」定義不斷向北擴張，從朝鮮半島擴張到滿洲，隨後包覆整個中國——把日本帶進一場與主要海洋國的你死我活的衝突。

戰後，日本戰略又一次以中國的軟弱作為決定性要素，不過這一次日本本身的軟弱也成了考量重點。曾在中國東北與華北作過外交官的吉田茂，根據他的這項親身體驗，以一種基本信念面對北京：日本對中國有「特殊感情」，中國的自強可以防堵西方列強支配亞洲，與日本的利益完全契合。就若干方面而言，這個信念與山縣有朋的觀點（或至少與他的一些念頭）相似。[10]吉田茂認定，日本軍國主義現在不再是中、日兩國交往的障礙，兩國的歷史關係終將使中國向日本尋求現代化的支持與指導，進而讓日本在亞洲內部享有更平衡的關係，減少對美國的依賴。當然，前提是日本得在這種日中關係中享有「大哥」——應該是好大哥——地位。吉田茂就這樣不斷推動與北京的關係，要讓它比美中關係更緊密。就連岸信介這類反主流鷹派人物也在一九五〇年代末期暗中努力，想搶先華府一步強化與北京的貿易關係（岸信介由於堅決反共，他此舉獲有艾森豪總統的支持）。[11]一九七一年，尼克森總統突然宣布對中國敞開大門，還在翌年保證將與北京建交，東京震驚之餘，忙著搶先與中國關係正常化。一九七八年的《中日友好合作條約》不僅標示日本重建與中國的友誼，還透過優渥的日圓貸款，承諾將協助中國自強。[12]在一九八九年六月天安門血腥鎮壓事件過後，第一個勸美國與中國修好的國家也是日本。

不過，如果軟弱的中國在冷戰期間對日本是一個包袱，後冷戰時代的日本必須面對中國再次崛起帶來的後果。當中國於一九九四年進行核試，接著於一九九五—一九九六年在台灣海峽引發一場軍事危機時，許多人發現這許多年來，日本與中國根本是同床異夢。[13]之後二十年，中國的軍事野心不僅深入東海與南海，還向印度洋與太平洋擴張，中國同時不斷採取外交主動，意圖推倒日本——最後推倒美國——在亞洲的領導地位。東京終於發現，北京重建亞洲霸權的野心越來越大，日本的「特殊感情」以及與中國的經濟相互依存或許能夠讓這種野心稍微降溫，但顯然不可能阻止它。

但儘管中國為日本帶來這麼多挑戰——儘管日本人也已達成各種共識，認為日本必須起而競爭——完全放棄山縣或吉田論點，不再相信中國成功有利於日本的日本領導人仍然寥寥無幾。也因此，雖說東京也有一些學者專家與政界人士盼望中國即將崩潰，大多數商界與政界領導人相信，中國崩潰對日本會是一場大難。[14]中國或許是日本最大的外交、科技、軍事、與觀念競爭對手，但中國的經濟也幫著帶動日本經濟；中國參與區域性多邊體制能加強區域安定；中國的空污管控能保護日本的環境；而且對日本安全而言，若出現一個混亂、不開明、重武裝的中國，情況顯然比目前的共產黨還更惡劣得多。當美國在川普領導下走上對中國的「零和」圍堵戰略時，日本仍然不肯放棄權力均勢戰略，認為東京需要與北京競爭與合作雙管齊下。

中國對日本的地緣政治挑戰有安全、外交、與經濟三個層面——它們迫使日本領導人在競爭與合作之間追求平衡，也是日本新的大戰略的決定性要件。本章就要在下文討論這三個層面。

安全挑戰

第一次促成日本舉國共識的是中國的安全挑戰。中國在一九九四與一九九六年間的核試與對台灣的軍事壓力，不僅震撼了日中關係基礎，也加速了日本自民黨內部政治派系的重新整合。一九九二年四月，中共總書記江澤民利用訪日之便，在電視記者簇擁下，親臨一九七一年中日修好的推手田中角榮的東京寓所拜訪，這是日本民眾見到這位日本政界大老的最後一次。

隨著攝影機鏡頭轉動，江澤民與他的代表團滿臉堆笑，不斷鼓掌，向坐在他們前面、斜倚著身軀的田中致意，還送上一幅美麗的中國山水畫。不久前才遭了中風，元氣尚未盡復的田中，喃喃道「哦⋯哦⋯這很好⋯太好了」，隨即哽咽，不能成聲。[15] 翌年，田中角榮去世，日中友好的年代也隨之告終。

之後幾年，田中派親中導向的主流外交政策在政治意義上逐漸無以為繼。令人感到反諷的是，這種權力均勢戰略轉向的始作俑者，其實不是安倍，而是田中派最後領導人之一的橋本龍太郎。橋本的強硬國家主義風格，早在一九九四－一九九五年擔任通產大臣（譯按：相當經濟部長）期間，就令跟他交手的美國談判代表們印象深刻。在擔任首相後，橋本於一九九六年同意將美日防衛合作擴大到「日本周邊地區」——為對付來自中國、變本加厲的海上威脅，美、日兩國的國防合作戰略就這樣不著痕跡地轉型了。

但在採取這些早期權力均勢行動的同時，橋本龍太郎也沒忘記投資與中國的關係。一九九八年十一月，為慶祝一九七八年中日友好合作條約簽約二十周年，橋本的接班人小淵惠三（也是田中派一員）在東京舉行國宴，款待到訪的江澤民，指望中日關係能隨著美日同盟強化而更上一層樓。只是事情出了大差錯。穿著毛裝赴宴的江澤民不但沒有在宴中預祝中日關係，還搬出日本軍國主義歷史老帳對明仁天皇一陣說教，讓在場日本菁英政要大驚失色，尷尬不已。[16]這項蠻橫表態事出有因：既然日本有意靠攏美國人、擴大軍事角色，江澤民也無意保持中日友好關係。

反主流派政治人物小泉純一郎在於二〇〇一年從田中派手中奪得自民黨領導權時，原希望遵循原有路線，一方面推動與美國的主動安全政策，一方面繼續營造與北京的諒解。但小泉曾向「日本遺族會」保證，一旦當選首相將參拜靖國神社——此舉不啻在與中國的舊傷口上灑下新鹽。日本政界各派人士原本都會往訪這座位於東京市中心區的大神社，祭拜他們在大戰期間死難的親人，但靖國神社在一九七八年將甲級戰犯秘密奉入祭祀的事件引發政治軒然大波，天皇本人也因此被迫不得前往祭拜。對小泉來說，由於遺族會一直支持橋本龍太郎，而橋本是小泉的自民黨黨魁之爭的首要競爭對手，參拜靖國神社主要是一個政治計算、而不是意識型態問題。為緩和這場風暴，小泉在二〇〇一年十月以首相身分訪問中國時，刻意在一九三七年中日戰爭爆發地點蘆溝橋小停，為當年日本侵華表示由衷歉意與悔意。[17]不過這個姿態毫無效果。小泉純一郎已於二〇〇一年八月參拜靖國神社，北京要求他承諾今後不再往訪，而小泉拒絕向中國壓力屈服。在小泉任內，兩國關係就這樣陷於舊有意識型態議題與新地緣政治競爭的糾結纏繞中，無法脫困。

小泉後來告訴我，他之後又前往靖國神社參拜了幾次——特別是二〇〇六年八月十五日最後那一次——目的就是要表示，不能再讓中國指定日本的外交或內政政策，同時也為他的接班人掃清障礙，讓他們不再覺得他們必須參拜靖國神社才能表明這一點。日本與中國間的鬥爭不只是歷史、也是階級與聲望的鬥爭。小泉之後的日本領導人雖說也試著重建安定（或許談不上友好）的中日關係，但中國持續加強對日本軍事施壓的做法讓這些努力成效不彰。

隨後數十年，日本外交官與商界領導人力圖修復與北京的關係，雖能經由談判達成一些模糊的合作原則，或消弭衝突的協議，但這些成果一成不變地遭到解放軍肆意破壞、撕毀。以二〇〇一年為例，兩國外長達成協議，共同開發尖閣列島周邊海域，任何片面探勘行動應事先向對方提出照會。[18] 但具體的共同開發計劃始終沒有出現，到二〇〇三年，中國違約在「西湖凹陷」（Xihu Trough，譯按：位於東海，約在上海東方四百公里）鑽油案情曝光。[19] 二〇〇七年繼安倍之後出任首相的福田康夫，與日本商界關係密切，頗以對中國態度較溫和自豪。在二〇〇八年五月發表的一篇聲明中，福田與胡錦濤同意恢復共同開發作業，使東中國海成為一個「和平、合作、與友好之海」——但情況沒有因此好轉。[20] 到二〇一五年，日本政府已經在這個「和平之海」找到中國為了片面資源開採而建的十六個結構（見左圖2.1）。[21]

當反對黨（日本）民主黨高舉「政權交替」競選大旗、擊敗自民黨而於二〇〇九年上台時，民調顯示，日本民眾之所以支持民主黨聯合政府，目的只是在懲罰自改革派小泉主政以來

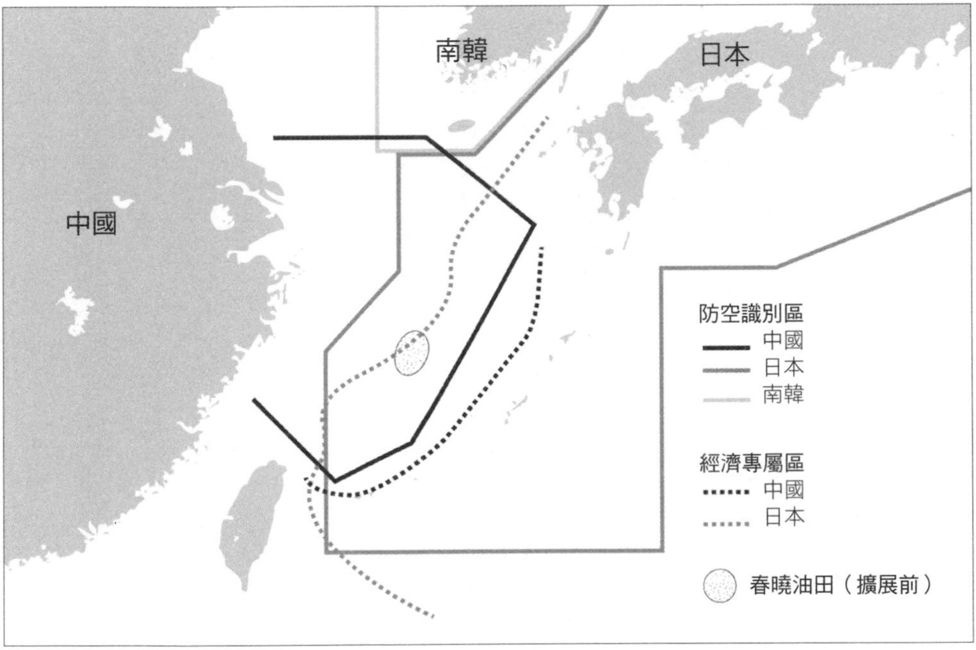

2.1　東亞各國防空識別區

又走回貪腐老路的自民黨，民眾其實並不主張日本大幅改變外交政策。[22]但無論如何，民主黨首相鳩山由紀夫上台後將民意撇在一邊，一心只想實現他的外祖父早在一九五〇年代就抱持的一個夢想：用中國牌對抗美國。二〇〇九年九月，鳩山在紐約的一次記者會中承諾將與中國組建「東亞社群」，以協助日本對抗華府。[23]這事讓歐巴馬政府──它對日本並無惡意，也沒有用保護主義手段對付日本的打算──瞠目結舌，不知鳩山葫蘆裡賣的究竟是什麼藥。就連北京的日本問題專家也感到大惑不解。北京一名著名的日本通就在二〇〇九年告訴我，「這個日本民主黨政府是一個左派政府，但日本是一個右派國家，所以鳩山這些政策走不了多久。」

鳩山這場擁抱中國以反制美國的實驗慘遭打擊。二〇一〇年九月七日，中國一艘海上民兵船在尖閣列島附近故意撞擊日本海上保安廳一艘巡邏艦，日本民主黨政府打破過去沉默，將中國民兵船船長逮捕，接受日本國內法審判。北京暴怒，發動稀土抵制，並且以憑空捏造的間諜罪名逮捕幾名中國境內的日本商人。在日本政府忙著尋找對策之際，民主黨內部前社會黨分子與外相前原誠司這類鷹派人物爭執不下。最後，日本於九月二十四日將那名中國船長無條件釋放。一場眼前的危機於是化解，中國船隻闖入尖閣列島水域事件的頻率也回到危機發生前的水準──暫時如此。[24]

之後，民主黨政府設法透過二〇一二年五月舉行的一次中日韓三邊高峰會修補中日關係。

在那次峰會中，三國同意在首爾（Seoul）成立一個新的「三國合作秘書處」（之所以使用「三國合作」這個古怪的名稱，是因為沒有一國政府願意讓另兩國政府中的任何一個，在秘書處官方名稱上排名居前）。只不過，中日兩國相安無事的局面沒能持續多久。二〇一二年九月，野田佳彥領導的第三屆民主黨政府，積極設法從一名日本私人地主手中買下尖閣列島中的一個島嶼，以防止反華的右派人士、東京都知事石原慎太郎購買這個島，以免石原為了本身政治目的，利用這個島與北京滋事。野田雖說為謀遠禍而機關算盡，但終於還是躲不開禍事：中國又一次懲罰日本，大幅增加在尖閣列島周邊的軍事與半軍事作業——如下表2.1所示，這一次是永久性的。[25]

對東京的戰略謀士來說，與北京關係的浮沉現

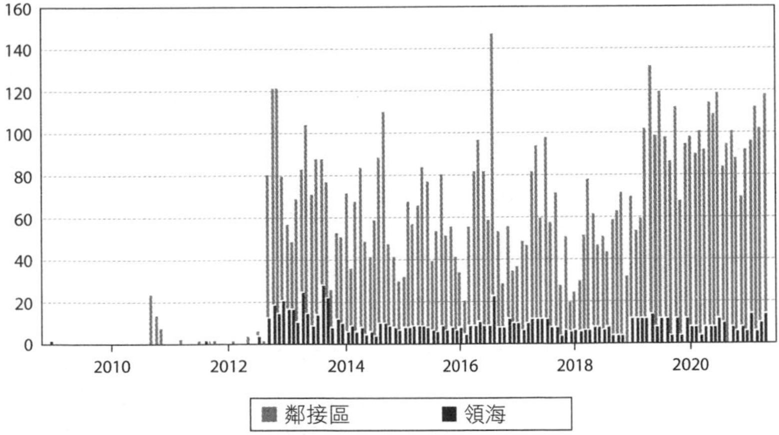

表2.1　出現在尖閣列島鄰接區與領海的中國政府船隻的數目

在儼然出現一種持續不變的特性：北京已經肆無忌憚地展開軍事與半軍事施壓行動，以證明日本無力扼止中國入侵，從而駁斥日本所謂擁有尖閣列島主權的論點。一九九七年，美國國務卿華倫・克里斯多福（Warren Christopher）在答覆日本記者詢問，一旦中日爆發衝突，美日安保條約適用範圍是否包括尖閣列島時，支吾其詞地呼籲有關各造「克制」[26]，這次事件讓東京對中國這些施壓行動特別敏感。美國國防部之後澄清，在日本管理的島嶼周邊對日本發動的任何攻擊，事實上都將啟動美日安保條約第五條（美國國務院仍然避重就輕地說，這反映的是，美國承認日本在尖閣列島的行政管控權，但不是領土權）。在日本官員眼中，這種咬文嚼字的外交與法律條文解析，已經淪為中國施壓的箭靶。之後幾屆美國政府、層級直到總統本人，都重申美國根據安保條約對日本的承諾。[27]但自一九九七年起，在東京看來，中國在尖閣列島周邊採取的每一項半軍事與軍事擴張行動，都是中國「切香腸」（中國諺語叫作「剝捲心菜」）戰略的一部分，目的在損耗日本行政管控能力，削弱美國的保安承諾。日本專家開始用「灰區」威懾（"grey zone" coercion）這個新詞彙描述中國的戰略，這個詞彙沒隔多久也成了美國國家安全專家的用語。[28]

「像被剃光了毛的羊一樣」

拜中國這種擴張模式以及日本民主黨的舉棋不定之賜，安倍在自民黨內部的政治財富不斷增加。安倍開始不斷強調中國對日本安全的威脅，誓言重建美日同盟。他於二〇〇九年在布魯金斯研究所（Brookings Institution）呼籲日本「對我們歷久彌新、因同樣一套價值觀而結合在一起的同盟做更多投資，特別是當我們的大鄰國中國歷經這樣一場搖擺不定的成長過渡期之際，尤其如此」。[29]二〇一〇年，安倍在華府哈德森研究所（Hudson Institute）指控中國搞「生存空間論」（lebensraum，一種政治術語，認為國家像一個有機體，需要有可共生存的空間，納粹等極端民族主義者用它做為擴張藉口），並且提出警告說，中國的目標是「芬蘭化」（Finlandize，譯按：小國面對強大鄰國，為求自保而採取的自我矮化模式）日本與韓國。[30]這種邱吉爾式訊息（Churchillian message，譯按：邱吉爾在第二次世界大戰前夕不斷警告，要民主國家提防希特勒的擴張野心）在自民黨保守派內部引起強大共鳴，安倍因此又一次當選自民黨黨魁，隨於二〇一二年十二月大選領導自民黨，以壓倒性多數擊敗民主黨，重登首相寶座。

二十年前的安倍，就日本對華觀點而言，或許只能算是來自自民黨反主流派的一個局外人，現在的他卻無論在民眾與菁英民調上都是一致共識的代表。[31]他在二〇一三年提出《國家安全保障戰略》，毫不含糊地指出「中國已經企圖根據本身一廂情願，在海洋，在空中，包括在東中國海與南中國海，採取與既有秩序與國際法不能相容的行動，企圖以強制手段改變現狀」。[32]

另一方面，北京繼續蠻幹，證明安倍所言完全正確。二〇一三年一月三十日，解放軍海軍一艘海面作戰艦艇將艦上射控雷達鎖定日本海上自衛隊（JMSDF）一艘驅逐艦。同年十一月二十三日，北京宣布在東中國海上空劃定防空識別區（defense identification zone，ADIZ），將日本管轄（而且已經主張）的一處空域納入其中，還揚言將對任何進入識別區的飛機採取攔截與必要防禦措施。[33]中國在尖閣列島附近的作業仍像一年前一樣，處於高度劍拔弩張態勢，解放軍潛艇與「水面行動群」（由驅逐艦與護衛艦組成的小編隊）也開始在日本列島這一面的太平洋進行例行演習。日本防衛省（國防部）於二〇一八年十月二十六日發表白皮書提出警告說，「中國最近的活動，包括它的迅速軍事現代化與戰力提升，它在日本周邊地區行動的片面升級，以及這些建軍過程的欠缺透明度，都對包括日本在內的這個地區與國際社會帶來強大安全顧慮。」[34]白皮書中詳細記錄中國機艦一再飛越、環繞、騷擾日本領海，不斷闖入尖閣列島附近鄰接區的事件，包括在東中國海與日本這一面的太平洋的軍演，日方還在尖閣列島鄰接區偵測到中國「商」級潛艇與一艘江凱II級（Jiangkai II）護衛艦（這是中國潛艇潛入尖閣列島鄰接區的第一個經確認的案例）。同時，防衛省的報告指出，中國軍機飛越沖繩與宮古島之間海峽的次數，已經從二〇一六年的每年五次增加到單在二〇一七年就有十八次。[35]在二〇一八年，儘管兩國政府為了習近平即將訪問日本，慶祝一九七八年《中日友好和平條約》締約四十周年而努力修補關係，日本航空自衛隊（JASDF）仍然不得不出動六百三十八架次戰鬥機以因應解放軍空軍犯境——出動頻率比一年前高出甚多。[36]日本海上保安廳在二〇二〇年七月報告說，中國巡邏船連續一百天闖入尖閣列島周邊二十四浬鄰接區，創下至少自二〇一二年以來連續犯境最多天數。[37]

當冷戰結束時，日本國防預算規模曾高達中國的兩倍。儘管在安倍主政期間逐年增加，當安倍於二〇二〇年卸任時，日本國防預算規模仍只有中國國防預算的五分之一：這也是解放軍與中國海岸防衛隊迫不及待，向兵力越來越緊綳的日本自衛隊與海岸防衛隊誇耀的事實。由於中國肆無忌憚地海上擴張，不斷使用軍事手段威嚇台灣與東南亞國家，日本政治領導人開始公開預言，一旦台灣遭到攻擊，日本會扮演協助台灣的重要角色——儘管日本人民對台灣一直頗具好感，但軍援台灣幾十年來始終是個禁忌議題。二〇二一年的防衛白皮書宣稱，「安定台灣周遭情勢對日本的安全以及國際社會的安定都很重要」。同時，副首相麻生太郎與東京幾名前防衛省高官也開始第一次做出解釋說，台灣一旦有事，由於將直接威脅到日本本身在第一島鏈的安全，日本很可能出手——而二〇二一年的民調也顯示，百分之七十四的日本民眾表示同意。[38]毫無疑問，隨著安全環境不斷惡化，日本領導人犯了許多戰術錯誤。小泉因參拜靖國神社而與江澤民與胡錦濤鬧僵，也讓兩國高層外交互動凍結多年。之後，日本民主黨先在二〇一〇年逮捕中國船長，又在二〇一二年買下私人地主擁有的一個尖閣列島島嶼，都搞砸了對中國的戰略訊息。但儘管有這些錯誤，就大方向而言，他們很清楚中國的意圖——特別對一個海洋國來說，這意圖充滿威脅。前駐美大使加藤良三說得好：中國的做法就是要讓日本列島「像被剃光了毛的羊一樣」。[39]

外交挑戰

中國的軍事威脅不僅刺破日本的實體安全意識，也傷害到日本在亞洲的地位與威望。在經過數十年同床異夢之後，當日本外相河野洋平提出警告說，一九九四年的羅布泊核試讓日本重新考慮是否繼續為中國提供慷慨的日圓貸款時，日本與中國政府發現，他們對亞洲長幼尊卑的認知天差地遠。據說，河野洋平這番話遭到當時中國外長反唇相譏說，日本的貸款不過是償還過去侵華罪行積下的舊債而已。[40]兩國外長這段言語交鋒，讓東京的許多觀察家相信，北京的戰略目的就是要把日本逼進一個小角落，以證明日本與中國事實上並不對等，中國擁有完整軍事大國與區域領導的合法權益，而日本必須遂行歷史義務，只能當一個局部、不完整的大國——之後中國採取的威懾與宣傳手段也證實了這種觀點。

對中國領導人來說，界定亞洲未來領導權的權衡標準是一九四五年的波茨坦（Potsdam）與雅爾達（Yalta）高峰會。在這兩次峰會中，「四警察」（指美國、英國、蘇聯、與中國）同意日本必須無條件投降，盟國將嚴懲戰後的日本（不過中國領導人沒有出席實際會議，而且當時領導中國的是中國共產黨的死對頭蔣介石）。對日本領導人來說，界定區域未來秩序的權衡標準是一九五一年舊金山會議。美國與其他民主國在那次會議中達成協議，決定以不具懲罰性的手段和平解決日本問題，美國並且在會中分別與日本、菲律賓、澳洲、紐西蘭簽署雙邊安保條約，直到今天，這些條約都是美國與日本的亞太地區戰略的準繩。日本顯然被擋在戰時的波茨坦與雅爾達會議門外，中國也沒有參與舊金山談判——談判在共產黨贏得中國內戰僅僅兩年後展開，當時韓戰正酣。日本與中國有關戰後解決辦法的新聞與學術表述完全相互矛盾、各說各話——直到冷戰過後，中國的野心與日本的不安全感逐漸顯現，人們才開始注意這個事實。中國與日本有關尖閣列島的主張之所以南轅北轍，主要正因為美國在波茨坦峰會與之後舊金山和約談判中，對尖閣列島的承諾既模糊又矛盾所致。美國的決策或聲明，往往為中、日兩國間的一方或另一方所用，成為各自對戰後亞太地區秩序法統說法的依據，只是美國決策人經常不能了解這一點。[41]

擴及到區域與全球論壇的競爭

隨著主權與國家法統等核心議題引起的雙邊外交角逐不斷激化，中日兩國萌芽中的區域經濟整合合作也淪為犧牲品。一九九七—一九九八年的亞洲金融危機，或許堪稱是這項合作的最高點。在這場金融危機期間，日本大藏省（譯按：今日本財務省與金融廳前身，為日本最高財務主管機關）結合亞洲各經濟體，對抗美國與國際貨幣基金會（International Monetary Fund，IMF）迫使泰國、印尼、與韓國推動結構性改革的壓力，同時北京也同意不將人民幣貶值，使泰國、印尼、與韓國免於亞洲各國競相將貨幣貶值浪潮之害。[42] 與華府的分歧，使東亞諸國組建一個東亞金融安排的呼聲水漲船高。這個金融安排，基本上就是在區域經濟體被迫接受國際貨幣基金的金援條件以前，先透過債務交換提供安定基金。二〇〇〇年五月，日本、韓國、中國、與東南亞國協（Association of Southeast Asian Nations，ASEAN）十個會員國的財政部代表團在泰北城市清邁（Chiang Mai）集會，為這個安排定案，稱為《清邁協議》（*Chiang Mai*

Initiative，CMI）。[43]

不過，《清邁協議》雖也曾多次保證落實債務交換，卻始終不夠成熟，無法形成一種取代國際貨幣基金的區域性機制。造成這種現象的一個原因是，主要放款國——特別是日本——不願在沒有國際貨幣基金會與「經濟合作暨發展組織」（Organisation for Economic Co-operation and Development，OECD）其他北美與歐洲國家的政治與財務支援下，接受放款的道德風險。著名經濟國家主義學者榊原英資在一九九七－一九九八年擔任大藏省次官期間，雖曾力謀設立「亞洲貨幣基金」以抗衡美國，但他的接班人上台以後，放棄榊原這種半閉關自守的路線，開始與國際貨幣基金與美國財政部配合作業，在協調《清邁協議》的議題時極度謹慎。但《清邁協議》之所以失敗，更主要的一個原因是中日兩國外交角逐的加劇，會員國為謀達成新組織投票權協議而費盡心血，就是證明。經過十年爭執，《清邁協議》會員國財政部長於二〇〇九年五月同意，中國本身的投票權分額低於日本，但加入香港以後與日本一樣，讓中、日兩國都能主張「平等」地位。[44]之後，新改名的《多邊清邁協議》（*Chiang Mai Initiative Multilateralization*，CMIM）再也沒有在一場金融危機中全面啟動。[45]

中日兩國的外交角逐也延燒到其他多邊論壇。以聯合國為例，日本在二〇〇四年聯合印度、巴西、與德國組成「G4」，要求聯合國安全理事會（UNSC）納入G4四國為常任理事國，以推動安理會改革與擴充。北京隨即找來G4的敵對鄰國——包括巴基斯坦、阿根廷、義大利、與韓國——組成一個非正式取名為「咖啡俱樂部」的組織，以阻撓安理會改革。[46]眼見中國竟能以如此有效的手段稀釋東南亞國家對日本的支持，韓國竟然如此迅速地倒向中國，都讓日本外務省震驚不已。聯合國系統是日本外交政策的關鍵樑柱，成為安理會常任理事國，一直就是日本走出二戰陰霾的終極明證（當年聯合國成立的初衷，為的就是要與日本與軸心國作戰）。在日本官員眼中，「咖啡俱樂部」的出現是個難以吞嚥的苦藥。

在新的「東亞共同體」（East Asia Community）的組建過程中，日本與中國也不斷衝突。在一九九七—一九九八年亞洲金融危機過後，「東亞願景小組」（East Asia Vision Group，一個區域性學者專家團體）主張在《清邁協議》會員國基礎上建立一個東亞共同體，進行區域整合與勢力範圍打造，以對抗北美與歐洲。[47]就在日本外交官因聯合國安理會改革問題而與中國的那些代理人爭執不下之際，他們開始從東南亞國家協會的夥伴處獲悉，說北京正在設法控制議程，以通過東亞遠見會的建議、召開一項新的東亞高峰會。二〇〇四年年底，高棉與寮國以代理人身分提出一項中方提案，主張先在吉隆坡（Kuala Lumpur）、然後在中國召開區域領導人高峰會，並由北京決定議程，這讓東南亞國家協會幾個較有獨立見解的會員國高級官員提高警覺。[48]

與外務省相形之下，經濟產業省高官原本對他們在一種亞洲架構中與中國共事的能力大體而言較為樂觀，但隨著中國在由東協十國、日本、韓國、與中國組成的自由貿易協定談判中影響力不斷增加，這些日本高官也開始心浮氣燥。這項所謂「東協加三」的貿易概念原本旨在推動區域整合，讓成員國在面對其他區域時擁有較大的談判籌碼，但由於中國勢力不斷增加，這項貿易概念也轉化成為一項塑造與整合中國的戰略。經濟產業省一名高官在二〇〇四年告訴我，日本要用這項貿易談判「在中國周遭造一個籠子」。一年以後，這位高官承認，他們造的籠子不夠大，日本得力謀與印度、澳洲、與紐西蘭等志同道合的民主國聯手，一起與中國較勁，這就是後來成立《區域全面經濟夥伴協定》（RCEP）的源起。[49] 多邊外交仍是日本外交戰略的一項重要準則，本書將在第四章進一步探討。日本於一九三三年退出國際聯盟，走上世界大戰的毀滅之路，對這樣一個國家來說，多邊外交是一條必經之途。但二十年來的中日競爭，已經讓許多日本戰略思想家對於在亞洲構築多邊體制的效益存疑。在一開始，日本外交官與產、經、貿易官員積極參與以東協為核心的多邊會議，行程滿檔地投入東亞事務，但現在他們除了推動區域整合以外，還得忙著封鎖中國。

當戰略與國際研究中心在二〇〇八年就區域體制構築議題對日本外交政策菁英進行調查時，發現日本人熱情不減，百分之八十一的受訪者說東亞共同體的構築對日本很重要。但到二〇一四年，同樣的調查發現，百分之六十二受訪者對東亞地區共同體構築的遠景感到悲觀，在十個受訪的東亞國家中，日本受訪者的反應最為負面。在問到他們何以悲觀時，排名第一的答覆是「對崛起中國的疑慮」。[50]

安倍比習近平技高一籌

在安倍於二〇一二年重返首相府以後，中日外交角逐也如火如荼，全面展開。從二〇一三年底到二〇一四年初，駐節全球各地的中國外交官奉命發表社論文章，指控安倍是歷史否定主義的戰爭販子，北京打擊日本領導權合法性——特別是攻訐安倍——的行動也因此達到最高潮。其中中國駐倫敦大使二〇一四年元月在《電訊報》（*Telegraph*）上發表的那篇文章尤其荒唐可笑。他先在文中提醒英國讀者，別忘了中國在第二次世界大戰期間站在英國這一邊，隨即將安倍比為《哈利波特》（*Harry Potter*）中那邪惡的佛地魔（Lord Voldemort）。[51]

安倍沒有就這樣向中國壓力屈服，但也沒有放棄穩住與北京關係的最後目標。雖說安倍奮力嚇阻中國的高壓威懾，與中國角逐在亞洲的影響力，但就像他的外祖父岸信介一樣，安倍也認為與中國建立有生產性的經濟關係，對日本整體經濟與外交政策很重要。在二〇〇六—

二〇〇七年第一次擔任首相期間，安倍曾在首次訪問中國以前，根據前幾任首相在一九九五年八月十五日與二〇〇五年的正式聲明發表演說，承認日本過去的統治與「入侵」為亞洲帶來苦難。這篇演說激怒了他在右派的盟友，因為僅僅幾個月以前，他還質疑日本當年與中國的戰爭就技術性而言是否算得上是「入侵」。[52]

當時擔任安倍內閣副外相，之後在二〇一三年成為國家安全顧問的谷內正太郎曾經解釋說，在二度主政以後，安倍雖說先向北京表明他不會被北京嚇倒，但他打從一開始就有與中國改善關係的計劃。[53] 在北京發動全球宣傳攻勢、孤立安倍期間，安倍鼓勵前首相福田康夫訪問北京進行「個人外交」，以保持政治對話暢通，為日後的關係安定化奠基（中國外交官曾經告訴我，福田康夫搭的線在那段兩國對抗期間有多重要）。安倍本人全力加強與華府、坎培拉（Canberra）、德里（Delhi）、以及東南亞、歐洲、與中東諸國的關係，以突破中國的包夾壓力（本書之後幾章還會討論這種結合外在均勢與觀念競爭的做法）。在回鍋擔任首相的第一年，安倍舉行的高峰會次數，比大多數日本戰後首相整個任內開的高峰會都多。到二〇一四年，亞太地區的民調發現，民眾對安倍的信任度大體上為對習近平的兩倍，特別是在華府、坎培拉、與德里，領先幅度更高。[54] 同時，二〇一三年七月安倍在日本參議院選舉取得的大勝也明確告訴了北京，他不會像之前的六任日本首相那樣、還沒坐熱首相寶座就敗陣下台。在二〇一三年選舉過後那一周，日本商界領導人在東京的會議中告訴我，他們突然間接到過去對日本商界不屑一顧的中國共產黨高幹、許多前來拜會的邀約。

在安倍力挺中國壓力、始終完好無缺的一年以後，習近平放棄早先提出的先決條件——安倍必須承認有關尖閣諸島的領土爭議，必須保證不再參拜靖國神社——同意於二〇一四年十一月與日本舉行雙邊會議。在為這次高峰會拍攝的合影中，兩名領導人神情尷尬地站在一起，套用前副國務卿阿米塔吉的話，兩人就像他們「在互聞對方的襪子一樣」。在會後發表的簡短四點聯合聲明中，安倍承認兩國對東中國海的緊張情勢「看法不同」，但沒有屈服於北京的堅持、承認有真正的領土爭議。[55]在參拜靖國神社的議題上，安倍也沒有許下任何承諾，不過除了在二〇一三年十二月參拜過一次靖國神社以外，他再沒有以首相身分參拜靖國神社。

在擊敗中國從外交上孤立日本的攻勢後，為維護聯合政府內部團結，也為了兌現重建日本經濟成長的保證，安倍現在需要穩定與中國的關係。

經濟挑戰

日本之所以在一九七〇年代對中國開放，一開始是一種戰略考量。一九七八年的日圓貸款協議主要目的除了鞏固日中友誼以外，也為了強化軟弱的中國，讓中國可以抗衡蘇聯。[56]但直到二〇〇五年，日本在中國的投資高達近三百億美元。中國已經是日本製造業供應鏈不可或缺的一環，中國消費者是日本消費者商品外銷的首要市場，日本在中國市場的經濟利益，這時已經成為與地緣政治分庭抗禮的重要戰略考量因素。[57]日本農民將高端清酒、草莓、哈蜜瓜賣給中國新興的中產階級——據估計，在二〇〇五年，中國這個新興族群的人口比日本全國人口總數還多——發一筆小財。同時，豐田等製造業者也預期，在今後數十年，中國市場的成長腳步將比日本、歐洲、及北美都快。[58]但也正是在這段期間，中日政治關係不斷惡化，緊張情勢劍拔弩張。二〇〇四年八月七日，亞洲盃日本對中國足球賽在北京舉行時，日本駐北京副代表的座車遭中國足球流氓攻擊，更是鬧得山雨欲來。[59]一則由於這種政治不確定性，再則也因為中國勞工成本持續增加，以及中國境內對智慧財產權的保護形同具文，日本公司開始實施後來所謂「中國加一」策略，將風險從中國市場以及中國境內的製造與組裝基地分散。成為「加一」的主要受益國包括印度與東南亞諸國（特別是越南）。後來，當安倍為反制中國在東亞孤立日本，而與印度以及東南亞諸國拓展外交時，「中國加一」策略也成為一大助攻。[60]

中國雖然代表一個不斷成長的巨型市場，但政治風險、勞工成本、與智財權盜竊情勢也持續惡化。就是在這種情勢發展中，日本在中國的「外國直接投資」（foreign direct investment，FDI）於二〇一二年達到頂峰。尖閣列島的爭議現在已經表明，一旦發生地緣政治對抗情事，北京就會利用經濟相互依存懲罰日本商界。[61] 幾十年來，日本產業界一直希望維持「政經分離」政策——在處理對華關係時建一道隔離牆，將商務與政治議題分開——但北京顯然不再願意繼續遵守這項自一九七八年以來就有的默契。

無論怎麼說，如下表2.2所示，日本在中國的外國直接投資仍高。[62] 在有關商界信心的民調中，汽車生產商對中國市場的前景尤表樂觀。[63] 此外，安倍之所以能在上任以來將日本觀光業產值增加三倍，靠的是兩大原因，一是內部改革，一是大批富有的中國觀光客渴望遊覽京都、奈良等美麗的日本古城，或

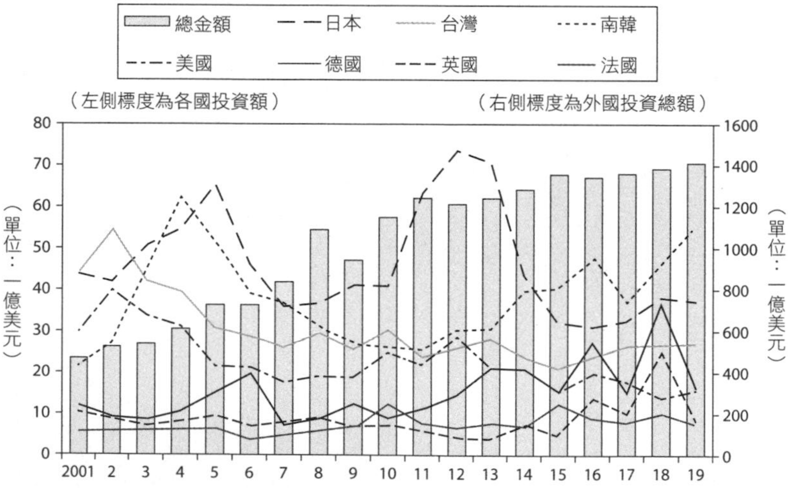

圖2.2　外國在中國直接投資的歷年數據

在東京銀座購物。[64]為了準備這本書的題材，我邀集日、美著名歷史學者與外交政策專家，在日本箱根一處溫泉勝地開了一次會，思考與中國戰略競爭的前景。當我們在酒店會議室辯論亞洲戰略競爭問題時，放眼望去，酒店的溫泉與花園裡盡是開心享樂的觀光客。酒店經理在答覆我們有關生意狀況的詢問時說，拜這些觀光客之賜，生意非常好。當新冠肺炎（COVID-19）疫情爆發，導致武漢於二〇二〇年封城時，安倍遲遲不願禁止陸客訪日，也反映了擔心日本觀光業受損的顧慮。[65]反諷色彩濃厚的現實是，安倍為了與中國競爭而掌權，但他的政治生命能夠如此長久，靠的卻是經濟成長與日經股票指數的回升——而在很大程度上，這些現象的幕後推手是訪問日本的中國觀光客與日本對中國的外銷。

穩住經濟關係……差一點就成了

二〇一八年適逢日中和平友好條約締約四十周年，為安倍帶來穩住政治關係以加惠經濟的機會。日本過去也曾幾次試圖運用締約十年慶的機會，結果都鎩羽而歸：一九九八年的高峰會因江澤民在東京舉行的一次國宴中教訓日皇而以慘敗收場，[66]福田康夫與胡錦濤在二〇〇八年達成協議，要使東中國海成為一個「和平、合作、與友好之海」，接踵而來的卻是有增無已的軍事對抗。當習近平與安倍在二〇一八年接頭時，兩國因地緣政治議題而僵持不下，但都有意在經濟議題上有所進展——就像兩個筋疲力盡的拳手都把手舉在對方肩上，盼著鈴聲響，可以停下來喘口氣一樣。習近平當時面對來自華府川普政府的新壓力與撲朔迷離，即將展開第三任自民黨總裁任期的安倍，則需要爭取商界支持，加強與聯合政府夥伴公明黨（主張綏靖），以及前經濟產業大臣二階俊博（少數仍然渴望與北京改善關係的自民黨領導人）這類自民黨內派閥大老的聯繫。[67] 中日雙方重量級經濟決策人士也已做好改變的準備。兩國外長開始訂定互訪計劃，包括習近平訪問大阪出席G20峰會，以及新日皇的國是訪問等，讓「經團連」（日本首要商業組織）會長等日本商界領導人感到滿意，也鬆了一口氣。[68] 根據緊接這一波政治關係解凍後展開的商界意見調查，日本主管們突然發現，隨著兩國政治關係轉趨緩和，中國政府對他們的態度也親和得多——或許這與美中貿易關係更加惡化不無關係。[69]

東京與北京也想方設法，讓兩國在亞洲內部的經濟戰略對抗不落痕跡。當中國於二〇一三年十月宣布成立「亞洲基礎設施投資銀行」（AIIB，簡稱亞投行）時，儘管英國與澳洲等其他盟國決定加入這家銀行，日本原本與印度以及美國聯手，極力反對。對於習近平在那一年宣布的「一帶一路」倡議，東京也同樣表示懷疑，先是提出「高品質基礎設施」的保證與之對抗，之後與美國與澳洲聯手，發表「自由開放的印太」（FOIP）理念，提出取代「一帶一路」的另類選項（本書在第四章有更詳盡的討論）。[70]不過，在安倍與習近平二〇一八年十月峰會召開前夕，「日本國際協力銀行」（Japan Bank for International Cooperation，JBIC）與中國「國家開發銀行」（簡稱國開行）改變立場，同意建立一些納入「一帶一路」與「自由開放的印太」的共同項目，中方並且同意日本所提一切有關債務持續性等「高品質基礎設施」的條件。[71]一年以後，國際協力銀行負責人承認，雙方在尋找共同項目的過程中並無進展，不過兩國銀行這次態度轉變，是兩國當局維持穩定關係、維護日本在中國經濟利益的大環境推波助瀾的成果。[72]無論如何，由於日本對中國歷時四十年的官方開發援助於二〇一八年劃下休止符，東京與北京能有這樣一項名義上的合作開發協議仍然值得一提。

科技競爭加劇

撇開這類正面意義的轉變不計，面對中國在高科技產業方面有增無減的掠奪式經濟行為——特別在北京於二〇一五年五月提出野心大得出奇的「中國製造二〇二五」報告之後——東京決策人士也開始不斷加強經濟保安措施，以保護日本公司與市場。[73]在至少局部與經濟依賴中國脫鉤這條路上，美國並不孤單；事實上，最賣力與中國在經濟依賴上脫鉤的國家莫過於日本。儘管投資環境略見改善，但迫於智慧財產盜竊情勢猖獗，日本公司繼續將關鍵性研發作業移出中國。二〇一五年七月，華為與日本公司軟銀突然簽約，日本政府警覺到中國對日本電信產業的滲透，於是出台法規，禁止華為、中興通訊（ZTE）、與其他中國電信業者參與日本5G網路建設——甚至在安倍於二〇一八年十月訪問中國、與習近平舉行高峰會期間，日本政府都沒有稍事放鬆。[74] 隨後，經濟產業省向日本公司合規官發出行政指令，要他們不得參與與華為的技術轉移或重大業務交易。[75]

同一年，日本政府開始修改外匯法，將某些外國投資人在投資具有戰略重要意義的日本公司時，必須先取得政府批准才能購入公司股份的持股門檻，從百分之十降到百分之一。經日本財務省列為具有戰略重要意義的日本公司，包括大多數電力公司，核心基礎設施支援業者，或生產國防相關科技、或其他網路安全相關科技的公司。[76] 雖說這項改變一體適用，但促成這項改變的威脅很顯然來自中國。事實上，美國國會議員也在推動類似改革，以加強美國的投資審查——包括提出修正案，要求美國政府與日本協調有關中國高科技投資型態的情報，以整合美、日兩個盟國的反制作業。[77] 甚至在二〇二〇年四月，日本政府為掙脫新冠疫情經濟衝擊而提出龐大刺激方案時，都不忘編列二十餘億美元協助日本公司將供應鏈與製造設施帶回日本，以創造就業與保護科技。[78] 到同年七月，日本公司提出的全額補助申請已經超過可用資金的十倍。[79]二〇二〇年民調顯示，百分之八十的日本民眾贊成政府縮緊對敏感科技出口的管控。[80]

但就像美國科技公司越來越擔心，生怕投資審查、供應鏈回流、與對中國的嚴厲出口管制可能傷及本身利益一樣，許多日本公司私下裡也對日益嚴厲的貿易與投資限制走勢表示關切。《華爾街日報》（*Wall Street Journal*）在二〇二〇年六月的一篇報導中說，儘管政府加緊控制，日本科技公司每年向華為與相關中國5G科技公司出口的零組件金額仍高達近一百億美元。[81]戰略與國際研究中心在二〇二〇年八月對中國政策意見領導人進行的一項調查中發現，大多數日本國安專家贊成阻斷中國對日本5G市場的滲透，但只有百分之四十四的人主張切斷中國境內的供應鏈。[82]有些日本商界領導人對打斷供應鏈的遠景態度更悲觀，因為由於美國採取更嚴厲的對第三國的出口管制，僅僅二〇二〇年一年，索尼（Sony）這類公司就在對中國的出口方面損失約十億美元。[83]不過，「日本經濟研究中心」（Japan Center for Economic Research）在二〇二〇年對三千名日本商界領導人進行的調查中發現，百分之四十六的人贊成減少與中國公司的關係，百分之四十八的人支持川普政府以嚴厲的出口管控政策對付中國。[84]日中經濟關係中這些遲遲未能緩解的緊張情勢不會輕易消退。一位日本公司執行長曾這樣對我說，日本公司在中國做生意就像騎虎一樣——大多數日本最頂尖一百家公司約有三分之一的營利來自在中國的業務，但他們每天擔驚受怕，擔心那隻老虎會脫韁把他們吃了。貿易公司與科技公司描述他們如何「緊縮」對中國市場的依賴，觀光與消費者商品製造業者則擔心自己會在服務世界最大中產階級的競爭中落後。不過，與美國金融公司的中國觀點，以及他們遭中國掠奪式競爭與智財權剽竊掏空的現實兩者之間的龐大差距相形之下，這些產業區塊之間的差距不算什麼。

日中經濟關係將何去何從？兩種相互競爭的政治觀

誠如東京大學的伊藤亜聖所說，日本的中國問題辯論，重點不是競爭與合作本身，而是日本為了與掠奪成性、但是富有的中國合作，必須採取多少保護與經濟活動脫鉤措施。[85]這類辯論可以分為分別由兩位自民黨元老政治家代表的兩大陣營。這兩人都是典型「黑幕」人物——他們無意進取首相寶座，只喜歡藏身赤坂酒館與自民黨總部私人辦公室內，操控政策與政治辯論。

這兩位政治巨人的第一位是二階俊博。二階自二〇一六年起出任自民黨幹事長，是安倍競選第三任黨魁與首相時，首先表態支持的安倍的重要盟友。[86]一九六〇與一九七〇年代，當田中角榮在日本鄉間打造基礎設施，順勢建立政治樁腳，靠巨額政府開支大收回扣與分贓之際，二階以建設大臣私人秘書身分走入政壇。像他的英雄田中一樣，二階也順著金權政治脈絡，從自民黨基層一路扶搖直上：他是自民黨兩大財源——運輸與建設——的派閥領導人。二階在一九九〇年代離開自民黨，前後十年，但之後為小泉延攬入閣，依然在政壇呼風喚雨，彷彿從未離開一樣。

在九十年代末期當了一任觀光大臣之後，二階俊博成為日本觀光產業的喉舌——觀光業產值在安倍主政期間增加三倍有餘，成為日本農村成長的主要推手，而農村正是自民黨的票倉重鎮。這時來自中國的旅客占外國觀光客人數最大宗，二階也成為自民黨內反對敵視北京、主張撇開尖閣列島嶼爭議、化解與中國緊張關係的主要聲音。[87] 在安倍主政之初，前首相福田康夫原是安倍屬意的駐北京私人代表人選，但在二〇一六年過後，這個人選換成二階。安倍沒有採納外務省與國家安全保障會議中那些鷹派的建議，決定由二階率領日本代表團參加二〇一七年六月四日的中國一帶一路論壇。二〇二〇年九月，二階在一篇歡迎習近平到訪（之後這次國是訪問延後）的聲明中，闡述他對下階段日中經濟關係的看法：「我們要下定決心，一旦日本與中國在所謂『世界共造』之中扮演核心角色，我們能一起達成世界和平與繁榮。」「世界共造」是田中角榮在二〇〇八年一次短命的日中友好企圖中的用詞。[88] 日本官場當時傳言，新幹事長二階俊博說什麼，安倍與自民黨都會俯首傾聽。二階派雖說只是自民黨內第四大派系，但若從為自民黨與安倍連任籌款的角度而言，它現在是第一大派。[89]

但到二〇二一年，老邁的二階已經疲態盡露。他重施金權政治故技，以重振觀光業為重心，推動菅義偉政府的經濟刺激計劃。[90]他控制政府資金分配的做法引發其他派系政治反撲，他為推動觀光，解除一切禁忌、推出「前往旅遊」運動的做法，由於導致新冠案例暴增而引發媒體猛烈韃伐。[91]中國共產黨二〇二〇年十一月發表的五年計劃，以及不斷傳出的經濟國家主義措施——包括在新科技方面強調供應與需求「雙循環」格局，以及威脅日本公司的新外國直接投資與出口管制——也令二階的權勢受挫。[92]不過二階的影響力雖然消退，並沒有結束。他仍是北京最重要的政治代言人，仍是依賴中國觀光客與中國市場的產業區塊的首要政治喉舌。但在二〇二一年的東京，與中國經濟關係的政治辯論風向再一次轉向。

這一次轉向的受惠人是另一位日本政壇幕後大老、在二〇一三到二〇一六年間參與「跨太平洋夥伴關係」（Trans-Pacific Partnership，TPP）談判的日方代表甘利明。在這項談判中，甘利明態度強硬，與美國談判代表邁克．佛洛曼（Mike Froman）在關稅與稻米價格問題上唇槍舌劍、針鋒相對。日本國會禮品店趁勢推出包裝上附有甘利明影像的糖果甜品，還加上一道標籤說，「談到TPP…就是『甘』利明！」（這是一句雙關語，因為甘利明姓氏「甘」的日語發音為「Amari」，另有「不要過分」或「不必了，謝謝你」的含意）。之後一項競選財務醜聞打斷了甘利明崛起之路，迫使他退出自民黨黨魁角逐，但他仍享有幕後重大影響力。他結合志同道合的自民黨政治人物建立新派系，讓這些人物在考慮新的經濟安全戰略議題時——這一次的對手是中國——聽取他的意見。[93]

在自民黨內部舉行的一連串人氣旺盛的會議（我曾在其中一次會議發表基調演說）中，甘利明力促安倍在國家安全保障會議中成立經濟秘書處，並於二〇二〇年十二月發表一篇名為「邁向發展『經濟安全戰略』之道」的自民黨戰略藍圖。[94] 甘利明的戰略構想主張採取一連串措施，包括加強與科技有關的政府安全查核，擴大戰略投資審查，與美國以及歐洲合作訂定數位貿易、出口管制、與經濟法規製作等新規則，以防阻中國剽竊、掌控民主國家的科技產業等等。[95] 到二〇二二年，這些建議一步步通過立法程序，成為國會中一項廣獲支持的全面性經濟安全法案。[96]

二階俊博每在論及與中國的相互了解與共同利益時，總不忘提到田中角榮的名字以及一九七〇與一九八〇年代日中關係的黃金年代；而甘利明在向自民黨黨團總結他的觀點時則會指出，日本雖說對中國的發展無疑貢獻卓著，但由於中國是一個「獨裁體」，日本的努力「只是打水漂」。[97] 不過，這兩位自民黨重量級領導人對中國看法的差異，並不像他們在說詞上表現得那麼大——也不像一九六〇年代自民黨，或近年來一些西方國家有關中國問題的辯論那樣沉悶得令人昏昏欲睡。二階俊博支持美日同盟，儘管安倍加強與澳洲、印度的安全關係讓中國不快，二階沒有採取任何行動進行干擾。至於甘利明，雖說主張對日本科技採取更嚴密的保護，主張根據TPP繼續維護日本在國際規則訂定方面的領導地位，但他從未主張日本與中國經濟完全脫鉤。二階俊博與甘利明都是歷經無數政治惡鬥、影響力龐大的政界元老，儘管兩人在理念主張上始終針鋒相對，但兩人很清楚在日本進行負責任辯論的尺度——也知道日本必須在不傷及本身經濟的條件下，嚇阻中國，與中國競爭。日本的戰略所以具有持久性，部分原因正是這種對首要原則問題的共識。

將中國問題多邊化

二階俊博與甘利明兩人經濟政策最重要的重疊之處，在於兩人都重視國際搭配。日本沒有影響中國經濟政策的能力，也無法獨自承擔與北京的長期經濟對抗。也因此，將這個問題外在化與國際化就成為東京最好的指望。二階俊博與甘利明兩人都知道，日本對中國的經濟安全政策必須與美國與歐洲妥善搭配，這樣才能讓日本公司免遭不公平障礙，才能讓中國更能響應日本的請求。誠如東京大學教授伊藤亜聖所說，「如果想讓日本的做法有效，就得在國內與國際間建立共識，在避險與有條件與中國打交道兩者之間取得正確平衡。」[98]事實上，安倍政府確曾卯足全力說服川普政府與歐盟（European Union）協調對華政策，並且終於從二〇一九年起促成一連幾項三邊貿易部長聲明，聲明內容除了討論各式各樣有關補助、鋼鐵關稅、與世界貿易組織（World Trade Organization，WTO）前途問題以外，還明文表示，部長們必須討論「核心原則以防範第三國的強制科技轉移政策」。[99]若不能謀得G7與經濟合作與發展組織核心民主國的團結一致，日本也無望在與中國的競爭與合作之間取得正確平衡。歐盟的分裂與美國境內的紛擾使這項努力倍感艱辛。但誠如甘利明在二〇二〇年戰略文件中所說，日本為了「謀求經濟遠景上的獨立、生存、與繁榮」，必須「擴大它在國際規則制定中的聲音」。[100]

日中戰略競爭中的美國因素

一九七八年《中日友好和平條約》締約四十周年慶典開啟了習近平與安倍的一連串互訪，也緩和了兩位領導人之間早先的摩擦。二〇一八年十月，安倍在北京會見習近平時宣布日本歷時四十年的「政府開發援助」（official development assistance，ODA）劃下句點，標示著一個時代的結束，習近平也正式向安倍致謝，語氣比之前幾次高峰會溫暖得多。[101]二〇一九年十二月，在北京舉行的一項中日韓三邊協議聯合記者會中，安倍站在習近平旁邊，保證要將日中關係提升到一個「新層次」，神情與五年前兩人第一次峰會時相比顯然開心得多。[102]

不過這種日中關係的解凍，充其量只能說明兩國都知道必須為過度對抗付出代價而已，不能證明兩國關係真的已經好轉。日本民眾顯然了解這個事實。東京智庫「言論ＮＰＯ」（Genron NPO）在二〇一九年進行的民調顯示，由於北京因為中美關係惡化改變了宣傳口徑，接近半數的中國受訪者認為與日本的關係有所改善。但享有媒體輿論自由的日本受訪者，既發現中國對尖閣列島周邊的侵擾變本加厲、蠻橫逮捕將近一打的日本商人、鎮壓香港、對民主國與盟國發動意識型態批判，對日中關係的遠景就沒那麼看好了：與之前幾年相比，認為與中國關係「良好」的日本人絲毫沒有增加。[103]

新冠肺炎疫情使日本人更加不信任北京。儘管在一開始，日本也對武漢的病毒受害人表示同情，還為中國提供醫療裝備，但北京之後發動「戰狼」外交，威脅任何不佩服中國防疫成績的國家與公司，也讓日本民眾對中國的好感跌落谷底。[104]二〇二〇年六月，由於中國通過鎮壓香港的新國安法，日本執政黨自民黨擬妥決議，反對習近平按計劃到訪。二階俊博隨即說服黨員大眾，由位階比最高領導層低一級的黨國家安全保障會議發表這項決議，但仍然未能挽回峰會破局的命運。[105]同年七月，東京宣布將由垂秀夫出任下一任駐北京大使，也在日中關係觀察家之間引發一陣騷動。垂秀夫是著名的中國問題鷹派人物，曾在二〇一二年因尖閣列島議題與中國官員衝突，遭中國媒體指為「間諜」。[106]對抗中國咄咄逼人的「戰狼」外交，日本也不是只有挨打的份。

日中關係新常態就這樣出現。著名亞洲問題學者、前日本民主黨政府顧問白石隆，在《日經亞洲評論》（*Nikkei Asia review*）中指出，安倍把日中關係架在一個「較平等的龍骨」上，不過這關係以一個廣泛共識為基礎：在與中國打交道的同時，日本必須深化美日同盟以及在印太地區的夥伴關係，以打破習近平稱霸亞洲的夢想。白石隆達成結論說，安倍會在今後幾年卸任，但他已經「改變了日本對華一個世代的政策」。[107]他說得沒錯，安倍的接班人菅義偉在二〇二〇年秋保證將在外交政策上效法安倍先例，暗示日本一方面將以強硬手段反制中國，但也會小心翼翼、照顧日本與中國的商業利益。當菅義偉於二〇二一年下台時，角逐自民黨總裁大位的所有四位候選人都在各自對華戰略中表示，將加強國防與對外同盟構築以反制中國，但同時也將設法改善與習近平的關係。[108]儘管中國帶來的挑戰仍然龐大，但與之前幾位首相相比，安倍為他的接班人留下的日中關係堪稱值得欽羨。美國現在顯然與日本走得更親，而隨著中美關係惡化，對北京來說，日本與中國的關係相對而言更加重要。也因此，與美、中兩國相互改善彼此關係的潛能相形之下，日本更能與美國、與中國改善關係。對一個長久以來一直盼望一方面在亞洲對抗中國否定主意，同時成為「跨太平洋橋梁」的國家來說，這是個有利的立場。[109]

不過，這其間還有一個關鍵層面。在冷戰之初，吉田茂曾將中國視為一種「獨立變數」，認為日本可以藉助中國管理它在亞洲對美國的依賴。但現在美國已經成為日本為管理與中國的關係而不可或缺的變數。迫於這種依賴，日本得訂定一項戰略以影響美國的選項才成。

第三章
美國

只有傻瓜才會想要去除第九條。

——吉田茂

自我踏入職場以來頭一遭，我們的軍隊可以與美軍並肩作戰了。

——日本防衛省高官，二〇一五年

冷戰末期，不少學者與記者預期美日同盟即將走入歷史，美國與日本之間一場新的地緣政治競爭正在崛起。一九八八年的一項蓋洛普（Gallup）民調發現，害怕日本經濟力量的美國人，比害怕蘇聯核武器的美國人還多；美國國防部一九九二年的一項規劃指導書草案，針對冷戰過後與日本的地緣政治競爭訂定了美國國防戰略；當時還有一本暢銷書，取了一個令人不寒而慄的書名，就叫《即將到來的對日之戰》（*The Coming War with Japan*）[1]。但實際情況是，美日安保關係在之後的三十年更加鞏固，為民主國與民主國之間同盟關係的韌性提供了有力見證。這種韌性在蘇聯解體後繼續存在的事實，也證明美、日兩國並不像一些理論家認定的那樣，只因為有一個共同地緣政治敵人而結盟。在一九九四年與北韓的一場危機期間，由於與日本協調不佳，美國國防部在一開始也曾重新考慮兩國自冷戰結束以來的關係，但之後發表的「奈伊倡議」（Nye Initiative，譯按：即「美國的東亞與太平洋地區安全戰略」）強調美日兩國應致力重造同盟與國際秩序安定與可預測性，而不是反制新的地緣政治敵人。[2]但到了一九九〇年代末期，中國國力與野心崛起，很顯然成為美日同盟關係更加緊密的幕後推手。面對逐漸式微的相對國力，也因為絕對不願接受中國在亞洲的霸權，越來越多日本領導人與民眾認為，應將強化日美同盟關係列為新的外在均勢戰略的核心。

不過，結構性解釋對於了解美日同盟何以在這段期間復甦固然重要，它們也能混淆視聽，讓人看不清觀念性因素與變幻莫測的地緣政治逆流。同盟關係能提升一個國家的物質國力，但對國家的法統與威望也同樣攸關重大。這些觀念層面若是管理不善，對同盟造成的損害不下於物質層面的管理失當。談到地緣政治逆流，修昔底德（Thucydides，約西元前四世紀的古希臘歷史學家）曾說，與大國結盟的小國，總是面對一個惱人的兩難困境：或是陷入它們不想陷入的衝突（與大國走得太近帶來的風險），或是在與大國沒有共同面對的威脅時，遭大國拋棄（過於追求自主帶來的風險）。[3] 談到地緣政治逆流，不能不提修昔底德的這番觀察。對於像日本這樣，擁有在國際系統中追求自主的悠久歷史的國家，即使因迫於外生結構性威脅而選項不多，依靠另一國提供國防安全仍不是一種自然常態。

戰後日本的結盟政策主要就在於尋找工具，讓日本能在不失去美國支持的情況下，儘量擴大自主，以躲避上述修昔底德的兩難困境。大體而言，這些工具一直對日本很管用，也正因為它們效果太好，在一九八〇年代末期與一九九〇年代初期，日本戰略專家或政治領導人幾乎沒有人料到，日本對美國的國防安全依賴，會在之後三十年間不斷增加。但這種依賴也是雙向道：在處理美日同盟關係時，安倍與日本其他保守派領導人一般認為，今天的美國，對日本的國防安全依賴也比過去大得多。安倍雖說遭到一些民眾反戰情緒反撲，但他把日本帶進一處有利地位：一方面將日本陷入衝突的風險降到可以接受的程度，同時讓日本在面對中國擴張時，不會遭到被美國拋棄帶來的嚴重後果。但加強同盟關係仍然有風險——而且就若干方面而言，風險還更大——特別是當美國國力與目的越來越讓人質疑之際，情況尤其如此。

本章要解釋的，就是二十一世紀美日同盟背後這種強大的結構力與觀念力，以及更大的安全依賴與整合為日本帶來的挑戰。基於事發先後考量，本章首先討論日本從它在現代史上第一個正式同盟關係——一九〇二－一九二二年的英日同盟——中學得的教訓，然後檢討戰後日本維護自主的努力，再談到不久以前安倍「擁抱泥淖」的決定，最後討論新一波對美國的國防安全依賴，所留下來的揮之不去的挑戰。

歷史背景：同盟，國威，以及自主的追求

十九世紀末年，日本從鎖國狀態走入群雄角逐的帝國競爭系統。為了追求國家威望，也為了在東亞建立更有利的權力均勢，明治領導人開始尋找夥伴。在避不結盟、鎖國千年之後，日本領導人很快就像熱情擁抱現代教育系統與軍工產業一樣，全力投入結盟。對於爭取在亞洲更大行動自由的日本來說，與英國結盟自是順理成章的選擇，因為當時英國面對俄羅斯、德國、與法國不斷增強的海軍軍力，也在尋找新戰略盟友，以釋出資源保護英帝國與本島（英國在

二十世紀之交本也想拉攏美國，但美國人緊抱獨立，一直不肯捲入全球事務）。特別是在俄羅斯於一九〇〇年占領部分滿洲之後，為對付來自俄國的共同威脅，日本與英國建立強大的同盟關係。一九〇一年四月，為說服伊藤博文支持日本與英國結盟，山縣有朋在一封給伊藤博文的信中寫道：

日本與俄國間的關係還沒有出現重大顛覆，但遲早發生一場嚴重衝突已經在所難免。如果俄國使用暴力，侵犯我們的合法領域，我們必須作好果決與之對抗的準備。但如果想避免衝突，防止戰端於未然，我們必須爭取其他國家的協助，以阻擋俄國的南進⋯⋯如果能締結這個聯盟，我們可以維護東亞和平，加強我們的貿易，刺激我們的工業，重振經濟。[4]

就階級與威望而言，英國也是日本的合理選擇。英國是列強中第一個終止與日本不平等條約的國家。一八九九年的英日談判結束了英國享有的治外法權與其他有損日本主權的權益，兩年後，兩國以兩個完全主權國的地位締結一項雙邊安保條約。五十年後，同樣模式在舊金山重演：日本特使在舊金山與美國簽訂和平條約，結束戰後盟軍對日本的占領，兩國隨即簽署第一項美日安保條約，於一九五二年生效。在一九〇二年，日本與英國的報紙都以頭版刊出英王愛德華七世（Edward VII）與明治天皇並肩站在一起的肖像，儘管愛德華七世身材其實比明治天皇高了一大截。在一九五一年的美日安保條約簽署儀式的照片中，約翰・佛斯特・杜勒斯（John Foster Dulles，譯按：時任美國國務卿）像巨人一樣低頭看著身邊的吉田茂，而杜魯門（Harry Truman）總統則根本沒有露臉——說明在那個早期階段，日本想與戰勝國美國建立真正的自主與對等夥伴關係，還得耐心多等一會。

與英國觀念結盟的重要性，超越階級與威望。明治時代的日本雖從德國引進陸軍顧問，捨英國而採用德國模式建立國會，但對勝海舟、福澤諭吉這類早期現代化改革家來說，最讓他們心嚮往之的是英國的全球海上布局。英國皇家海軍自一八七三年起派遣軍官到東京海軍官校任教，日本最傑出的軍官，包括東鄉平八郎，都曾在英國留洋。東鄉平八郎潛心研究英海軍將領納爾遜在特拉法加海戰採用的搶占「T」字頭戰術（譯按：搶占「T」字頭能讓自己艦隊的火炮更能發揮），之後以這項戰術為本，在對馬海戰中擊敗俄軍艦隊。歷史學者伊恩・尼什（Ian Nish）指出，在一八八〇與一八九〇年代，福澤諭吉「滿腦子盡是英國功利主義與自由主義」，在慶應義塾大學與《時事新報》呼朋引伴，鼓吹英日聯盟，與一種強調世界觀、重商的帝國海洋戰略。[5] 除了地緣政治反制、階級與威望、以及觀念啟發以外，日本還從英國取得科技，建立先後擊敗中國與俄國海軍的艦隊——寫下五十年後重演的又一先例：在一九五一年舊金山和平與安保條約簽訂後，美國在一九五四年與日本簽訂《共同防禦協定》（*Mutual Defense Assistance Agreement*），開始在韓戰過後向日本轉移科技，重振日本蟄伏的國防產業與經濟。[6]

頗具反諷意味的是，在一九二二年《華盛頓海軍公約》（*Washington Naval Treaty*）締約談判中，堅持英日同盟必須廢止的是美國。英國也曾提出保證，強調一旦美國與日本開戰，皇家海軍不會把砲口對準美國，但美國海軍規劃人員仍然擔心陷入兩線作戰的困境。此外，一九一四年八月的經驗也讓美國政界人士與外交官相信，雙邊安全條約非但不是達成安定的工具，還是引爆衝突的根源。憑藉第一次世界大戰過後取得的前所未有的軍事與外交力量，美國在這項談判中取得上風，英國為交換對海軍軍力設限，只得同意廢止英日同盟，因為如果不能對海軍軍力設限，美國海軍將超越英國皇家海軍，成為全世界最強大的戰鬥艦隊。如前文所述，其他一些因素，包括明治寡頭凋零、歐洲帝國威權因第一次世界大戰而損耗殆盡、國際經濟崩潰、以及中國內部逐漸一統等等，都造成日本在兩次世界大戰期間走向軍國主義與經濟自足。但日本之所以在這段期間出現這種改變命運的轉向，還有一個必須考慮的因素：英日同盟的終止，以及德國大陸主義派影響力在日本大戰略中的崛起。

利用反軍國主義躲開戰後泥淖

日本二戰戰後外交政策以及與美國結盟策略的主導人吉田茂，是英日同盟的忠實信徒。英日同盟在吉田茂進入外務省工作那一年簽署，是他的整個外交理念的主幹。桀驁不馴的吉田茂在一九四〇年致函首相近衛文麿，反對當時剛與德國以及義大利簽署的軸心協約，還以教訓的口吻告訴近衛：「中國事件之所以不能圓滿解決，就是因為（政府）一直仰賴根本幫不上忙的德國與義大利，沒能做好準備，利用英國與美國在中國的影響力」。[7] 整個二戰期間，吉田茂因言獲罪，付出了沉重的專業代價。但他在戰後成為日本最有影響力的戰略思想家，決心讓日本取代英國成為世上頂尖海權強國，享有頂尖海權強國的一切優勢。

事實證明，比起與英國結盟，與美國結盟的問題複雜得多。過去與英國結盟時，日本可以從一個多極系統中選一個最能讓自己自由運作的盟友，但現在東京面對的是涇渭分明的兩極系統，若不想與蘇聯對抗，就得在經濟成長、安全、與科技上幾乎完全依賴美國。新上台的保守派自民黨政府之所以能掌控內政，主要也因為黨內各政治派系一致認為，捨棄與美國結盟的另一條路就是中立主義，結果必然是社會主義與共產黨勢力抬頭。吉田茂基於內政、經濟復甦、與國際威望考量，全力主張與美國結盟——但他也小心翼翼、保護日本尚存的自主，使免於美國霸權侵擾。在他的整個職涯過程中，吉田茂始終抱持他在戰前的親英情懷，不信任導致英日同盟解體、日本戰前外交錯亂的那套威爾遜（美國第二十八任總統）式美國理想主義。[8] 吉田茂的做法極其高明，不僅取得與美國的聯盟，鞏固了保守派在國內的勢力，還發展出各式各樣工具，讓日本可以在國際系統中享有自主。事實上，就邏輯而言，這些工具大多數來自美國的戰後新秩序觀原則。首先，就像一九四〇年代末期美國規劃人員為對抗共產黨擴張而採取的做法一樣，日本也要在進口替代政策與出口帶動成長的基礎上，全力推動經濟復甦。其次，日本要在聯合國體系、以及它曾於戰前力圖摧毀的多邊架構中力爭上游，以重建它在國際體系中的威望。如國際關係學者約翰・艾肯貝里（John Ikenberry）所說，二戰結束後，美國以「自由的巨靈」（liberal leviathan）身分自居，讓其他國家透過多邊體制，局部約束美國霸權，以鼓勵它們參與國際事務。[9] 第三，如第二章所說，日本要努力重建與北京的關係，讓它就算比不上日美關係，也要比中美關係更親密。第四，日本要建立一支全國性警察隊伍（在一九五四年後，建立一支自衛隊）以提供最低限度防衛，不讓美軍插手國內安全議題。第五，日本要將美國當局寫入一九四七年日本憲法第九條的非戰條款視為一種永久性的置身事外之道，使日本不會在冷戰期間隨美國起舞，捲入在亞洲的衝突。[10] 威爾遜的美式理想主義就這樣轉換為一種強化日本自主的有力工具，對吉田茂來說，這想必也算是報了當年迫使放棄英日同盟的一箭之仇了。

雖說許多吉田茂身邊的人相信，吉田茂並不想讓日本的非戰憲法長存不朽，但當年日本軟弱之際，吉田茂確實將憲法第九條視為防阻日本走上軍國主義、陷入冷戰衝突泥淖的最重要的制動機制，還說只有「傻瓜」才會反對這個條款。[11] 尼克森與杜勒斯等美國冷戰戰略大師，都對吉田茂的現實主義與反共決心敬佩有加，但當杜勒斯於一九五〇年建議成立一個「北大西洋公約組織」（NATO）式的太平洋防禦聯盟時，吉田茂因擔心這項集體安全協議將迫使日本保衛韓國或台灣而一口回絕（後來由於澳洲與紐西蘭反對將日本納入這樣的集體聯防，才解除了吉田茂因拒絕杜勒斯而陷入的困境）。[12] 吉田茂與他的主流派政治接班人，隨即運用憲法第九條措辭含混的非戰語言，宣布日本視戰爭為非法，不再以戰爭手段解決國際爭端，並於隨後幾十年透過一連串躲避戰爭泥淖的政策與先例，將這種非戰策略制式化。在一九九〇年代，新崛起的結構主義國際關係理論代表性學者指出，日本從「武士刀轉向菊花」（from sword to chrysanthemum，譯按：武士刀與菊花同為日本文化重要象徵，這裡指的是放下軍國主義，擁抱非戰）的現象證明，歸根究底，與現實主義強調的單純的權力均勢考量相形之下，觀念與認同對國家行為塑造的影響力更加重大得多。[13] 結構主義論者這種反戰主義對日本戰後政治文化影響力的論點雖然不錯，但用修昔底德的觀點——國家只要情況許可，就會想法脫困——解釋同樣這段歷史照樣講得通。結構主義論者說，日本在戰後將反戰入憲的做法反映了觀念的力量。這話雖說不錯，但這段歷史同樣反映了可以回溯到古希臘現實主義大師修昔底德本人的、非常古老的權力觀念。

對集體自衛的禁令

戰後，日本政府為躲避戰爭泥淖而採取的最重要的一項制動機制，就是禁止日本參與「集團的自衛權（集體自衛權）」，也就是禁止使用武力協助遭到攻擊的另一個國家。聯合國憲章保證世上所有國家都有這種自衛權，一九五一年的第一次美日安保條約也明文規定：「這項和約承認，日本作為一個主權國，有權參與集體安全安排，更進一步說，聯合國憲章也承認世上所有國家都有與生俱來的個別與集體自衛權。」[14] 法學者村瀨信也曾強調，日本從未出現過任何明文禁止行使集體自衛權的條約或憲法判決。事實上，「政府之所以決定不准行使集體自衛權，是出於一種政策觀點」。[15] 一九五九年的「砂川」案，是日本境內對集體自衛權是否違憲作過的唯一一次司法考驗。在這件案例中，日本最高法院判決，駐日美軍基地以及自衛權與日本憲法並無衝突之處，但這是「極高度政治考量」的問題，最好交由內閣決定。[16] 但內閣那些政治人物也不肯接下這個意識型態燙手山芋，於是又把判決集體自衛權問題的責任推給「內閣法制局」（CLB）裡那些職業官僚。

根據一九五二年內閣法成立的內閣法制局，職司國家安全議題監督，由來自跨部會的二十四位律師組成；這些律師任期五年，負責阻止外務省官員就國家安全相關議題進行裁判。[17]也因此，有關特定軍事行動或對盟國的承諾是否違憲等關鍵性決定，一直落在農林水產或法務省那些專家身上。一九六〇年，同樣也是在針對「砂川」案進行的國會辯論中，法制局長官林修三說，美國根據安保條約而防衛日本的承諾，與聯合國憲章揭示的美國集體自衛權並無牴觸，但根據第九條的精神，日本不會行使它本身的集體自衛權而援助美國或美國的盟友。[18]這是日本國會就美日安保條約作成的最初、影響也最深遠的一項判決。內閣法制局在之後幾項判決中明確指出，禁止日本行使集體自衛權可以阻止日本與美國「整合武力的使用」，也就是說，如果美國戰機針對沒有直接侵略日本的第三國採取行動，日軍就連為這些戰機提供武裝支援也不可以。[19]內閣法制局官僚要確保的是，美日安保條約的所謂「互助」，基本上只是日本提供基地，換取美國的安全保護而已。

在面對區域性衝突時，特別是在美國使用日境美軍基地出兵時的日美關係問題上，日本採取了更多制動措施。當第一次美日安保條約於一九五一年簽署時，美國全面運用駐日美軍基地保衛南韓。一九六〇年，當華府以更明確的文字修訂這項條約（一九五一年的第一次美日安保條約僅規定，美國要在日本駐軍「以嚇阻對日本的武裝攻擊」），堅持日本承諾為維護「遠東安全」而為美軍提供基地時，日本政府表示同意，但內閣法制局隨後片面將「遠東」的定義解釋為「菲律賓以及菲國以北，日本以及鄰近的南韓與台灣」。這種從地理角度嚴格界定的做法當然將越南排在「遠東」之外。十年後，當美軍B52轟炸機飛行員每天滿載炸彈、從沖繩安德森（Anderson）空軍基地起飛前往越南執行任務時，不得不假裝不知道他們要飛到哪裡去。[20]

這類導致美、日軍事行動難以整合的障礙讓美國方面苦惱不堪。一九九六年四月，迫於來自中國與北韓的威脅，日本首相橋本龍太郎發表與美國總統比爾・柯林頓（Bill Clinton）的《聯合安保宣言》（*Joint Security Declaration*），保證將修訂早先的雙邊《美日防衛合作指針》（*Guidelines for U.S.-Japan Defense Cooperation*），首次將「日本周遭、直接衝擊日本安全地區的合作」納入合作範圍。但內閣法制局隨即在沒有與美方進行任何磋商的情況下發表判決，指「遠東條款」仍然適用，日本仍將禁止行使集體自衛權，除非為了直接防禦日本，不得與美國整合任何軍事作業。[21]日本防衛省與外務省官員也努力造出一些新任務，例如讓日本以防禦為名，為美國航空母艦戰鬥群提供海基飛彈防禦（這些任務都是美國國防部行動清單上的優先項目），但由於合法性不確定的陰霾一直揮之不去，美國國防部幾乎不可能像與北約、及美韓同盟一樣、考慮與日本的聯合軍事規劃。美國將美日安保條約合作範圍擴大到狹隘的日本防務以外的努力，又一次因內閣法制局對憲法第九條的嚴厲解釋而受挫。

不過，對集體自衛的嚴控沒能完全嚇阻中曾根康弘這類反主流日本領導人——他們仍不斷尋找其他辦法加強與美國的安全合作。以一九八〇年代為例，中曾根內閣為配合雷根政府在遠東圍堵蘇聯擴張的戰略，就曾不斷加強日本本身軍事能力，將日本本島建成「盾」，讓美國海軍與美國空軍持「矛」闖入蘇聯海域發動攻擊。根據當年地緣政治背景，一旦北約遭到攻擊，美國在遠東對蘇聯的攻擊直線升高，日本也難撇清關係。中曾根政府這項戰略雖說風險甚高，但它的法律基礎卻完全是「專守防衛」——一九五七年首創的日本軍事能力基本界限——而不是與美國的集體自衛。[22] 其結果是，美國與日本各建各的軍，各有各的軍事規劃，但不能相互整合。當年的美國國防部首席日本通吉姆．奧爾（Jim Auer）就曾指出，算美、日兩國走運，因為蘇聯並不了解一旦真正開打，美軍與日軍各行其是的情況有多嚴重。[23]

幾年後，當喬治．布希政府呼籲日本在一九九〇—一九九一年波斯灣戰爭期間扮演類似積極角色時，中曾根已經卸任，繼任首相的是主流田中派操縱、只知一味投入內政的海部俊樹，而且這時的日本也不再能像過去一樣、輕鬆找個防禦本島的藉口協助盟軍參戰。日本外務省試了許多途徑派遣運輸機、裝備、與醫院前往科威特，但都以失敗收場，甚至在日本改採捐助方式、捐了一百四十多億美元之後，世界各地觀察家仍不買帳，指責日本此舉是自私、不敢冒險的「支票本外交」。[24]日本於一九九二年通過立法，准許日本自衛隊在嚴格限制下參與某些聯合國維和行動，只是波斯灣戰爭這時已經結束，日本錯過了實際參與的時機。[25]這項立法雖能一面提振同盟與日本信譽、一面不讓日本陷入戰爭泥淖，但由於布希設想的那套以聯合國為核心的集體安全體系在波斯灣戰爭期間未能實現，只收到部分效益。

二〇〇一年九月十一日爆發的恐怖分子襲擊事件，讓美、日同盟關係面對一九九六年美日《聯合安保宣言》與一九九七年的《美日防衛合作指針》修訂後的第一次重大考驗。當時領導日本的是又一位反主流政治人物小泉純一郎。在恐襲事件爆發後，小泉甩開法制局的束縛，以迅速而果決的手段採取行動。他致函小布希寫道「我是你的朋友…永遠是你的朋友」，隨於下個月通過反恐怖主義法，讓日本派軍前往中東，與美國中央指揮部（Central Command）並肩作戰。[26]當聯軍作戰艦艇在阿拉伯海（Arabian Sea）搜索與塔利班（Taliban）有關的運輸船隻時，日本海上自衛隊為這些艦艇加油運補，日本還派了一個工兵營進駐伊拉克南部的薩馬沃（Samawah），提供人道援助與災後重建。[27]就像中曾根二十年前冒險支持美國軍事戰略一樣，小泉的這項布署也冒著極大政治風險。如果派往中東的自衛隊員遭到傷亡，小泉政府可能倒台（後來的發展是，只有兩位外交官在中東作業時受傷，其中一位是小泉的私交奧克彥，另一位蓄八字鬍的工兵營營長佐藤正久在凱歸日本以後聲名大噪，當了成功的政治人物）。小泉之所以甘冒如此巨大政治風險，是因為中國在西太平洋對日本的威脅不斷增加，為對抗這些威脅，他需要證明與美國的團結，需要證明即使沒有美國壓力，日本也已做好準備，可以在國際事務中扮演更果斷的角色。[28]他在這兩個陣線上都取得勝利，但布希政府的一群前國防官員在二〇〇六年的一篇報告中說，就美國與日本在日本後院因應中國軍事挑釁的準備工作來說，兩國的表現並沒有比過去更好。[29]

日本民主黨與有關集體自衛的辯論

當民粹主義政黨民主黨於二〇〇九年上台時，首相鳩山由紀夫大力吹捧他提出的、與中國建立「東亞共同體」的新構想，還反對在沖繩另建美軍陸戰隊新航空站——自一九九五年以來，歷屆美國與日本政府都在推動這項計劃，以解除現有普天間基地對地方社區的壓力——釋出的初步訊號是他的政策亂套了。[30]鳩山的幕後謀士是前田中派強人小澤一郎，小澤對美國以及外務省內美日同盟的支持者深惡痛絕，上台以後帶領數百名政治支持者大張旗鼓地訪問北京，另一方面嚴令新民主黨人不得訪問美國。[31]

但鳩山執政聯盟五花八門的成員中不乏前社會主義與國家主義分子，他們之中有不少國家安全現實派信徒，在有關美日同盟的議題上，與鳩山的觀點相比，他們的觀點更接近安倍這類自民黨人物，至於與小澤的觀點相比，就更加天差地遠了。這些人物中的佼佼者首推民主黨第一任外務大臣前原誠司，前原的接班人玄葉光一郎，以及三任民主黨首相中第三任、也是最後一任的野田佳彥。前原等三人都是「松下政經塾」畢業生。松下政經塾是松下公司創辦人松下幸之助創辦的學校，目的在打破自民黨內越來越濃厚的權力派閥一脈相傳色彩，培養以才取勝的新一代政治領導人。[32]前原等人如果出身安倍、麻生太郎、河野太郎這類自民黨元老門下，幾乎肯定能在自民黨內飛黃騰達。但他們努力學習，競選，在京瓷創辦人稻盛和夫這類特立獨行商界大老的財務支持下，從局外闖入權力圈。鳩山主張退出「對美國的奴性外交」，他那位語出驚人的聯合內閣夥伴龜井靜香也認為日本應該在外交上把中國提升到與美國等同的地位，前原、玄葉、與野田則明白指出中國的威脅，強調與美國同盟的不可或缺。[33]除前原等人以外，長島昭久是民主黨內又一位保守派人物。曾在范德堡（Vanderbilt）大學師事聯盟問題專家吉姆．奧爾的長島，一九九九年在美國外交關係協會（Council on Foreign Relations）發表報告，提出一種「東道區域支持」（host regional support）概念，主張日本加入曾於一九五一年遭吉田茂拒絕的那種太平洋公約，以減輕日本境內美軍基地的負擔。[34]

二〇一〇與二〇一二年的尖閣列島危機，使日本面對來自中國、變本加厲的嚴峻挑戰，民主黨內這些保守派現實主義人士趁勢隱身幕後，推動日本行使集體自衛權。[35] 繼鳩山之後出任首相的民粹主義反體制分子菅直人，二〇一〇年八月五日在國會參議院預算委員會中強調，政府無意改變憲法中有關集體自衛權的詮釋。[36] 但同年十二月，日本政府在二〇一〇年新版《防衛計畫大綱》（*National Defense Program Guidelines*）中提出一種較具彈性的「高效防衛武力概念」，二〇一一年一月，鑑於菅直人即將於春天訪問華府，日本民主黨政府認真展開有關行使集體自衛權選項的檢討。[37]

就在這段期間，日本在二〇一一年三月十一日遭到大海嘯侵襲，在福島核子反應爐熔解與政府信譽破產的危機夾擊下，經驗不足的菅直人忙得焦頭爛額，只得將這些重大國防政策辯論擱在一邊。三一一大海嘯發生後，美國與日本軍方根據《友誼行動》（*Operation Tomodachi*），展開一場非常成功的人道救援與災後重建聯合行動。根據這項計劃，兩國軍方還與澳洲皇家空軍進行三邊作業，將美日同盟與聯合行動的合法性推上令人欣喜的新高度。[38] 松下政經塾校友野田佳彥在二〇一一年九月取代菅直人成為首相後明白表示，菅直人有關集體自衛權的看法過於退縮，他不能贊同，現在他準備重新詮釋憲法，讓日本行使這項權利。[39] 不過由於執政聯合政府內部意識型態分裂，以及民主黨對三一一大海嘯事件應變不力，野田在二二〇一二年十二月第一場選戰中敗北，自民黨的安倍又一次成為日本首相。從那以後，野田從日本政壇消聲匿跡，安倍重拾指揮棒，開始一路推動日本安全政策的轉型。

安倍的國家安全立法

如前文所述，安倍所以能於二〇一二年在自民黨內重新掌權，得歸功於中國在東中國海的強橫專斷，但日本民主黨對美日同盟議題的處理失當也是一個原因。在下野期間，安倍向安全問題專家岡崎久彥，以及東海旅客鐵道公司（JR東海）的松本正之等保守派產業領導人請益，研究日本戰略環境與集體自衛辯論史。[40]他在東京與華府發表演說，將美國與日本譽為「保護秩序、和平、自由、與繁榮，使太平洋成為人類最偉大公路的保護神」，還強調「日本與美國必須一起努力，結合志同道合的民主國以確保海洋的自由」。[41]但安倍與小泉純一郎不同。小泉曾在布希面前高歌貓王普里斯萊（Elvis Presley）的「我需要你，我愛你」（I need you, I love you），還說他對賈利．古柏（Gary Cooper）電影中展現的美國硬漢精神十分仰慕，但安倍重視與美國的同盟，主要不是由於情緒因素，而是出於地緣政治現實計算。誠如安倍的講稿撰稿人與心腹友人谷口智彥所說，安倍要「讓美國可以更輕鬆地維持在日本的存在」，讓美國在全球外交與區域性危機發生時更能依賴與日本的聯盟，因為他認為，確保美國對印太地區的承諾是他的責任。[42]在與美國打交道的過程中，安倍認為沒有一件事是理所當然的。為了影響中國，他的政府需要首先塑造、影響華府的選項。

二〇一三年二月二十二日，在華府與美國總統歐巴馬舉行第一次高峰會時，安倍提出一套雄心大得讓白宮稱奇的計劃，內容包括重新檢討一九九七年的《美日防衛合作指針》，以及重新修訂美軍與日軍角色與任務劃分。他還宣布已經做好準備，讓日本加入美國領導的「跨太平洋夥伴關係」——這話讓毫無準備的美國貿易代表聽得手足無措，趕忙要求日方多給一些時間，以便美方可以先在國會打點。[43]安倍與他的內閣官房長官菅義偉當時還保證，會採取行動解決與建新陸戰隊航空站以取代沖繩普天間基地的爭議。民主黨首相鳩山由紀夫曾保證要在沖繩郊區另覓新址，建立美軍陸戰隊航空站，但之後承認他不了解所謂「嚇阻」是什麼，一口撇清先前承諾，改變了立場，讓人搞不清日本政府在這個問題上的立場。[44]安倍要告訴美國人，他已經做好解決有關同盟關係難題的準備，他的做法將與日本民主黨大不相同。誠如他二〇一三年二月在華府發表他的第一次演說時所說，「我回來了……日本也會回來！」

安倍在就任首相（二度就任）第一年，對日本安全政策與日美同盟關係做了自一九六〇年以來影響最深遠的改革。安倍的外祖父曾在一九六〇年推動安保條約的擴大與修訂，結果因此賠上他的政府。對安倍來說，這是一項未竟的家族事業。二〇一三年十月，美國與日本同意修訂、升級一九九七年《美日防衛合作指針》，美國國防部長羅伯．蓋茨（Robert Gates）與日本防衛大臣小野寺五典還保證要於二〇一五年以前完成這項工作。同年十二月，安倍政府發表《國家安全保障戰略》，強調美日同盟是「亞洲—太平洋地區和平與安定」的中心，還宣布將訂定新法律與政策，強化美日同盟與新的雙邊《美日防衛合作指針》的「內政基礎」。[45] 到二〇一三年年底，日本已經通過特定立法，並且開始實施政策，成立「國家安全保障會議」，加強對敏感情報的保護，並訂定一項新五年計劃以創設必要的「高效聯合防衛武力」（Dynamic Joint Defense Force），因應來自中國、對不對稱「灰區」的挑戰。[46] 之後，日本又花了兩年時間完成新《美日防衛合作指針》以及與美國的角色與任務規劃。同時，為確保與美國訂定的這些新協議能真正加強美、日兩軍並肩作戰的實戰能力，安倍政府還得處理一個最棘手的議題——集體自衛。

重新詮釋憲法第九條

基於政治必然，想重新解釋憲法、使集體自衛權更加明確，得經過冗長的國會、全國性、甚至國際性辯論，但在一開始，這場爭議的爆發點在內閣法制局。二〇一三年八月，安倍任命小松一郎為法制局長官。小松是一位愛讀書的職業外交官，專精國際法。二〇〇一年九一一恐襲事件期間，在華府日本大使館任職的小松，曾經是當時在布希白宮任職的我的主要聯絡人。在事件發生當天晚上，小松直接向小泉首相報告，說英國與澳洲已經保證將行使集體自衛權，與美國並肩對付恐怖分子。[47]他向東京解釋說，日本由於受制於憲法，不能採取同樣行動。這場真實世界事件的衝擊，讓他彷彿一夕間看清他投入畢生職涯鑽研的抽象法律爭議。之後，小松憑藉這段經驗，在安倍政府法制局長官任內盡展所長。

根據內閣法，日本首相一直有權任命外務省官員領導法制局，但從沒有一位首相這麼做，因為採取這種行動除了必須有行動緊迫性以外，還得享有自民黨內政治支持。安倍任命小松之舉在黨內沒有碰上任何阻力，這項人事案也因此明白昭示，法制局現在要認定日本可以行使集體自衛權了。[48]在上任後未久，小松一郎經診斷為末期癌症患者，但他沒有接受安倍讓他下台專心治療的建議，全力投入工作。為強調程序連續性，小松認定，日本可以根據一九七二年訂定的所謂「基本邏輯」，行使集體防衛。根據這項基本邏輯，「只有在出現立即不法情勢，人民的生命、自由、與追求幸福的權利因外國發動的一項武裝攻擊遭到徹底顛覆，為保護這些人民權利而不得不有所行動時，日本可以採取自衛措施而不違反憲法第九條。」[49]小松沒有改變

「基本邏輯」設定的條件，只是將它們的範圍擴大，納入集體自衛權罷了。由於聯合國憲章已經表明國家有權集體自衛，而日本戰後立場也認定國際條約效力超越國內法，就這樣，為因應「日本周遭不斷變化的安全環境」，法制局達成結論：

不僅當日本遭到一項武裝攻擊時，當一個與日本關係密切的外國遭到一項武裝攻擊，因此威脅到日本生存，對日本人民的生命、自由、與追求幸福的權利構成明顯的徹底顛覆的危險時，當除此而外沒有其他適當手段可以逐退這項攻擊，以確保日本生存、保護日本人民時，根據憲法，按照今天政府觀點的自衛措施基本邏輯，在最低限度上使用必要武力應該是可行的。[50]

根據這項新陳述，以及岡崎久彥等安倍身邊學者與商界領導人提出的《重建安全法律基礎顧問委員會報告》（*Report of the Advisory Panel on Reconstruction of the Legal Basis for Security*）建議，內閣於二〇一四年七月一日宣布「研發無縫安全立法以確保日本生存與保護日本人民」的詳細計劃。[51] 在容許集體自衛成為既定政策之後，日本政府宣布它即將推出法案，放寬與盟國有關「武力使用整合」的限制，使日本可以從海上或從日本本土為美軍提供後勤支援——而這正是美方在一九九七年與日本訂定《美日防衛合作指針》時的原始構想。這一波新法案還要除去過去的一些障礙，讓海上自衛隊在因應中國的「灰區」威迫——但沒有跨越「武裝攻擊」紅線——行動時，能與日本海岸防衛隊與美軍進行「無縫」作業。安倍內閣並且誓言提出法案，減少自衛隊使用武力的限制，讓自衛隊「能夠馳援布署在地理遠方、遭到攻擊的部隊或人員」，使派赴第三國、參加聯合國維和或其他類似作業的日軍，不再成為參加作業的其他友軍的負擔。[52] 小松一郎沒能活著見到這項全面性新法案的宣布。就在法案通過前一周，他名副其實地死在任上。安倍說，「小松一郎冒著生命危險完成這件任務，這一切全是他的成就。」[53]

有了日本內閣建立新法律架構的承諾以後，美國與日本於二〇一五年四月二十七日完成《美日防衛合作指針》修訂版，概述加強網路安全與太空、日本外島防衛、海運線保護、以及區域外聯合作業合作等計劃。這項新版《美日防衛合作指針》還建立一個「同盟協調機制」（Alliance Coordination Mechanism，ACM），以複製美國與北約、與南韓的聯合統一指揮關係與相互集體自衛權帶來的一些好處。[54] 兩天後，安倍出席美國國會參、眾兩院聯席會，成為第一位在美國國會發表演說的日本首相，贏得全場起立熱烈掌聲。[55]

立法大戰與反軍國主義的不斷反撲

但安倍還得讓法案通過才行。他在美國國會的演說目的，不僅是宣布勝利，還要在東京創造強大政治助攻——結果如願以償。五月十五日，內閣正式提交一整批「和平與安全決議案」，總共十項法案。過去歷屆日本政府都選擇以漸進立法方式處理安全升級的問題——每次頂多通過一或兩項這類法案——安倍選擇的做法是大舉出擊，一次掃清所有殘存的不確定性，讓日本有能力成為一個主動積極的安全防衛夥伴。[56]

安倍與他的盟友對即將展開的國會辯論滿懷期待。在執政黨自民黨內，安倍擁有幾乎百分百的支持。由於政府決定放棄「消極清單」——明文規定不得採取的措施，美國國防部規劃人員與日本的比較保守的安全專家主張採用這種清單——而用「積極清單」說明根據集體自衛可以採取的措施，非戰色彩較濃的公明黨內那些聯合政府夥伴也對決議案表示支持。[57]公明黨還為這項新政策訂了一個標籤，以便向它的票倉（特別是宗教團體「創價學會」的婦女與青年部那些活躍分子）表示它仍然為和平獻身。這個標籤就是「積極平和主義」。早在一九七七年，日本官員在推動新國防政策之初，就用這個名詞表達承繼憲法第九條續統之意，之後安倍團隊在二〇一三年再次推出這個名詞。學者秋山大輔曾對這項安全防衛決議案的法源進行透徹研究，發現日本政府基本上是從歐洲和平研究中偷得這項「積極貢獻和平」概念，然後將其中非戰的意旨稀釋，這讓日本境內一些獻身和平研究的人非常憤怒。[58]不過這類學者的理論過於艱澀，在反對黨內擁有的觀眾也很少。在安倍二〇一二年選戰大捷之後，反對黨本身也很軟弱而且分裂。前日本民主黨內左傾黨員現在加入新成立的「立憲民主黨」，他們聯合共產黨與社會民主黨等小黨黨內的盟友指控安倍的「戰爭法案」違憲，還以《朝日新聞》民調為根據，說大多數日本民眾反對集體自衛。但其他由保守派報紙《產經新聞》做的民調結果正好相反，顯示大多數日本民眾支持政府的立場。全國各地的自民黨政界人士都說，黨員大眾對即將到來的選戰充滿信心與熱情。[59]

但事實證明，反戰主義的阻力之大與推動國會辯論的難度之高，都遠遠超越安倍以及他的盟友的預期。為說明自衛隊根據和平安全決議案可以採取的行動，在與聯合政府夥伴公明黨反覆磋商、磨合之後，日本政府舉出十五例個案研究（其中八例直接涉及集體自衛）。[60]安倍在媒體與評論圈的代理人發現，由於律師與政客們談判達成的那套邏輯讓他們聽得一頭霧水，因此他們在報紙社論與電視新聞節目上發表的許多有關自衛隊可以採取什麼行動的解說，要嘛或扭曲了實際情況，要不或與實際情況相互矛盾。安倍政府知道日本憲法學者大多屬於左派，反對集體自衛，於是找來一些獨立憲法學者參加國會辯論，希望他們能解釋公明黨的邏輯，但這些學者在見證公明黨的邏輯之後，也被這十五個實例的政治與作業層面弄得暈頭轉向。見證人之一的法學教授長谷部恭男就曾向國會坦承，由於政府以新方式運用「侵略行為」這類名詞，整個安全決議案的法學基礎或許真的很不牢靠。[61]有些學者，例如外交史與吉田論學者坂元一哉等人，能以條理清晰、很有說服力的理論告訴民眾，在安全環境不斷變化的環境中，日本為拯救憲法必須實施這項決議案，換成是吉田茂本人，想來也會認同他的看法。[62]但其他許多支持決議案的學者專家，卻使用自己一套說法，或使用一些意識型態老套路，結果扭曲了安倍內閣的論點。

面對反對黨在國會對這套法案發動的攻擊，安倍本人的處理技巧相當老到。他將全幅精力擺在三個主要案例上，說明什麼時候可以採取集體自衛：為因應荷姆茲海峽（Straits of Hormuz）遭到封鎖，為援助載有日本公民的美國船隻，以及為協防一艘在西太平洋執行巡邏任務、裝備「神盾」（Aegis）系統的美軍巡洋艦。當反對黨告訴他，就算荷姆茲海峽遭到封鎖，由於還有其他運油管道，日本仍然不必與美國聯手採取集體自衛行動時，安倍駁斥說，荷姆茲海峽一旦封鎖，全世界都得依賴那些油管運油，油料供應緊縮，勢將威脅到日本生存，迫使日本除了採取集體自衛手段以外，別無其他選擇。[63]在載有日本公民的美國船隻遭到威脅時採取集體自衛行動的例證中，安倍指出，行使集體自衛代表日本政府必須保衛人民「生命與自由」，讓反對黨更加詞窮。[64]之後，當安倍強調日本可以依法為美軍神盾艦提供防衛支援、對抗敵方飛彈攻擊，而反對黨提出質疑時，安倍解釋說，日本僅憑自己的力量無法抵擋全面攻擊，因此美軍神盾艦的折損將威脅到日本人民本身的「生命、自由、與追求幸福的權利」。[65]

安倍每天在結束國會辯論後都能神采奕奕地回到辦公室，但為了通過這項決議案而進行的一連四個月的政治辯論，讓他的政府筋疲力盡。此外，儘管安倍的表現可圈可點，政府發表的訊息仍然讓人困惑，因為政府列舉的十五例個案研究不夠嚴謹，從而讓反對黨可以從許多角度提出反駁說，只須稍加修訂、以符合個別自衛規則，這些情況即使發生，日本也不必動用集體自衛。[66]面對這類死纏爛打，技巧不如安倍純熟的部會首長與政客們開始左支右絀、招架不住。而就在這時，規模小得多、但目標明確的共產黨與社會民主黨在大選選戰中提出一個簡單而吸睛的標語：「你們的子孫會被徵召打仗。」[67]那年夏天的民調顯示，百分之八十一的日本民眾認為，政府的解釋「不充分」，中間派的《日本經濟新聞》也提出警告說，政府雖說有力解釋了加強嚇阻力的必要，但沒有講清楚何以必須用集體自衛手段加強嚇阻力。[68]日本的一些批判人士說，安倍最後在沒有徹底完成辯論的情況下挾著決議案闖關。這種說法不實。事實是，安倍與內閣前後總共參與了一百多小時的國會公開辯論。[69]這是日本在二戰結束後，有關日本集體自衛權的最透明辯論，因為早先的有關辯論大體而言，都是在內閣法制局舉行的秘密辯論。集體自衛權內閣決議案最後於七月十六日在群眾聚集場外抗議的情況下在眾議院通過，之後於九月十九日在反對黨領導人不斷拖延阻撓下於兩院通過。[70]安倍政府的支持率降了幾個百分點跌到百分之四十一，不過與他外祖父在一九六〇年通過安保條約之後被迫下台的遭遇不一樣，安倍的民意支持度回升，又當了好幾年首相。[71]

日本政府終於如願以償，說服民眾與媒體，集體自衛權決議案的有關限制足以防止軍國主義復辟。小松的「基本邏輯」果然有效。事實證明，從政治角度而言，集體防衛只有在日本「國家生存」受到威脅、只有在沒有其他手段可以排除這些威脅、只能以「必要最小限度」武力行使等三個限制（即所謂發動自衛權「三條件」）——儘管一旦危機發生，最高法院既無緣置喙，國會也不能對政府提出不信任案，能否滿足這三個用兵條件完全由首相與內閣說了算——已經夠了。[72]誠如《日本經濟新聞》在一篇社論中所說，新決議案讓日本政府可以輕鬆派遣自衛隊出擊，但也為任何一個政府帶來一種「高度問責」。[73]為加強嚇阻力量，日本放寬了行使自衛權的法律限制，但日本民眾的反戰情緒仍然沒有變化。

在傑夫瑞．郝農（Jeffrey Hornung）、亞當．黎夫（Adam Liff）、與望月（Mike Mochizuki）這類謹慎的日本問題學者眼中，這項新決議案代表的變化並沒有表面上那麼大。[74]日本仍然不是美國的一個「正常」盟友，不能在軍事事務上像澳洲、英國、或甚至像韓國一樣採取行動。但一位防衛省高官當時對我說了一句很能展現集體自衛權決議案歷史重要性的話。他告訴我，「自我踏入職場以來頭一遭，我們的軍隊可以與美軍並肩作戰了。」《日本經濟新聞》說它是「日本安保政策上一個無比重要的轉捩點」。[75]重要的是，反對黨的主張——面對越來越危險的外在安全環境，日本不需要與美國聯手加強嚇阻力量——未能獲得日本選民支持，就連安倍的死敵、左傾的《朝日新聞》也承認這個主張徹底失敗。[76]日本政府在向國會提出的解釋中還以澳洲為例，說明根據集體自衛規定，非條約盟國也能與日軍並肩作戰。這個例子沒有招來重大反對。《日本經濟新聞》與其他許多媒體也在社論中對這項集體自衛權表示歡迎，認為這是「美國盟友（如日本、南韓、澳洲、印度、與東南亞）一起工作、創造安全合作網路、以對抗中國」的好機會。[77]集體自衛權決議案也沒有遭致海外的廣大反對。四十四個國家對這項決議案表示正式支持，特別是東亞的印尼、越南、與菲律賓尤表熱衷。因歷史宿怨與日本一直在政治問題上爭執不休的南韓政府，由於知道有效的美日同盟攸關朝鮮半島安全，對決議案也沒有表示反對，只要求日本遵守和平憲法。只有中國表示關切，當然北韓也不出所料大罵日本軍國主義。[78]

掙不脫的修昔底德陷阱

儘管遭到一些政治瘀傷，但安倍存活下來，提昇了美日同盟的運作與政治威信，使其成為反制中國、維護亞洲安定的中流砥柱。如本書第二章所述，北京為了孤立安倍而於之前一年在全球各地發動的社論與宣傳攻勢已經徹底失敗——在眼見安倍二〇一五年訪美時在美國國會受到的熱烈歡迎之後，北京想必也已認清這個事實。「芝加哥全球事務協會」（Chicago Council on Global Affairs）在二〇一五年進行的民調顯示，已經是美國除英國、加拿大、與德國以外最信任盟國的日本，現在享有的信任度更高了。[79] 美國國會對美日同盟的兩黨支持也來到有史以來最高點。

但修昔底德的鬼魂仍在首相辦公室出沒無常。日本民眾強烈支持美日同盟，但隨著日本對美國的共同防衛依賴不斷加深，他們也開始透過民調，對是否還能信任美國表示關切。同樣這種對美國承諾的不確定感，在布希政府即將卸任前不久初次襲上安倍心頭。二〇〇八年，北韓問題談判代表克里斯多佛．希爾（Christopher Hill）大使說服國務院，改變早先對日本的以下承諾：除非促使北韓釋放遭北韓綁架的日本公民的談判有進展，否則不解除對北韓的恐怖主義制裁。安倍隨後在布希的橢圓形辦公室中力爭，指華府對平壤的這種姿態將削弱日本在亞洲的立場，但未能扭轉美國這項政策轉變。[80]歐巴馬總統上台後，也曾利用二〇一四年四月東京之行會晤遭綁架日人的家屬，再次強調個人對美日安保條約第五條適用於尖閣列島防務的承諾，向日本民眾重申保證。[81]但歐巴馬政府高級官員不顧日本官員勸阻，歡迎中國所提、在華府與北京間建立「新型大國關係」的建議，很快就為美、日關係帶來新的不確定性。這項「大國關係」建議的目的是建立一種北京設計的兩極共管，刻意將日本與其他美國在區域外交中的盟國邊緣化。[82]在日本媒體看來，就連歐巴馬二〇一四年四月重申美國在尖閣列島爭議上支持日本的立場，也顯得過於畏首畏尾、生怕得罪北京。[83]

川普震撼

二〇一六年的美國總統選舉結果震撼了東京。與這場震撼相比，過去所有那些對布希與歐巴馬政府的疑惑相形之下根本不算回事。在日本人心目中，自由貿易、多邊主義、與強而有力的聯盟關係一直就是美國世界領導地位的核心。但在二〇一六年這場大選中，以反這些核心為訴求的候選人打贏選戰、入主白宮。儘管日本人因認為歐巴馬政府對中國不夠強硬而不滿，在二〇一五年的皮尤（Pew）民調中，仍有百分之六十六的日本受訪者對歐巴馬總統「在世界事務上做對的事」表示信心。二〇一七年，僅有百分之二十四的日本人對川普總統有信心。[84]由於美日同盟以及與美國總統的個人關係實在太重要，安倍打破一切禮儀慣例，於二〇一六年九月往訪紐約，會晤民主黨總統候選人希拉蕊．柯林頓（Hillary Clinton）。[85]二〇一六年十一月八日，川普跌破安倍與世人眼鏡取勝的消息傳來，安倍隨即利用他的賀電，建議臨時改變他下周往訪拉丁美洲的預定行程，轉往紐約，與總統當選人川普會面。[86]兩位領導人就這樣結識，展開一段或許是川普與任何一位盟國領導人都不曾有過的、最融洽的關係。安倍利用多次高峰會與打高爾夫球的機會，向川普強調兩國同盟的重要性，解釋中國的挑戰，呼籲美國以強硬立場對付北韓，啟動美日雙邊貿易協定，以方便未來政府重返《跨太平洋夥伴協定》。與他那些歐洲或加拿大國家領導人夥伴不同的是，安倍從未指責川普或川普的政策，甚至在美國對日本鋼鐵祭出高額關稅，在川普不理會安倍的建議、告訴北韓領導人金正恩說他有一天會從韓國撤軍之後，安倍也沒有這麼做過。一次也沒有。[87]

川普政府國家安全團隊也幫了安倍不少的忙。因為這個團隊在同盟與國防政策議題上的觀點比川普本人更具傳統共和黨色彩。二〇一七年「國家安全戰略報告」的撰稿人顯然主張以深化與日本國防合作為基礎，投入與中國的戰略競爭。[88]美國國務院的「自由開放的印太戰略」，也是根據日本早先發表的同名政策規劃文件設計而成。[89]事實上，整個美國戰略反映的正是安倍世界觀的海洋戰略思維，華府就這樣明確排除了中國所提「新型大國關係」主張的「兩國共管」。同時，顯然採用日本國際協力銀行模式而建的「美國國際開發金融公司」（U.S. International Development Finance Corporation），在成立之後立即與國際協力銀行建立親密戰略夥伴關係，對抗中國的野心勃勃的「一帶一路」。美、日兩國的國家安全會議幕僚也密切合作，促成兩國領導人峰會，以說服川普在戰略上聽從安倍的建議。大體而言，川普的國安幕僚對安倍的國安幕僚都能言聽計從。

日本民眾似乎了解這一點：二〇一七年的皮尤民調顯示，百分之六十七的日本人相信，一旦日本遭遇攻擊，美國會防衛日本，比歐巴馬政府時代增加七個百分點。[90] 二〇二〇年，外務省一位不具名高官在《美國利益》（*The American Interest*）雙月刊中撰文指出，在國家安全問題上，安倍的外交政策團隊與川普團隊的合作，比過去與歐巴馬團隊的合作更有成效，這篇文章為當時民主黨總統候選人拜登的競選陣營帶來一些亂子（不過其他外務省官員對這篇文章的正確性與真偽性提出質疑，此外，二〇二〇年戰略與國際研究中心對日本外交政策專家的民調也發現，大多數日本專家比較喜歡拜登，不喜歡川普）。[91]

儘管華府國安專業人士與東京有所配合，美方的防衛態勢也更展現強勢，來自川普本人、一波波不斷的震撼卻讓日本民眾對美國是否靠得住的問題憂心不已。在二〇一七年的皮尤民調中，多得令人觸目驚心的百分之六十二的日本受訪者說，美國國力是對日本利益的威脅，比歐巴馬政府時代爆增許多。二〇一八年十二月的一項讀賣新聞／蓋洛普民調也發現，只有百分之三十的日本受訪者表示信任美國。[92] 根據讀賣新聞／蓋洛普的這項民調，大多數美國人與日本人（百分之六十四的日本人與百分之七十的美國人）認為美日同盟對區域安全很重要——這個結果與其他民調結果一致——而百分之七十五的日本受訪者則認為中國是一項軍事威脅。所以美日同盟的結構性基礎仍然強大，但修昔底德的兩難困境顯然已令日本民眾感同身受。二〇二〇年七月，安倍的知識界盟友、慶應大學教授細谷雄一，在《日本經濟新聞》撰文討論川普主義發燒、在新冠疫情期間造成美國領導角色軟弱的現象時說，「日本勢必須重新思考它在國防上對美國的依賴」。[93] 同年八月，安倍大戰略主要設計人、前副國安顧問兼原信克在華府發表的演說中講得更直白：在對付中國的過程中，美國的「領導真空傷害到我們的團結」。[94]

建立更平等的基礎？

二〇二一年上台的拜登政府很了解美國政策對日本造成的這種損傷，但對於川普政府與日本建立的聯繫，拜登政府的態度客觀得令人稱奇。拜登選派資深聯盟構築專家庫爾特・坎貝爾擔任首席印太事務協調官。坎貝爾曾在一九九〇年代中期在美國國防部領導加強美日同盟的團隊，之後從二〇〇九到二〇一三年擔任東亞與太平洋事務助理國務卿期間，還曾以巧妙手段將歐巴馬政府早期有關中國「核心利益」的挑逗政策擋了回去。[95] 拜登擁抱安倍的「四方安全對話」（日美澳印夥伴關係）以及「自由開放的印太」架構，還於二〇二一年四月在他以總統身分舉行的第一次高峰會中在華府會見菅義偉首相，這些姿態在日本反應良好，但想就此掃清由於美國政策十五年來搖擺不定而造成的不確定陰霾也並不容易。

無論如何，對現在的日本而言，與美國聯盟的重要性毫無疑問比過去幾十年都大得多。為確保華府不拋棄日本，安倍接受、甚至擁抱修昔底德陷阱，採取必要行動，在二〇一五年提出新版的《美日防衛合作指針》與相關安全決議案。隨後在美、日兩國進行的民調也證明，兩國民眾認為，就目前為止，他在嚇阻中國的議題上做得很好。擴大與美國的合作也為日本帶來更多工具，讓日本更能影響美國決策、管理依賴美國的風險。至於美國這邊，現在也更能在因應西太平洋突發狀況時，將日本「拉進」計劃。這種現實將使美國在一旦發生緊急狀況時，在後勤支援、情報、海上安全、與其他關鍵作業上依賴日本。一位美軍高級軍官告訴我，美國與日本現在從「協同互通進入相互依存」。[96] 理論上，現在兩國都已經陷入修昔底德陷阱了。

在安倍以前，歷屆日本首相為了撇清關係，總是告訴日本民眾，他們在動用武力時事先並不知情，或告訴美國人說日本不能採取行動。安倍不這麼做。為了證明日本是一個積極主動、不是一個消極被動的夥伴，他準備承擔必要政治後果。二〇一七年，在川普政府與北韓對抗事件過程中，安倍公開表示支持軍事行動選項，但他同時也堅持華府在動用武力以前必須先與日本磋商，就是明證。[97] 對安倍而言，這是他發自內心深處的信念；對今後的日本首相來說，這是一個無法迴避的國家安全法律與民眾期待的問題。

新的安全決議案與《美日防衛合作指針》目的在加強嚇阻與勸阻力。在安倍為對抗越來越強悍、專橫的中國而採取的外在均勢戰略中，這是頭號、最關鍵的層面。不過與中國戰略競爭的「利益線」已經在一個遠較過去大得多的亞洲棋盤上展開，在這樣的博奕中，僅靠軍事工具遠遠不夠。日本還需要一項戰略——最好能與美國一起——在外交、貿易、基礎設施、以及使日本領導有別於中國領導的民主價值方面塑造區域秩序。

第四章
印度—太平洋地區

日本遂行神聖使命，解放亞洲的最佳時機已至。

——大川周明，一九二二年

日本已經成為亞洲自由秩序的領導人

——洛伊研究所亞洲實力指數

日本新戰略中最重要的兩大塊雖說是中國與美國，進行這場博奕的棋盤卻是印度與太平洋區域。事實上，明治時代以來的日本戰略史，就是一部日本面對霸權威脅，以及為重新詮釋亞洲區域秩序，因為採取各種不同途徑以伸張日本繁榮、自主、與法統的過程史。在一八九〇年代，日本選擇的途徑導致日本因朝鮮半島現代化問題而與中國衝突。在一九三〇與一九四〇年代，日本為控制東亞而走上與中國、以及幾個海洋民主國的血腥衝突。冷戰結束後，日本努力詮釋區域準則與規範，希望藉此一面節制美國對日本本身政治經濟的壓力，一面讓美國留在亞洲以維護亞洲安定。今天的日本，選擇與美國以及其他海洋國在共享民主規範的基礎上密切合作，同時將合作區域的定義擴大到一種「印度—太平洋」概念，以廣植必要夥伴關係，使日本在對抗中國的態勢上保持上風——今天的中國，已經成為對日本有利的一個區域秩序的最大挑戰。

但在安倍所謂日美澳印「四方對話」的疆界內，還有許多政治系統大不相同的東南亞國家，包括一些像遭到中國獨裁主義威脅一樣，也遭到民主主義威脅的國家。在這個範圍內，日本最重要的工具就本質而言，不是權力均勢或民主規範，而是基礎設施貸款、能量建構、多邊外交、規則制定、以及軟實力。在這類五花八門、兼容並蓄的工具的應用上，日本人做得顯然比華府或北京這些大國都高明、技巧得太多——在南亞與東南亞各地對菁英、對民眾進行的民調中，日本都在信任度問題上巨幅領先美國與中國，就是明證。

日本的區域戰略最後能不能成功，得視東京能不能一方面整合區域內海洋大國的地緣政治，一方面鼓勵區域內遭中國脅迫的小國直接參與；還得視這種做法能不能創造一種新均勢，誘使中國參與區域整合、放棄對那些小國的霸權控制。主要由於東京對中國的挑戰早有一種戰略共識，對於這個問題，安倍的「安全鑽石」（security diamond，譯按：即「四方安全對話」）中的日本人，比其他來自坎培拉、華府或德里的成員先進得多。不過由於兼容並蓄的區域整合做法本質上就充滿矛盾，日本決策人想來也嘔心瀝血、煞費苦心。地緣政治整合誠然重要，但日本既要加強與其他大國的聯繫，以阻止中國霸權，又怎能對區域事務抱持一種包容的看法？在與中國的價值辯論上取勝，是區域領導權競爭的一環，但日本如何才能運用同樣這套原則因應高棉、緬甸、或菲律賓等國的不民主行為，而不把這些國家推向中國？在所有這些國家眼中，日本都是一個誘人的經濟夥伴，但日本是否夠分量，能堅持它們必須效法東京的現代化模式，必須遵照東京訂定的貿易與投資規則定義？最後還有，值此全球治理分崩離析之際，日本能不能繼續根據全球規則進行區域性體制構築？儘管一百五十多年來，日本在追求有利區域秩序的過程中也曾選擇過截然不同的途徑，以上這些問題並不新鮮。自明治時代以來，涉及正確權力均勢、觀念框架、經濟開發模式、與多邊體制結構等非常類似的問題，就不斷在日本有關區域秩序的辯論中引起激辯——即使今天許多日本人認為，日本已經不再像過去那樣是否定主義的國家，而是亞洲的一個純安全與繁榮輸出國，這類辯論依舊繼續著。本章首先追溯日本戰略根源，以詮釋之前幾次霸權威脅出現時的亞洲因應秩序，然後討論權力均勢、觀念、經濟、與體制構建工具等組成今天的日本自由開放的印太戰略的各項環節。

一九四五年以前的泛亞細亞主義與霸權競爭

英、法聯軍在鴉片戰爭中擊敗中國的事實，為德川幕府統治下的日本敲響警鐘，迫使日本人仔細思考夾在日本本島與貪婪的歐洲帝國主義列強之間那軟弱無力的區域秩序。從一開始，以中江兆民筆下那個醉心西學、主張聯合亞洲諸國、追求現代化西方概念的「紳士君」為代表的一派，與以中江筆下武士「豪傑君」，或一八五〇年代的吉田松陰——主張根據反西方意識型態，發動先制攻擊、征服亞洲以鞏固安全——的一派就相互爭執不下。[1] 日本在之後八十年間進行的如何擴大自主與國家威望的辯論，就以這兩派有關日本區域角色、互不相讓的概念為主軸。

誠如歷史學者弗雷德里克・狄金森（Frederick Dickinson）所指，在第一次世界大戰結束後，這兩派概念在日本外交與國家使命上造成的矛盾與分裂開始加劇：一派是標榜自由、海權的親英派，另一派是反對自由、主張亞洲至上的親德派。[2]結果是，日本捨棄海洋民主國家與全球秩序，在一九四〇年與法西斯德國與義大利締結軸心，營造閉關自守式的獨裁勢力範圍。許多學者因此說，反西方泛亞細亞主義在日本崛起，是偏激的權力政治造成的，還有許多學者認為，日本政治人物在外交政策中，不像美國政治人物那樣標榜一些超驗的道德宗旨。[3]但這些話都說得過於武斷。雖說日本外交政策或許欠缺歷史學者肯尼斯・派爾（Kenneth Pyle）所謂「道德化、感性化、或情緒化」[4]，但事實是，日本政治家早已發現地緣政治競爭同時也需要深思熟慮的觀念競爭。

基於這種背景，歷史學者西米爾・艾汀（Cemil Aydin）發現，日本在考慮外交政策工具時進行的意識型態實驗，對象不是海洋大國英國，而是土耳其。十九世紀末年與二十世紀之初，為尋找一種反西方框架，將現代性與國際秩序再概念化，泛亞洲與泛伊斯蘭理念幾乎同時在日本與土耳其崛起。土耳其與日本知識分子都努力向西方學習現代化，但也都指控歐陸與大西洋強權違背自己宣揚的文明標準，也因此，土耳其與日本將在各自區域環境中建立現代文明國法統。[5]日本在一九〇四－一九〇五年的日俄戰爭中取勝，創下現代史上一個亞洲國擊敗一個歐洲國的先例，也向仰慕不已的土耳其人證明這種泛亞洲、泛伊斯蘭概念的可行。

像土耳其的泛伊斯蘭主義一樣，日本的泛亞細亞主義也有許多流派，了解這些流派能幫我們進一步了解日本外交政策——不僅是二十世紀、也包括今天的日本外交政策。其中出現年代最早、也最平和的一派，是藝術學者岡倉覺三（又名岡倉天心）在世紀之交建立的，要旨在於以共同的亞洲精神主義，反制西方物質主義造成的戕害效應。岡倉在他的名著《茶之書》（一九〇六年）中提出一種泛亞洲精神與美學價值觀。他表示，這麼做的目的不是對抗西方價值觀，而是為了對工業化與物質主義提出一種可以共存的修正。根據岡倉的泛亞細亞主義，日本是亞洲文化集大成當仁不讓的重鎮：是「亞細亞文明博物館：而且由於日本民族能憑藉超凡天賦，秉持生活冒險主義精神、喜新而不厭舊的方式，對過去各種理念進行思考，它還不只是一個博物館而已。」[6]第二個流派是漢字圈派泛亞細亞主義，認為日本、中國、與韓國應該本著共有的儒家價值觀與自強的民族承諾建立同盟。雖說日本知識分子認為，日本在這條自立自強的道路上走得最遠，但這個流派的前提是，在建立一個由亞洲人、為亞洲人而建的新亞洲秩序的過程中，所有漢文化成員都是自然而然的盟友。

讓西方人記憶最深刻的是泛亞細亞主義的第三個流派，是鼓吹激進民族主義的「國權派」。國權派認為中國的軟弱是對日本生存的一種威脅。像極端民族主義組織「玄洋社」與「黑龍會」創辦人內田良平與頭山滿一樣，國權派也主張以軍事行動征服中國，以保衛亞洲與日本。宣揚這種泛亞細亞主義、造成最嚴重後果的人，或許首推一九三〇年代日本侵華戰爭設計人石原莞爾。[7]石原不斷描繪一種末世論般的遠景——特別在日本皇軍內部尤然——認為東、西方之間一場文明大戰勢所難免，日本的唯一生存之道，就是把滿洲、中國、與韓國置於效忠日皇的一個東亞聯盟下，準備一場全面戰爭。[8]可悲的是，他這種以救世主自居的泛亞細亞主義成為二戰戰前日本戰略思想主流。

但泛亞細亞主義的前兩個流派，並沒有任何一脈相傳、最終導致產生石原莞爾之末世論的內涵。我在日本國會的第一個老闆與恩師、自民黨議員椎名素夫，常談到一九三〇年代童年的他在滿洲國（日本傀儡政權）成長的情形，談到他父親那些日本通產省的同事如何「生龍活虎、興致昂然」地聚在他家：「他們談到構建產業⋯談到構建國家。他們主張滿人、漢人、蒙古人、朝鮮人、與日本人五族一起生活與工作⋯和諧共存」。[9]

西方操弄的種族主義是造成這種泛亞洲團結理念的原因之一。日本於一九一九年提出在國際聯盟憲章納入反種族主義條款的建議，在這項建議遭英美等國拒絕之後，英日同盟的締結一度為日本帶來的驕傲，已經轉而成為日本的羞恥。面對這樣的冒犯，日本各大報紙紛紛宣稱，日本的國家責任就在於「堅持國際社會必須平等對待所有種族⋯與世界永久和平最息息相關、最不可分割的事，莫過於大部分世界人口遭到不公、不義對待的問題」。[10]一九二二年大川周明在他的代表作《復興亞洲的若干問題》中指出，日本遂行「神聖使命，解放亞洲」的最佳時機已至，為日本在亞洲的領導提出一條新思路。[11]

當一九四一年日本與英美宣戰時，來自東南亞各地的美國外交官與情報官員報告都指出，由於美國與英、法、荷蘭等過去殖民東南亞的帝國主義主人結盟，日本人宣揚的那套將亞洲從西方帝國主義手中全面「解放」的說詞，對美國的作戰努力很不利。[12]如同傑利米．耶倫（Jeremy Yellen）在他的新作《大東亞共榮圈》（*Greater East Asia Co-Prosperity Sphere*）中所說，這些在日本統治下的前歐洲殖民地的菁英，運用日本的新泛亞細亞主義完成了一些過去在歐洲人統治下不可能完成的國家建構工作。[13]不過日本根據一種精心策劃的理論，強調擁有純潔大和魂的日本人必須是「指導種族」，在「共榮圈」內堅持本身的一套種族與國家階級。[14]迫於全面戰爭的需求，這些軍國主義分子比過去更殘酷、更喪心病狂。約翰．道爾（John Dower）在他影響深遠的研究《無情之戰》（*War Without Mercy*）中說得一針見血：「到頭來，他們自己對其他亞洲人的高壓暴行，為日本人招來的仇恨遠多於支持。」[15]

亞洲的經濟現代化

無論對漢字圈派或國權派泛亞細亞主義而言，推動亞洲經濟現代化模式都是重要關鍵。明治時代的日本，在「富國強兵」標語下將鋼鐵、化學工程、與造船等關鍵工業本土化的先例，為許多滿洲、華北、與朝鮮志士豎下現代化與反帝國主義榜樣——也為日本提供了一個將這些富庶地區納入日本帝國勢力保護範圍的理由。

日本從其他帝國主義列強處學到，基礎設施發展對勢力範圍特別重要。英帝國在亞洲的勢力範圍因蘇伊士運河（Suez Canal）而鞏固，法國靠「東方匯理銀行」（Banque de L'Indochine）與西貢港（Port of Saigon），俄羅斯靠的則是「西伯利亞大鐵路」（TransSiberian Railroad）。在二十世紀最初幾十年間，由於不平等條約讓鐵路所有人享有鐵路兩邊的治外法權，鐵路成為華北與滿洲地緣政治競爭的焦點。日本本身的官僚、情報、與軍事擴張，緊隨日本經營的南滿鐵道公司鋪設的新軌之後，亦步亦趨。[16] 除了在明裡運用鐵路與其他帝國角逐勢力以外，日本帝國暗裡也透過電信投資、銀行、與對地方官員的技術訓練擴張勢力範圍。[17] 歷史學者彼得．杜斯（Peter Duus）就曾指出，日本帝國在東北亞展示它學到的一個教訓：「自工業革命以來，一個國家能不能支配另一個國家，關鍵往往在於這個國家是否擁有更大的經濟開發力，而不在於單純軍力，而帝國疆界往往也不會一旦來到地圖轉紅的地界就停下腳步。與領土征服相形之下，帝國主義的擴張能以較不明顯、較不直接的形式達成，而且實際情況也往往如此。」[18]

國權派駕馭經濟帝國對西方展開全面戰爭的戰略，雖於一九四五年在戰火毀滅聲中結束，許多年後，為阻止敵對霸權支配亞洲，日本領導人重拾這種聚焦基礎設施與經濟發展的領導戰略——他們發現中國的「一帶一路」倡議使用的，正是日本帝國主義許多年前用的那套經濟工具。

區域體制的角色

最後，在二戰以前，日本也依賴體制構築以重塑區域秩序。在大東亞共榮圈旗幟下追尋經濟獨立的區域集團，雖說已經像符咒一樣，成為日本領導人心目中有效全球聯繫與治理的必要途徑，但戰前的日本領導人確曾一度熱衷於一九二〇年代蔚為風潮的多邊主義。狄金森在《第一次世界大戰與一個新日本的勝利》（*World War I and the Triumph of a New Japan*）中說：「第一次世界大戰給了日本一個機會，讓日本在一次世界政治大轉型中成為舉足輕重的玩家。」[19]

當英日同盟於一九〇二年訂定時，畫作中的明治天皇與英王愛德華總是並肩而立，但在日本人描繪一戰過後世界秩序的畫作中，大正天皇開始巍然高坐，英王喬治五世（George V）與俄國沙皇尼古拉二世（Tsar Nicholas II）只能低聲下氣、隨伺在側。[20] 此外，日本當年在外交戰線上也並非全軍盡墨。日本在巴黎和談中要求納入反種族歧視條款的行動，雖因遭到美、加、與澳洲反移民情緒的阻礙而失敗，但日本外交官在《凡爾賽和約》中確實在中國與南太平洋取得重要地緣政治勝利。三年後，在華盛頓海軍公約締約談判中，為交換對日本帝國海軍設定武備上限，美、英兩國也讓了步，通過日方提出的要塞化禁令。在其他領域簽訂的國際協定也讓日本獲益匪淺。當一九二〇年代結束時，眼光遠大的銀行家井上準之助將日圓與全球金本位體系掛勾，以提升日本的國際經濟影響力，日本商界財閥領導人也開始與摩根大通（J. P. Morgan）與巴克萊銀行（Barclays Bank）的代表們同進同出。[21] 當第一次世界大戰結束時，由於這些立場提升了日本利益，確立日本身為大戰勝利國的威望，日本在新的區域與全球秩序中已經成為我們後來所謂「負責任的利益相關人」（responsible stakeholder）。

不過，在接下來十年之間，由於歐洲權勢基礎、美國國際主義、全球貿易、與金本位紛紛崩潰，國際政治基本結構也出現迅速變化。西方世界因經濟不景氣而投入保護主義懷抱，到一九三二年，反對與國際條約與規範掛勾的一種「新共識」已經在日本成形。[22] 反對華盛頓公約造船上限的「反公約派」在海軍占得上風；外務省提出一套後來人稱《天羽聲明》（*Amau doctrine*）的理論，主張日本在亞洲建立霸權；一九三二年二月，大藏大臣井上準之助遭右派軍官暗殺，讓其他所有想將日本命運交在西方金融家手中的人噤若寒蟬。在日本於一九三三年退出國際聯盟之後，石原莞爾宣稱，日本創造新「東亞聯盟」、反制西方的時機已至。[23] 日本現在強加在亞洲身上的區域秩序體制，目的在建立區域自給自足、與全球規則與規範脫鉤，與僅僅十年以前主流派日本外交官鼓吹的那套做法已經完全背道而馳。

但問題仍然存在：究竟日本在大正年間擁抱國際主義的短暫熱忱是反常現象，還是之後走上軍國主義才是反常現象？二戰結束後，日本政治領導人與外交官的擁抱區域與全球多邊主義，並不是對整個戰前時代的全盤排斥，而是重返一九二〇年代以後走岔了的那條舊路——那條幣原喜重郎與吉田茂等戰後日本政治家都曾親身經歷的路。就在他們重返舊路的同時，早先亞洲內部團結與全球治理兩者之間的緊張情勢也再一次浮上檯面。

冷戰期間的區域主義與體制構築

吉田茂主導的日本戰後國際關係戰略，目標就在於駕御、疏導來自美國的壓力，同時重整日本經濟力，讓亞洲國家接納日本。吉田茂的運氣很好，因為如本書上一章所述，他的這些目標與美國當年推動的圍堵戰略的目標基本一致。在戰後初期，從馬來亞到韓國，民族主義與共產黨叛軍崛起，填補了日本帝國崩潰造成的真空。情勢十分明顯，若不能在東亞地區闢出一條走向長期經濟成長與穩定的途徑，東南亞境內的歐洲駐軍由於兵力過於分散、單薄，駐南韓美軍也因欠缺備戰能力，只能短期間暫時抵擋這股叛亂狂潮。一九四七年，美國「國務院—陸軍部—海軍部協調委員會」（State-War-Navy Coordinating Committee，SWNCC）建議重建日本，讓日本成為亞洲成長引擎，杜魯門總統隨於一九四八年批准一項總額十三億美元的整批援助方案，讓日本重新成為東亞地區貿易樞紐，以強化「在共產主義與民主陣營的世界性衝突中的邊陲地區」。[24] 到東京不再接受世界銀行貸款的一九六五年，日本已經開始經援馬來西亞與泰國，協助當地成長，以防堵共產主義從中南半島進一步擴散。同一年，日本與韓國簽署關係正常化條約，為韓國提供八億美元援助。[25]

日本在美國的圍堵戰略推動下重返亞洲經濟秩序中心，也讓東京開始思考重建法統與影響力的觀念框架。在這個議題上，與土耳其作對比同樣有用。戰後的日本與土耳其，由於各有各的帝國歷史傳承，兩國在有關區域政策的戰略決策上，逐漸為來自這種歷史傳承的自我概念左右。[26] 就日本而言，赤松要教授的經濟發展「雁行模式」，最能說明日本從戰前到戰後的泛亞細亞主義發展脈絡。像一九三〇年代的其他頂尖日本學者一樣，赤松要也深受德國學派的國家認同哲學與黑格爾辯證邏輯的影響。他根據這套邏輯，認定日本能為其他開發中亞洲國家提供迅速發展的優越歷史模式。即使當國權派成為戰前日本戰略思考主流之際，赤松要的理論也頗能為漢字圈派泛亞細亞主義發聲。[27]一九五〇年代與一九六〇年代初期，通產省開始撤除對沒有競爭力的「夕陽」產業的支持，鼓勵他們移往較落後的亞洲國家，赤松要隨即於一九六二年在極具影響力的《發展經濟學雜誌》（*Journal of Developing Economies*）發表文章，重揚他的理論。[28]通產省此舉旨在保護日本企業的輸家，讓他們躲進亞洲落後地區，以免慘遭資本主義滅頂。但赤松要認為，對日本有利的做法應該對亞洲也有利，東京應該運用一種不同於西方、由國家領導的資本主義模式，在亞洲扮演領導角色。他在文中寫道，日本應該飛在「人」形雁陣之首，帶領亞洲飛向屬於它自己的工業化勝利。

到了一九七〇年代，由於美國在越戰過後撤出亞洲，主張重建日本在亞洲領導地位的新泛亞洲理論於是更加大行其道。首相田中角榮一九七四年在往訪印尼與泰國時，原以為兩國會因為感謝日本的經濟領導而對他熱烈歡迎，沒想到二戰期間種下的仇日情緒依舊強烈，他的車隊遭到群眾擲石抗議。三年後，首相福田赳夫利用東南亞國家協會成立十周年的機會，又一次設法修補與東南亞的關係。他提出的三部分「福田倡議」強調，日本對東南亞地區不再有軍國或霸權主義企圖，強調日本將聚焦「心連心」的溝通，將東南亞國家協會視為區域開發中的對等夥伴。[29]福田並且開了一張十五億美元援款的巨額支票作為這項「心連心」外交的後盾。[30]此外，福田還偏離美國政策，積極鼓吹讓越南加入東南亞國協，創下一九四五年以來日本在東南亞地區第一次獨立而主動的外交出擊。[31]（他的兒子福田康夫在二〇〇七—二〇〇八年擔任日本首相期間，也曾對東南亞地區採取類似溫和行動。）

在明治維新一百周年慶典期間，東京信心十足，相信日本可以在亞洲扮演更親和的領導角色——日本的做法不再有戰前泛亞細亞主義的階級與剝削，比美國的做法更具同理心，但又不會做得過分招來美國抗議。一九八五年四月，一方面由於受到來自東南亞國協內部正面反應的鼓舞，同時也因為美國對東南亞政策的始終搖擺不定，外相大來佐武郎在漢城發表重要演說，以赤松要教授的雁行理論為主軸，宣示日本將以更積極、主動的方式參與亞洲事務。[32]

日本的泡沫經濟以及亞細亞主義的復甦

不過，基於一個更重要的理由，對日本與亞洲以及與美國的關係而言，一九八五年將成為具有歷史性重要意義的年份。那年九月，在紐約市「廣場酒店」（Plaza Hotel）集會的七大工業國（G7）財政部長，迫於日本巨額貿易順差帶來的國內政治壓力，同意讓美元對日圓與德國馬克貶值。儘管當時幾乎無人察覺，這股強勢日圓走勢造成日本以資產帶動的「泡沫經濟」（bubble economy）。到一九八七年，美元對日圓貶值了一半有餘，日本製造廠商急著將生產線遷往北美，但同時也樂得坐享遠較過去低廉的成本，在東南亞建立供應鏈。由於荷包滿盈的日本公司開始收購「洛克斐勒廣場」（Rockefeller Plaza）、「圓石灘」（Pebble Beach）這類炫富性資產，記者也開始發表《買下美國》（*Buying into America*）這類暢銷書，《廣場協議》的簽訂不但沒有讓美國寬心，反而讓美國對日本更加憂心忡忡（也就在這時，紐約一位行為乖張、名叫唐納德・川普的房地產大亨，開始在報紙刊登廣告，攻擊日本）。[33] 美日貿易談判開始變得更尖刻，更聚焦於日本經濟的結構性差異，而不再僅限於產業性議題。美國貿易代表的談判主軸也從一九八九年的「市場—導向—產業—特定」（Market-Oriented-Sector-Specific，MOSS）轉為全面「結構性障礙倡議」（Structural Impediments Initiative，SII）談判。日本身為亞洲雁陣之領頭雁的整個經濟模式與合法性，開始遭到全球第一強國的政治與理念攻擊。不過也就在這一刻，馬來西亞的穆罕默德・馬哈地（Mohammed Mahathir）等亞洲領導人開始主張建立「東亞經濟核心」（East Asia Economic Caucus）與歐洲以及北美競爭，新加坡的李光耀也提出自創的一套新儒家泛亞細亞理論。[34]

在一九八五年與一九九七—一九九八年金融危機期間，由於日本思想領導人不僅為日本的亞洲領導地位辯護，還竭力提出反證以對抗美方「外壓」，日本與美國這場有關「亞洲價值」的辯論進一步升高。憑藉曾與美國貿易代表在談判桌上奮戰的經驗，也靠著與追求日本援助與投資的亞洲國家高官的關係，著名的「亞細亞派」人物在自民黨、外務省、通產省、與大藏省內紛紛位居要津。亞細亞派名流、副外相小倉和夫在一九九三年寫道，西方式資本主義已經走到死胡同，並且建議日本與亞洲聯手推動一種新的「亞洲資本主義論」。[35]他的同事、大藏省次官榊原英資也在所著《超越資本主義：日本型市場經濟體制》（*Beyond Capitalism: The Japanese Model of Market Economics*，一九九三年出版）中說，相對於英美冷酷無情的自由市場經濟發展模式，日本的經濟體制更重視人與社會和諧價值，也因此更適合亞洲的發展。[36]大藏省隨即在他的領導下，出資在世界銀行進行一項有關「亞洲奇蹟」的、引起爭議的研究，設法證明他的理論。[37]船橋洋一在一九九三年《外交事務》（*Foreign Affairs*）冬季刊發表的《亞洲亞細亞化》（The Asianization of Asia）一文，也引起外務省內亞細亞派的共鳴。船橋在文中寫道，「亞洲不能再忍耐僅僅被人當成一張牌來打的待遇；它現在要得到身為一個玩家的尊重。在各式各樣議題上，它的成功故事應能鼓舞亞洲特有的原創理念，為這些理念發聲。」[38]

毫無疑問，這與戰前版本的泛亞細亞主義大不相同。榊原與小倉追求的不是自足式經濟，而是亞洲團結，他們要證明日本的新領導地位，要用亞洲團結制衡美國。這些「亞細亞派」本身多是國際主義人士，有些在各自部會裡以有遠見的改革派著稱。船橋洋一在一九九〇年代初期成為《朝日新聞》華盛頓局局長，鼓勵像我這類年輕一代的日本通為加強美日同盟效力。但如同約翰・道爾在一九九三年做的美日關係戰前與戰後形象對比中所說，就在同一時間，充滿憤怒與種族仇恨的形像，開始出現在其他知識分子有關太平洋兩岸不同價值的評論中。[39] 日本新聞人、學者、與政客開始鼓吹一種新「日本人論」，說明日本的理念如何獨一無二，甚至日本人腦的生理特質都與眾不同。[40] 在那期間的美日貿易戰中，日本政界要人頻頻發言，說日本人腸子太長，無法處理美國牛肉進口，日本下的雪太精細，經不起西方人雪橇折騰。[41] 美國人也不干示弱，據說德州參議員菲爾・葛拉漢（Phil Graham）曾對一個來訪的日本代表團說：「我們的牛仔帽也大得進不了你們那些小車！」儘管沒有日本知識分子會像他們戰前那些前輩一樣，說日本注定要成為亞洲「指導種族」，但在一九八〇年代與一九九〇年代初期，許多擁護新泛亞細亞主義的日本知識分子確實言之鑿鑿，說日本在文化、生理、與非戰主義方面都高人一等。[42] 另有一些日人，如民族主義政客石原慎太郎，先發表暢銷書《日本可以說不》（*The Japan That Can Say No*），之後又與馬來西亞首相馬哈地合著《亞洲可以說不》（*The Asia That Can Say No*），鼓吹早先國權派泛亞細亞主義理論。[43]

就在這些亞洲整合與團結論述大鳴大放的同時，亞洲政治經濟也出現與之呼應的實質結構性變化。一九八七年日圓升值後，在巨額資本投資的支援下，日本公司開始取代美國公司，成為馬來西亞與泰國這類國家的新科技主要來源，日本供應商也緊隨大公司腳步之後，建立銜接這些國家與日本的供應鏈。山村耕造與華特．哈奇（Walter Hatch）等學者提出亞洲可能遭「經團連化」的警告（「經團連」是日本國內在二戰結束後出現的封閉式、半壟斷性質的工業團體）。[44] 新古典派經濟學者說，無須特定媒介，單是宏觀經濟結構性變化一項已經足以解釋這種現象，但通產省仍在一九八七年提出《新亞洲工業發展計劃》（*New Asian Industries Development Plan*）與配套援外戰略，大力推動這項變化。如同肯尼斯．派爾在一九九六年所說，「這些五花八門的政策追求一種日式經濟領導，一方面要推動日本國內結構重整，改善它與美國的貿易失衡，同時也要奠下基礎，在日本領導下進行區域性經濟軟整合。」[45] 讓美國政府特別擔心的是，日本在關鍵性基礎設施提供開發援助與投資的做法，可能將美國公司永遠擋在東南亞大門之外。日本電子業巨人「日本電氣」（NEC）在印尼電信基礎設施重建標案中擠下AT&T的事件，造成布希政府與日本的衝突，不僅勾起當年華北鐵路競爭的回憶，也預示了三十年後與中國的5G競爭。[46]

在區域體制計劃不斷推出的同時，亞洲認同意識與區域內貿易成長應由日本領導的聲浪也水漲船高。冷戰期間，由於華府與東京都將這類建議視為與蘇聯的共謀，目的只在削弱美國在亞洲雙邊同盟的網路，迫於地緣政治的無情壓力，純亞洲式多邊主義找不到發展空間。[47]確實也是如此，為因應美日同盟在雷根與中曾根聯手下持續強化的情勢，蘇聯領導人戈巴契夫（Mikhail Gorbachev）在一九八六年發表重要演說，呼籲建立純亞洲多邊體制以取代美國的眾多雙邊同盟。[48]不過，隨著來自莫斯科的威脅不斷減弱，日本領導人開始響應亞洲地區逐漸高漲的情緒，主張建立一個亞洲領導、也因此順理成章以日本為核心的經濟整合架構。日本與澳洲在一九八〇年召開第一屆「太平洋經濟合作理事會」（Pacific Economic Cooperation Council，PECC）商界領袖峰會，東京隨即支持澳洲總理鮑伯．霍克（Bob Hawke）的建議，贊同設立一個聚焦於「開放性區域主義」的東亞自由貿易組織，但刻意避開美國入會議題。[49]當澳洲與日本一九八九年籌開區域性貿易部長級會議——部分也是為了反制新的《北美自由貿易協定》（*North American Free Trade Agreement*，NAFTA）——時，美國國務卿詹姆斯．貝克（James Baker）對日本官僚系統施壓，使系統中的北美派擊敗亞洲派，美國也因此成為之後成立的「亞太經濟合作」（Asia-Pacific Economic Cooperation，APEC）論壇的創始會員國。[50]

亞洲區域體制應該保有多大獨特性的議題在日本內部引起分裂。外務省北美派取得亞太經濟合作創辦藍圖主導權，外相羽田孜在一九九三年第一次納入美國的峰會召開前強調，亞太經合論壇應該與世界貿易組織這類全球性協議同步，應該聚焦於過程，而不是結果。[51]但一九九七—一九九八年亞洲金融危機爆發，建立泛亞洲體制以反制美國單極領導的呼聲再起。當時美國提出建議，主張透過「提前部門自由化」（early voluntary sectoral liberalization，EVSL）做法掙脫危機。出席亞太經合會議的日本代表團（其中有幾十名保護主義派自民黨農業黨團成員）於是辦了一個東亞陣線，以反對這項建議。[52]同年，在香港舉行的世界銀行與國際貨幣基金會議中，大藏省的榊原主張另設亞洲貨幣基金，但沒有成功。誠如日本問題專家葛蘭・胡克（Glenn Hook）所說，「在這場危機過後，國際貨幣基金對受災經濟體提出的要求——包括貿易自由化、解除管制、民營化、以及政府在國家經濟中所扮角色的全面緊縮——是在東亞建立新自由派治理系統的一項政治方案的一部分」，這項政治方案威脅到日本的領導地位與日式經濟模式。[53]日本領導人雖說不再像戰前那樣自稱是亞洲「指導種族」，但他們確實開始加大宣傳力度，說他們身為亞洲經濟領頭羊，有責任鼓吹以政府為核心的經濟發展形式。

亞細亞主義的式微

但對於日本建立東亞經濟體、與西方競爭或反制西方的熱情來說，一九九八年或許是盛極而衰的分界。如本書第二章強調的，日中關係現在進入競爭遠較過去激烈的新階段，純亞洲體制對北京逐漸比對東京更加有利。由於世界貿易組織的建立，以及之後美國逐漸放棄片面以關稅對付日本的做法（直到川普上台為止），建立區域體制以管理美國單極影響力的重要性也不如既往。此外，一九八五年日圓升值帶來的結構性轉型，到一九九〇年代末期也有了變化。區域內貿易雖已超越整體貿易總額的百分之五十以上，國際資金流動在極大程度上仍為全球性流動。日本本身的經濟也因為不斷擴大對外國直接投資的開放而受惠：在一九九八年，日本的外國直接投資從國內生產毛額（GDP）占比百分之〇點〇六二暴漲到百分之〇點三二四——就經濟合作與發展組織的標準來說，這個數字仍然很低，但對於欠缺天然資源、仰仗外銷的日本來說，這個數字已經創下歷史新高。[54]

到一九九〇年代結束時，亞洲價值觀的辯論熱潮也開始退潮。儘管杭廷頓（Samuel Huntington）在一九九三年《外交事務》季刊發表〈文明衝突論〉（*Clash of Civilizations*）一文，造成相當衝擊，狄培理（William Theodore de Bary）、大衛・希區考克（David

Hitchcock）、與豬口孝等學者，已經開始反駁儒家學術讓亞洲人在觀念上凝聚在一起的說法，並引用民調與歷史數據，證明亞洲各地對負責任民主治理的渴望正不斷升溫。[55]由於美國本身對亞洲問題的做法更「日本」——美國不但同意與日本在一九九八年提出的三百億美元的《宮澤計劃》合作，還同意推動世界銀行內部改革，以反映亞洲金融危機的教訓——有關亞洲價值觀的辯論也逐漸消退。[56]由於兩國採取的做法不謀而合，也由於兩國終於發現唯有互助合作才能應付危機，華府與東京之間的觀念之爭終於趨緩。此外，當然，日本的資產泡沫一九九〇年爆裂，經濟成長在一九九〇年代「失落十年」驟然放緩，原本狀似所向無敵的日本經濟模式頓失光芒，也是兩國走向攜手的原因。

歸根究底，日本在一九九〇年代為外交政策戰略尋求獨特亞洲認同的付出，帶來一種有助於亞洲地區的傳承。舉例說，在一九九〇年代的高棉和平解決過程中，日本扮演了與洪森（Hun Sen，譯按：高棉華人、柬埔寨獨裁者）政府溝通的重要角色；在日本大力推動下，「東協區域論壇」（ASEAN Regional Forum）在一九九三年建立，成為討論東南亞安全議題的第一個全區域性會議機制。[57]儘管在從金融危機反應到國際社會孤立緬甸等各種議題上，不時也會陷入卡在華府與東南亞國協之間的窘境，但透過嘗試與失敗，日本終能找出微調手段，促成東南亞國協內部世界觀的提升。日本是第一個為亞洲金融危機受災國家請命的七大工業國

（G7）成員，東南亞國協諸國自然銘記在心。[58]但同時，日本外交官也學到一件事：單憑信任不足以對抗中國在東南亞國協內部的威逼利誘。東京在二〇〇五年爭取加入聯合國常任理事國時曾要求東協支持，結果為東協所拒；在二〇一〇與二〇一二年，當日本與中國因尖閣列島問題爆發危機時，東協也沒有為東京發聲——這些教訓讓日本人更加相信單憑信任不足以恃。[59]東京逐漸覺醒，唯有與其他海洋民主國——特別是美國——協調一致，日本才有可能參與東南亞國協的開發與安全事務。

當日本民主黨的鳩山由紀夫在二〇〇九—二〇一〇年間出任首相時，反西方版本的東亞共同體概念最後一次死灰復燃，不過時間很短。最讓鳩山由紀夫心動的，首推一九九〇年代崛起的「脫美入亞」情緒——與明治時代名人福澤諭吉的《脫亞論》論點正好相反。在鳩山由紀夫眼中，唯能以泛亞細亞主義打破日本戰後以美日同盟為核心的戰略，才能完成祖父鳩山一郎的反吉田的遺志。當日本民主黨上台時，鳩山背後的實權派——田中角榮的前門生小澤一郎——主張利用「脫美入亞」論祭起內部政治角力大槌，打擊自民黨賴以長期執政的樑柱，包括勢力龐大的經團連、外務省內的北美派、以及美日同盟本身。但這些打擊對象同時也是日本能在亞洲展現國力的最重要的樑柱。[60]民主黨領導層這種改組國內政治體制的短視做法，在亞洲播下對日本的同盟承諾疑慮的種子，造成一個讓中國有機可趁的真空。在後安倍時代，至少在短期內，似乎不會有任何真正有意角逐日本政壇的人士願意重啟這種東亞共同體概念。鳩山由紀夫以為可以用他祖父在一九五〇年代的概念扼殺吉田主義，結果他殺的卻是自己祖父的一世英名。事實證明，吉田主義的最後終結者是鳩山由紀夫的政敵、岸信介的外孫安倍晉三。安倍晉三不僅改變了日本外交政策戰略，也改變了亞洲其他地區對「亞洲」一詞的定義。

自由開放的印度─太平洋

在二十一世紀最初十年，日本有關「亞洲」定義的核心概念出現深奧變化。這種變化反映了中國再次崛起帶來的地緣政治挑戰，以及日本保護既有規則與影響力、以維護上世紀末期以來有利地位的必要性。地緣政治競爭又一次成為影響日本如何詮釋亞洲規範與體制的要件。

第一個重大變化隨一張新的概念性亞洲地圖的出現而來。什麼是亞洲的地緣概念？原本來自歐洲，因為千年以來，「中國中心論」一直以天朝承繼天命、統治四方的共同命運意識為基礎，沒有羅馬帝國或鄂圖曼帝國（Ottoman Empire）那種明確的地緣疆界概念。日本占用西方人為亞洲下的定義，建立「大東亞共榮圈」，既取代了西方帝國主義，也駁斥了中國中心論有關區域秩序的定義。在一九八〇與一九九〇年代，日本亞洲派把握新崛起的「東亞共同體」概念，為日本投資與經濟開發模式搶攻據點。值得注意的是，在一開始，這張亞洲地圖並沒有包括印度。二戰期間，印度曾是日本軍事征服的目標，但從來沒有成為日本帝國版圖一部分，也從來不是日本戰後對亞洲經濟投資的據點。

但隨著中國在二十世紀末期崛起，日本一度大力宣揚的這張東亞地圖成為北京屬意的架構。舉例說，當中國為了與瑞士「達沃斯論壇」（Davos Forum）一別苗頭，而於二〇〇一年初建立博鰲論壇時，用了一張沒有澳洲與紐西蘭、印尼以南只有一大片空白的地圖做為論壇標幟，讓澳洲人大驚失色。[61]之後更多惡例層出不窮，特別是北京透過東南亞國協代理國，建議提前在北京召開東亞高峰會，由北京決定議程，並且不邀請美國與會一事，尤其引人關切。[62]

一九九〇年代末期，橋本龍太郎搭配俄國牌發動「新歐亞」外交攻勢，首開日本藉由擴大區域夥伴關係以制衡中國的先河。[63]隨後不久，為向印度示好，首相森喜朗於二〇〇〇年夏訪問德里。在那次印度之行中，曾是橄欖球運動員的森喜朗，還因為在參觀泰姬陵（Taj Mahal）時汗流浹背而被印度人挖苦了一番。但到最後，能夠拋開日本與其他亞洲國家論交時慣用的那套老辦法、提出嶄新觀念與地緣遠見的，還是充滿魅力的小泉純一郎。

自一九五七年以來，每一位新上台的日本首相，都會在第一次國會致詞中確認日本扮演國際角色的三大基礎：聯合國系統（日本在一九五六年加入聯合國）、美日安保條約、以及與亞洲的關係。二〇〇一年五月，在他以首相身分在國會發表的第一次演說中，小泉純一郎結束了這個傳統，宣布日本今後將在兩個基礎上扮演一種全球性角色：⑴日美關係，這是「日本維護、提升與鄰國友好關係的基礎」，⑵日本要「扮演領導角色提升適用於二十一世紀的國際系統」。[64]小泉將日本過去因亞洲與西方認同並列而造成的自主觀一掃而空，在他的領導下，日本要做一個立足亞洲的全球規範締造者。為什麼是小泉純一郎，而不是橋本龍太郎或森喜朗？因為小泉同時也想改變日本的經濟模式。

翌年一月，小泉在訪問新加坡時發表的演說中，建議推出新「東亞發展倡議」（Initiative for Development in East Asia），縮寫為「ＩＤＥＡ」（理念）。這項新倡議簡稱「ＩＤＥＡ」並非事出巧合。小泉在那篇演說中指出，自一九七七年吉田主義成功推出、與東南亞國協「心連心」交流以來，日本沒能改革它自己的經濟，於是導致東亞地區經濟走衰。他首先暗批日本是造成一九九七－一九九八年金融危機的裙帶資本主義的幫兇，隨即提出保證說，日本現在要領導改革，要協助東南亞國協會員國推動本身的改革與現代化，而且誓言將協助範圍擴大到「加速緬甸現代化」。日本這項新倡議的核心「理念」，不是保衛日本與亞洲特有的「人類中心式」（anthropocentric）資本主義模式，而是日本今後將基於「東南亞國協所有會員國越來越能共享民主與市場經濟基本價值」的觀察所得，進行領導。小泉又說，「中國當然能為區域開發做出巨大貢獻」，但他表達的訊息是，日本擁有正確理念，知道怎麼樣在東亞進行開發。此外，為確保這種聚焦民主與自由市場的做法能在今後東亞整合中獲得全力支持，小泉呼籲讓澳洲與紐西蘭加入，成為核心會員國。[65]

慶應大學著名亞洲問題專家添谷芳秀發現，由於主張納入澳洲與紐西蘭，並強調「現代」價值，小泉在二〇〇一年發表演說《引發中國與日本之間的一場概念競爭》。[66]這篇演說儘管與美國的政策目標以及美國的亞洲議題框架密切吻合，事實上在發表以前沒有與華府協調，講稿起草人是外務省一名最主張日本亞洲外交政策獨立的官員、也是安倍晉三勁敵的田中均。田中均倔強、魅力十足，頗以他的外號「国益先生」（國家利益先生）為榮。[67]田中均跟日本經濟與外交國策辯論早期的榊原英資與小倉和夫一樣，主張日本外交政策必須獨立，強調全球規範以美國及最親密海洋盟國的權力均勢。[68]田中均不讓榊原英資與小倉和夫專美於前，也經常與他的美國對手爭得面紅耳赤，不過他致力在亞洲推動日本與美國共享的民主價值，而不是利用與亞洲的關係反制華府。

在小泉純一郎的「IDEA」演說中占有重要地位的澳洲，就這樣成為日本詮釋亞洲勢力新地圖的關鍵夥伴。澳洲曾於一九八〇年代末期與日本一起推動東南亞國協，像東京一樣，也熱衷於亞洲內部與跨太平洋經濟框架的開發。澳洲外交部長、會說日語的艾什頓・卡爾維特（Ashton Calvert），在二〇〇一年提議華府、東京、與坎培拉定期舉行「三邊安全對話」（Trilateral Security Dialogue，TSD）。在小泉的「IDEA」演說過後那個月，卡爾維特的這項提議獲得美國副國務卿理查．阿米塔吉與日本副外相竹內行夫熱誠響應。儘管中國一直也有參與，但這項三邊對話的重點，在於尋找加強區域結構的途徑，東京與坎培拉也用它向新成立的布希政府施壓，敦促美國穩步參與東南亞國協這類論壇（華府果然將這訊息聽進耳裡，布希因此成為唯一一位每一屆東南亞國協峰會都到場的美國總統）。[69]二〇〇五年，澳洲派軍前往伊拉克南部，與駐在當地的日本自衛隊分遣隊會師，日本與澳洲的戰略關係又邁進重要的一大步。[70]

在拉攏澳洲之後，日本繼續擴大當時仍稱為「東亞共同體」的定義，印度是下一個爭取的目標。自民黨右翼人士很久以來，一直主張與國防部長喬治．費爾南德斯（George Fernandes）等印度保守派政黨的反中鷹派密切合作，同時也對印度法官拉達賓諾．帕爾（Radhabinod Pal）推崇有加。帕爾曾在一九四八年「東京戰犯法庭」（Tokyo War Crimes Tribunal）中獨樹一幟，說日本沒有犯下發動侵略戰爭的罪行。但日本商界與自民黨主流派發現印度過於怪異難解，而且與帕爾法官（直到今天，靖國神社仍有供奉帕爾的牌位）扯在一起的爭議性也太大。到冷戰末期，中國市場比過去更加重要，對日本的影響力也持續倍增。當日本與中國的競爭在一九九〇年代末期加劇時，印度牌原本也很誘人，但印度在一九九八年繼中國之後進行核試爆，讓仍然對中國核試爆憤怒不已的日本民眾對印度敬謝不敏。

小泉在二〇〇一年的勝利打破了一些這類束縛，但最後推動印日關係大步向前的是二〇〇四－二〇〇五年間發生的三件大事。第一件事是，在二〇〇四年十二月亞洲大海嘯過後，美國、日本、澳洲、與印度領導的四方專案特遣隊伍立即出動，提供迅速而有效的人道援助與救災。這四個民主海洋國能夠如此輕而易舉地同心協力、集結龐大資源將公共財源源投入災區——以及印尼這類接受援助國表達的感激之情——是一個重要啟發。[71] 第二件迫於情勢、不得不有所行動的事件，是中國在二〇〇四－二〇〇五年間爭取「東亞高峰會」（East Asia Summit）控制權。中國此舉導致日本與新加坡採取協調行動，在新會員國入會名單上，除澳洲與紐西蘭以外再加上印度，以制衡北京。第三件大事是，美國總統布希與印度總理曼莫漢．辛格（Manmohan Singh）在二〇〇五年七月宣布，美國與印度將談判簽訂一項和平核子合作協議，就算不能把印度拉回一九六八年《核武器不擴散條約》（*Treaty on the Non-Proliferation of Nuclear Weapons*）本身，也要讓印度重返核武器不擴散世界。這項談判的先決條件是印度必須加入「核供應國集團」（Nuclear Suppliers Group，NSG），而印度能不能通過票決加入這個集團，堅決反對核擴散的日本握有舉足輕重的一票。布希政府暗中要求東京支持印度入會，由「戰略與國際研究中心」、「日本國際事務研究所」（Japan Institute of International Affairs，

JIIA）、與「印度工業聯合會」（Confederation of Indian Industry，CII）主導，搭配企業與外交事務領導人（包括安倍的盟友，東海旅客鐵道公司總裁松本正之）共襄盛舉的一個非官方三邊對話於是成立，以營造跨自民黨與經團連的支持。[72] 印度既是在地緣政治上制衡中國的重鎮，又是日本基礎設施投資的目標以及跨越歐亞大陸南翼的中繼，對日本的吸引力有增無已。

安倍的新亞洲聯盟初嘗試

安倍在二〇〇六年準備繼小泉之後領導自民黨與日本時，示意他在上台以後會加強與亞洲海洋民主國的新聯盟。在他的新作《走上美麗的民族》中，他建議將非正式的日美澳印「四方」特遣隊伍提升，成為一種正式領導人峰會。[73] 在安倍眼中，印度特別重要。在安倍主政期間，印度與日本展開龐大的《德里—孟買工業走廊計劃》（*Delhi-Mumbai Industrial Corridor Project*），印度也因此躍升為「政府開發援助」（official development assistance，ODA）的首號受惠國。[74] 日本在二〇〇六年第一次參與印度的年度「馬拉巴」（Malabar）海軍演習（最後在二〇一五年成為這項軍演的永久成員國）。[75] 安倍現在經常在談到亞洲時將印度掛在嘴邊。二〇〇七年八月，他在德里的一次演說中強調：「現在，隨著印度洋與太平洋兩洋合流，新的

『更廣大亞洲』逐漸成形，我覺得位於這兩大洋兩邊的民主國，必須在每一個可能層面上深化其人民之間的友誼⋯更何況，這不僅是為印、日兩國，也是為這個新的『更廣大亞洲』的一種投資。」[76]

與澳洲的關係也迅速進展。二〇〇七年三月，澳洲總理約翰．霍華（John Howard）與安倍發表《日澳安全合作聯合宣言》（*Japan-Australia Joint Declaration on Security Cooperation*）——這是日本自二戰結束以來，與美國以外的任何一個國家訂定的第一個雙邊安全協議（這項宣言是一項探討防衛合作的全盤工作計劃，而不是帶有類似一九六〇年美日安保條約第五條那種明確安全保證的條約）。[77] 翌年十月，外相麻生太郎與印度簽下一紙類似協議。[78]

在提出四方對話建議，加強與印度、與澳洲關係的同時，日本外務省還以普世價值、經濟聯繫、與海上安全等同樣原則為基礎，提出一套廣泛概念以引導日本的亞洲戰略。二〇〇六年十一月，外相麻生太郎在日本國際事務研究所發表演說，提出一種從俄屬遠東、沿中國周邊延伸到歐洲的外交夥伴關係與後勤聯繫概念——就是他的「自由與繁榮之弧」（Arc of Freedom and Prosperity）構想。[79] 許多人認為，「自由與繁榮之弧」明顯是一項以限制中國影響力為目標的零和戰略，因為這項構想令人想起尼古拉斯．史派克曼（Nicholas Spykman）討論地緣政治的「邊緣地帶論」（Rimland Theory，是美國早期圍堵戰略的濫觴）。[80]此外，由於納入俄羅斯、緬甸等一些比較不民主的政府，「自由與繁榮」因成員參差不齊而多少有些複雜。儘管有這些瑕疵，「自由與繁榮之弧」是日本為攏絡「四方安全對話」以外各式各樣國家——可能落入中國勢力範圍、但不準備、或無法加入安倍的大國集團構想的國家——的初次嘗試。[81]但事實證明，四方安全對話與自由與繁榮之弧都很短命。四國外交部官僚開了一次四方安全對話初步會議，目的在暫緩啟動對話。四國首都的國家安全會議或首相府、總理府官員雖說比較熱心，但澳洲、日本、與美國當時都處於領導層更迭、走向中間或中間偏左路線的邊緣，特別也因為伊拉克戰爭越來越失去民意支持，施展「新保守主義」戰略的空間變得更加狹窄。福田康夫在二〇〇七年九月出任首相後，重倡他父親那套對亞洲「心連心」的做法，將四方安全對話與自由與繁榮之弧悄悄擱在一邊。工黨黨魁與總理陸克文（Kevin Rudd）領導的新澳洲政府在二〇〇七年上台後，以更刻意的方式公開宣布四方安全對話走入歷史——讓東京震驚不已，因為即使撇開安倍提出的原始高峰會構想不計，較軟性的海洋國結盟版本當時仍享有相當支持。[82]日本與亞洲還沒有做好決定性外在均勢、或重劃亞洲地圖的準備。但亞洲會改變，安倍也會。

安倍2.0：自由開放的印太與重返四方安全對話

安倍在二〇一二年十二月重掌政權以後重提舊事，找出外務省有關四方安全對話與自由與繁榮之弧的原始方案，作為首相辦公室工作重點。立即表態支持安倍此舉的麻生太郎成為副首相兼財務大臣。曾以外務省次官身分負責協調自由與繁榮之弧、已經退休的谷內正太郎重出江湖，擔任安倍的國家安全顧問，主持新成立的國家安全保障會議，由兼原信克出任副顧問。麻生原先在外務省的演講撰稿人、記者谷口智彥，成為安倍的外交政策演講撰稿人。二〇一二年十二月發表的一篇強調「安全鑽石」的安倍署名文章，是這個智囊團的第一個產品。所謂「安全鑽石」，是以對「保護從印度洋延伸到西太平洋的海洋公共區」，以及對「民主、法治、與尊重人權」的共同承諾，將澳洲、印度、日本、與夏威夷結合在一起。[83]由於還無法確定歐巴馬政府或坎培拉的茱莉亞・吉拉德（Julia Gillard）政府對四方安全對話的態度，這一次，為了避免重蹈二〇〇六年發起這項對話時所犯錯誤的覆轍，安倍提出的是一項概念，而不是迫使有關國家政府選邊站的具體外交建議。

同時，與中國的地緣政治競爭的重心，以及北京在安倍上台之初意圖孤立安倍的攻勢指向都已轉到東南亞。安倍遵行他的「安全鑽石」概念，在上任第一年間遍訪東南亞國家協會每一個會員國。[84]安倍這一招果然有效，中國將他在亞洲孤立的圖謀因此未能得逞。不過日本政府除了早先的自由與繁榮之弧，以及剛重建的四方對話概念以外，仍然欠缺一項能以更一貫、更引人的辦法覆蓋整個區域的架構。自由與繁榮之弧以歐亞邊緣地帶周邊為界，造了一張史派克曼式、以前沿海岸圍堵中國的藍圖，安倍另有見地。他決定根據讓四方對話中的四國結合在一起的核心地緣特性，圍繞東南亞——太平洋與印度洋——建立一張溫和的保護毯。[85]在二〇一三年一月發表於雅加達（Jakarta），以及同年二月在華府戰略與國際研究中心發表的演說中，安倍都重提他於二〇〇七年在印度演說時首次提出的這項兩洋概念。[86]二〇一三年三月，日本國際事務研究所為外務省完成一項研究，說明如何將這項兩洋概念轉化為實際可行的外交、國防、與經濟發展政策。[87]國際事務研究所在這項研究報告中說，羅瑞・梅德卡夫（Rory Medcalf）、安德魯・謝爾（Andrew Shearer）、與拉賈莫漢（C. Rajamohan）等澳洲、美國、與印度學者早在幾年前已經開始強調印度洋的戰略核心地位。報告中指出，這項印度—太平洋概念能讓日本與關鍵性盟友與夥伴結合，以防兩洋交會處出現可以為中國所趁的「真空」。[88]戰略與國際研究中心二〇一四年對亞洲戰略菁英進行的一項民調，進一步證明了這項地緣建構的戰略邏輯。這項民調顯示，海洋民主國普遍接受「印太」一詞，反之中國的外交政策知識分子顯然對這個名詞充滿鄙夷。[89]

二〇一六年八月，安倍利用「東京國際非洲發展會議」（Tokyo International Conference on African Development，TICAD）非洲領導人峰會召開之便，正式宣布新「自由開放的印太戰略」。[90]雖說選在非洲領導人峰會宣布一項因應中國問題的基本戰略有些不尋常，但安倍自有一套說詞：他的這項概念結合印度與太平兩洋，而這兩洋正是結合日本與非洲的橋樑。不過他的這篇演說在華府或東亞沒有引起注意。

二〇一七年六月發表的「二〇一七年開發合作白皮書」又一次提出這項戰略，強調日本要用它作為日後經濟援助的指導架構。[91]那年秋天，日本副外相鈴木浩向他在川普政府的工作夥伴提出「自由開放的印太戰略」（現在大家稱它為ＦＯＩＰ），或許這是ＦＯＩＰ真正開始影響深遠的轉捩點。當時新任國務卿雷克斯．蒂勒森（Rex Tillerson）即將往訪印度、展開他的第一次亞洲之行，國務院政策規劃局（Policy Planning Office）忙著為蒂勒森準備一份有系統、條理分明的亞洲政策聲明，於是將鈴木浩交來的這整套概念、連同名稱，一併提交蒂勒森。ＦＯＩＰ與美國新出爐的與中國戰略競爭的國家安全戰略架構切合，國務院印度司也知道這項戰略能在德里引起共鳴。十月十八日，蒂勒森在戰略與國際研究中心宣稱，「印度、太平洋地區⋯繼續保持自由與開放，至關重要」。[92]同年十一月，川普與安倍在東京宣示，願與地區內任何共享自由開放的印太理念的國家合作，並保證將在三個基礎上共事：提升基本價值、追求經濟繁榮、以及和平與安定。[93]儘管川普本人之後沒有再提到這類字眼，他的國家安全團隊已經與這項日本人研發的戰略完全接軌，並於翌年十一月發表屬於他們自己的一項詳盡的「自由開放的印太戰略」進度報告。[94]對於過去總是被動響應美國政策主動的日本外務省來說，這是一次堪稱史無先例的角色互換。

FOIP繼續不斷演進。一開始，由於FOIP是一項不以「東南亞國協中心性」（深植東南亞國協諸國首都的區域多邊主義）為基礎的戰略，東南亞國協領導人對FOIP表示猶疑，於是東京開始談到自由開放的印太「遠景」而不是「戰略」，使它更具包容性，更有彈性。[95]之後，東南亞國協於二〇一九年六月提出屬於它本身的「東南亞國協印太展望」（ASEAN Outlook on the Indo-Pacific）——在這項展望中，東南亞國協重申它對東南亞國協中心性與內部聯繫的強調，重申在共識基礎上採取包容中國的做法。東南亞國協印太展望並不是對FOIP的一種認可，但與中國所提的新「一帶一路」倡議或與習近平提出的「人類命運共同體」主張相形之下，它顯然更加接近日本提出的自由開放的印太遠景。[96]以地處印太中央、「全球海洋支點」自居的印尼，是東南亞國協印太展望的重要推手。[97]在歐洲，英國、法國、與荷蘭等海洋國各自宣布了印太戰略，其他國家也隨後跟進。[98]

印太區域內的能力構建一直是日本發展FOIP的核心要務。日本在二〇一二年正式為東南亞軍方展開能力構建計劃（大多數是訓練計劃），之後於二〇一四年四月發布內閣令，放鬆所謂「武器外銷三原則」，既開啟了與美國聯合研發武器系統的途徑，也讓日本將自己的武器裝備租、售給其他志同道合的國家。[99] 中國在二〇一五年建造人工島，又捍拒《聯合國海洋法公約》（*United Nations Convention on the Law of the Sea*，UNCLOS）法庭二〇一六年所作、有利於菲律賓的宣判，使東京加速這項構建計劃。日本於二〇一七年將五架固定翼TC90巡邏機移交菲律賓，翌年協助菲律賓軍方進行貝爾（Bell）公司UH1「休伊」（Huey）直升機升級，之後還提供更多援助，包括將船艦專用雷達賣給菲律賓等等。[100] 菅義偉出任首相後，於二〇二〇年十月在河內（Hanoi）簽署協定，增加日本對越南的巡邏艇與其他裝備的外銷。[101] 在北京擴大中國在南中國海「九段線」國界的解釋、引起東南亞抗爭後，日本也為東南亞索賠方提供法律、外交、與技術援助。[102] 新加坡「東南亞研究所」（Yusof Ishak Institute of Southeast Asian Studies）二〇二〇年進行的民調發現，在東南亞各地專業人士心目中，日本是最能協助東南亞因應中美戰略競爭的戰略夥伴——這樣的民調結果完全在意料之中。[103]

FOIP的後續發展與安倍二〇〇七年提出的「自由與繁榮之弧」原始建議並不完全一致，但新版本確實反映日本不斷改進做法、在亞洲各地防堵中國霸權。有效的戰略需要因事制宜的智慧——當事情行不通的時候，要有調整應變的能力——在安倍第二任首相任期期間，他與他的高級顧問充分展示了這種能力。著名國際關係學者田中明彥在二〇一八年寫道，FOIP現在成為「日本大戰略」，反映了安倍核心圈主流觀點。不過，當東南亞官員告訴日本政府，東京如果能為這整個地區提出一種「遠見」，而不是延伸一項目的在提升日本安全與繁榮的戰略，應該可以做得更好時，東京從善如流，調整了路線。二〇一九年，田中的東京大學友人北岡伸一解釋說，日本現在要為東南亞地區提供「一種遠見…不是一項戰略」。[104]歸根究底，FOIP是一項提升日本影響力，加強中國周邊主要海洋國之間同盟關係，為日本外交、國防、與援助政策訂定紀律與優先順序的戰略。它的重心在於透過開發與基礎建設，加強亞洲開發中國家，誘使這些國家採用日本採用的、以規則為基礎的秩序。

在安倍第二任首相任期間，Quad（四方安全對話）也重出江湖，提供外部權力均勢構築，為加強FOIP帶來必要的外部支撐——像是歐洲天主教堂的栱柱，能不改教堂內部優雅設計而支撐教堂建築結構，讓入內崇拜的信徒沉醉其中。二〇一七年十一月，四方對話的四國代表利用一次東南亞國家協會會議之便，在馬尼拉重開工作層級會談，同意四國每兩年集會一次，基於對「以規則為基礎的秩序」的承諾，提升「自由、開放、與包容的印度—太平洋」。[105]有關印度與澳洲關係的議題仍然沒有進展——部分因為印度始終疑心陸克文政府反對四方對話，以及陸克文政府不再賣鈾給印度，但也因為德里需要拿澳洲當替罪羊，以證明它對北京採取的謹慎態度。不過在接下來兩年，由於受到中國在印度洋與喜馬拉雅山區擴張軍事據點的刺激，德里也開始改善與坎培拉的關係。最值得注意的是，印度在二〇二〇年決定再次邀請澳洲皇家海軍重返馬拉巴演習。[106]之後中國在中、印邊界爭議中用兵，引起印度警戒，四國外長隨即在二〇二〇年十月六日聚集東京，召開第一次真正的四方安全對話會議（過去幾次會議都是趁其他多邊會議之便舉行的）。[107]

川普政府軍事色彩濃厚的國家安全團隊，對「自由開放的印太戰略」與「四方安全對話」尤為重視，因為它們都與美國傳統海洋戰略的基本概念若合符節。一八五三年率領黑船打開日本鎖國的美國海軍將領培里曾經預測，美國、英國、與日本的海軍有一天將保衛太平洋，幾十年以後，這個想法獲得美國著名海權思想家馬漢響應。[108]在澳洲與印度成為二十一世紀英國海權在印太地區代表的情況下，安倍複製了美國史上最有影響力的兩位亞洲戰略問題思想家的建議。美國與日本的海洋傳統與外在均勢戰略開始匯聚了。

當拜登在二〇二〇年總統選戰中擊敗川普時，許多日本的觀察家擔心，在與中國競爭的議題上，美國會重返歐巴馬政府時代比較克制的立場，會對Quad採取批判態度。東京這些「卡珊卓」（Cassandras，古希臘預言家）真是大錯特錯。儘管拜登的政治顧問想改用一種與川普時代不同的架構，但拜登依然繼續不斷提及「自由開放的印太」。二〇二一年三月，拜登與菅義偉、以及印度與澳洲總理主持第一屆四方安全對話高峰會（由於疫情關係，這是一次視訊會議），宣布幾項重要成果，包括為亞洲開發中國家提供十億支新冠肺炎疫苗，以及有關稀土的新協調方案。[109] 安倍的四方安全對話高峰會原始建議不僅東山再起，現在還突然間成為亞洲複雜多變的外交競技的中心議題。[110] 值得注意的是，由白宮資深同盟問題專家庫爾特・坎貝爾主導的這項拜登政府四方安全對話政策，有不少從日本的區域秩序塑造政策抄襲而來。政策重心不在圍堵、甚至不在反制中國，而在協助亞洲。沒隔多久，在三月十八至十九日在阿拉斯加舉行的中美雙邊會談中，北京對Quad表示強烈反對，隨即忙著向莫斯科、平壤、與德黑蘭釋出加強合作訊號——但中國這種氣急敗壞的反應，徒然顯示這次四方安全對話高峰會效益非凡，因為來自東南亞的反應是一片熱情掌聲。在見到這種反應後，美國在歐洲與環太平洋地區的盟國開始加入與美國的軍演，開始考慮以若干形式加入Quad。[111]

就外在均勢戰略而言，安倍的FOIP與Quad都取得巨大成功。不過，這項戰略架構能否經得起時間考驗，還得依靠作為戰略核心的民主規範的信譽，依靠日本與中國在經濟基礎建設與規則訂定方面競爭的能力，以及能不能建立必要的區域建制，俾能有一天發揮橋樑作用，溝通與中國的分歧。

觀念競爭

「四方安全對話」（Quad）、「自由與繁榮之弧」（Arc）、與「自由開放的印太戰略」（FOIP）背後都有一個觀念基礎，就是：在各式各樣政權龍蛇雜處、複雜多變的亞洲，日本能成為民主、規則制定、與人權的鬥士——而這也正是對這些戰略批判最力者的攻擊目標。事實上，足夠證據顯示，亞洲國家菁英對良好治理典範、民主、與法治的熱衷，遠遠超過北京提出的那套獨裁資本主義做法。[112] 問題是，日本的做法是否真能有效推動民主、法治，一直就是學術與政治辯論的主題。

民主成為日本外交政策重要議題的始作俑者不是小泉或安倍，而是更早先的一位非自民黨主流派的反傳統異類人物細川護熙。細川於一九九三年結合幾個小黨在選戰中擊敗自民黨組閣，在以首相身分在國會發表的第一次演說中，強調日本民主認同的重要性。[113] 他的重點是，自己新成立的這個反自民黨聯合政府擁有比自民黨更大的法統，因為日本這次和平革命，是當時湧現在中歐與東歐的後冷戰民主化大潮的一部分——而被細川趕下台的自民黨本身，卻是冷戰時代的產物。細川政府壽命不長，但在柯林頓與自民黨首相橋本龍太郎為重申美日安保條約，而於一九九六年四月發表的《聯合安全聲明》（*Joint Declaration on Security*）中，民主又一次成為重要議題。聲明中重申，兩位領導人「承諾重視作為我們國策指導原則的精深的共同價值：自由的維護，民主的追求，以及對人權的尊重」。[114] 這項宣言的草稿大半出自當時擔任外務省北美局副局長的「国益先生」田中均。

但由田中均其他外務省同事起草、有關亞洲與區域性計劃的聲明，例如橋本龍太郎的「新歐亞」外交行動聲明，沒有刻意強調民主價值。橋本這時的權力均勢外交主要意在測試現實政治，而不在觀念競爭。事實上，日本這一刻的觀念競爭主要目標仍是太平洋彼岸的美國。橋本本身曾在通產大臣任內於一九九三與一九九四年間與柯林頓政府進行貿易大戰，而通產與大藏省官員也仍就亞洲經濟發展模式法統問題，與柯林頓政府爭得面紅耳赤。正因為這樣，橋本在一九九七年八月宣布「新歐亞」外交行動計劃時不忘指出，日本雖將自由民主作為一種價值系統，「但我們能在多大程度上要求其他人接受這個價值系統，要他們承認這個系統比其他的優秀？」他玩笑著說，解決這個問題的最佳之道，就是不聲不響、與中國領導人一起狂飲，酒酣耳熱之餘一切問題都好解決。橋本在一九八九年天安門事件過後就立即用了這一招。[115]

也由於有這樣的背景，小泉在二〇〇二年一月的強調市場導向改革與民主的新加坡演說，意義尤為重大。像細川一樣，小泉也是志在打破自民黨閉鎖式權力結構的改革派，只不過小泉是從自民黨內部推動改革。細川護熙一九九三年在日本政壇推動的改革，沒能像許多政評人士希望的那樣，為日本帶來一種兩黨競爭系統，但他建立的新選舉系統確實打破了自民黨決策由派系控制的舊局，讓草根黨員擁有更大的黨領導人選舉權。[116]像其他偉大改革家一樣，小泉也跨越派系老闆，以民粹主義與決定性改革承諾為選舉訴求，終於贏得地方黨員與民眾青睞。他誓言「改革自民黨，如果改不了就毀了它」。[117]他在新加坡那篇「IDEA」演說的主旨是，日本的民主改革不僅要作為日本前途，也要作為整個地區前途的改革模式。[118]菅義偉當時說得好，日本要用它的經驗當一個亞洲「思想領導人」。[119]

當安倍在二〇〇六－二〇〇七年第一任首相任內，以今天政界所謂「價值導向外交」為施政中心主題時，自民黨內守舊派一開始曾群起抗議。[120]當時自民黨分裂的情景，令人想起一九六〇年代親台灣的「亞洲問題研究組」（Asian Problems Study Group）與親北京的「亞非問題研究組」（Asian-African Problems Study Group）之爭。山崎拓、加藤紘一、古賀誠等三名自民黨元老，為維護自身影響力，也為了防止自民黨對北京採取的不考慮意識型態的老對策遭到進一步腐蝕，成立媒體所謂「YKK集團」（譯按：因為這三名元老姓名拼音的第一個字母分別是**Y**amazaki〔山崎〕、**K**ato〔加藤〕、與**K**oga〔古賀〕）。為了抗衡，年輕一輩、人數也多得多的自民黨國會議員，也成立一個新的國會聯盟，推動「價值外交」。[121]自由派的《朝日新聞》發表社論指責這些「安倍啦啦隊」不智，因為這會在亞洲造成中國與民主國之間「我們對付他們」的分裂。[122]這時美、日兩國自由派人士對布希政府的伊拉克戰爭的批判聲浪有增無已，「價值導向外交」的時機尚未成熟。小泉曾經運用經濟改革手段擊敗黨內守舊派。安倍像小泉一樣，也想將價值鑄成意識型態的「大棒」，對付自民黨內守舊派與《朝日新聞》——但安倍面對的阻力更大，因為經濟改革帶來的好處顯而易見，要人相信意識型態之爭帶來的好處卻難得多。福田康夫在二〇〇七年取代安倍成為首相以後，不僅將四方安全對話與自由與繁榮之弧悄悄擱在一邊，還用他所謂「協同外交」（在日美同盟，以及日本與亞洲的關係之間取得協同，以追求一種開放的區域秩序）取代了「價值導向外交」。[123]不過，當安倍二〇一二年重登政治舞台之際，日本外交政策對強調民主規範的胃口明顯加大。誠如兼原信克在二〇一一年發表的一篇文章中所說，國家的外交政策總得有三種國家利益——安全、繁榮、與價值——日本也應該這樣。[124]安倍的二〇一三年《國家安全保障戰略》在各式議題領域中，不下十次將「普世價值」列為日本的核心國家利益。[125]

但這是真的嗎？批判人士強調，日本對民主規範的推動雖說充滿熱情，但一談到過去在亞洲犯下的侵略罪行，他們就興致缺缺。[126]許多支持安倍「價值外交」的保守派，包括安倍本人，對北京、《朝日新聞》、以及許多左派分子總是用「普世價值」一詞指控日本戰罪，矮化日本大國地位，長久以來一直憤憤不平。根據早先紀錄，安倍曾經指責「東京戰犯法庭」

（Tokyo War Crimes Tribunal）是成王敗寇的「勝利者正義」，還曾一度反對內閣官房長官河野洋平在一九九三年發表正式聲明，承認日本戰時確實迫使大批婦女充當「慰安婦」，替日本皇軍提供性服務。[127] 一九九〇年代，在安倍與他的盟友參與下，日本還推出許多國家主義教科書，極力淡化日本在二戰與荼毒亞洲的罪行。[128] 一些在安倍下野期間支持安倍最力的人士，透過櫻井良子的「日本國家基本問題研究所」繼續攻擊韓國，呼籲日本擴大愛國教育，拒絕接受戰罪——許多記者認為，這些看法都是安倍本人真正感情的寫照。[129] 漫畫家小林善紀出版的色情暴力、標榜國家主義的漫畫或許是最極端的例子。這些漫畫主張徹底拒絕承認戰罪，對批判安倍的人恨入骨髓（我在二〇〇七年呼籲日本下更大工夫了解南韓，隨後，小林善紀發表一幅漫畫，把我描繪成《朝日新聞》的走狗）。[130]

另方面，如同肯尼斯・派爾所說，安倍的「平成」世代政治領導人「是整個求學生涯都在占領當局起草的一九四七年《教育基本法》（*Fundamental Law of Education*）規定的民主原則下度過的第一代。隨著年歲漸長，他們對民主政府基本觀念的了解與接受度也不斷增加，只不過他們的『了解』與『接受』是一種一望而知的日本風格。在一開始，戰後日本中學教科書以一種讓人分不清階級與個人主義的方式解釋民主價值，不過近年來對民主與人權概念的解釋已經更加明確」。[131]

語言學者凱文・多克（Kevin Doak）注意到，安倍這類領導人的講述方式與早先幾代保守派人士大不相同。戰前與戰後的右派人士喜歡強調「民族」國家主義語言，特別是有關日本民族的優越性（大戰過後，他們強調獨特性），安倍這一代保守派轉而發揚「市民」國家主義，強調無分種族，唯國民的民主權益是問。[132] 安倍強調日本的這些現代民主價值，與早先幾代國家主義者強調日本的種族不同。

安倍的首相辦公室官員與記者玩笑說，在重新掌權的第一年，安倍每天上班工作，謹守兼原與谷口的普世價值外交路線，但到了週末就與他那些右翼政界友人一起打高爾夫，迫使他的幕僚每周一把他拉回普世價值外交核心。每個人都心知肚明，究竟哪一個「安倍」會贏的考驗，就在二〇一五年八月十五日第二次世界大戰結束七十周年紀念日。

面對歷史

預定二〇一五年八月十五日發表的第二次世界大戰結束七十周年聲明，公認是對安倍政治敏銳度的一次重大考驗。過去的日本首相在發表這類聲明以前，必須先與各政治派系老闆們討價還價，才能敲定聲明內容，但隨著領導系統更加中央化，安倍對聲明內容享有比歷任首相更大的決定權。中國（在若干程度上，南韓也一樣）每年都會利用八月十五日這一天向日本提出需索，要求日本讓步，並昭告世人日本有道德缺憾，不能當世界大國——安倍下定決心，要讓這篇聲明成為決定性的最後文件，不讓中國故技重施。如果能讓這篇聲明成為日本對二戰議題的最後一次權威性表態，也能滿足安倍的政治支持者。但為了提高這篇聲明的公信力，他需要民調反映大多數民眾的支持。有了民意支持以後，下一個爭取的目標必須是四方安全對話會員國，特別是美國。而華府對這篇聲明的評價如何，將取決於東南亞與南韓接受它的程度如何。有鑑於安倍密集的個人外交，以及東南亞地區所有民調都高度親日的事實，安倍很有理由相信他能獲得東南亞的支持。爭取韓國支持的難度較高——不過，由於韓國的兩極化國內政治，以及來自美國的盟國之間必須團結的壓力，首爾除了接受或拒絕這篇聲明以外，其實也別無選擇。預料中國的反應會最負面，但這整件事的重點本來就是要孤立北京，讓北京不能再打這張歷史牌來對付日本，所以北京的反應只能做為參考而已。這就是日本起草這篇聲明時打的政治算盤。

如果這或許是日本對這場戰爭的最後一次聲明，這篇聲明的辯論，不能像過去那樣、只是辯論是否應該將「謝罪」或「反省」這類字眼加入聲明而已。東京大學歷史學者羽田正很了解這個事實，於是建議政府借用全球史學界「做大」的新潮流——透過更大的時空背景，分三個部分解釋日本歷史：首先是相互競爭的帝國世界秩序，日本在這個秩序中現代化，之後這個秩序崩潰，日本走入軍國主義，再之後大戰結束，日本要打造一個更和平、更繁榮的世界秩序。[133]這種將全球性與歷史時空背景放大的做法——內容包括前後一百年，而不是二十年，對象為整個世界而不是僅僅東亞——能讓人更加坦然面對日本在大戰期間造成的特定損害與苦難，幫助日本從聯合國憲章規定的永久敵國身分中解套，讓北京不能一再用這個理由要脅日本。

安倍在二〇一五年一月的新年記者會中宣布，「安倍政府將集思廣益，考慮可以針對日本對第二次世界大戰的悔恨，針對我們戰後以一個和平愛好國身分一路走來的途徑，以及日本將如何再接再厲、為亞太地區以及全世界謀福，向世界表達什麼訊息。」[134]

同年二月，「二十一世紀構想懇談會」（Advisory Panel on the History of the Twentieth Century）在「日本郵政」（Japan Post）社長西室泰三主持下，召開七次特別會中的第一次，檢討日本在二十世紀走入戰爭的歷史，考慮過去的修好努力，以及日本在詮釋今後角色時應該記取的教訓。這個委員會的成員，包括《讀賣新聞》的飯塚惠子與前外交官岡本行夫等等，幾乎全是中間或中間偏右的思想領導人。櫻井良子等一些更右派、曾與安倍交友的學者專家，都不在應邀出席之列。另一方面，就在安倍訂定二戰結束七十周年聲明的同時，自民黨右翼人士要求成立特別委員會以「重振日本榮光」，否定過去為戰罪作出的道歉。安倍與他的盟友運用政治手段，將顧問委員會置於中曾根弘文與前外交官豬口邦子等中間派領導下，一則讓內部發洩情緒，同時也不讓右派造反。[135]

當安倍發表他的聲明時，這是迄今為止，日本首相所發表的一篇有關這場戰爭的最長談話。聲明中極其詳盡、一五一十承認了日本造成的損害與苦難。安倍在聲明中指出，面對「一波波殖民統治浪潮」，日本基於一種維護本身獨立的危機意識而迅速現代化，但一九三一年的滿洲危機爆發後，日本成為一個「國際秩序挑戰者」，「選錯道路，步入戰爭歧途」。無數前程似錦的年輕人就這樣犧牲了生命。在中國、東南亞、太平洋島嶼、以及其他淪為戰場的地方，數不清的無辜百姓因戰亂、饑荒而顛沛流離、受盡苦難。我們決不能忘記，戰場後方還有榮譽與尊嚴受到重創的婦女。

許多婦女的榮譽與尊嚴在二十世紀的戰爭中受到重創，我們要將這段歷史銘記在心。回想這段史實，日本希望成為一個永遠與這些受創心靈站在一起的國度。日本要引領世界，使二十一世紀成為一個婦女人權不受侵犯的時代。[136]

雖說日本戰時造成的罪孽罄竹難書，這篇聲明已經是日本民眾迄今為止、聽他們的首相談到的戰罪最多的一次（英文譯本有一六七三字，比和平主義忠實信徒、社會民主黨的村山富市一九九五年發表的五十周年聲明長了將近三倍）。[137]日本民眾一開始眾說紛紜。共同社發現，百分之四十四受訪者對這篇聲明表示贊同，比表示反對的人略多。[138]但在公明黨領導人對安倍的這篇聲明表示贊美之後，支持率開始增加。[139]過去一直呼籲安倍放軟身段的歐巴馬政府立即作出好評，美國國家安全會議發言人說，安倍「為日本在二戰期間造成的苦難表示深度悔恨，還承諾將信守日本政府過去有關歷史的聲明」，美國對此表示歡迎——國家安全會議發言人之所以強調安倍的這項承諾，是因為安倍曾對早先日本政府有關慰安婦議題的立場表示質疑。[140]果如預期，韓國的反應也在模稜兩可與支持之間，韓國總統朴槿惠告訴民眾，儘管這篇聲明有部分未能讓人滿意，但安倍已經明白表示，過去日本內閣的觀點仍然堅定不變。[141]除了北韓以外唯一的負面反應，不出所料來自中國。不過中方發言人沒有批判聲明本身，只對日本的「侵略戰爭」叫罵了一番而已。[142]整體而言，安倍達到了他的預期目標。周年紀念於八月十五日這天到來，日本國內、外、要求新的謝罪聲明的顯著壓力沒有出現，無論在南亞或東南亞，或在西方，沒有一個政府對日本基於本身民主與法治實例，主動貢獻國際和平的固有權利提出挑戰。日韓關係還會因歷史重演而複雜化，但事實證明，這類情事現在是例外，而不再是常規了。

以實作倡導民主

不過，日本就算在自由開放的印太戰略的規範架構上確立了信譽，能不能真正在亞太推動民主治理仍是問號。早在二〇〇五年，為了將日本「政府開發援助」主流化，時任內閣官房長官的安倍曾親自領導「海外經濟合作委員會」（Commission on Overseas Economic Cooperation），也因此安倍很早就知道光說無益、必須以實際行動說到做到的重要性。海外經合委員會在二〇〇六年提出報告，說日本的對外援助應該「基於自由、民主、與法治」促進繁榮與安定的世界秩序。但它的幾項特定建議遭到「日本國際協力機構」（JICA）與外務省的開發援助專家封殺，因為這些專家當時熱衷的，是聯合國難民署高級專員緒方貞子強調的、非關政治的「人類安全」優先。福田康夫二〇〇七年擔任首相期間，價值導向開發援助也因其他援助方案而束之高閣。[143]

再次掌權以後，安倍重啟舊灶，他的政府於二〇一五年訂定新「政府開發援助章程」，將促進民主列為優先要項。[144]雖說整體政府開發援助預算停滯（一開始的上揚軌跡於日本民主黨的野田佳彥執政期間出現），在安倍主政下，日本的民主援助從一九九〇年代的每年約五百萬美元，增加到每年超過三億美元。但就投入治理與民主的援助比例而言，與澳洲、加拿大、美國、或與北歐等其他金主相形之下，日本仍然落後甚遠。[145] 超過百分之九十八的日援仍然以政府為對象，而不是直接交給公民社會團體，而且交給公民社會的錢也主要用於技術援助。[146]

同時，由前大使高須幸雄領導、多黨派的「日本國際交流中心」（Japan Center for International Exchange，JCIE）民主前途研究組，繼續動員朝野力量，擴大日本對治理與民主的支援，包括擴大對非政府領域的直接援助。[147] 二〇二〇年，甘利明領導的「國會規則制定討論組」在檢討如何保護國際自由秩序、對抗重商主義與獨裁威權主義時，將民主與治理列為輔助主題。[148]

日本對國際破壞人權事件的態度也出現改變。「戰略暨國際研究中心」（CSIS）二〇二〇年以中國政策為題，在美國、歐洲、與亞洲進行一次全球性民調，結果令人震驚：在香港問題上，最願意向中國施壓的是日本的外交政策思想領袖。[149] 傳統上，在面對違反人權問題時，與西方國家外交部官員勇於批判相比，日本外務省總是猶豫不決。二〇〇〇年代，在日本民眾獲悉北韓如何在一九七〇與一九八〇年代綁架數十名日本公民、用他們訓練間諜的駭人聽聞的細節以後，這種傳統開始轉變。國會成立兩黨聯盟，要求北韓釋放日本公民，日本外務省自二〇〇八年起，每年共同贊助聯合國有關北韓人權問題的決議案（只有一年例外）。[150] 對中國境內違反人權的問題，日本政府也更加直言無諱，反映了二〇二〇年CSIS民調揭示的態度變化。舉例說，在北京公布二〇二〇年香港國家安全法之後，日本雖然沒有隨英國、加拿大、與澳洲一起加入美國領導的聲明，但確實發表一篇聲明表示「嚴重關切」——在中國所有的東亞鄰國中，態度最為強硬。[151]二〇二一年三月，前防衛大臣中谷元成立一個討論人權問題的跨黨派幹部會議，廣邀包括共產黨在內的日本各政黨與會。會中保證加強與歐洲、亞洲、以及北美的國會合作，以關注新疆與香港日益嚴重的人權破壞問題。[152]由於在各種議題上與北京的競爭愈演愈烈，日本開始把目光聚焦於中國自也不足為奇。

在處理東南亞問題時——東南亞是與中國角逐影響力的主要戰場——日本傳統上比較謹慎，遇到菲律賓或越南這類東南亞地區重要戰略夥伴違反人權，日本一般選擇悄悄施壓，而不會公開批判。但公開抨擊與直接施壓的事例已經持續增加。日本民主黨外相岡田克也在二〇一〇年當眾指責緬甸軍事執政團欺凌翁山蘇姬，讓緬甸外長憤而離席。到了二〇一七年，日本與美國在紐約聯合國大會上發表聯合聲明，對發生在緬甸的「羅興亞」（Rohingya）難民危機表示關切，這一次指責的對象是翁山蘇姬的緬甸政府。[153]美國高級官員說，過去在與日本官員一起處理緬甸危機時，日方總會有一些「亞洲價值」的辯解，在二〇二一年緬甸政變與暴力事件發生過後，這類辯解不再出現了。[154]在見到中國為緬甸軍政府提供直接技術與政治援助、協助軍政府逮捕抗議群眾之後，日本官員知道針對性反制行動有其必要，於是開始與美國以及四方安全對話其他夥伴、以及東南亞國協的印尼密切協調因應措施。但每當東南亞國家違反人權，美國國會或政府往往對這些國家大舉制裁，類似事件層出不窮，而日本則迄未有類似行動。東京也曾討論是否「祭出大棒」，但在實際作為上始終不外「不給胡蘿蔔」而已——日本只會限制對違反人權國家的經濟援助，從而創造一種不確定的投資環境。一旦將提升價值列為外交政策戰略中心主題之後，日本政府會繼續在如何處理違反人權問題，與經濟與外交權衡取捨之間面對艱難抉擇。

不過就整體來說，價值外交以一種當安倍二〇〇六年第一次提出這個主題時沒有人料到的方式，在第二任安倍政府任期間成長茁壯。中國對新自由秩序造成的壓力不斷升高，顯然是一個因素，澳洲、歐洲、與其他先進民主國也這時開始在外交政策中更加強調民主規範，原因就在這裡。[155] 此外，到二〇二〇年，香港人為保護民主權益而發動的一幕幕抗爭，已經成為自由民主普世價值遭到攻擊的寫照——由於香港民眾像日本人一樣，主要是中產階級都市人口，他們的苦難尤令日本民眾感同身受。在第二任安倍政府任期間，安倍與他的盟友開始將價值導向外交視為一種團結主題，而不是像第一任期間將它視為一個對付左派的楔子，「二十一世紀構想懇談會」的組成就是這樣一個楔子的例子。在日本援外計劃中，民主促進項目的編制也擴大，納入由自民黨與日本民主黨黨員、緒方貞子的門徒等「人類安全」擁護者、與職業外交官高須幸雄組成的兩黨委員會。戰略與國際研究中心對亞洲外交政策菁英進行的民調發現，日本人對印太地緣政治的熱情正不斷升溫，同樣的民調還證明，為開創亞洲秩序前途，最主張自由與公正選舉、良好治理、人權、與婦女權益，最反對維持「不干預內政」原則的，是日本的思想領袖。

事實就是這樣，目前在所有區域性專家中，最熱衷「主權」與「不干預內政」主題的是中國思想領袖，而在區域性會議中不斷揮舞這些旗幟的也是中國外交官。[156] 前《朝日新聞》編輯船橋洋一等中間派與自由派國際主義者，現在經常掛在嘴邊的一句話是，日本的使命是營造新秩序「以組建自由與民主國家，重視法治」。[157] 安倍曾於二〇一三年在華府宣稱日本永遠不會淪為二流強國。要做到這一點，他必須讓民主規範成為一種團結主題，而不是一種對付左派的武器——他大體而言成功了。

亞洲經濟連通的地緣政治

在安倍主政下，像日本在亞太地區的規範工作議程一樣，日本的區域經濟工作議程也遵循一套外在與內部變化。如政治經濟學者片田紗織在《日本的地經學戰略》（Japan's New

Regional Reality）中所說，「自一九九〇年代迄今二十年來，日本政府已經將它的區域性地緣經濟戰略，從『新重商主義』（促進本國產業）戰略轉為一種更自由的、以訂定規則、為區域公益建立體制為目標的戰略。」片田在結論中指出，日本已經「遠比過去更加支持美國領導的新自由政策」，目標是「取得一種對它的競爭對手中國的戰略上風」。[158] 根據史蒂夫・沃格爾（Steve Vogel）等日本經濟問題學者的研究成果，海外投資的增加與公司治理的變化，已經使「大日本會社」（Japan, Inc.）遠比過去更不熱衷國內保護，更加積極投入海外全球規則的保護。[159] 由於小泉純一郎在位期間開始推動郵政儲蓄系統局部民營化，為官僚「空降」民營企業設限，並且在東京証券交易所引進股票估價新標準，以打破官僚與自民黨的掛鉤，這些變化早在安倍上台以前很久已經展開。從一九八〇到二〇〇四年，日本公司的營利一直低於政府歲收，但到二〇〇四年以後，公司營利開始增加。[160] 也因此日本的成功與否，能不能提升日本在亞洲的跨國企業的競爭力，遠比能不能保護日本內部的產業重要得多。值此中國否定主義當道，地緣政治態勢混沌不明之際，日本作為首要債權國的地位，進一步加強了全球經濟規則制定的重要性。

不過，這場經濟規則制定與對付中國之爭主要為區域性，不是全球性。競爭焦點是基礎設施，重演百年前歷史。當習近平二〇一三年十月在雅加達宣布以「一帶一路」作為「中國—東盟（譯按：即東南亞國協）命運共同體」核心時，日本官員懷疑，北京所以向東南亞國協大灑幣，目的就在壓倒安倍去年元月在雅加達發表演說時提出的開放、民主的「兩洋」概念。[161]當習近平於二〇一四年六月提出新建議、要建立由中國領導的「亞投行」（AIIB）時，安倍政府與美國拒絕加入。日本官員說，亞投行基金會損及國際貨幣基金與「亞洲開發銀行」（Asian Development Bank，ADB）的透明度與問責——與日本十五年前對「亞洲貨幣基金」（Asian Monetary Fund）的立場相比，顯然是一次角色逆轉。[162]

當習近平宣布「亞投行」時，日本國際協力銀行已經將大約半數放款投入基礎建設，經營多年，經驗遠比中國豐富。二〇一五年五月，安倍在東京舉行的一次日亞會議中呼籲與會的亞洲國家領導人，在處理基建貸款時，不要「省小錢，揮霍了大錢」。日本全力投入的創新經濟整合，基礎不是「重質不重量」而是「質量並重」。安倍沒有要亞洲國家政府拒絕中國資助——安倍政府早已摸清東南亞國協諸國的情緒，知道要他們在日本與中國之間作選擇非常不智——安倍要他們知道，如果不願接受中國不透明的資助，日本是一個高品質選項。為達到這個目標，他保證成立一個新《優質基礎建設夥伴協定》（*Partnership for Quality Infrastructure*），日本將透過這個新夥伴關係與亞洲開發銀行合作，為亞洲經濟體提供五年、一千一百億美元的創新基建貸款。[163]根據經濟產業省的詳細說明，這個新夥伴關係包括四大準則：

1，透過日本經濟合作工具的全面動員，擴大、加速援助。

2，日本與亞洲開發銀行合作。

3，運用提升日本國際協力銀行功能等類似手段，加倍對風險較高項目的資金供應。

4，倡導以「優質基礎建設投資」作為國際標準。

在向亞洲各國與其他捐助國簡報時，日本官員強調，日本的基建項目的生命周期成本比中國的項目低，而且日本擁有避免「債務陷阱」的歷史——這種陷阱迫使開發中國家陷入新帝國主義泥淖、不得不依賴中國。[164] 眾所周知的事實是，儘管日本保證在貸款總金額上不輸中國，但這些資金總加起來仍不足以滿足亞洲地區的基建需求。也因此，日本這麼做不是要將中國趕出市場，而是要為開發中國家提供選項，讓開發中國家有能力改變中國的行為，迫使北京採納全球標準，放棄重商主義與掠奪式政策。

二〇一五年初，印尼突然決定放棄東京自二〇〇八年起就準備為印尼建造的、更有信譽保證的子彈列車，轉而選用中國相對而言測試不足的高速鐵道系統。因此，籌劃一項與中國「一帶一路」競爭的戰略，顯然成為日本當務之急。[165] 內閣官房長官菅義偉當時說，雅加達突然轉向中國這整件事「欠缺透明度」。隨後學者專家們也達成結論說，印尼之所以如此，是因為中國接受了日本不願接受的一些條件，例如印尼不需負擔任何財務開支，還能夠在爪哇幾個沒有足夠經濟活動、除非巨額舉債否則無力維持項目的地方完成高鐵等等。[166]印尼日後看清了選用中國高鐵的缺失。但在二〇一五年，力拼成為東南亞基建夥伴首選的東京，因印尼此舉面對一場始料未及的危機。

為保有競爭力，日本的新基礎建設戰略需要靈活性與更多外在夥伴。為增加靈活性，東京在二〇一六年修改日本國際協力銀行章程，讓它享有較大權限以進行可能涉及較高風險的戰略投資。[167]這時領導國際協力銀行的，是東京最有戰略思考遠見的銀行家前田匡史，他在銀行界工作三十年，曾擔任自民黨與日本民主黨政府高級顧問，而且在全球金融與投資世界擁有無與倫比的個人網路。

基礎建設投資的外在夥伴得來自四方安全對話。歐巴馬政府曾在二〇一四年反對亞投行，但由於眾議院共和黨人揚言切斷「海外民間投資公司」（Overseas Private Investment Corporation，OPIC，日本國際協力銀行的美方夥伴）資金而不能有所作為。[168]不過，到了二〇一七年，當川普政府宣布與中國戰略競爭與開放印太戰略時，國會在兩黨協議基礎上提供了一些必要工具。國會於二〇一八年十月通過《優化投資運用以促進開發法案》（*BUILD Act*），建立「開發金融公司」（Development Finance Corporation，DFC），取代海外民間投資公司。[169]雖說開發金融公司的許多機制仍為美國政策所獨有，但它大體遵照日本國際協力銀行模式而建，擁有擴大放款權（最重要的是能夠買股投資），有權放款六百億美元，比之前的海外民間投資公司放款上限高出一倍有餘。[170]同年七月，美國、日本、與澳洲宣布「印太地區基礎建設投資三方夥伴關係」（Trilateral Partnership for Infrastructure Investment in the Indo-Pacific），並簽署諒解備忘錄，由新成立的開發金融公司展開夥伴關係運作，首先聚焦印尼推出項目，並且在南太平洋建一條具有關鍵性重要意義的海底電纜。[171]

對於是否與中國一帶一路合作的議題，美國的立場仍然充滿疑慮——只派了一名國安會高官出席北京在二〇一七年五月舉行的第一屆一帶一路論壇。日本的目標現在是設法塑造，而不是排擠。[172]日本國際協力銀行總裁前田匡史在二〇一八年十月陪同安倍訪問北京時，與中國開發銀行領導人達成協議，探討「自由開放的印太」與「一帶一路」間的合作。讓人稱奇的是，前田匡史提出的一切有關債務可續性與透明度的原則，中方完全簽字接受。[173]中方銀行家，既身為負責中國國家基金的管理人，自然渴望改善可續性與問責，以免一旦北京在追索未償債務的議題上落單，可能招來的道德風險。國際貨幣基金有關一帶一路債務陷阱的警告，無疑也加深了中國開發銀行高管們的國際孤立意識。[174]不過，這項中日合作的保證，大體上只是空話。問題不僅是地緣政治而已。日本官員發現，中國開發銀行在技術上還不夠純熟，無法在全球市場上管理複雜的「公—民營合作夥伴關係」（ＰＰＰ），也或許這些中方高管未能獲得習近平身邊親信的足夠政治授權，無法在特定項目上與日本配合。[175] 但無論怎麼說，東京沒有放棄，繼續不斷想方設法，希望中國能像日本一樣改變初衷——日本本身也在二十年前放棄自己的亞洲貨幣基金計劃，在區域債務危機上與全球規範接軌。

設法影響——而非打破——一帶一路

從許多方面來說，日本的優質基礎建設戰略，是對中國的野心勃勃的「一帶一路」的回應，但總體而言，日本這套戰略對中國的影響，比北京的「一帶一路」對東京的影響更大。在二〇一九年四月舉行的第二屆一帶一路論壇（ＢＡＲＦ II）年會中，北京甚至占用了日本人創的「優質基礎建設」名詞。[176] 東京的戰略聚焦，全球與區域性政府與放款組織的管控，以及這項「優質」品牌，大體上都很成功。但隨著中國將「一帶一路」擴大到更昂貴的「數位絲路」與通往北極的「冰路」，一個問題仍然沒有答案：日本的戰略最後能不能影響中國，使中國朝更溫和的方向施展它的野心？

有人說，到二〇二〇年為止，日本至少在東南亞的基建競賽上與中國戰成平手。北京雖在印尼的高鐵競爭上取勝，還在泰國的兩條子彈列車線中拿下一條，但日本贏得越南的子彈列車特許，還在東南亞各地的傳統鐵路與大眾運輸系統中擊敗中國。到二〇二〇年，日本在東南亞全境取得總共二四〇個基建項目，中國拿下二一〇個。[177]日本在六個最大的東南亞國協會員國的項目已經高達三千六百七十億美元，中國只有兩千五百五十億。[178]由於聚焦優質基建設施以及人力資本投資——包括於二〇一八年承諾為東南亞國協培訓一萬八千餘名製造業與數位產業專家——在資金接受國的顧客滿意度方面，日本也明顯超越中國。[179]此外，日本同時也成為其他加入這場基建大賽的民主國——首先是美國，接著是澳洲，之後歐洲國家也紛紛加入——的首要協調國。

二〇二〇年夏，北京終於表示，早先在擊敗日本、贏得印尼高鐵項目時對合約細節有所不查，承認由於無法預見（或未經透露）的成本超支，這個高鐵項目將延後。妙的是，中國當局還建議由日本接手，如期完成這個項目——東京拒絕了這個建議，理由是中國這整個項目的過程都缺乏透明度。[180]日本為了與中國競爭，雖說做了若干調整，但看起來，北京似乎還會繼續跟在東京的自由開放的印太戰略標準之後，亦步亦趨，而東京卻不會跟著北京走。為迫使中國在公平條件上競爭，或許還為了讓中國最終改變它不透明的、過度舉債的做法，日本一方面為資金接受國授權，一方面致力與其他放款國建立集體行動機制，做好與中國競爭的準備。

長程競爭：區域與全球性規則制定

在後冷戰初期，日本外交政策的基本信念是，日本可以在東亞建一個相當於歐洲與北美整合的東亞共同體。日本一直努力作一個區域多邊主義領導人，早在一九九一年，日本外相中山太郎就主張，將東南亞國協外長會議與亞洲其他國家外長會體制化，之後十年，日本仍繼續不斷倡導類似理念。[181]但隨著北京不斷抬頭的否定主義，東京發現自己越來越處於守勢——忙著安排各種多邊會議，以扼阻中國控制新區域內結構的野心。這種競爭使日本無暇進行東亞共同體的構築。將澳洲、紐西蘭、印度、最後（二〇〇九年後）將美國也納入新東亞高峰會的做法，雖說讓中國主控這個論壇的計劃受挫，但北京也將俄羅斯拉進來進行反制，讓這個高峰會無力決定議程。為因應中國在南中國海的強橫擴張，日本與美國以及美國在「東南亞國協區域論壇」（ASEAN Regional Forum，ARF）的其他盟友合作，通過決議，堅持中國必須與東南亞國協談判解決海上爭議的行為準則，不能專挑小國、逐一對付。[182]不過，在二〇一六年七月，由於北京以六億美元行賄東南亞國協輪值主席高棉，讓高棉封殺東南亞國協的一項聲明——要求中國遵守聯合國海洋法公約法庭的判決，強調中國擴大解釋領海主張的做法違反國際法與先例——日、美等國的這番努力功虧一簣。[183]與中國的競爭，以及東南亞國協堅持必須先有共識才能作決定，使中山太郎在一九九一年所提、以東協體制構築為核心的原始建議功敗垂成。

在這整段期間，戰略與國際研究中心對亞太地區戰略思想家進行的民調發現，日本人對區域性多邊主義的樂觀已經大不如前。在二〇一四年，僅有不到百分之五的日本專家認為，新的東亞共同體能在今後十年內構建完成——在接受調查的十個國家中，這些日本專家最為悲觀。[184]到二〇二一年，日本外交重心轉向四方安全對話的外在均勢。但這一切都不意味日本外交官正在放棄區域多邊主義——差得遠了。參與東協區域論壇與東亞高峰會這類以東協為中心的多邊架構，一直就是日本能在東協內部享有高度信任的主因。儘管成果始終未如打造東亞共同體初期那麼樂觀，但既然要在東南亞與中國角逐影響力，日本就得玩得比中國漂亮——日本也確實做到了。

領導區域貿易談判

在訂定區域貿易協定、以影響中國經濟行為這方面，日本做得比較成功，不過仍然遭到一些不小的挫敗。在安倍領導下，日本全力投入一種雙軌做法。其中一軌是談判一項以東南亞國協為核心、但是要包括日本、韓國、中國、澳洲、紐西蘭、及印度的區域內協議——就是《區域全面經濟夥伴協定》（RCEP）協定。在利用東協峰會餘暇進行多年籌備之後，談判於二〇一三年展開。另一軌是以美國為核心的《跨太平洋夥伴協定》（TPP），安倍於二〇一二年正式要求加入TPP，將TPP轉換為一個建立在全球第一與第三大經濟體上、由環太平洋諸國組建的大集團。根據戰略與國際研究中心二〇一四年的民調，日本思想領袖認為TPP是這兩項協定中比較重要的一項協定（百分之九十二的人選擇以TPP作為第一優先，選擇RCEP的只有百分之六十八）。這背後的邏輯很清楚：TPP不僅標準較高，還可望為日本與其他參與國帶來重要籌碼，幫它們與中國進行艱苦的RCEP談判。[185]這種跨太平洋與區域內協定，兩者之間的象徵性關係很重要，因為日本已經在二〇〇七年雪梨「亞太經濟合作」（APEC）峰會中與美國、中國、以及其他與會國達成協議，有一天要建一個全面性的「亞太自由貿易區」（Free Trade Area of the Asia Pacific，FTAAP），將這兩項協定合在一起。[186]

但到了二〇一六年，由於川普政府宣布將撤出新完成的TPP協定，印度莫迪（Modhi）政府也開始阻撓RCEP的自由化，TPP與RCEP都遭到重挫。不過安倍政府沒有因此氣餒，反而加緊努力推動TPP與RCEP。由於跨太平洋夥伴關係這條線對區域規則制定實在太重要，安倍竭力說服TPP其他成員國在二〇一八年三月簽署新命名的《跨太平洋夥伴全面進步協定》（*Comprehensive and Progressive Agreement for Trans-Pacific Partnership*，

CPTPP），還為美國日後的重新加入保留一個席位。[187]之後，為了讓區域內貿易自由化這條線能在二〇二〇年十一月的一項簽約儀式中完成，安倍政府勉強同意讓印度在二〇一九年退出RCEP。[188]雖說在一開始，對東京來說，RCEP是兩項協定中比較次要的一項，日本政府現在認為RCEP能為推動日本經濟成長提供更好的遠景：能讓實值GDP增加百分之二點七。[189]儘管在勞工權益、數位貿易、環境、服務貿易、以及中國支持的巨型國有企業紀律等領域，RCEP協定與CPTPP的標準相差甚遠，RCEP確實協調了原產地規則，降低了關稅，使區域內所有經濟體願意與彼此相互維護重要供應鏈——特別是在RCEP以前沒有貿易協定的日本與中國之間尤其如此。[190]

這是日本的一次經濟成功，但還稱不上是一次戰略成功。因為亞太地區的規則制定若是少了美國介入，日本單憑一己之力無法改變中國越來越有掠奪性的經濟政策。安倍與菅義偉不斷請求川普及之後的拜登重返TPP，也知道美國商界、甚至美國民眾都支持這項協定。[191]不過截至這本書出版的一刻為止（編按：指英文原版），東京這些請求效果不彰。日本在與川普政府的局部雙邊TPP談判中贏得一些小小勝利，經日本國會於二〇一九年十二月批准，達成一項與川普政府的行政協定。[192]但這項雙邊迷你TPP，基本上只是一項停火協定而已——川普政府願意與日本簽署這項協定，只因為川普政府早先對日本鋼材進口徵收片面關稅，導致日本對美國農產品實施報復，讓已經面對澳洲與加拿大農牧業者（這時已經加入CPTPP）激烈競爭的美國牧人與農民損失更慘重。但這項美日雙邊協定確實包含了一個令人鼓舞的新要件：美、日兩國專家都認為可以將協定中有關數位貿易的專章擴大，作為對高科技貿易的一種臨時協議。[193] 但在迫使中國在國有企業與智慧財產權等國界內議題上遵守全球規則這方面，二〇一九年這項美日協定與TPP無法相比。讓東京的地緣政治專家更傷腦筋的是，中國在二〇二一年九月通知紐西蘭，說它有意正式提出CPTPP入會申請。日本與澳洲得合力阻擋北京，等待華府：但得等多久不得而知。[194]

儘管有這許多挫敗，二〇一二到二〇二〇年這段期間代表日本區域經濟戰略的一場大轉型。一度裹足不前的日本，已經不僅擁抱、甚至領導自由貿易協議——首先在二〇〇二年與新加坡簽定極不起眼的協議，之後與墨西哥、又與澳洲簽約——現在更是開足馬力，全力衝刺。在安倍於二〇一二年主政以前，只有百分之十六的日本貿易享有與其他國家的自由化協議的覆蓋——比亞洲其他先進經濟體的覆蓋層次低了許多，以韓國為例，覆蓋率為百分之，新加坡與澳洲更加開放。[195] 經團連曾在二〇一一年哀嘆說，由於欠缺自由貿易協議，日本無法像韓國一樣，擴大與歐、美的交易。[196] 安倍將日本商界這些心聲聽了進去，推動貿易協議的成果超越韓國，不僅簽下TPP與RCEP，與歐盟的一項雙邊《經濟夥伴關係協定》（EPA）也於二〇一九年一月生效。[197]當安倍二〇二〇年卸任時，享有《自由貿易協定》（FTA）與EPA覆蓋的日本貿易已經增加四倍有餘，達到超過百分之八十。[198]

在美國與日本就亞洲經濟議程是否需要全球規範的問題互槓二十年後，這兩個國家扮演的角色幾乎完全逆轉。如同安倍二〇一八年九月二十五日在第七十三屆聯合國大會致詞時所說，「自由貿易系統使亞洲國家的經濟一一起飛，造就了這些國家的每一個中產階級。」[199]日本或許不具備取代美國、成為跨太平洋經濟整合台柱的經濟實力，但在美國政治亂象塵埃落定以前，日本可以代美國推動原本由美國發起的自由化議程。[200]

設法拯救民主國在全球治理上的領先

本章主要討論的，雖是日本在亞洲塑造更有利區域秩序、以與中國競爭的戰略，但與這項競爭不能分割的，另有一項詮釋全球治理的競爭——日本在這方面也全力以赴。當川普開始攻擊G7、聯合國、與布列敦森林體系等戰後美國領導的系統，並且從這些系統撤退時，習近平在二〇一七年宣布，為推動「中國特色社會主義的偉大成功」，中國將倡導「全球治理系統進化」。[201]中國究竟在多大程度上真正追求否定主義，或只是在尋找全球治理方面的防衛優勢，直到今天仍是美國學者注意的焦點，但對日本來說，這場在全球層面的競爭已經迫在眉睫。[202]日本在川普時代面對的挑戰是，想在世界衛生組織或其他多邊組織中阻撓中國——有時還有俄國——興風作浪，日本官員即使與加拿大、澳洲、或其他志同道合的民主國聯手也未必能竟全功。在東京的許多人士心目中，身為G7會員國中唯一亞洲民主國的日本，必須以G7為起點，重申民主國家在全球治理議程的領導權。

除了中曾根康弘或小泉純一郎這類特立獨行的領導人，日本首相在出席G7高峰會年會時，往往表現被動而戒慎，在領導人集體照中也顯得冷落一旁。高大英俊的中曾根是第一位在照集體照中擠向中央搶鏡頭的日本首相，小泉則利用他豐富的棒球知識，製造許多他與布希緊貼在一起討論問題的照片（後來大家發現，兩人討論的是快速球，不是全球經濟問題）。安倍的表現也與過去的日本首相不一樣，不過他在G7扮演的，是真正的、凝聚共識的角色，特別是在川普造成的跨大西洋分裂加劇的那段時期尤然。身為二〇一六年伊勢志摩峰會東道主的安倍，將日本的亞洲議程納入這項全球民主國高峰會，與其他領導人就「優質基建設施」重要性等議題達成協議。[203]第二年，G7峰會在義大利舉行時，第一次參加峰會的川普險些讓峰會炸鍋，接下來一年在加拿大，川普沒有對傳統聯合公報表示同意，就大發雷霆離席而去。[204]當時其他領導人紛紛譴責這位脾氣火爆的美國總統，但安倍沒有這麼做。他私下斥責那些領導人不該給川普難堪，還提醒加拿大人與德國人，要他們別忘了他們與日本一樣，都不是聯合國安理會常任理事國，無論川普多瘋狂，他們為了本國利益，都需要維持G7運作。[205]當衝突發生時，加拿大人拍了一張發表給新聞界、非常吸睛的現場照片，照片中的川普板著臉，緊抱兩臂坐在那裡，其他領導人都向他指指點點，只有安倍憂心忡忡地站在衝突兩造中間，想當和事佬。[206]

在第二年的G20擴大峰會中，日本為防阻中國這類國家進行「數據本地化」（data localization）而達成「可資信任的資料自由流通機制」（Data Free Flow with Trust）原則協議，表現可圈可點。[207]中國雖然在這項協議聲明上簽了字，相對而言並無意義，因為北京之後就將協議拋在一邊。對日本來說，G7才是全球治理的真正指揮塔，特別是在與中國競爭白熱化的情況下，日本說什麼也不讓任何人將G7的角色放寬或稀釋。

外交史學者弗雷德里克·狄金森說，日本在第一次世界大戰戰後那段期間熱衷參與萌芽未久的多邊主義，為的是打造「新日本」。到一九三〇年代，日本轉而推動自足式區域秩序。今天日本的區域與全球治理秩序戰略又一次不可分割。面對中國否定主義從區域擴展成為全球議題的現實，日本很可能繼續推動它所費不貲的戰略，維護、強化以規則為基礎的秩序，在G7這類論壇上團結歐、美，以延伸安倍具有自由體制主義特色的外在均勢戰略。

對日本印太戰略的評估

當安倍於二〇二〇年卸任時，日本的印太戰略已經達成二〇一三年國家安全戰略中訂定的許多目標。自由開放的印太的觀念凝聚，既強化了中國周邊海洋大國之間的外在均勢，又不致造成夾在中間的東南亞國協小國的疏離。日本國際協力銀行的自由開放的印太優質基建戰略，造就了東南亞國協諸國的生產力，讓它們有能力與中國周旋，而不是迫使它們在中、日之間做出選擇，或讓它們淪為中國威逼利誘的受害者。東南亞國協各國的國防能力構築也強化了這些努力。日本在維護《跨太平洋夥伴全面進步協定》（CPTPP）上發揮的領導力，填補了出現在美國領導的區域規則制定的真空。日本還竭盡所能維護跨大西洋關係，因為這個關係對日本能否維護印太秩序實在太重要。表4.1說明與地區內其他國家相比，日本已經成為印太地區國際關係的重心。

無論就任何標準而言，日本從二〇一二年起、到安倍於二〇二〇年卸任為止這段期間的戰略，與安倍之前歷任首相的戰略，以及美國、澳洲、韓國、或印度的區域戰略相比，都有大幅改善。如本書前言所述，澳洲洛伊國際政策研究所為量化印太地區諸國國力與影響力，在二〇一九年的評估報告中指出，日本現在已經成為「亞洲自由秩序的領導者」。[208] 洛伊研究所達成結論說，日本以小博大，發揮「聰明國家的典範，充分利用有限資源在地區內建立廣大的外交、經濟、與文化影響力」。[209] 洛伊研究所進行的其他民調還發現，在二〇一九年，澳洲人對安倍比對他們自己的總理更有信心，對習近平的信心就更加瞠乎其後了。[210] 日本外務省進行的民調發現，在二〇二〇年，百分之九十三的東南亞人認為日本是「可靠的夥伴」——遠遠超過認為中國可靠的百分比。[211] 根據新加坡「東南亞研究所」二〇二一年初對東南亞菁英進行的戰略偏好調查，日本是最值得信任的國家，一旦美國領導權式微，日本是取而代之的最佳選項；在最可能維護以規則為基礎的秩序與國際法這個項目，日本也以些微之差，緊追歐盟之後，成為東南亞菁英最屬意的對象。[212] 韓國的「三星經濟研究院」（Samsung Economic Research Institute）國家品牌調查也一再指明，就實質與形象而言，日本是全亞洲最佳國家「品牌」，就形象而言，日本是全球最佳品牌。[213]

不過這些調查也為東京帶來一個警訊。安倍的自由開放的印太觀念在日本國內，在美國、歐洲、與印太地區都獲得強有力的支持。但在重建對中國的有利平衡這方面，安倍的成績只能算是成敗參半而已。前述新加坡東南亞研究所的那項民調發現，只有百分之三的受訪者認為日本是對東南亞最有影響力的國家，而半數受訪者認為中國最有影響力。洛伊研究所雖然讚揚日本是「聰明的國家」，但在對亞洲綜合領導影響力排名上將日本列在中國之後，並且提出警告說，日本與「中等強國」的差距仍然小得令人捏一把冷汗。[214]為維護有利區域秩序，日本勢必要在外在均勢上下更大工夫。只不過想要維護這樣的秩序，日本顯然還欠缺一個要件：東京與南韓始終搭不攏。

	雙邊	多邊	2019年外國直接投資（FDI）／貿易（單位：百萬美元）	外交關係
	重要軍事演習			
美國	•東南亞國家協會 •汶萊 •印尼 •馬來西亞 •新加坡 •泰國	•環太平洋演習（RIMPAC） •東南亞合作與訓練（SEACAT） •金色眼鏡蛇 •太平洋夥伴 •漆黑 •對抗猛虎 •巨蜥	外國直接投資（FDI）： 24,079.62 貿易： 294,793,331,219	•大多數信任美國，以美國、不以中國作為戰略夥伴與安全提供者 •如果被迫選邊，大多數會選擇美國，而不選中國
中國	•高棉（金龍） •馬來西亞 •新加坡 •泰國（藍色突擊）	•鷹擊軍演	外國直接投資（FDI）： 8,895.94 貿易： 305,413,238,926	•最有影響力的經濟大國 •在政治與戰略議題上最有影響力
日本	•印尼 •菲律賓 •新加坡 •泰國	•環太平洋演習 •東南亞合作與訓練 •金色眼鏡蛇 •太平洋夥伴 •巨蜥 •日本—澳洲—汶萊—新加坡	外國直接投資（FDI）： 20,635.62 貿易： 116,118,692,488	•以很大的領先幅度成為最受信任的國家 •如果美國有一天不再可靠，日本是最可靠的 •一般認為，日本單憑一己之力無力領導
歐盟	個別國家加入演習	個別國家加入演習	外國直接投資（FDI）： 15,405.54 貿易： 126,710,707,113	•一般視為躲避美中競爭風險的選擇 •最值得信任的、倡導以規則為基礎的秩序的領導人

附注：軍事演習資料來自國防部刊物。貿易與外國直接投資數字來自東南亞國家協會官方統計：

"Trade in Goods（IMTS）, Annually, HS 2-Digit Up to 8-Digit（AHTN）, in US$," International Merchandise Trade Statistics, ASEANStats, https://data.aseanstats.org/trade-annually; "Flows of Inward Foreign Direct Investment（FDI）into ASEAN by Source Country（in million US$）," Foreign Direct Investment Statistics, ASEANStats, https://data.aseanstats.org/fdi-by-hosts-and-sources. Diplomatic relations assessments are drawn from the 2021 ISEAS survey: Sharon Seah, Hoang Thi Ha, Melinda Martinus, and Pham Thi Phuong Thao, *The State of Southeast Asia: 2021 Survey Report*, ISEAS Yusof Ishak Institute, February 10, 2021, https://www.iseas.edu.sg/wp-content/uploads/2021/01/The-State-of-SEA-2021-v2.pdf.

表4.1　日本與其他國家在東南亞相關實力對比

第五章
韓國

朝鮮半島是一把對準日本心臟的匕首

——日本軍事顧問雅各布·梅克爾（Jacob Meckel），一八八五年

我們希望南韓行為舉止能像一個國家一樣一能認真反思，遵守它的國際承諾，並且尊重國際法。

——《產經新聞》，二〇二一年一月

戰略與國際研究中心在二〇一四與二〇二〇年對亞洲戰略菁英進行的民調顯示，在今後區域秩序規範議題上，與日本看法最接近的國家是大韓民國——就連印度、澳洲與美國等日本的四方對話夥伴也比不上韓國。[1] 除了日本以外，最重視美國在亞洲前進布署的是韓國。就歷史角度而言，在整個亞洲，對日本利益最重要的地點莫過於這把「對準日本心臟的匕首」。[2] 從地緣政治與規範整合觀點而言，最理所當然成為日本「自由開放的印太戰略」首要核心的國家，自非韓國莫屬。

但近年來，沒有一個民主國家像韓國這樣，讓它與日本的關係陷於如此難以解決的僵局。在過去十年，日本與韓國長期沒有直接情報合作；不斷就歷史遺產與核武不擴散問題在聯合國衝突；積極在華府遊說以抵制彼此的外交建議；在國際場合迴避直接雙邊峰會；就歷史與技術性關切議題相互制裁；互貶對方在正式外交報告中的排名；當中國宣布「防空識別區」、侵犯到兩國在東北亞的領土主張時，兩國也沒能協調一致、有所反應。這兩個美國民主盟友之間的爭執不休，無疑是華府面對的一項最惱人的外交政策難題，或許也是日本本身大戰略最大的弱點。

許多人會說，日韓之間的爭執是安倍與文在寅兩人的一場政治意識型態之爭，因為安倍是右派，而文在寅是左派。毫無疑問，領導問題是重要的中介變數，但即使在安倍與文在寅時代結束後，仍有一些更深層的結構與觀念性因素將繼續損害兩國雙邊關係。就系統性層面而言，日本與韓國儘管都繼續擁抱美國領導的亞洲秩序，卻一直在應對中國的戰略上各行其是。此外，雖說兩國都倡導民主，日本用這些普世性規範塑造區域秩序，而韓國政治領導人卻以民主化為理由，與日本重談早先就歷史怨屈達成的一些協議。

在檢驗日韓關係上這些地緣政治與觀念性脫鉤現象之後，本章將又一次談到領導人挑撥——或解決問題——包括一方稱為日本海，另一方堅持必須稱為東海等等——的角色。[3]

地緣政治脫鉤

或許就權力均勢邏輯（美國觀察家反覆向東京表明了這一點）而言，日本對韓國採取的戰略既違反直覺，也沒有效果，但日本這種異常現象可以從更長的日本對華關係中找到解釋。戰後現實主義理論之父漢斯・摩根索（Hans Morgenthau）在《國家間政治》（*Politics Among Nations*）中解釋這種現象說，自西元前一世紀以來，日本對朝鮮半島的行動就大體取決於中國國力是弱還是強。[4] 豐臣秀吉之所以在十六世紀末侵入朝鮮有許多目的，包括展示軍力、讓新來到東亞的西班牙與葡萄牙征服者不敢小瞧日本等等，但最主要的原因是明帝國衰弱，豐臣秀吉想趁機打垮明帝國，在亞洲稱霸。[5]德川時代的日本，由於清帝國雄霸亞洲而退縮，但在十九世紀結束時，也正是因為清帝國式微、留下一片真空，讓俄國經由朝鮮半島向日本擴張勢力，明治時代的日本才重返朝鮮半島這場大戲。也因此，日本目前與韓國的關係，會隨著中國擴張與日本加強海洋戰略的變化而變化。

另一方面，面對不斷崛起的中國，韓國這時正重返小心翼翼、降低風險的歷史老路。誠如韓國著名日本問題學者朴哲熙所說，日本正卯足全力，在一種系統化層面上與中國競爭，而韓國則堅守「戰略模糊」立場，既希望保有美國對朝鮮半島的防衛承諾，也希望不惹惱北京，以免損及首爾對北韓的影響力，或使中國懲罰那些重度依賴中國經濟的韓國公司。[6]歷史先例也是造成日、韓兩國戰略重心差異的原因：日本許多世紀以來一直在研訂戰略、塑造亞洲區域秩序，韓國則始終全力關注朝鮮半島本身的安全與穩定。

車維德（Victor Cha，譯按：韓裔美籍學者）在他有關美日韓三邊關係的權威之作《在對抗中結盟》（*Alignment Despite Antagonism*）中指出，韓國「內部搖擺不定，再加上朝鮮半島的地理戰略位置，使韓國成為中日區域霸權角逐過程中令人垂涎的戰利品」。[7]從東京的觀點，韓國今天未能制衡中國，是這種搖擺不定的明證。舉例說，韓國總統盧武鉉在二〇〇五年建議，南韓要在東北亞發揮「平衡者」的角色，與美國結盟，但遊走於日本與中國之間，不著痕跡地塑造區域權力競爭。[8] 當安倍二〇〇六年第一次提出美日澳印四方對話建議時，最積極在華府遊說、反對這項建議的不是中國，而是韓國。

當習近平於二〇一三年提出「新型大國關係」建議時，許多韓國學者認為，亞洲將出現一種美中兩極共治新局，日本將貶為二流強國。[9] 朴槿惠新政府上台以後，新外長在國會中說，朴槿惠的外交政策將以與美國以及中國的關係為第一優先，其次才是與日本以及俄國的關係（正是安倍在同一年說的、日本絕不會加入的那種二流關係）。[10] 對於朴槿惠政府採用的這種做法，韓國外交部事後雖忙著解釋，說韓國無意貶低日本，但朴槿惠隨即刻意撇開日本，提議建立美中韓三邊外交架構，以處理東北亞安全議題，似乎證實韓國確實有意貶低日本。就像韓國外交部二〇〇六年在華府進行遊說、反對安倍的四方對話一樣，安倍也派遣副外相齋木昭隆前往華府進行遊說，反對這項三邊外交架構。[11] 卡在中間的美國國務院，既想尊重韓國要求，又為了安撫日本，於是提出一項比較溫和、不代表官方立場的建議，由我本人與戰略與國際研究中心的車維德為首，召開一項美中韓三邊學術對話。[12] 在日本外務省第二年發表的二〇一五年《外交藍皮書》（*Diplomatic Bluebook*）中，東京似乎也貶低韓國以示報復，不提過去談到的「自由、民主、與對基本人權的尊重等根本價值」共享，只說兩國需要一種「好關係」（到二〇一八年才重提「戰略利益」一詞）。[13]

從日本的觀點看來，韓國對保衛海疆、對抗中國擴張的努力也造成減分效果。當北京二〇一三年宣布在尖閣列島與韓國的蘇岩礁（Socotra Rock）上空擴大防空識別區時，韓國政府獨自找上北京，要求調整，結果鎩羽而歸，而日本則與華府聯手，協調展開軍事與外交回應，還明令國家航空公司不得遵守中國的要求。[14] 對韓國來說，與日本的獨島（為韓國占領，日本稱為竹島）主權之爭，比中國將浸在海裡的蘇岩礁的上空劃為防空識別區的事情嚴重得多。當韓國人與日本人在二〇一九年民調中解釋為什麼兩國關係搞得這麼糟時，半數韓國人認為獨島／竹島之爭是主因，相形之下，只有四分之一的日本人這麼認為。[15] 韓國人認為韓國的戰略文化有一種海洋維度，換言之，儘管日本實際訴諸武力的可能性小得太多，在韓國人看來，更有否定主義色彩的國家不是中國，而是日本。而日本人認為，在日本努力防阻中國控制海疆時，韓國人卻在扯日本後腿。

日本觀察力最敏銳、最有人氣的韓國問題學者道下德成曾說，歸根究底，南韓思想領袖都在搖旗吶喊，「搞一種『貶低日本』運動，用詆毀日本的手段提升韓國威望與影響力」。[16] 道下德成說，韓國可以像日本一樣，選擇與美國聯手「制衡」中國，但韓國似乎選擇當中國「跟班」，隨中國起舞。[17] 但韓國菁英與一般民眾民調的結果正好相反——信任美國的韓國人比信任中國的韓國人多出兩到三倍，在韓國人眼中，美國人領導的秩序比中國的霸權好得多。[18] 了解美韓聯合軍事關係，或了解美韓學術、商業、與文化聯繫的美國人，沒有人認為韓國會與美國脫鉤。非日裔的韓國戰略文化學者，也沒有一個人認為自尊心特強的韓國人會願意當中國人的「跟班」。[19]但同時，韓國的外交政策決策毫無疑問損及日本本身的戰略，而且——從日本觀點看來——還助長、教唆了中國在亞洲的霸權野心。就這樣，日本外務省最優秀、最有前途的人員，都選擇外調在美國、印度、印尼、或其他自由開放的印太夥伴國工作。一位資深日本外交官曾對我嘆道，從二〇一七到二〇一八年間，在一個多邊外交崗位工作的他，花了百分之八十五以上的時間對付韓國對日本的外交攻擊。韓國外交官私底下也承認同樣的事。韓、日兩國外交部裡也有一小群官員奮力掙扎，想為兩國關係異中求同，不過他們大部分時間都花在防止關係進一步惡化的滅火工作上。

北韓因素

在「文氏圖」（Venn diagrams）上，首爾與東京的地緣政治與威脅感知以北韓軍事威脅為中心，直接重疊。平壤擁有幾十件核子武器與好幾百枚能夠攻擊日本的彈道飛彈，迫使日軍以韓戰以來首見的方式，進入嚇阻北韓的第一線（韓戰期間，日本海軍曾經復員，在朝鮮半島周邊清除水雷）。在一九九七年，南韓國防部認清美韓軍事規劃極度依賴日本保住「後方」、增援朝鮮半島的能力，於是對修正版《美日防衛合作指針》表示審慎歡迎，並同意在同年加入新成立的美日韓三邊防衛政策論壇。[20]二〇一〇年，北韓擊沉南韓護衛艦「天安號」，同年十一月，北韓砲擊南韓延坪島，打死兩名平民，日本與韓國又一次加強防衛合作。為回應北韓這些攻擊，美國國務卿希拉蕊・柯林頓、日本外相前原誠司、與韓國外長金星煥於十二月六日在華府發表聯合聲明，誓言「在相互雙邊責任基礎上，有效應付共同安全威脅」。[21]這項聯合聲明的草案，原本納入與集體安全承諾所差無幾的一句話，強調對美、日、韓三方任一方的攻擊，視同對所有三方的攻擊，但由於首爾最後一刻反悔而前功盡棄。[22]如果聯合聲明中能納入這句話，這項協議將是近年來東北亞外交史上影響最深遠的文件之一。

不過，正如同布拉德・葛羅塞曼（Brad Glosserman）與史考特・史奈德（Scott Snyder）在他們的日韓關係研究中所說，往往在平壤的挑釁結束後不出數月，對抗北韓的結盟與協調作業就消失得無影無蹤。[23]北韓在二〇一〇年發動的攻擊促使日、韓加緊腳步，完成一項在美國盟友之間一般視為制式性的雙邊情報共享協議。這項《韓日軍事情報保護協定》（*General Security of Military Information Agreement*，GSOMIA）是一項技術性承諾，本質上並不是條約，但在簽約儀式即將在首爾舉行前數小時，由於有力政治領導人在最後一刻堅持必須像條約一樣、將協定送交國會審查，「藍宮」（Blue House，譯按：即青瓦台，南韓總統府）被迫取消儀式。[24]那一天我來到藍宮，與韓國副國家安全顧問會面，就在我走進藍宮大門時，剛聽說簽約儀式取消的日本代表團正好從同一扇門怒氣沖沖地出來。這項協定的韓方談判負責人、那位原訂與我會面的副國家安全顧問，因此被迫辭職，之後還遭到官方調查。對於日後想與日方改善關係的韓國官員而言，這是一段值得警惕的故事。[25]

不僅在國防問題上，在對北韓的外交事務上，日、韓兩國也一直爭議不斷，無法同步。雙方脫鉤始於一九九〇年，當時日本政治強人金丸信在事先未與首爾（譯按：當時叫做漢城，於二〇〇五年改名首爾）磋商的情況下逕自前往會晤金日成，談判關係正常化。[26]在美國特使威廉・裴瑞（William Perry）於一九九九年建立「美日韓三邊協調與監督組」（U.S.-Japan-ROK Trilateral Coordination and Oversight Group，TCOG）之後，日、韓兩國的外交協調在一九九〇年代末期出現轉機。[27]但到了二〇〇〇年代，隨著兩國政治路線分別轉右、轉左，兩國對北韓的觀點又一次南轅北轍。安倍能從內閣官房副長官的職位崛起政壇，主要因為他壓制了「國益先生」田中均。田中均當時暗中牽線，促成首相小泉純一郎與北韓領導人金正恩在二〇〇二年九月的一次高峰會。[28]安倍當時伴著小泉與田中均往訪平壤，堅持代表團自備便當午餐，不接受北韓款待，也避免在面對新聞媒體時面帶笑容，露出和藹可親表情。田中在這次訪問期間，導演了一齣「發現」六名遭北韓綁架的日本人、讓小泉將他們從平壤帶回日本與家人團聚的鬧劇，但田中事先向北韓保證會在事後將這六名日本人遣返。安倍怒不可遏，說服小泉不理會田中的保證，讓這六名日本人留在日本。[29] 之後安倍在外務省削弱田中羽翼，安排由谷內正太郎取代田中於二〇〇四年晉升副外相。

韓國政治與外交觀察家當然很清楚這段歷史。在平壤二〇一七年的核武與洲際彈道飛彈測試之後，文在寅的左傾政府因為認為安倍在川普背後煽風點火、鼓勵川普以武力對付北韓而警懼不已。[30] 事實上安倍當時只是為了更廣的地緣政治目的而與川普結盟，而且日本外務省還在幕後悄悄設法、緩和美方軍事打擊行動，只不過日、韓兩國協調作得太差，首爾不能將它本身在華府的、與日本在華府的利益確實結合。當文在寅協助撮合川普與金正恩的二〇一八年六月新加坡高峰會時，輪到東京擔心左傾的文在寅會為了與北韓的一紙廉價協議，而鼓勵川普出賣日本了。[31] 儘管安倍私下裡也曾一再設法將川普拉回來，但川普仍在與金正恩會後宣布，他要結束與韓國以及日本在朝鮮半島周邊的「戰爭遊戲」，還說他希望日後能從朝鮮半島撤出美軍[32]——這些話證明日方的恐懼並非全然事出無因。

川普這些有關同盟關係的聲明，事先未與日本、韓國、甚至未與美國國防部商量——據說川普只與俄國總統普丁（Putin）與金正恩作了討論。[33] 儘管安倍之前呼籲川普，希望美方將北韓境內瞄準日本的中程飛彈越來越多的問題也納入與北韓討論的議程，川普與國務卿龐佩奧（Mike Pompeo）仍然表示，他們只關心與平壤簽約，解決瞄準美國的洲際彈道飛彈（ICBM）問題，不關心瞄準日本的中程飛彈問題，讓日本利益受創。[34]十五年前，日本與韓國外交官可以在「美日韓三邊協調與監督組」一起努力，塑造美國的觀點，但川普顛覆性的演出，以及東京與首爾之間多年來的各懷鬼胎，使這兩個美國盟國都只能掙扎著、憑自己的力量與華府周旋。

在川普與金正恩會後，安倍察覺風向已經從戰爭轉向高層外交，遂於二〇一八年九月在聯合國大會發表的演說中宣布，他也「準備打破與北韓互不信任的窠臼，重新起跑，與金正恩主席面對面會晤」。[35]當時一心只想與川普談一筆大生意的北韓，沒有理會安倍這項表態，隨即還宣布停止與南韓的一切合作，並將位於北韓這一邊非軍事區（Demilitarized Zone，DMZ）內的開城、文在寅建立的「南北韓聯絡事務所」炸了。[36]安倍與文在寅各自想與金正恩舉行無條件高峰會的要求，雖說都碰了平壤釘子，但由於歷史宿怨的爭議（留待本章之後討論），這兩位領導人在二〇二〇年大阪G20峰會中仍無法就兩人彼此的雙邊會談條件達成協議。事實上，在應邀參加大阪G20峰會的所有領導人中，只有文在寅一個人沒有與安倍舉行雙邊會談。[37]似乎是，安倍與文在寅都同意無條件與嗜血的金正恩會面，但都不願意彼此相見。

北韓對日本的威脅當然沒有減輕。儘管北韓沒有再次大張旗鼓地恢復核試，讓川普一再自誇，但日本官員與情報官都知道，北韓的飛彈與核武能力在這段時期繼續不斷擴張。[38] 或許由於北韓的威脅不像過去那樣明顯，日本的威脅感知也出現變化，使得與首爾的密切協調沒那麼緊迫。在安倍重返首相府的二〇一二年，日本政府民調顯示，在日本民眾心目中，日本面對的頭號威脅是北韓，其次是中國的擴軍。[39] 到二〇一五年，中國已經超越北韓，成為對日本的第一號軍事威脅。[40] 儘管北韓對兩國的軍事威脅更危險、更直接得多，但在東京看來，韓國現在已經成為抗中戰線上的一個負債。

觀念脫鉤

日本與韓國在戰略優先與威脅定義上的脫鉤，只是首爾與東京無法建立有效關係的初步理由。兩國國家論述與認同政治的各行其是也同樣重要。當日本強調以民主規範做為與中國觀念之爭的合法架構時——民調顯示，絕大多數韓國人支持民主規範——左傾的韓國政治領導人說，由於過去與日本就歷史仇怨問題進行談判的韓國政府不夠民主，現在既要強調法治與對人權的尊重，韓國就需要透過外交途徑，重開與日本的歷史宿怨問題解決談判。頗具反諷意味的是，這種說法正中北京下懷，因為北京不斷宣揚的論點是，日本永遠不夠格當亞洲的規範制定國。

日、韓兩國國內政治的重組，也加速了這種觀念性脫鉤。在韓國於一九八〇年代末期民主化與日本在一九九〇年代初期政治革命以前，韓國政府在日本問題上的說法口徑比較統一；而日本方面，由於執政黨自民黨在歷史議題上有很深的意識型態分裂，觀念脫鉤問題還不是很嚴重。但現在兩國立場反轉：在外交事務與歷史議題上，日本政壇兩極化的態勢大幅緩和，而韓國卻因為獨裁政權結束，迎來愈演愈烈的政治兩極化。[41] 其結果是，韓國政治領導人在處理日本問題時，可以迴旋的空間大不如前，而日本領導人在對抗韓國時，遭遇的來自國內的反撲也遠比過去為小。文在寅上台後，就算是學者（包括左傾學者）也已注意到，韓國境內左派分子越來越喜歡用獨裁工具窒息右派異議人士——這些工具包括對保守派決策人士、法官、學者、與媒體與產業領導人進行調查，調查理由往往是因為他們採取行動改善與日本的關係。[42] 日本外務省就是在韓國出現這種反民主走勢的背景下，在二〇一五年「外交藍皮書」中將日本與韓國的「共享價值」降級。雖說進入二十一世紀以後，先進民主國中並非只有韓國出現這類令人毛骨悚然的獨裁現象，但在韓國遭到反民主攻擊的，都是比較傾向與日本合作的保守派，這是東京多年來一直不信任首爾的一個主因。此外，兩國境內毫無節制的社交媒體——包括韓國熱門平台與日本的2channel平台——不斷使用「反日」與「仇韓」這類字眼，也讓情勢更加惡化。[43]

最後，有關日本安全政策的學術與媒體表述的各說各話，也讓兩國之間價值觀不搭調的意識變得更強。日本學者、記者、與決策人士，聽到他們的北美、南亞、與東南亞同事們盛讚安倍的積極主動的區域安全政策；甚至中國學者，在美中摩擦不斷加劇的時空背景下，為尋求與日本的共同立場，在批判日本政策時都顯得謹慎小心得多。相形之下，韓國的學者與記者，幾乎對帶動日本主動安全政策的客觀安全條件隻字不提，只是千篇一律，將安倍推動的改革說成一種純屬內在的變化。今天對日本區域安全政策批判火力最猛的，首推韓國的學者與記者（中國與北韓例外，不過這不奇怪）。就這樣，對於韓國的許多顧慮，即使是完全合情合理的顧慮，許多日本學者、記者、與決策人士也越來越排斥、充耳不聞。

重開歷史創傷與舊協議

在這許多觀念性問題推波助瀾下，想阻礙日韓關係發展不難。導致兩國目前有關歷史議題的政治對抗的近因，是早先幾項雙邊協定的重談。這幾項雙邊協定的目的，在於解決日本戰時強迫徵用韓國勞工為日本兵工廠做工、以及強徵慰安婦的相關賠償問題。第二次世界大戰結束後，主要同盟國都在一九五一年舊金山和約中放棄這類賠償要求，但當時由於韓戰，兩韓、中國、與俄國沒有應邀與會。之後，在一九六五年的日、韓兩國關係正常化條約中，韓國總統朴正熙政府遵照西方陣營先例，將所有韓國的索償主張永遠一筆勾消，以交換日本的八億美元援助。[44]但那個雙邊條約沒能讓每個人都滿意，韓國境內劫後餘生的慰安婦開始講述她們的故事，並且動員起來要求重談賠償問題，日本的學者與記者也開始挖掘檔案資料，揭發日本政府當年如何直接參與對這些婦女的迫害。這些發現導致日本政府於一九九〇年代初展開一項正式研究，研究結果發現，日本確實曾在戰時「大規模強逼」韓國婦女充當軍妓。[45]針對這些研究結果，內閣官房長官河野洋平於一九九三年八月正式發表聲明，表示悔恨，並為這些受害者設立一個間接賠償基金，不過韓方實際上一直沒有接到任何賠款。[46]

造成目前的爭議，安倍也有部分責任，因為他在二〇〇七年三月一日以首相身分告訴新聞界，事實上「並無證據證明日本曾大規模強逼慰安婦」。[47]這話讓韓國人暴怒，安倍也知道自己失言闖禍，只顧迎戰國內政治老對手，沒有考慮到這番話在海外造成的外交衝擊。對安倍而言，這項議題一直就是不得不嚥的苦果。在河野洋平一九九三年的聲明發表前不久當選的安倍，曾在競選期間結合其他年輕一輩保守派，強調一旦當選將終止日本的道歉外交，並積極參與世界事務。當時國際媒體在有關波士尼亞（Bosnia）衝突的報導中，將日本在二戰期間的行為，與塞爾維亞（Serbia）士兵以強暴為武器，在波士尼亞犯下的可怕暴行相提並論。安倍與他的一幫政壇後進，在遭到河野洋平與跛鴨首相宮澤喜一小覷之後，本已心生不滿，眼見這類國際媒體報導更加憤憤難平。[48] 安倍在這個主題上的情緒很能讓人理解，但他在二〇〇七年三月的外交判斷卻不及格。

安倍在二〇〇七年三月的這篇聲明的結果可想而知：沒有一國政府或嚴肅的海外歷史學者為日本辯護。美國國會在安倍這篇欠缺悔意的聲明發表過後提出反日法案，要日本道歉，日本遂向國務卿萊斯（Condoleezza Rice）求助，請萊斯幫忙在國會山莊進行遊說。儘管美國國務院當時正積極設法，以擊敗國會針對土耳其境內亞美尼亞種族滅絕事件提出的類似法案，但日本這項要求遭萊斯斷然拒絕。[49] 這項反日法案後來沒有通過，不過這完全是日本大使館直接遊說的成果，美國政府沒有幫任何忙，就連日裔美人也不肯出面協助大使館。在公開質疑河野洋平那篇聲明之後一周，安倍透過「日本放送協會」（NHK）廣播解釋說他說錯了話。安倍這番解說讓他的極右派支持者憤怒不已，他們也沒有因此改變立場。[50] 舉例說，在二〇一五年，一群日本歷史學者提出一份冗長的研究報告，詳述日本政府在一九九三年報告中的技術性瑕疵，還說其他國家在二戰期間也用軍妓，不過這份報告為極右派帶來的結果是弊大於利。[51] 二〇二一年，當哈佛大學一位法學教授在一篇重新檢驗這些論點的文件中強調慰安婦的「合約」義務時，只有少數在二〇一五年那份研究報告上簽名的日本歷史學者願意發言表示附合。[52]

也因此，安倍在二〇一二年重新掌權時，對慰安婦問題更加謹慎小心。不過，由於韓國憲法法院與最高法院作出一連串判決，更全面地重揭賠償問題，韓國問題已經失控。二〇一一年八月，韓國憲法法院判決，韓國政府若不向日本索賠，就是違反受害人根據韓國憲法享有的權益。[53]同時，日本首相野田佳彥與韓國總統李明博在一次雙邊會談中達成協議，各遣副外長處理這個議題，隔年三月，日本副外相佐佐江賢一郎向韓國副外長提議，由日本提出一項新的道歉與賠償方案，但日本仍然不接受法律義務，也不認為韓國憲法法院這項判決的效力高於國際條約。[54]韓國副外長隨即提出反建議，讓首爾發表聲明，表示日本承認韓國憲法法院判決，已經接受法律罪責，但東京不接受這樣的措辭。

安倍在重回首相府以後，為緩和情勢，也曾向他的韓國新對手朴槿惠釋出善意，但沒有成果。舉例說，在二〇一三年二月於戰略與國際研究中心發表的演說中，安倍讚揚朴槿惠，還說自己的外公岸信介與朴槿惠的父親朴正熙（岸信介認為，朴正熙對日本非常友善）是密友，但韓國內部有關賠償議題的辯論已經鬧得沸沸揚揚，安倍這番說詞即使用意良善，對朴槿惠解決這些爭議的事一點忙也幫不上。[55]

朴槿惠與安倍終於在二〇一五年十二月，也就是日韓關係正常化十五周年，就慰安婦議題達成一項與日本最後建議相差不遠的政治解決方案。安倍發表道歉聲明，說日本將設立新基金，同意這個議題已經一勞永逸地得到不可逆的解決，並同意日方不會在國際社會用這個議題指控或批判韓方。日本政府了解的是，朴槿惠已經同意這是不可逆的最終解決方案，已經在日本駐首爾大使館前承認日本對慰安婦的關切，並且承諾韓方不會在國際社會用這個議題指控或批判日方。[56]但事實證明，來自韓國民眾的立即反應對朴槿惠而言是一場大難。二〇一六年一月的蓋洛普民調發現，只有百分之二十六的韓國民眾支持這項協議，仍然倖存在世的慰安婦公開表示反對。日本媒體報導說，這些慰安婦中，有些人已經淪為親北韓的激進派非政府組織的操控工具，這類報導自然不能讓日本民眾感受到慰安婦遭受的苦難，只能讓他們覺得韓國不負責任。[57]之後，朴槿惠與她的政黨因一件貪腐醜聞案而在政治上崩潰，在那年四月的國會選舉中敗陣，朴槿惠本人遭到彈劾，於二〇一六年十二月被捕，進步主義的文在寅於二〇一七年五月上台。

曾以批判朴槿惠二〇一五年慰安婦協議為競選政綱的文在寅，上台以後自己也因最高法院新一輪的判決而陷於癱瘓。其中尤以二〇一八年十月的一項判決影響重大。這項判決指「日本製鐵公司」（Nippon Steel &Sumitomo Metal Corporation）必須賠償前強迫勞動受害人、時年九十四歲的李春熙（Lee Chun-sik，譯音）。[58] 還有其他幾個案子也以不同的日本公司為對象。安倍稱這些判決「就國際法而言根本不可能」，外相河野太郎也說，十月這項判決「完全推翻了日本與大韓民國自一九六五年外交關係正常化以來，建立的友好與合作關係的法律基礎」。[59]

面對輿論壓力，文在寅本身的競選承諾，還有檢控朴槿惠以及前最高法院大法官（被控共謀，以使早先的判決不損及與日本的外交關係）的案子，文在寅的新政府前後苦苦撐持了一年。[60] 二〇一九年夏，韓國方面提議協助日本政府支付賠償，但東京為恐鼓勵全球各地其他受害人起而效法，不願背離一九六五年簽定的索償主張最終解決方案。[61] 日本隨即提出反建議，要求根據一九六五年條約規定，將議題提交仲裁，但遭首爾拒絕。當韓國最高法院下令將日本公司資產轉給受害人時，日本政府拒絕韓國公司取得敏感科技出口執照的要求，以示報復。[62]

韓國方面隨即拒絕按照原訂計劃與日本進行出口管制技術會談，使日本政府舉出的特定違規事件無從解決。保守派韓國國會議員曾經提案，由兩國那些生意受到法院判決影響的公司共同出資，成立一個民營基金，但提案於二〇一九年年底在韓國國會徹底失敗。[63] 與我談話的幾家日本公司執行長私下表示，這項提案就算在首爾通過，能不能在東京政壇存活仍然大有疑問。在二〇二〇年，兩國政府都在二〇二〇年想方設法，避開一些最嚴厲的步驟。韓國一家低階地區法院作出不受理對日本公司控案的判決——或許這是一條幫助兩國走出這場危機的可行之道，不過這項法律議題仍未解決，政治僵局仍然持續。[64]

東京智庫「言論NPO」二〇一九年在日本與韓國進行的民調顯示，絕大多數日本人與韓國人同意一件事：兩國關係很糟。[65]至於為什麼關係這麼糟，大多數日本人答道，「因為韓國人繼續不斷在歷史議題上責難日本」，而韓國人的答覆是，兩國關係這麼糟是因為領土爭議，以及日本「不肯處理歷史議題」。由於韓國在與日本對抗的歷史上只是配角的事實，日本人更加認定首爾倒向中國的區域秩序觀。日本政府沒有任何來自國內或主要盟邦的要求賠款的壓力。在二〇〇七年，由於日本揚言撤銷河野洋平那篇有前瞻眼光的聲明，韓國得以在慰安婦議題上占有國際輿論上風。但在二〇二〇年，由於韓國政府拒絕遵守一項國際條約的規定，陷於外交孤立的是韓國。問題是韓國政府也害怕若是違背民意、不執行最高法院判決，會遭到國內反撲。除非韓國放棄要求，日本政治領導人不急著採取行動轉變目前這種政治氣氛，因為這樣做對他們沒有好處。菅義偉在二〇二〇年九月繼安倍之後出任首相時，針對首爾採取的第一個行動就是宣布，在韓國放棄凍結日本公司資產的威脅以前，他不會參加預定的中日韓高峰會，與文在寅同台議事。不過那年十一月，菅義偉確實與來訪的南韓情報首長在東京開了一次有正面意義的會。[66]

在過去幾次案例中，美國政府總會悄悄介入，幫助首爾與東京克服內部阻力、解決爭議，歐巴馬政府暗中撮合、促成安倍與朴槿惠的二〇一五年十二月協議就是例證。但川普上台以後，讓美國官員在這類作業上吃盡苦頭。川普總統不喜歡當文在寅與安倍的和事佬，曾在二〇一九年七月向新聞界訴苦說，「我究竟得把多少事攬在自己身上才行？」[67] 美國國防部官員隱身幕後，說服文在寅政府不要叫停與日本的《韓日軍事情報保護協定》（GSOMIA，朴槿惠政府於二〇一六年恢復這項協定）。不過在較高的政治層面上，川普沒有像之前的布希或歐巴馬一樣，採取行動修補美國在東北亞這兩個最親密盟國間的關係。[68] 直到卸任為止，川普一直對金正恩贊不絕口，還不斷指責盟國占美國便宜。當拜登總統二〇二一年初會晤菅義偉與文在寅，設法改善日韓關係時，拜登至少可以相信，首爾與東京之間的分裂與兩國與美國的共享利益無關，不過他有太多的修補工作要做。

政治領導的變數

地緣政治與觀念上的分歧，固然為日、韓兩國雙邊關係改善造成重大結構性阻礙，但領導人的做法同樣舉足輕重。值得注意的是，安倍忍受川普的一再屈辱，忍耐川普對地主國的不合理要求，忍耐川普要求諾貝爾和平獎提名，以及在北韓與TPP這類關鍵議題上的古怪立場。安倍之所以這麼做，是因為美日同盟對日本戰略與區域安定極端重要。儘管安倍也知道金正恩不大可能釋放更多被綁架的日本公民，要金正恩放棄核武器更是癡人說夢，但安倍還是準備無條件與金正恩會晤。安倍也運用他在右派陣營的影響力，發動一場大規模外交行動，希望解決與俄國延宕多年的「北方領土」爭議。他先後於二〇一三與二〇一八年訪問莫斯科與海參崴（Vladivostok），希望能要回自二戰以來遭克里姆林宮占領的「北方四島」中的兩個島——「齒舞」（Habomai）與「色丹」（Shikotan）。[69]二〇一六年五月，儘管未能獲得日本商界熱烈支持，「北方領土」爭議也沒有任何進展，安倍的政府仍然針對經濟議題提出一項重大的《八點合作計劃》。[70]與干擾日韓關係的諸多障礙相比，地緣政治障礙對日俄關係突破的阻力意義確實重大得太多。像日本一樣，韓國的國家生存也依賴美國在亞洲的聯盟系統，而普丁基本上反對這個系統。在安倍向莫斯科展開他的外交行動後，俄羅斯空軍重施冷戰時期故計，開始闖進日本領空，俄國陸軍也開始在北方領土布署先進火箭系統與「無人航空載具」（unmanned aerial vehicles，UAV）。[71]韓國海軍充滿挑釁意味地將它新下水的兩棲攻擊艦取名「獨島號」，但韓國軍方從未對日本自衛隊構成任何真正威脅。而且普丁不斷破壞民主，看著他的政治對手在海外遭到暗殺，韓國卻不斷在海外協助伸張女權，為亞洲民主發聲。[72]

安倍打「俄國牌」的嘗試必敗無疑，因為強化美國全球地位是安倍的戰略核心，如果加強日本國力與影響力會因此加強美國的地位，普丁當然不會幫助日本。換句話說，對安倍反制中國的戰略而言，美國遠比俄國重要得多，而對普丁的反制美國的戰略而言，中國又比日本重要得多。相對來說，想阻撓中國稱霸的野心，與首爾修好是遠較有效的做法，因為一旦改善與韓國的關係，能讓美國在東北亞的雙邊聯盟更上一層樓，形成一種實質上的集體安全系統。就地緣政治而言，無論就成果與可行性來說，打韓國牌都明智得多（就算與俄國長期周旋，或許能為日本帶來一些好處）。

所有這些戰略點的鏡面效應同樣適用於韓國政治領導人。文在寅原本可以借鏡另一位主張改革的領導人金大中。金大中在一九九八年甘冒政治逆風，與日本首相小淵惠三發表聯合聲明，第一次打開與日本的全面文化關係，歡迎日本在亞洲的領導角色，處理歷史問題，讓日、韓兩國在因應北韓、中國、與美國的問題上都更具威信。[73]但文在寅沒有這麼作，他在選舉期間煽動民粹主義，在當選後運用反民主工具對付政敵，因最高法院的判決而癱瘓，也沒能與日本結盟以謀實際可行的解決辦法。無論文在寅或安倍，在上台之初都無意讓兩國關係進一步走上對抗，但兩人都沒能以有創意的方式運用政治資本，防阻這種對抗。

無論文在寅或安倍政府，都一直希望兩國關係能因對方領導層改變而改善，自己不需要採取任何特定行動。安倍政府希望朴槿惠能基於她父親與日本的親密關係，對韓國立場作出必要改變，卻往往不了解對朴槿惠政府而言，她父親當年執政這段歷史主要不是資產而是負債，也因此安倍政府除了一些詞藻姿態以外，從未認真思考對首爾的戰略。另一方面，韓國人則希望安倍以後的日本領導人能接受賠償主張，卻不了解日本國內民意與政治共識都已堅決認定政府不應賠償。兩國人民還有一種厭惡，來自對立意識型態的對方政府領導人的成見，這種成見對兩國政府改善雙邊關係的努力，只有減分效果。在二〇一九年的民調中，在全球各地所有其他民主國——特別是亞洲民主國——都對安倍給予正面評價的同時，百分之八十的韓國民眾對安倍有負面印象，比他們對金正恩的印象還糟。[74] 半數以上日本民眾不喜歡文在寅——比安倍在韓國的形象好一些，但在全球各國領導人中，文在寅是日本人心目中除習近平與金正恩以外形象最差的領導人，這個事實對兩國互信自然是阻力。[75] 我最經常聽到的一句日本外交官的口頭禪就是，只要文在寅下台，事情就會改善。領導人評估本應是外交作業的一項重要考量，但在日、韓關係上已經淪為一種不作為的藉口。

未來的日本領導人，不一定找得出解決與首爾的法律與外交爭執的足夠工具。如果首爾繼續堅持賠償，找不出迴避最高法院判決的解決辦法，將很難在兩國關係上謀得重大突破。不過毫無疑問的是，日本領導人一定有辦法可以改變韓國人對日本的印象。如果安倍在應付文在寅時，也能像應付普丁一樣、卯足了勁，或像建議與金正恩舉行峰會時一樣抱持同樣開放的態度，日、韓兩國間的政治氣氛可能大不相同。成功的治國之道關鍵，往往在於能否透過一種安撫民怨的做法處理爭議性議題，一面讓領導人全力投入更緊迫的、涉及共同利益的議題。治國之道的另一關鍵是運用有創意的象徵手法。在與北韓情勢緊張期間打電話給韓國總統，在日本休憩聖地熱海——韓國的「艾蜜莉・葉哈特」（Amelia Earhart，譯按：美國女飛行員與女權運動名人，一九三七年在嘗試首次單人環球飛行時在飛經太平洋途中失蹤）的墜機地點，金大中與日本首相小淵惠三二〇〇〇年也選在這裡會面——這類具有歷史意義的地點舉行高峰會，以及不時隨興看望來訪的韓國代表團等等，都是領導人可以用來改善與他國關係的工具。在處理自由開放的印太戰略有待完成的關鍵任務時，這些都是可供安倍接班人運用的工具。

第六章
內部均勢

在日本問題上，你的大戰略很快就會變成一堆果醬。

——喬治．舒茲，一九九三年

從今以後，政府要針對外交與國家安全相關情報進行統一管理，在首相領導下迅速作成重要決策。

——內閣情報調查室

誠如肯尼斯・華爾茲（Kenneth Waltz）在他的《國際政治論》（*Theory of International Politics*）中所說，國家想達成有利的權力均勢，有兩種基本工具。[1] 目前為止，這本書一直聚焦於日本的外在均勢戰略，但在過去十年，日本內在均勢方面的作為也已強化。這項作為主要涉及質的變化——具體說來，包括危機管理與國家安全決策的加強與中央化以提升效益，駕馭國內權力資源，與加強對外衝擊。洛伊國際政策研究所的二〇一九年國力指數就曾觀察入微地指出，日本已經成為「一個優質的聰明國家」，能充分利用有限資源建立廣大影響力。[2]

這個決定性的民族國家，與大多數學者與外交官在二十世紀末面對的那個戰後日本不一樣。在一九八〇年代，日本問題學者肯特・卡爾德（Kent Calder）說日本是個「反動國」，荷蘭記者卡爾・馮・渥夫倫（Karel van Wolferen）還對日本有一段膾炙人口的描述，說日本是個沒有頭的政治實體，相互競爭的官僚與企業團體，夾雜著外國勢力在這裡暗中廝殺火拼。[3] 在聊到這類閒話時，日本官僚也常打趣說，「你找上一個司，但找不到局，找上一個局，卻找不到部（省）」，而「沒有部」這三個字的日文發音「shō ga nai」的日文同音字另有「想做，但辦不到」的意思。

冷戰時期的國際政治結構更深化了這種支離破碎的決策程序——許多學者認為，這種程序是日本政治文化一種改不了的特性。由於日本最大的自主與法統來源就是它的經濟表現，維持低風險的政治領導層，一方面讓財富不斷流入支持執政自民黨的關鍵選民，一方面讓局外人無法滲入的做法自然言之有理。許多觀察家當時說，日本所以興旺靠的是一流公司與官僚，搭配三流政治領導人。但之後日本經濟泡沫崩裂，連帶造成「五五年體制」（譯按：指日本自一九五五年起出現的一種政治格局，以長期維持自民黨執政為主）於一九九〇年代解體，日本人民對日本始終在國際事務中當一個「反動國」的情況逐漸感到厭倦。新一代領導人崛起，圖謀改組政府，達到更多決定性成果，特別是有關國家安全方面的成果。安倍把所有這些脈絡聚在一起，建立了日本第一個現代化國家安全機構。

我特別聚焦日本內部這種體制轉型，作為這本書的結尾，這麼做應該不錯，因為這種轉型將影響日本大戰略向前投射的軌道。就像一九四七年美國國家安全法案（當我在白宮任職時，白宮戰情室外仍在顯眼處掛了一幅這項法案的拷貝）仍然是美國戰略規劃一樣，安倍的體制改革也為日本的決策建立了一種劃時代新架構。未來的日本首相能如何有效運用這些工具，當然無法得知。如同彼得・羅德曼（Peter Rodman）在他那本介紹美國「國家安全會議」（NSC）功能變化史的《總統指揮權》（*Presidential Command*）一書中所說，什麼樣的總司令（譯按：指美國總統）就會有什麼樣的國家安全會議。[4] 不過，今後日本領導人若不理會這些工具，將風險自負。當《讀賣新聞》二〇二〇年九月在民調中詢問日本民眾，最希望取代安倍成為日本新首相的人擁有什麼特質時，百分之九十二受訪者認為，最重要的特質不是「領導能力」、「經驗」、與「經濟管理」，而是「危機管理技巧」。[5]

本章一開始，我們首先要討論日本過去的內在均勢戰略史，以說明外在危機與不斷變化的國際權力動態，如何一再引發日本內部的重大體制改革。本章隨後要解說，安倍如何整頓國家安全體制、加強首相辦公室權力，以確保日本在競爭激烈的新環境中的治國之道，能忠實展現古希臘「strategos」（戰略）概念的原意——意即「from the commander」（來自指揮官）。在本章結尾，我們討論日本如何透過這種「質」的內在均勢釋出新「量」能、造成軍事與經濟力的成長。不過直到目前為止，就「量」這方面來說，安倍的內在均勢戰略大體上只能說成敗參半。這也告訴我們，在談到國力時，就算「優質而聰明的國家」也需要能量。但這方面的故事還沒完，或許日本內在均勢還會繼續釋出新量能。日本史的型態一直就是如此。

日本新國家安全體制的前身

當日本在十九世紀走出鎖國狀態，開始建構它本身的民族國家時，可供選擇的模式很多。馬修．培里這類美國觀察家希望日本最後能成為一個共和國，與美國結盟。英國希望日本能在它新崛起的國際意識海洋觀帶動下，與英國走在一起。但普魯士當時剛剛建立一個中央化國家安全體系，與一個由上而下的新國家認同——對明治時代領導人的建國理念來說，普魯士模式才是影響最深遠的例子。在一八八九年明治憲法頒布之前幾十年，德國宰相奧托·馮·俾斯麥（Otto von Bismarck）擊敗德國勁敵法國，將德境無數的公爵與親王邊緣化，構築以德皇為首的中央化政權，建立一個全國性教育系統以強化國民認同，並實施徵兵組建一支國軍與總參謀部。[6] 對日本領導人來說，日本如果想迎頭趕上，在競爭激烈的國際系統中求生存，就得運用蘭克（Leopold von Ranke，十九世紀德國歷史學家）在一八三〇年代倡導的、以「der Primat der Aussenpolitick」（德語，意為「外交政策至高無上」）為核心、建立民族國家的普魯士理念。[7] 日本代表團開始絡繹不絕往訪柏林，明治憲法主要起草人伊藤博文也在訪客名單中。歷史學者貝恩德·馬丁（Bernd Martin）對當年情景有以下一段描繪：

強大的德國以軍事勝利立國，愛國熱情讓全國人民與領導人團結在一起，這情況很顯然讓這些日本訪客更感到賓至如歸。不僅如此，由於這些日本菁英也希望能在意識型態重建與科技現代化齊頭並進的基礎上，推動計劃，穩住自己的社會地位，眼見德國官僚在包括經濟議題等所有各種領域上都有如此強大的影響力，自然讓他們稱羨不已。[8]

德川幕府透過效忠中央、但各行其是的「大名」（領主）進行統治，而明治領導人為了競爭與生存，現在要建立一種全國性教育系統、稅務政策、一支徵兵組建的軍隊、一套鐵路網、以及像德國一樣的官僚系統。俾斯麥重用普魯士「容克」（Junker，譯按：普魯士鄉紳貴族）階級，明治領導人也有樣學樣，讓武士階級在日本享有特權。[9]像「富國強兵」的四字標語所說，經濟現代化與軍事力量成為融而為一的要務。[10]

這種由武士統治階級領導推動的現代化進程，本身內部已經播下軍國化、衝突、以及為日本帶來毀滅的種子——就像德國的情形一樣。明治政府的寡頭建了一個民選國會，正如政治史學者彼得·杜斯（Peter Duus）所說，「主要為了創造一種國家團結意識，讓西方相信日本的『開明』」。[11]同時，軍方還能繞過文人領導層行事，甚至還能揚言辭去陸軍與海軍大臣職位以拖垮內閣。[12]到一九三〇年代，由於獨立調查、社會動員、或任何對政府的有效制衡都因教育、選舉、與「和平維護」法而滯礙難行，政黨越來越軟弱。不過，日本沒有像德國一樣出現一個獨裁者，日本的專制獨裁先是造成「薩摩」與「長州」兩派武士的火拚，現在演成帝國陸軍與帝國海軍間的勢力角逐。日本沒有設法解決這場內鬥，而是將它輸出。領導高層的相互衝突，導致入侵中國、攻擊美國這類為日本帶來巨大風險的決策——但入侵中國、攻擊美國能為陸軍與海軍保住各自的官僚地位，從這個角度來說，這樣的決策也完全合情合理。歷史證明，就像軍國主義或種族主義一樣，無力管理內部官僚競爭也是為日本帶來悲劇的一大因素。[13]

不過日本這場急匆匆現代化的進程，還有一項不能遺忘的重要特性。日本在這段期間用「多快好省」的方式成為世界強國。日本在一八六〇與一九三八年間崛起成為一流強國，還一度稱霸東亞，但在這段期間，日本在全球GDP的實際占有率僅從百分之二點六增加到百分之三點八。從畢思理到派爾的歷史學者都強調，日本之所以能挑戰中國與西方，歸根究底，靠的都是組織性的聚焦與決心。[14]

戰後官僚政治

日本戰後在美軍占領下的改革，目的在建立明治憲法中欠缺的制衡，讓日本可以全面民主。頗具反諷意味的是，這項改革造成的權力真空，讓吉田茂可以操控占領軍總部（GHQ），隨意使喚改組中的官僚，使吉田茂成為日本戰後最有權勢的首相。[15]但隨著時間不斷逝去，大藏省這類熬過占領期的官僚體系，逐漸取得政策流程主控權。相互競爭的派系領導人分別掌控各自專屬的內閣職位，首相權限也進一步壓縮。[16]前後幾十年，每個部會的頂級官僚——事務次官——擁有對決策過程最大的影響力，同樣這些部會的二級官僚負責管理小型的首相辦公室（官邸），而這些二級官僚的晉升前途，幾乎千篇一律、跟部會的事務次官綁在一起。[17]這種政策程序的特色是重量級官僚之間的不斷折衝、協調，只有最熟練的首相才能實際掌控情勢。

但斷斷續續，一連幾任首相也曾設法為官邸爭取更多主控權。這類改變有時來自那些堅持己見、不肯聽從黨派共識的首相。有時因為發生醜聞或危機、需要展現決定性領導與危機管理功能。[18]一九九三年選舉改革後，派系勢力削弱，也為首相帶來更多迂迴空間。

吉田茂之後，第一位為首相官邸爭取更多中央化決策權的，是一九七八年十二月七日成為首相的大平正芳。根據大平正芳的立傳人與顧問們的描繪，大平首相想要「清除一個模糊不清時代的殘餘，照亮未來社會應有的面貌，並訂定特定辦法，讓日本可以達成這些目標」。[19]大平正芳在官邸組建了第一個實質性的跨部會程序，邀集官員、商界領導人、與學者成立研究組，針對一九八〇年代日本面對的關鍵性挑戰——特別是涉及財政壓力、環保、與能源的挑戰——提出中、長程戰略建議。大平最重要的政策遺產雖在稅改領域，但在經過數十年飛速經濟成長之後，由於國際對日本回饋國際社會的期待不斷升高，他的研究組也涉及外交事務領域。舉例言之，他的一個研究組就曾提出「綜合安全保障戰略」，主張日本運用外交、開發、與能源政策，而不用軍事手段，在全球事務上扮演更多領導角色。[20]儘管有名無實，大平這套「綜合安全保障戰略」是二戰結束後，首相官邸為塑造日本外在環境而提出的第一項國家戰略。

幾年以後，在中曾根康弘（一九八二到一九八七年擔任首相）主政下，首相官邸開始刻意建立國安政策體系。中曾根是安倍以前的長官。反主流派系出身的中曾根，一直反對吉田茂在世界舞台上的消極被動，在美軍占領期間曾戴著一個黑臂章，以「哀悼」日本失去的主權。一九七〇年，中曾根利用他身為防衛廳長官之便，提出一項大規模擴大日本國防開支、引進新攻勢武器系統的建議，不過沒有成功。[21]歷史學家信田智人在他有關日本領導政治的詳細研究報告中曾指出，中曾根在擔任首相之初就下定決心，「要避開戰前憲法規定下，老習慣影響首相運作的傳統方式，當個像總統一樣的國家領導人，行使由上而下的領導」。[22]

中曾根康弘根據大平創下的先例——還用了大平的幾位原班人馬——建立可以繞過官僚管道的官方與非官方顧問委員會。他還保證推動一種「手作外交」（tezukuri gaikō）：舉例說，他指派伊藤忠商事會長瀨島龍三為個人特使，在韓國與全斗煥總統協調政策。[23]基於「外交事務優先」的考量，中曾根停止內閣閣員不斷輪調的慣例，讓安倍的父親安倍晉太郎以長達破天荒的四年任期主持外務省，讓安倍全權應付官僚與國際對手。中曾根的首相任期與雷根總統相互呼應，與雷根關係密切，白宮國家安全會議幕僚與中曾根官邸的幕僚也合作無間，進一步提升他本人在外交事務上的角色。

中曾根主持下的官邸在體制上仍然軟弱，但是他用高品質人事選用彌補了這個缺失。他的成功關鍵是內閣官房長官後藤田正晴。後藤田赴任以後，將內閣官房長官一職的工作性質，從部會首長間的政策仲裁，轉為為內閣提供更多政策方針。自民黨派系與官僚發動反撲，但後藤田以一九八三年蘇聯擊落韓航（Korea Air）〇〇七號航班客機事件發生時，日本的應變協調不佳為例，說明日本需要一個直接聽命於首相的專業危機管理系統。[24] 後藤田任命「警察廳」（譯按：日本最高警政機關）官員佐佐淳行主持官邸內新成立的危機管理辦公室，為他的內閣官房陣營添了生力軍。佐佐淳行溫文爾雅，愛喝干邑白蘭地（cognac），在一九六〇年反岸信介的反政府抗議事件中，曾指揮警力保護國會。佐佐淳行手握許多官僚的詳盡檔案資料，讓許多不滿後藤田的官僚不敢聲張。[25] 後藤田的下一步是改變內閣法，以賦予內閣官房指導政策的正式權力，不過他在這方面遭到官僚與其他派系老闆抵制。但無論如何，後藤田在任內設立內閣對外事務辦公室（工作人員為外務省外交官）、內閣安全事務辦公室（（工作人員為防衛省官員）、自主的公共關係處、與自主的內閣情報與研究辦公室，在首相官邸留下一個重要的組織改革遺產。[26]

中曾根雖能充分利用這些官僚資源，但這個體制的未來主要仰賴政治與個性。中曾根由於享有主流田中派內那些宿敵的支持——這些人只要能利用中曾根在全國的聲望，保有對政府經濟政策的主控權，大體上都願意讓中曾根在外交政策上盡情發揮——能夠長期而穩定執政。這種各取所需式的安排雖說有時會讓日本媒體挖苦中曾根，稱他是「田中根」，但中曾根也因此能夠精心策劃更具戰略性的外交與安全政策。一九八七年後，由於先後上台的幾任首相對國際事務的興趣與維權的能力都遠不如中曾根，後藤田為中曾根建的這套體制就萎縮了。

隨後於一九九〇年代上半段發生的一連串危機，使得在官邸內建立危機管理功能的事再次成為當務之急。在一九九〇年八月伊拉克入侵科威特之後，首相海部俊樹遵從老派外務省次官栗山尚一的建議，決定不採用後藤田設計的、在官邸協調因應對策的做法，而由傳統外交途徑處理日本對策問題。結果是，日本先是宣布只提供十億美元，「多一塊也沒有！」之後又拖拖拉拉、多次嘗試派遣非戰鬥人員前往伊拉克，還不情不願地為美國領導的盟軍提供了一百四十億美元，把日本國際形象搞得慘不忍睹。[27] 隨後在一九九五年一月，神戶地區發生阪神大地震，五千餘人死難，政府的危機反應笨手笨腳，左傾地方官員還阻撓當局動用自衛隊進行緊急救難行動。三個月後，自稱「奧姆真理教」的一個邪教團體在東京地鐵施放「沙林毒氣」（sarin gas），毒煙奪走十二條日本人命，好幾千人受傷，日本政府又一次束手無策。[28]一九九六年底，祕魯革命分子利用日皇生日慶典闖進日本大使官邸，劫持日本大使與大使館的許多工作人員，日本政府又一次呆若木雞，什麼行動也拿不出來，直到五個月後，祕魯特種部隊在沒有與東京協調的情況下突襲官邸，當場處決恐怖分子，危機才終告落幕。

這些丟人現眼的失敗，在日本政壇與官僚世界激起一片要求行動的呼聲。在自民黨內，小澤一郎針對日本在波斯灣戰爭的失敗教訓做了一項研究，之後他將研究報告修正，發表「新日本藍皮書」，書中哀嘆日本像是一頭笨重的恐龍：日本政治結構的手與腳已經有了，但指揮手、腳的「腦」還沒有長出來。[29]同時，外務省於一九九三年成立「全面外交政策局」，結合日本在波斯灣戰爭中欠缺的政策規劃與危機反應功能，以補強這場戰爭突顯的組織缺陷。[30]外務省內部這個類似國家安全會議的新組織，很快就吸引最優秀的中階官員投效，開始逐步推動日本外交文化轉型。

之後在一九九五年，為了完成對社會黨首相村山富市接班的準備工作，自民黨幹事長橋本龍太郎委託相關人員針對危機管理進行一連串研究。村山富市和藹可親，但能力很差，在阪神大地震與奧姆真理教事件期間擔任日本首相。橋本龍太郎在翌年繼任首相以後，重拾中曾根主政期間特有的那種決定性國家安全領導。在國際事務領域，他同意修訂與美國的《美日防衛合作指針》，以處理區域性突發事故（見本書第三章），還向俄國招手，設法在亞洲建立新外在均勢（見本書第四章）。在內政方面，他主持一個新成立的「行政改革委員會」，提出加強內閣秘書處角色的建議，並新設內閣官房危機管理副長官一職。[31]國會於一九九九年通過這些改革正式立法，終於確立了後藤田早在十五年前已經開始爭取的權威。從此以後，日本法律規定，「內閣秘書處是內閣之下，最高與最終的政策協調機構」，負責「向政府整體提出政策方向，並從戰略面主動積極地協調政策」。[32]此後，未來日本首相指派的最重要的職位——往往也是外國政府最不了解的職位——就是內閣官房長官一職。

橋本龍太郎利用日本政府危機管理失敗的教訓，為首相官邸打造新權威，但這些新權威的建立也得力於日本內政與國際系統的結構性改變。如前文所述，一九九三年的日本選舉體系改革削弱了自民黨派系，擴大了東京以外黨員的權威，使自民黨首相不再像過去那樣、一切決策都得仰賴各派系之間的平衡與共識。[33]經過十年的政治、經濟、與心理停滯，日本政治領導人不能再憑他們處理財富分配、或憑他們與其他派系領導人幕後交易的本領問鼎首相寶座。橋本在一九九五年競選自民黨總裁時，與他的對手紛紛發表新書，提出自封的領導遠見以爭取民眾支持，形成一種新選舉傳統。[34]日本民眾對領導人的期望與過去不同的現象，隨著爭議性右派人物石原慎太郎於一九九九年當選東京都知事（譯按：東京都行政首長）而更加顯著：根據出口民調，選民支持石原，不是因為石原的政策立場，而是因為他有最大的「決斷力」。[35]

小泉革命與日本民主黨的權力下放

直到這一刻，最能抓住這種「決斷力」期望的領導人莫過於小泉純一郎。小泉利用派系勢力的削弱與黨員選舉權的擴大，在二〇〇一年四月贏得自民黨總裁選舉。小泉的民望基礎在於他精於溝通，而且有言出必行的決心。就這個意義而言，他是至少一個世代以來，日本最有紀律的首相。不過他的官邸結構大體而言仍屬特設性質，有許多內部裂痕。在外交政策上，他那位溫和派內閣官房長官福田康夫，從北韓談判到靖國神社參拜等各項議題上，都與他那位比較偏向鷹派的內閣官房副長官安倍晉三看法不一，福田康夫與安倍晉三後來先後組閣，也都分別在價值外交與四方安全對話相關議題上出現分歧。[36] 小泉還打破外務省決策程序，邀請田中角榮的女兒、粗俗不堪的民粹主義分子田中真紀子進入他的內閣，擔任外相。滿嘴髒話的田中真紀子很快就開始折磨資深外交官，嘲弄美國官員，信口雌黃地談論外交立場。[37]

但到最後，小泉靠著自己不懈的遠見與訊息管控，為他的外交政策帶來一種中曾根與橋本都趕不上的戰略方向。舉例說，在九一一恐襲事件爆發後不到一小時，小泉宣布這是一次「重大緊急事件」，並且在內閣戰情中心（後來升級為緊急反恐總部）成立一個聯絡辦事處。這與波斯灣危機爆發時，海部俊樹將政策管理工作委交外務省的做法大不相同。幾天以後，小泉召開自一九九八年以來國家安全保障會議第一次內閣級會議，向內閣強調他的辦公室將負責日本的反應。[38]令人感到反諷的是，由於田中真紀子在外務省擺爛，外務省高級官員開始帶著有關反恐與其他安全議題的政策協調工作，直接找上官邸的內閣官房長官福田康夫，進一步強化了直屬小泉的國安會議幕僚系統。小泉還趁九一一事件之便，於二〇〇三年在國會通過立法，加強首相對自衛隊的指揮權，甚至授權首相在國家進入緊急狀態時限制某些個人權利。[39]與英國首相或美國總統相比，這些權力仍是小巫見大巫，但對戰後的日本，這已經稱得上史無前例了。事實上，自民黨內一小群保守派分子嘗試了好幾十年，卻連在國會提出一項這類緊急情勢法案都沒能如願。但小泉政府在百分之九十在場國會議員的支持下通過了這項法案。[40]「決斷力」真是不可小覷。

小布希政府官員——許多人早在一九九〇—一九九一年波斯灣戰爭期間已經在老布希政府工作，有過與海部政府交手的痛苦經驗——在發現日方擁有類似經驗的資深官員也在為小泉獻策時，都鬆了一口大氣。事實上，小布希在進入白宮之初已經打定主意，要與日本建立一種或許能與美、英兩國「特殊關係」所差無幾的關係。[41]為達到這個目標，華府刻意採取一些步驟，以強化小泉意欲展現的「總統」式領導，包括在首相官邸與白宮間裝設第一條直接安全電話連線；為兩位領導人舉行美式聯合情報簡報；還就美國在九一一事件過後採取的各種外交與國防措施，進行前所未有的高層事先磋商。對東京與華府而言，如何打破日本內部與美日雙邊有關情報的重重關卡，都是特別重要的事。九一一事件過後，小泉授命國家警察廳高官、維吉尼亞大學（University of Virginia）畢業生兼元俊德，根據一種新的全政府性官邸通關系統，成立日本第一個「聯合情報會議」，以確保情報能跨部會迅速傳遞、迅速報告首相，創下戰後日本首例。[42]在來自官邸、要求統一情報整合的強大需求下，情報官員克服許多屬於本身的、長久以來的官僚障礙，支持他們這輩子碰上的這位最有權勢的首相。其中一名官員向我描述說，二〇〇五年九月，在眼見小泉跨進官邸國家安全保障會議戰情室，國安會所有內閣成員全體立正迎候時，那種感覺很難以筆墨形容——在美國白宮，當總統走進戰情室時，全員起立早已是常態，但這樣的場面在日本首相官邸卻是破天荒第一遭。[43]

安倍於二〇〇六年繼小泉出任首相時，打算將國家安全結構體制化，使國安功能不僅止於危機管理，還要確保官邸有權、有能，以進行戰略企劃，指揮所有相關部會與軍種，邁向共同國家目標。為完成這項任務，安倍設立「加強首相辦公室有關國家安全功能會議」，並自任主席。[44]同時，他要求後來當選東京都知事的小池百合子擔任日本第一位國家安全顧問。能說英語與阿拉伯語的小池百合子很能獨立思考，曾對小泉的民粹主義領導風格作過一番仔細研究，後來她在擔任東京都知事期間，就運用這套研究心得應付市議會裡那些自民黨議員，取得很好的效果。國家安全顧問這項職位本身，並沒有為她帶來任何新的法定權威，但她從外務省、經產省、與防衛省中階官僚中集結了一群年輕、有活力的官員，設計一套只須修訂內閣法就能建立的國家安全保障會議系統。[45]不過，安倍雖為了建立國安會系統而耗盡心機，在管理整體官邸功能方面他卻犯下致命錯誤。根據他在小泉政府任內學得的錯誤教訓，為了避免他在擔任內閣官房長官期間眼見的辯論與緊張情勢，安倍認為，最好的做法是聘請一群意識型態理念類似的政策顧問圍在自己身邊。根據上杉隆對安倍第一任任期績效的事後剖析，「每個人都很友好，看不見一度存在小泉內閣的那種緊張關係」，不過顧問們也爭相將他們認為首相想聽的、而不是首相該聽的事告訴首相。[46]就這樣，安倍主持的國安會不是一個集思廣義的戰略組織，而是一個意識型態一言堂，這使他在一旦面對經濟與政治危機時束手無策，更導致他病情惡化，他的政府也在實際國安會系統建立以前垮台。回顧往事，小泉的民間聲望與政治權力與他建立的體制結構同樣重要。安倍在這個陣線上遭到慘敗。他的接班人福田康夫把成立國安會的計劃，連同安倍有關四方安全對話與價值外交的遠見一併束之高閣。

與自民黨相比，對於在二〇〇九年重新執政的日本民主黨來說，從官僚手中奪取政策權威一事更加重要。鳩山由紀夫民主黨政府的幕後強人小澤一郎，曾在波斯灣戰爭期間表現荒腔走板的日本政府擔任內閣官房副長官，之後，他於一九九二年主持自民黨內的研究組，並汲取波斯灣戰爭那段經驗，建議日本應該建立更有決定性的、美國總統式的領導。不過，成為二〇〇九年鳩山由紀夫政府幕後影子戰士的小澤，主要任務是打擊（遭他叛離的）自民黨的權力結構，而不是引進有效的危機管理與戰略規劃功能。他不但沒有為日本政府的戰略與危機反應帶來凝聚力，還像一個撞錘一樣，在幕後進行搗毀。在意識型態上四分五裂的日本民主黨政府，同意建立一個英式政策單位以協調經濟議題，但國家安全問題分裂情況太過嚴重，無法進行由上而下的官邸協調。[47]

這些微不足道的官邸改革引來一些媒體矚目，但鳩山由紀夫與之後的菅直人政府的主要政治行動就是用民粹主義打擊官僚。許多被抨擊得體無完膚的高級官員，對這類政治行動恨得咬牙切齒，痛罵它們是「雅各賓式公審」（Jacobin show trials，譯按：罪名在審判前已經確立的審判，審判的目的只在於羞辱被告，殺雞儆猴）。在這類「公審」中，一度位高權重的部會常務次官，得在一堆攝影機前為他們的部會預算辯護，並接受電視主播轉行為民粹主義政界人士的蓮舫（譯按：台灣裔日本政治人物，後來成為最大在野黨〔日本〕民進黨的黨魁）的惡毒盤查。[48]在回到部會以後，他們得坐在後座，把前座讓給那些來自黨的、年輕又沒有經驗的政務次官，還奉命要像對待美式系統那些大權在握的政務官一樣，禮遇這些晚生後輩。當時有一位高官曾對我憤憤然說道，如果那些猴子想玩飛機，他不反對——讓他們都摔死！

民眾一開始對這種「公審」感到新鮮有趣，但不久後危機接二連三襲來，先是二〇一〇年尖閣列島危機（中國漁船撞擊一艘日本海上保安廳船隻），接著是二〇一一年三月東日本大地震，海嘯，與福島核電廠災難。混亂不再是日本民主黨的政治盟友。三一一大地震事件過後，無數的政府應變能力分析報告紛紛指出，政府的跨部會協調工作做得太差，權責混淆，政府在災難發生期間對民眾與盟友釋出的訊息也相互矛盾。[49]雖說一些年輕政界人士，像菅直人的核電政策大臣細野豪志，因為在危機期間表現傑出而成為政壇新寵，但日本民主黨整體因多年來對官僚的不斷攻擊而付出慘重政治代價。

儘管如此，甚至在日本民主黨主政期間，日本需要國家安全會議系統的共識繼續不斷成長。防衛省的二〇一〇年《防衛計劃大綱》有一條規定，要研究「在首相辦公室裡建一個組織，負責相關部會間的國家安全政策協調，以及為首相提供建議」。[50]野田佳彥根據這項建議，任命長島昭久為他的國家安全顧問，以加強國家安全會議在官邸內部的功能。不過，在日本民主黨二〇一二年十二月的選戰潰敗之後，野田這項加強國安會議功能的政策，就像他的其他國安政策一樣，也只有留給安倍接棒了。

安倍與日本新國家安全體制

當安倍於二〇一二年重新掌權時，他不僅僅是重新搬出原始計劃、推動他早先規劃的國家安全會議系統而已。原來的意旨仍然不變：從危機管理進入危機應變的有效整合，以及更為長程的戰略規劃。日本民主黨政府雜亂無章的危機應變，不僅為安倍政府帶來建立國安新體制的緊迫感，也說明兩個額外需求。首先，尖閣列島與東日本大地震危機期間混亂的訊息傳遞，損及日本與美國以及與中國的立場，根據船橋洋一主持的一個新國安會設立問題獨立工作組提出的報告，「可信性、可測性、與持續性」已經成為日本國安政策迫切需要的要件。[51] 其次，二〇一〇與二〇一二年的尖閣列島危機，將中國在海、商領域的蠻橫展現得一覽無遺，為管理中國針對平時與戰時作業間空檔尋瑕覓隙、採取的「灰區」戰術，日本必須更加重視跨民事與軍事機構的中央協調。日本顯然需要一種新概念與工具，塑造能隨平時或危機時期事態演變而變化的外在環境——塑造一種能整合軍事、經濟、與外交工具、使對手不能利用這些接縫空檔的外在環境。重組官邸、以免危機應變工作再次慘敗的有關辯論已經達成共識，他們開始聚焦於如何進行必要的體制性改組，以確保外交、軍事、與其他工具的最佳運用，與越來越否定歷史的中國競爭。的確，這項任務已經成為安倍在自民黨內政治復出的一切。

在重新掌權後不到幾個月，安倍組織了一個新專家委員會（現在叫做「國家安全保障會議設立顧問委員會」），草擬一項建立國家安全保障會議系統的法案。這項法案於十一月二十七日以懸殊優勢在國會通過，國家安全保障會議與國家安全保障局於是正式成立。[52] 根據「內閣情報調查室」的解釋，新成立的國家安全保障會議「是國家外交與安全政策的指揮中心：從今以後，政府要針對外交與國家安全相關情報進行統一管理，在首相領導下迅速作成重要決策⋯⋯國家安全保障會議將克服部會與機構之間的本位主義，以一種戰略與彈性方式進行決策」。[53]

同樣那個月，首相官邸發布日北第一份「國安戰略」文件，自此以後，國安戰略文件取代防衛省與外務省各別發表的文件，成為官僚體系一切國際安全政策規劃與聲明的基礎。[54] 就理論而言，美國的政策流程也應該由白宮《國家安全保障戰略》領銜，流向下游的國防部與國務院戰略報告，但由於內閣異動與無法預見的政治發展，這種排序往往在華府被打斷或遭忽視（我曾經參與幾項戰略起草工作，因此得知）。在安倍領導下，情況不一樣。二〇一三年的官邸國安戰略文件成為安倍之後七年整個執政期間的國安戰略架構——這對任何民主政府而言都是一件了不起的成就。新成立的國家安全保障局的幕僚主要來自外務省、防衛省、與自衛隊，但與小池百合子在安倍首任政府主政期間建議的不同的是，沒有來自經產省的官員。日本原本計劃也要像美國的系統一樣，聘請外部學者加入國家安全保障局，不過在安倍執政期間，保障局沒有真正外聘過任何人。國家安全保障會議開始聚集首相、外相、內閣官房長官、與防衛大臣，每周、有時每天集會，為的不是磋商，而是實際決定戰略與政策，為各部會提供指導原則。過去只負責聽取各部會官僚政策簡報的這四位內閣大臣，現在得向各部會下達決策指導。對日本國安官員來說，這是有史以來頭一遭。[55]

日本國家安全保障會議所以如此成功，主要關鍵在於安倍從他的第一任首相任期失敗中學得的教訓。這一次他指派有經驗與影響力的官員與政界人士、而不是他的友人與意識型態盟友擔任監督新國安體制的關鍵要職。他的內閣官房長官菅義偉，透過二〇一四年五月設立的內閣人事局運用前所未有的人事主控權整頓官僚體系。[56] 許多最優秀、最有能力的官員現在爭相加入國家安全保障局，以求仕途精進。原來可以運用人事控制權與首相頂撞的部會常務次官，就這樣失去他們對抗首相的一項最重要的工具。安倍的第一任國安顧問（正式頭銜是「國家安全保障會議幹事長」）谷內正太郎，曾在安倍的第一任政府擔任外務省常務次官，很了解這些官僚運作。谷內也是一位與北京、與首爾秘密談判的老將，很清楚多年來外交工作一直處於被動與混亂狀態的日本，如果想奪回對這兩個國家的外交主動，必須建立一套有紀律的長程戰略。谷內對戰略問題的熱衷，讓許多觀察家讚嘆不已，稱他為「日本的季辛吉」。[57] 谷內所以能夠取得對內與對中國談判的成功，還有一項關鍵，就是日本問題專家朱利奧・普格列斯（Giulio

Pugliese）所謂「混合式」領導：他能讓官邸與日本官僚、以及與美國國安幕僚結合在一起。[58]在早先由中曾根與小泉建立的臨時性關係中，白宮在加強首相官邸權勢方面扮演的角色已經明顯，現在由於谷內例行性往訪華府，會晤美國國安官員，在谷內主持下，這種關係已經體制化。[59]

新國安系統引起傳統派不滿，前首相福田康夫提出警告說這項新系統會使官僚政治化，而「毀了國家」。[60]更精確地說，在安倍治下，新國安系統為日本帶來了早先幾屆自民黨政府，特別是日本民主黨政府所欠缺的國安決策方面的「可信性、可測性、與持續性」。最能突顯新國安系統的成功的，莫過於日本對美國的亞洲戰略——安倍第二任首相任內的核心要務——的影響。福田康夫預言，新系統將損及官僚體系的獨立，這話並沒有錯，理論上，譁眾取寵的領導人有一天可以利用這個弱點奪權。不過安倍的官邸雖說以紀律控制官僚，卻不像日本民主黨政府那樣懲罰官僚。無論怎麼說，各部會——特別是外務省與防衛省——的主流官員都支持安倍的戰略。或許比較精明的指責說法是，新國安系統將經濟專家擋在門外。關鍵就在於，負責在安倍第二任首相任內組建國安系統的，主要是外交官，而不是小池百合子這樣的政界人士。小池百合子在組建國安幕僚體系前身時，曾經納入經濟產業省官員（但沒有財務省官員——在那段時間，有一次我與小池在共進午餐時，財務省次官要求她讓財務省派員加入新國安幕僚系統，但遭小池當場回絕）。外務省的國安專家長久以來一直就與軍方關係密切，與防衛省文職官員在戰略議題上也越走越近。[61]不過，經濟產業省官員由於在國內產業政策上逐漸沒有用武之地，而將注意力轉投在國際戰略塑造上，國安系統與經產省的關係多少比較有爭議。

安倍的幕僚長（總理大臣秘書官）、原國家資源能源廳副幹事長今井尚哉，本身就是經濟產業省資深官員。[62]他日後公開承認，這種分叉式政策流程有時帶來國際經濟政策問題。舉例說，今井在二〇一八年負責日本參與中國「一帶一路」決定，以及向俄羅斯提供大規模經援、以誘使俄國解決北方領土爭議事宜——當時外務省與國家安全保障局官員，都因為擔

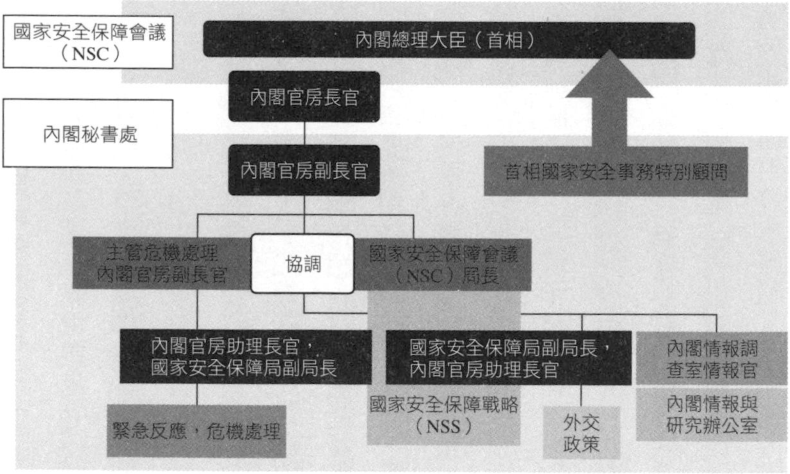

圖6.1　日本國家安全保障會議組織

心這麼做會偏離美國對中國、對俄國的戰略，而表示反對，但今井沒有理會。[63]菅義偉與谷內正太郎的接班人、前警察廳官員與情報首長北村滋，擔心政策流程內部裂痕逐漸擴大，終於二〇一九年在國安保障局內建立一個新經濟部門。[64]引進經產省官員不僅比較好，由於國安系統面對的安全挑戰越來越與中國的5G科技競爭相關，也由於日本需要進一步融合民用與軍事科技創新，國安系統也不能沒有經產省官員。在這些議題上，新一代經產省官員也像他們在外務省與防衛省的同僚一樣，熱衷與美國以及其他志同道合的盟友站在一起，保護日本、對抗中國掠奪式的科技民族主義。經產省官員也發現，為阻止美國濫用損及日本企業的出口管制，他們需要建立自己的、直通美國國家安全會議的管道。將外交、國防、與經濟工具整合在一個國安系統下，是建立目標一致的關鍵步驟。

情報功能中央化

除了國家安全保障會議以外，安倍的戰略決策與危機管理中央化還有兩條努力脈絡。第一條是加強官邸內部的情報評估與協調功能。根據理查・薩繆爾斯在他的日本情報政策史中所述，安倍成功鑲嵌了情報改革這顆「皇冠之珠」，完成了自民黨保守派嘗試了幾十年都沒能完成的大業。[65]早自一九八〇年起，在日本自衛隊一名准將將機密情報交給蘇聯間諜之後，自民黨保守派就在推動情報改革。自民黨鷹派因這次所謂「宮永事件」而展開行動，要求通過日本戰後第一條對間諜罪的罰則。一九八八年，鷹派提出的「反間諜法」草案在自民黨「政策事務研討會」中遭到封殺。[66]就連中央派的《日本經濟新聞》當時也提出警告說，這項法案可能「危害到憲法保障的基本人權」。[67]

當安倍政府二〇一四年提出新的「特定秘密保護相關法案」時，政治態勢已經劇變。《日本經濟新聞》強調民眾與記者擁有新聞自由的重要性，但沒有像三十六年前那樣對這項法案是否違憲提出質疑。[68]就連左傾的《朝日新聞》也大體上採取同一口徑，只是呼籲採取措施以防法案濫用，並批判「特定秘密」的籠統定義，但沒有挑戰這項機密保護法的基本合法性。同時，《讀賣新聞》等保守派報紙也表示只要新聞自由得到保障，就支持這項法案。[69]此外，由於菅直人的民主黨政府在二〇一〇年尖閣列島危機期間日本海岸防衛隊洩密事件發生過後，也曾起草自己的保密法，反對這項法案的聲音更加削弱。十二月六日那天，抗議群眾在國會大門外喧囂叫罵，幾個反對黨在國會議場內以拖延辯論的方式阻撓法案投票，但執政聯盟最後宣布停止辯論，投票通過了這項法案。[70]

國家機密法的通過，是安倍與安倍的保守派盟友的一項政治與意識型態勝利。這項嚴懲洩密官員的立法，使不同的部會現在可以即時共享情報，不必再像過去一樣擔心官僚對手會走洩情報。或許更重要的是，新法案使美國願意與日本分享經由科技手段取得、日本憑一己之力得不到的敏感情報。換句話說，安倍政府需要在國內建立更高大的圍牆，以防敏感情報外洩，才能降低日本與美國間的圍牆。新法案同時攸關內在與外在均勢。在國家機密法通過後，日本政治與政策專家開始呼籲東京將互信提升到下一階段——參與不是絕對親信不能參與的美國、英國、澳洲、加拿大、與紐西蘭的「五眼」（Five Eyes）情報共享機制。就若干程度來說，這些建議已經引起美國的共鳴。舉例說，美國在二〇一八年通過法案，規定對來自中國的戰略投資進行篩選，法案中還納入修正案，將相關法案與「五眼」以及日本共享。一些前美國官員公開支持日本在更多領域——包括在日本的衛星科技、分析能力、以及緊鄰東北亞威脅的地緣位置都舉足輕重的「空中成像」（overhead imagery）領域——加入「五眼」。[71]

儘管如此，日本的情報改革在幾方面面仍然不能滿足「五眼」的期望。首先，英國有「國會監督」（Westminster controls，譯按：即「西敏監督」，英國國會位於西敏，以此得名）機制，美國也有「八人幫」（Gang of Eight，譯按：八位美國國會領導人有權聽取行政部門機密情報簡報）系統，可以讓這些民主國家進行政治監督，而不造成出於政治動機的情報外洩。但日本國會沒有類似的國家機密取用、管控程序。不僅如此，日本在經濟情報與空中成像分析領域的分析能力雖已晉升世界一流水準，但還沒有像「五眼」成員國那樣擁有一群經驗豐富、具備全方位情報分析能力的幹部。[72]此外，包括日本是否應該建立秘密情報組織在海外蒐集情報，或成立秘密行動當局，對敵手進行政治、科技、或經濟打擊等等，一些能讓日本與「五眼」成員國結盟的政治敏感議題仍未解決。但無論如何，這項由首相官邸領導的情報分析整合，為國安會提供即時決策資訊，使日本能與親密盟友——特別是美國——進行更穩定的協調，是日本戰後史上最有意義的情報改革。有鑑於在一九三〇與一九四〇年代的日本，帝國陸軍與帝國海軍不肯共享情報的史實，我們甚至可以說這是日本有史以來最重要的一次情報改革。

邁向聯兵作戰

新國安系統的第二條努力脈絡是加強三軍彼此之間，以及文官與軍事當局之間的合作與協調。無論對任何國家而言，對立軍種之間的整合都是極具政治與官僚挑戰性的工作。美國直到一九四七年通過《國家安全法案》（*National Security Act*），設立國防部取代作戰部與海軍部，才確立統一的文人監督軍人的系統。在一九八〇年伊朗人質救援行動以慘敗收場、暴露美國各軍種間各行其是的弱點之後，美國國會於一九八六年通過《高華德—尼可拉斯法案》（*Goldwater-Nichols Act*），以加強軍種之間的協調與整合。事隔三十多年後的今天，專家們仍然為軍種整合工作的困難而怨嘆不已。[73]

以日本的例子來說，一直以來，最主要的工作不是三個自衛隊之間的協調，而是日本海上自衛隊與美國海軍之間的協同作業能力。就連日本陸上自衛隊與空中自衛隊，分別與美國陸軍、空軍的協同作業能力，也比彼此之間的協同作業能力強。過去，美國在日本建立的指揮管制系統往往能補強這種短板。指揮「駐日美軍」（ＵＳＦＪ）的美國空軍三星中將，雖是駐橫田美國空軍第五航空隊司令，但大部分時間都花在政治議題上。駐日美軍從來就不是一支獨立的聯合特遣部隊，也就是說它沒有參謀人員、規劃、與權威，一旦打仗，不能指揮表面上配屬在它底下的陸軍、海軍、空軍、與陸戰隊分遣單位。同時，在大多數情況下，這些分遣單位的軍需、軍事演習、人員交流、甚至情報分享等等，都由這些分遣單位指揮官代表他們駐在橫須賀與沖繩的美國海軍與陸戰隊司令負責。由於美軍指揮官的目標只是為駐遠東地區美軍提供戰鬥支援——而日本就傳統而言，在日本海面對的直接威脅不多——這樣的安排已經能滿足需求。換句話說，駐日美軍是個兵力提供者，而日本的三個軍種就歷史角度而言，目的就在輔助美軍，特別是在海上尤其如此。在《高華德—尼可拉斯法案》通過後，軍種整合文化在美國逐漸成長，加以中國與北韓軍事威脅在一九九〇年代不斷升高，日本也在駐日美軍呼籲下，開始像美國一樣朝軍種整合的方向緩步而前。一九九五年的《中期防衛加強計劃》（*Mid-Term Defense Buildup Plan*）是第一個強調以聯兵與協同作戰能力為主要目標的計劃。[74]二〇〇六年，防衛省將早先的聯合參謀會議從一個諮商性機構升級為一個新的聯合參謀辦公室，賦予更多人員、資源、與權威，讓它成為一個「兵力使用者」，而各別軍種現在成了「兵力提供者」。[75]在日本民主黨執政時代，自衛隊首次以聯兵方式加入實戰特遣任務——於二〇〇九年開始在吉布提（Djibouti）外海亞丁灣（Gulf of Aden）執行反海盜任務，並在二〇一二年監視北韓飛彈測試。[76]在安倍重返首相官邸之後，防衛省在二〇一三年宣布進一步改革，明訂計劃，剷除文職官員與軍職人員間的阻隔，強調以全面優化與聯兵作戰為基礎的軍事力量，並加強聯合作戰規劃。[77]安倍的二〇一五年全面安全法案還納入一項法條，推翻幾十年來文職人員權威超越軍人的傳統，確立日本自衛隊不必首先徵得文職人員同意也能提出軍事建議的權威。[78]二〇一七年出現的又一波改革成立一個戰略規劃部門，並廢除防衛省的作戰局，將更多作戰指揮與管制責任交給軍方。[79]

日本各軍種之間也彼此協調，以提供更有彈性的聯兵作戰戰力。在空中與海上分隊指揮所成立之後，陸上自衛隊在二〇一八年啟動它的第一個兩棲登陸旅與第一個「地面分隊指揮所」。[80]在美軍陸戰隊協助下，日本三軍自衛隊同時展開兩棲作戰聯兵演習。[81]由於中國不斷利用日本執法與軍方作業之間的灰區入侵——特別是中國海警局船隻在中國人民解放軍海軍軍艦於不遠處護航下，進入尖閣列島水域，測試日本的行政控制——日本海上保安廳與日本海上自衛隊之間的協同作業也開始強化。[82]在二〇一三年，日本海上保安廳指揮官首次由軍職人員出任（過去都由運輸省官僚出任），進一步證明日本現在重視能力與表現，不再重視官僚資產。[83]自二〇一五年起，海上保安汀還開始與它在日本海上自衛隊的老官僚對手舉行例行演習。[84]

軍方與新國家安全保障會議的整合意義尤其重大。就像處理內閣其他領域的人事選用一樣，安倍撇開官僚履歷或跨軍種平衡考量，選派最傑出的軍官、「海自」將領河野克俊擔任自衛隊統合幕僚長（譯按：即總參謀長，為日本最高軍職），讓河野史無前例的做了三任統合幕僚長（從二〇一四做到二〇一九年），還讓河野享有史無前例的進出官邸的權限。[85]謙和的河野其實像安倍一樣，也是一位敢冒險的人物。在九一一恐襲事件過後，當時官拜上校的河野派遣兩艘「海自」驅逐艦護送美國航空母艦「小鷹號」（USS Kitty Hawk）駛出東京灣——這幕令人動容的景象當時躍登美國全國各地媒體的頭版，也讓河野險些丟了他的海自幕僚部作戰官的差。在成為統合幕僚長以後，河野推動聯兵與跨軍種協調作戰，倡導網路、監視、與太空聯合戰力。他還計劃任命一位聯兵作戰指揮官當他的副手，負責在狀況發生時指揮作戰，讓身為幕僚長的他可以與首相以及內閣處理政治與戰略性議題。不過這項計劃最後沒有成功。[86]

這種國安戰略背後的中央化、授權、以及軍隊整合，與巴里・波森（Barry Posen）的軍事組織動能基礎理論完全吻合。誠如波森在他所著《軍事理論來源》（*The Sources of Military Doctrine*）中所說，「權力均勢理論認為，國家在發現經他們推定的敵國的國力，出現可能帶來危險的增長時，會有所反應⋯謀求均勢的行為有質與量兩方面。國家不僅尋求盟友，加強他們的軍事力量，還會審查他們的軍事理論。這種審查能緩解組織理論中認定的那種漸趨停滯的傾向。」[87]

若不是日本民眾改變了對日本軍隊的看法，日本的這些改革都不可能出現。日本民眾對日軍的看法所以改變，一方面由於波森強調的外來安全壓力，但也由於一般性改變，以及日本自衛隊在三一一東日本大地震期間的英勇表現。在一九八八年的民調中，日本民眾對日本自衛隊評價很低，大多數民眾甚至懷疑自衛隊會不會為保衛日本而戰。[88] 到了二〇一八年，日本自衛隊超越教育家、宗教領袖、與政府官員，成了日本民眾最信任的體系之一。[89] 眼見高階軍官能向首相提出建議，不僅安倍感到自豪，日本民眾也感到自豪，這樣的變化影響很大。誠如慶應大學教授細谷雄一在二〇一九年出版的《從軍事到政治：日本的選擇》中所說，日本政府的使命不再是保護民眾不受軍方欺壓，而是讓民眾決定政府應該如何布署軍隊、以保護他們免於外來威脅。[90]各軍事組織、國家政治領導人、以及平民百姓的目標一致，是成功的質的內在均勢的根本。

但就像國安系統的編組一樣，日本的防衛改革在若干領域也未盡全功。安倍與河野在位時間都很長，這是改革成功的一項重要因素，但官僚或國會政治短期間似乎不可能再次出現這樣一個歷久不衰的組合。由於未能成立聯合作戰指揮部，一旦發生重大緊急事故，需要統合幕僚長在指揮自衛隊的同時，還得與首相以及內閣進行協調時，會讓河野的接班人窮於應付。日本的聯兵作戰能力大體上仍然依靠個別平台的湊合，真正的聯兵作戰資產寥寥可數，「全球鷹」（Global Hawk）無人偵察機項目是其中一個例子。這個項目由於不在日本使用，一直處於政治壓力下。[91]最後，日本雖說在二〇一五年成立新的「防衛裝備廳」，大幅改善了項目管理，但防衛裝備廳仍然不斷夾在提供戰力，與培養日本高度本土化的防衛產業基礎兩者之間，左右為難。[92]舉例說，當中國空軍第五代戰鬥機的數量已經超越日本時，防衛裝備廳仍在辯論是否應該用更長時間、花費更多成本自行研發戰鬥機，還是與美國合作生產或直接從美國採購新戰機。[93]由於日本的外國軍售（透過美國政府進行的採購）不到十年間增加十倍有餘，從三億九千萬美元增加到二〇一六會計年度的四十四億美元，從政治角度而言，防衛裝備廳遭到國會壓力、要求減少對美國先進裝備進口的依賴自然是可以理解的。[94]對日本公司而言，提升戰力的代價就是系統整合控制權的削弱，對一個僅僅二十年前還在辯論脫離美國、科技獨立的國家來說，這是難以下嚥的苦藥。[95]

儘管有這些缺失，日本的國防體制改組仍是東亞現代史上最有意義的一次改組。不過進行這類改組的並非只有日本而已。北京也在二〇一六年宣布進行重大改組，使解放軍在戰時更能發揮跨軍種作戰、更有效的聯兵戰力。[96]競爭還在繼續，日本不能躊躇滿志。

量的內在均勢

上述日本國安體系的改頭換面式改組，代表質的內在均勢的成功例子。我們可以這麼說：安倍大幅改善了日本在國際安全事務中運用手段的方式。但在接下來許多年，量的內在均勢對日本戰略也仍然非常重要。日本應該從哪裡取得更多源於本土的物質力？為爭取機會，在量的方面提升國力，日本在軍事戰力與經濟表現兩個領域都投入相當心血，結果成敗參半，我們就以對這兩個領域的簡短檢驗作為本章結尾。

軍事戰力

談到軍事力量的迅速量化改善——相對於質的、讓日本更有效使用軍力的組織性改革——「結構現實主義」論者會認為，核子武器是日本可以使用的最快的提升戰力手段。在冷戰期間，從赫爾曼・康恩（Herman Kahn）到季辛吉等抱持「攻勢現實主義論」的政治學者都認為，日本可以、而且可能也會發展屬於自己的核子嚇阻力量，與它不斷增加的經濟力量呼應。[97]有些專家認為，冷戰過後，國力相對削弱的日本似乎同樣適用這套邏輯。[98]毫無疑問，日本擁有核子、飛彈、遙測、與衛星等一切必要科技，可以比世上幾乎任何一個非核武國家都更迅速地生產核武與投擲系統。[99]

但這是理論。實際上，日本是一個維持現狀的強國，致力維護自一九四五年以來就讓日本受惠的新自由秩序。日本不是北韓或伊朗那種可以不顧一切發展核武、不在乎因此在經濟與政治上遭到世上其他國家孤立的流氓國家。文化規範也是日本不能成為核武國的一項重大障礙，民調一再顯示，八成以上民眾反對日本在任何狀況下擁有核武。[100]這些反核規範已經透過日本內閣的「無核三原則」——不擁有、不生產核武，也不允許核武器在日本境內運輸——法令明文規定。日本如果要發展核武，這項重責大任應該落在日本的核子物理社群身上，但這個社群特別反對核武。[101]

這倒不是說日本永遠不會發展核武。幾十年來，日本一直透過外交手段，以一種微妙的方式告訴全世界，日本擁有發展核武選項，這樣才能使美國擴大核子保護傘，延伸嚇阻力量，迫使其他核武國家贊同裁軍與武器管制。[102]無核三原則是日本內閣的法令，內閣可以隨時修改，不久以前日本內閣曾討論將它們放寬，好讓美國在日本境內布署戰數核武以嚇阻北韓。[103]不過，在日本發展與擁有核武的障礙遠遠不止於文化與政治規範而已，嚇阻邏輯也是問題。一旦建立自己的核武，美國要擴大核子保護傘變成師出無名，日本要對付中國、俄國、或北韓將陷於左支右拙的困境。也因此，即使是日本境內少數這些主張核武的專家，最後也達成結論說，唯一有效的選項，只有與美國布署「兩把鑰匙」（dual-keyed，譯按：經美、日雙方同步啟動才能使用之意）的武器系統，或相互達成協議的獨立武器系統，以輔助、而不是取代美國的延伸嚇阻力量。[104]換句話說，在真正考慮獨立的核武器以前，日本會竭盡全力保住美國的延伸核武嚇阻力量。儘管川普在競選總統期間曾說他不在乎日本是否發展核武，但沒有跡象顯示美國政府有意在核武保證方面有所退縮，或改變戰略、將日本核武納入美國的整體核武嚇阻力量。[105]

傳統軍力是另一問題。在國防開支不斷遞減了十年之後，安倍自二〇一四年起開始每年一點、逐步增加日本防衛預算，達到四百八十七億美元。[106]但日本的國防開支占比仍然不到GDP的百分之一，就人均國防開支而言排名全球第三十二位，位居巴貝多（Barbados）與百慕達（Bermuda）之後——而東北亞情勢遠遠比不上加勒比海那樣平靜。[107]就名目而言，日本的二〇一八年預算也與一九九七年預算相當，所以安倍任內的小幅調升完全稱不上激進。[108]

意義更重大的，是日本開始考慮、發展、或布署的特定傳統軍事戰力。十幾年來，日本自衛隊已經將重心轉向西南——冷戰期間，為對抗蘇聯可能在北海道附近發動的攻擊，日本一直將重兵陳於北方。今天的日本自衛隊，要用布署在沖繩西南的「反介入／區域阻絕」（A2/AD，anti-access/area denial）戰力對抗中國的相同戰力，負責支援的兵力包括：八八式（Type 88）岸置反艦飛彈營；防空砲兵營；駐在沖繩的新型F—15戰鬥機中隊；一支兩棲攻擊旅；駐在沖繩的新海岸防衛隊總部以及船艦更新；包括「大鯨」級在內的二十二艘攻擊潛艇下水服役；以及「加賀號」與「出雲號」直升機航母／驅逐艦——實質上就是航空母艦，擁有加固甲板，可以攜帶F—35B STOLF（短程起降）戰鬥機——的服役。[109]

在這些戰力中，自安倍重新主政以來最令人矚目的發展，是日本以前所未有的專注，全力投入攻勢打擊武力。自一九八〇年代初期起，美國與日本就在美國「矛」與日本「盾」之間劃分角色、任務、與戰力，不過近十年來，這樣的劃分一直在不斷修改。日本空中自衛隊已經開始採購長程反艦飛彈（LRASM）與聯合空對面遠攻飛彈（JASSM-ER）。[110]更驚人的是，根據外洩情資，日本防衛省正在考慮採購可以攻擊中國或北韓境內目標的「戰斧」（Tomahawk）長程巡弋飛彈。在展開這些採購以前，日本曾就「敵基地反攻」的需求進行全國性辯論。日本內閣法制局曾於一九五六年認定，就理論而言，對敵基地發動反擊屬於憲法允許的自衛範圍。執政黨自民黨在二〇一七年的一份報告中要求對這個議題研究——這項建議獲得當時擔任首相的安倍的支持，之後於二〇二〇年七月，防衛大臣河野太郎也對這項建議表示支持。[111]

直到二〇二一年，這類新戰力的規模仍在辯論中：日軍應該擁有可以攻擊第一島鏈（First Island Chain，譯按：指北從千島群島起，向南經日本、台灣、菲律賓、到加里曼丹島等圍繞中國的一連串島嶼）敵軍目標的飛彈，以收阻絕與嚇阻之效，還是應該擁有更長程、可以攻擊中國或北韓境內基地與基礎設施的飛彈，以收懲罰與嚇阻之效？舉例說，前者應能獲得美國內部的支持，而後者可能讓美國人擔心，在欠缺對武器系統的、更完整的雙邊聯合指揮管制下，美國可能陷入日本引發的一場衝突中。不過，由於日本相對於中國的戰鬥力持續惡化，日本的國安學者近年來逐漸傾向支持後者——深入敵人腹地的遠程打擊能力。[112]

在中國解放軍二〇〇七年完成一次反衛星的成功試射之後，日本也對它的太空政策展開一連串重大改革，以維護與美國的協同作業能力、嚇阻中國在外太空的侵略、並發展新的本土戰力。二〇〇八年，國會通過「基本太空法」，首次准許日本政府基於防衛目的而利用太空。[113]日本防衛省在二〇一七年發射它的第一枚指揮管制衛星「煌II號」（Kirameki-2）。二〇二〇年夏，即將卸任的安倍在臨別前的官邸會議中告訴日本「國家宇宙委員會」，日本必須「深化我們的合作，從太空領域開始，提升我們的嚇阻力與反應力」，並且下令日本空中自衛隊新設的「宇宙作戰隊」與美國新成立的「太空軍」（Space Force）加強整合。[114]在二〇〇八年成立之初，人數不滿百人的日本網路安全社群已經迅速擴充，日本隨於二〇一四年十一月通過「網路安全基本法」，在官邸成立「網路安全戰略本部」，國家網路安全事故準備與戰略中心，並且在日本自衛隊下設立「網路防衛隊」。[115]到二〇一九年，日本境內各區域指揮部，以責任區包括尖閣列島的陸上自衛隊西南指揮部打頭陣，也開始成立網路空間防衛單位。[116]

任何在美日同盟服務多年的資深美軍都能佐證一個事實：儘管國防開支增幅有限，無論就質或量的角度而言，就算與十年前相比，今天的日本自衛隊的戰力與殺傷力都強得太多。但一些率直的資深美軍，例如葛蘭·紐夏（Grant Newsham）——能說流利日語，曾在日本自衛隊擔任聯絡官數十年的前美軍陸戰隊上校——仍會指出一些有待解決的缺失：包括聯兵作戰與通訊、後勤、動員時間排序、作戰物資（彈藥與資材）、人力與新兵召募、死傷填補規劃、以及擬真作戰訓練與演習等方面的弱點。[117]二〇二〇年蘭德公司（RAND Corporation，譯按：美國智庫）的一項研究報告在結論中說，日本雖然在防衛戰力與態勢上——包括海上運輸通道防衛與陸地部隊機動力——都有重大進展，但在後勤、聯兵、與關鍵平台的現代化方面仍有重大缺陷。[118]雖說從北約組織到台灣，美國的許多盟邦與夥伴也同樣有這類問題，但解決這類問題的緊迫性依然存在。

日本自一九九〇年代「失落十年」以來奮力拚搏、恢復經濟成長與產能的事實本身，已經可以大書特書，但對日本而言，歸根究底，提振經濟或許是最重要的長程內在均勢來源。「日本經濟研究中心」在安倍重新掌權後不久發表的研究顯示，結構性改革的正確組合能為日本帶來可以持續的、每年超過百分之二的成長——為基礎設施融資、外交、與縮小軍事能力短板提供更多資源。[119]二〇一三年七月，安倍在一次官邸午餐會上告訴我，基於國家安全考量，他打算把七成時間花在經濟上——證明安倍本人很清楚這個事實。

冷戰期間，為了對抗共產主義，瑪格麗特・柴契爾（Margaret Thatcher）於一九七〇年代在英國，或是隆納・雷根於一九八〇年代在美國，都曾以全面自由化手段振興經濟，但安倍推動經濟成長的戰略——有個好名字，叫做「安倍經濟學」——不是同一回事。安倍的政治前提是，他不會像小泉純一郎改革郵政儲蓄系統那樣、插手自民黨奉為神聖不可侵犯的領域。根據內閣二〇一三年一月的「振興日本經濟緊急經濟措施」，安倍祭出他的「三支箭」，而且贏得廣泛政治支持。[120]第一支箭是透過質化與量化貨幣寬鬆政策，協助日本掙脫二十年來讓日本繳不出投資與成長成績的通貨緊縮陷阱。[121]這支箭的目標是百分之二的通膨率，以刺激消費。第二支箭是財政刺激方案，首先在二〇一四年十二月推出三萬五千億日圓刺激方案，之後由於日本老齡化社會迫使消費稅增加，為抵銷增稅造成的衝擊又相繼推出數案。[122]第三支箭是結構性改革，其中勞工法改革最重要；東京證交所開始實施刺激投資與投資回報的新規則；還通過移民法提供更多短期勞工，並放寬觀光旅遊限制。或許最有雄心壯志的改革，當屬安倍親自倡導的「婦女經濟」——要將職場女性參與率提升到美國或西歐的標準，以增加產能。[123]

這三支箭有效嗎？在「安倍經濟學」下，日本出現二次大戰以來持續最久的經濟成長；出口商因為貨幣寬鬆導致日圓疲軟而大發利市，股價也衝上二十七年新高；觀光業產值隨著移民改革而增加三倍；婦女職場參與率還超越了美國。[124]但另一方面，在安倍主政期間，日本的年均經濟成長率只有百分之一點一，而不是經濟學者認為可能達成的百分之二以上；日本全球外匯交易占有率跌破二〇一三年安倍經濟學發動時的水準，使日本在亞洲的排名落在新加坡與香港之後；百分之二的通膨目標一直沒有達到；生產力利得對日本經濟成長的貢獻相對減少；由於大量婦女投入職場，與日本職場重男輕女晉升歧見成規衝突，以及長途通勤與日托服務不足帶來的後勤挑戰，「婦女經濟學」的成績也大打折扣。[125]

在若干程度上，安倍經濟學所以效力不彰，可以歸咎於全球經濟大災變，特別是二〇二〇年的新冠疫情。這場疫情造成日本出口慘跌百分之五十四，日本民間消費重挫百分之二十九。[126]新古典經濟學者並且達成結論說，安倍經濟學過於依賴扭轉通縮以及為東京證交所注入新血，沒有達成以市場為基礎、能帶來持續成長的結構性經濟改革。[127]還有經濟學者認為，最大問題在於安倍支持財務省的預算赤字鷹派，終於導致消費稅增加，緊縮了消費者開支。[128]認為安倍經濟學徹底失敗的人很少，但就像有關質的內在均勢改革還沒結束一樣，對進一步量能來源的追求也在持續中。在這場尋找競爭資源的大賽中，過去牢不可破的規範已經支離破碎。軍隊的組成是值得注意的例子。傳統上，軍隊是男性把持度最高的日本體制。簡單說，由於日本人口不斷減少，除非增加女兵，全面加入包括前線戰鬥部隊的各類軍職，日本自衛隊將面臨人荒窘境。在二〇一九年，婦女在日軍所有軍職人員占比只有百分之六點五，但防衛省已經訂定目標要在二〇三〇年將這個比率增加到百分之十（美軍與澳洲軍隊的女兵占比為大約百分之十六）。日本婦女現在已經有人完成傘兵與戰鬥機駕駛訓練，擔任日本先進的神盾級驅逐艦艦長。在美國，女性參與戰鬥任務的有關改革推動了好幾十年，美國當局還不得不設立特別顧問委員會從外部向軍方施壓，而日本只花了幾年時間就將幾乎所有軍職對女性開放，防衛省還在繼續推動人員招募、人才挽留、與後勤改革，以達到性別多樣化目標。[129]根據新進人員訓練班性別比例，日本官僚也在改變外交與國家安全前景：外務省的新進人員有百分之五十四為女性，司法省有百分之六十二為女性，跨部會政府整體有百分之三十七為女性，創下歷史新高。[130]

在人口與地緣政治壓力下，其他原本牢不可破的文化規範也出現變化。日本移民法對外國移民入籍規定一向甚為嚴苛，其目的顯然只為引進臨時工，以填補日本服務經濟人力欠缺的部分，但日本現在是全世界外籍勞工第四大輸入國（在安倍第一任首相五年任期間，這個人數增加了一倍）。[131]誠如日本一位研究移民問題多年的學者所說，「安倍政府的這些改革，目的不在改變日本社會，而在延續日本社會」，由於日本將在今後幾年整合外國勞工，融入日本經濟與社會，這些改革可以為更開放的移民政策奠基。在美國、德國、或其他G7國家，保守派政黨都團結起來，對抗開放邊界，但日本的情況與這種保守派政治走勢正好背道而馳——在日本自民黨內主張開放移民政策的，都是著名保守派人物。而且他們的主張往往以國家安全與經濟表現為由。[132]

日本戰略改革的目標還包括其他領域，菅義偉在繼安倍出任首相以後，以數位經濟作為核心政策就是例子。[133]就擁有的「獨角獸」——市場資本超過十億美元的高科技新興企業——數目來說，日本仍然遠遠落後美國或中國，但這數目已經穩步增加。[134]同時，日本對治理與改革的承諾指數也顯示，自菅義偉上台以來，全球專家與投資人對日本的信心已經大幅增長。[135]簡言之，內在均勢的故事還有下文。

戰略競爭與體制整合

本書的主要重點一直就是日本大戰略，也因此內容聚焦於日本運用國家手段的方式，而不是對日本物質能力本身的一種詳細評估。但由於安倍時代的日本戰略思考，目的在讓相對國力走下坡的日本將影響力發揮到極致，我們若想了解這項新日本大戰略的可續性，就必須了解戰略的內在均勢組成成分。在這方面，安倍的最大成就基本上在於質的組織性改革；雖說相對於立即的量化成就，組織性改革成就比較容易達成，但它們可能是國家經濟與軍事產出大舉改革的先聲。

前文已述，日本這些體制改革是幾十年來動能累積的果實，而不是安倍上台以後突發奇想的成果。歷史學者卡羅爾．格盧克（Carol Gluck）說得好，「無論任何日本史概念都得面對一個問題，就是解釋日本體制結構的持續與耐久，它們的歷久不衰往往到一種似乎違反歷史常識的程度。」[136]舉例說，從馬修．培里的「黑船」於一八五三年抵達日本，到一八八九年明治憲法頒布、現代日本建國，前後花了三十多年。從冷戰結束到安倍鞏固新國安體制，也花了二十五年。

今後的日本首相可以運用安倍留下來的這些強有力的工具——而且就許多方面而言，他們還非得運用這些工具不可。他們不會有消極被動的藉口，危機發生時不能以不知情推託責任，他們必須挺身塑造區域發展，因為民眾不會容忍他們的不作為。安倍為了實現本書從第二章到第五章探討的外在均勢戰略，必須進行組織改革，而且就許多方面而言，這種新體制整合與日本人民對外在安全環境不斷增加的敏感度，將推動這些外在均勢戰略繼續向前。

沒錯，本書所述這些戰略背後的廣泛共識與動能，指向日本最重要的內在國力源頭。誠如布魯金斯研究學者米莉雅．索雷斯所說，當G7其他成員國在貿易、移民、與區域主義這類議題上都呈現兩極化之際，日本人民已然經在擁抱全球主義與國際貿易。索雷斯解釋說，之所以如此，部分原因在於，日本歷經「離岸外包」（offshoring）以及與中國的經濟整合，勞工市場沒有出現大規模的動蕩。[137]在安倍主政期間，百分之七三點九的日本人認為日子過得快樂，創下政府一九六三年起開始問這個問題以來的最高百分比。[138]這種全民共識，與鄰國韓國以及日本最親密盟友美國展現的兩極化政治大不相同。任何對國家力量的評估，都絕不能只考慮軍事力量、經濟實力、與盟國——還要考慮內在宗旨的團結一致性。這不是說崇尚民主的日本人對政治、安全、社會、與經濟問題興趣缺缺——只須打開電視收看夜間圓桌秀場，你就能發現日本人對這類議題的辯論有多熱衷。不過，帶動日本這項大戰略軌跡的，除內在共識以外，還有塑造共識的外在挑戰。日本大戰略幫美國爭取到時間，讓美國得以應付本身內部分歧，讓美國在與中國的一場日本領導人早已看清的的競爭中做戰略調整。

結論

吉田主義的結束

在整個戰後時代，日本領導人始終離不開吉田主義。大多數主流派出身的首相擁抱吉田茂這套觀點：日本應該藉由與美國的有利、但經過精心設限的安保關係，盡可能減少地緣政治風險，全力投入經濟成長。有幾位首相，像安倍的外公岸信介或中曾根康弘，也曾公開挑戰吉田茂這項大戰略的前提，但在這麼做的同時，他們也採取一套經過仔細盤算、依賴主流派系政治支持的平衡行動，而且他們的挑戰持續時間都不長。冷戰結束後，日本的經濟發展老模式逐漸走入歷史，然後中國崛起，支撐吉田主義的樑柱也腐朽崩潰了。我在二〇〇一年的《日本的勉為其難的現實主義》中描述了這項轉型的開端，但那本書的結論是，日本仍在搜尋一項戰略。在安倍晉三主政下，日本找到了這項戰略。一代日本政治領導人將遵從安倍訂定的這項軌跡——但安倍與吉田茂不一樣，安倍透過明確的國家安全文件、演說、與法律，鉅細靡遺地詳述他的理論。毫無疑問，日本在推動安倍戰略的過程中會出現爭議、辯論，例如在與中國的人權或貿易問題上會碰上難以解決的緊張情勢——當然，日本是民主國——既要與中國保持經濟關係，又要在安全上仰賴美國，這其間抉擇的艱難在今後十年看來也難望緩和。安倍以後的日本領導人在效率上自然很可能參差不齊，我們甚至有理由相信安倍之後會出現一連幾位相對軟弱的領導人，就像強勢的中曾根與小泉政府之後的情形一樣。有些領導人會從右、或從左抗擊安倍這項大戰略，像當年岸信介曾從右翼攻擊吉田茂，三木武夫等人從左翼發動攻擊一樣。

不過，新一代日本政治領導人現在可以根據安倍在首相任內完成的座標推動他們的外交政策。事實上，安倍對繼任首相的影響力或許比吉田的更大。毫無疑問，與吉田在冷戰期間提出的那套理論相形之下，安倍的戰略更加獲得自民黨內其他派系的認同。日本各大反對黨與政府在外交政策路線上的差距，也比社會黨在冷戰期間與自民黨的差距小了許多。造成這種現象的部分原因在於日本民主黨曾在二〇〇九到二〇一二年間短期執政——日本民主黨沒有因此為日本帶來重大改變，但本身卻因這段經驗而變了不少。我還記得二〇〇五年在白宮一次會議中呼籲當時身為反對黨日本民主黨黨領袖的岡田克也，希望他協助日本，也與美國建立像美國與澳洲、與英國建立的那種擁有兩黨支持的同盟關係。岡田表示同意，不過當時他面對小澤一郎與黨內其他要求打垮現狀人士的反對。後來，岡田在出任日本民主黨政府外相後，協助他的政黨展現與美國同盟的更大誠意。日本民主黨首相鳩山由紀夫在二〇〇九年說，要與中國建立東亞共同體以對抗美國。而鳩山過去的同事現在都對鳩山當年這篇怪談斥責不已，因為他們知道日本若這麼做不啻自取敗亡。

由前日本民主黨進步派黨員組成的立憲民主黨，在二〇二一年的四百六十五席眾議院中擁有五十七席，對於執政聯盟的安保政策——包括集體自衛權的承認——享有舉足輕重的地位，不過就整體而言，立憲民主黨支持美日同盟，贊成與中國競爭。接下來一個屬於左翼的最大反對黨是日本共產黨。日本共產黨在二〇二一年的眾議院擁有十二席，它的黨綱反對美日同盟，但沒有發聲要求廢止這個同盟。日本共產黨在二〇二〇年第一次修改黨綱、攻擊中國共產黨違反人權時，遭到北京嚴厲反擊。[1]

如表c.1所示，出身自民黨與反對黨、有意首相大位的政治領導人，在戰術手段上看法或有不同，但對安倍倡導的大戰略的核心要件並無異議。舉例說，左派的立憲民主黨黨魁枝野幸男贊成加強多邊主義與相對較少的防衛開支，但不主張改變安倍大戰略中其他有關內在與外在均勢的要點，並且保證要在人權與海上安全問題上對中國採取更強硬的立場。在自民黨內，前防衛大臣石破茂以最敢言、抨擊安倍傳承最力的政治人物著稱，但他與安倍的分歧也僅限程序問題而已——舉例說，石破茂要求美國檢討有關防衛的雙邊協議，讓日本有較大「平等」——除此而外，他的想法與安倍的戰略並無不同。事實上，石破茂本人在擔任防衛大臣時，也曾參與安倍戰略的打造工作。在本書發表時，無論石破茂或枝野幸男，接替安倍欽定接班人菅義偉接任首相的可能性都微乎其微。比較可能的新首相人選——河野太郎、岸田文雄、或小池百合子——都是安倍在打造大戰略過程中的關鍵性夥伴。菅義偉已於二〇二一年九月因新冠危機期間政治表現不佳而宣布下野，決定角逐首相寶座的四個人，都像安倍一樣，以與中國戰略競爭、但不與中國鬧僵為他們的戰略主軸。（譯按：岸田文雄已於二〇二一年十一月當選日本首相。）如果日本進入又一個首相人事長期不斷更迭的時代，由於內政問題往往能為政策推動帶來重大變數，安倍大戰略的執行會是一個問題。

如果沒有安倍？

在為這本書做收尾時，我過去的一位學生、現正在麻省理工學院（MIT）寫論文的敏娜・波曼（Mina Pollmann）問了我一個耐人尋味的問題。如果安倍這樣的人沒有出現，會怎麼樣？如果安倍身體或政治狀況沒有康復、沒能在二〇一二年重返首相官邸，會怎麼樣？提出這類「如果領導人⋯會怎麼樣」的問題的人，一般都是歷史學者，而且這類問題總能讓政治學者難以答覆。不過它們能為我們帶來一個思考領導角色的重要機會。安倍的新大戰略的故事告訴我們，其實它並不全新，因為亞洲地理特性以及國際政治結構的變化，早在安倍還是自民黨新進議員時已經開始。但安倍的領導具有催化作用。我竭盡所能答覆了波曼提出的這個問題，或許至少就目前而言，這也是我所能做的最好的答覆了。若是沒有安倍，日本很可能以一種有爭議的「元過程」（metaprocess）朝一項新的大戰略整合方向前進，但由於欠缺安倍的全面立法與體制改革，這項過程大概會花更長的時間，而且效率也較差。

岸田文雄	小池百合子	枝野幸男
日本外交的基石。日本必須維護這項同盟，並將它進一步強化。	日本外交的根本。日本要努力工作，進一步強化這項同盟。	應該努力打造一個「健全」的，沒有「忖度」的同盟。避免將基地轉移到邊野古。
改善日中關係能加惠國際社會。日本必須合作，但同時得確保中國遵守規則。	接近親中國的幹事長二階。但過去的幾項聲明顯示，對中國不斷增加的軍事力量的顧慮。	日本應該努力深化諒解與互信，但同時要在人權違犯與海上威迫的問題上採取更強硬的立場。
民主、自由、與法治等普世價值，對印太地區的安定與繁榮至關重要。	亞太與印太都很重要。	亞太國家與中國、南韓這類日本鄰國的多邊合作很有價值。
日本應該繼續努力改善關係，但不能在根據國際法已經解決的歷史議題上妥協。	有關北韓的政策應該強硬。綁架人質議題應該擺在最前面。日本可以改善有關歷史議題的訊息溝通。	儘管日本在歷史議題上沒有站在錯的一邊，但安倍政府沒有設法了解與改善與南韓的關係。
提升防衛能力很重要，但應該更有效能。日本需要一個「數位花園城國家倡議」以運用最新科技改善經濟。	國家安全保障會議很重要，國會應該改革成為一種一院制系統。應該用比較不依賴財務與金融政策的「小池經濟學」作為「安倍經濟學」的另類選項。	行政官能應該更強，不過組之應該「軟弱但堅定獨立」。不應任由無止境地增加國防預算與提高消費稅。

	河野太郎	石破茂
美日同盟	不僅對日本，對整個地區的和平與安定都很重要。	應該更「對稱」—日本應該檢討這項安保條約，以及兩軍協議的地位。
中國	中國如果違反國際規則，就必須付出「成本」。不過盡可能能夠合作就合作，這很有道理。	需要與中國建立一種信任關係，但要避免過度依賴。成立亞洲的北約可以嚇阻中國的海上侵略。
自由開放的印太	日本與其他志同道合的國家必須合作，維護一種基於普世價值的國際秩序。	追隨安倍的自由開放的印太戰略繼續發展。根據國際法建立一個可以納入局部中國的集體安全體系。
韓國	韓國絕不能片面推翻已經解決的歷史議題，不過日本與大韓民國的關係是「不可或缺」。	日本必須繼續工作，修補關係，並了解韓國的觀點。安倍與其他國會議員說得對，韓國必須在歷史議題上妥協。
內在均勢	行政權應該透過國家安全保障會議這類機制，由官邸統籌中央化。「聰明政府」與發展國防工業很重要。	支持國家安全保障會議、保護國家機密、與建立一個國家經濟委員會都很重要。國防開支可以增加到百分之一上限以上，應該起草一項有關安全的基本法。

表c.1　後安倍時代政治領導人對國家安全戰略的看法

然後還有一個問題：國際政治結構若出現更深層、或難以預期的變化，會不會改變安倍留下來的這個戰略結構。答案是，會。當然會，因為安倍的大戰略本身就是權力均勢變化的產物。在安倍訂定這項戰略的過程中，美中戰略競爭不斷加劇大體上已在預期之中，也因此他的新大戰略並不顯得特別突兀。比較可能造成這項戰略嘎然而終的，是美國的退出亞洲。日本戰略家從未完全否定美國撤出亞洲的可能性，在與川普打過交道之後，要他們完全否定這種可能性更難。不過，當我問幾位就我所知、最優秀的日本戰略思想家，如果美國撤出亞洲，他們會怎麼做時，他們的答覆是「多拉攏澳洲以及印度」——基本上，他們的對策就是激化安倍的外在均勢戰略。一旦出現這種極端狀況，核子武器或其他內在均勢戰略的重大改變也可能成為日本舉國辯論的議題，不過這種狀況畢竟是極端，美國兩百多年來從沒有撤出亞洲。[2]

另一種可能是中國改革開放，習近平造成的威迫、獨裁、與戰略競爭時代落幕。日本戰略思想家也從未完全否定過這種可能性。事實上，「自由開放的印太」的戰略遠景，就在於使歷史朝那個更良性的方向發展。一旦出現那種可喜的情景，日本的新大戰略可以寬鬆許多，不過仍可能保有一些強有力的內在與外在均勢要件以防萬一。我的第一本書《武裝日本》（*Arming Japan*），檢驗了美日關係在冷戰結束時出現的強烈的科技—民族主義緊張，並以個案研究方式證明，就算沒有一致面對的外在威脅，美日同盟仍然可以強勁有力。那本書於一九九五年發表——在蘇聯解體之後，但在台海危機震醒東京與華府、起而面對來自中國的下一波地緣政治挑戰之前。只要美國還能在區域與國際秩序中扮演領導角色，日本會非常樂意繼續運用美日同盟，像安倍一樣，盡可能塑造華府的選項。

美國與日本：新特殊關係

當英國人哈洛．麥克米蘭（Harold Macmillan）一九四二年在地中海擔任艾森豪（Dwight D. Eisenhower）將軍的聯絡官時，曾對他的英國同事說過一句名言：「老友，我們是這個美利堅帝國裡的希臘人。你見到的美國人，就好像當年希臘人見到的羅馬人一樣——是那種塊頭又大、又粗俗，整天吵吵鬧鬧的傢伙，精力比我們旺，也比我們懶，擁有更多渾然天成的資質，但也比我們更腐敗。今天的我們，得像當年希臘人替克勞迪烏斯皇帝（Emperor Claudius，譯按：第一位正式征服英國的羅馬皇帝）打仗一樣，經營盟軍總部。」[3] 對於今天那些負責管理不斷深化的美日安全關係的日本官員而言，這段話或許能引起共鳴。後人在討論二戰以來的華府與倫敦關係——引領西方走過冷戰與蘇聯帝國解體的美英「特殊關係」——時，經常引述麥克米蘭這段有關美國人的話。歷史學者都知道，美、英兩國關係所以「特殊」，不僅因為它特別親密，也因為它爭得特別兇。英國與美國官員在核子武器、噴射戰鬥機發展、一九五七年蘇伊士運河危機、越南戰爭、與中國議題上都爭執不休。但大西洋兩岸這兩個國家的兩黨，卻始終支持這種親密的雙邊關係，而且在面對國際議題時，每當兩國中任何一國在沒有另一國支持的情況下獨行其是，都會付出高昂的政治與地緣戰略代價。[4]

如果二十一世紀不斷展開的這場與中國的戰略競爭出現一種新的「特殊關係」，這會是美國與日本間的關係。當然，日本與英國大不相同。與英國不同的是，日本沒有核子武器，如果美國遭到攻擊，日本也沒有保衛美國的相互義務。九一一事件發生後，根據與美國的雙邊條約第五條的規定，出兵為美國而戰的是英國與澳洲，不是日本。不僅如此，如本書第六章所述，日本如果想像美國與英國一樣，享有「五眼」級別的特殊情報共享關係，還有許多必須克服的障礙。更何況英國是聯合國安理會常任理事國，而日本儘管有美國撐腰，成為安理會常任理事國的可能性很小。或許，從第二次世界大戰大西洋戰爭到韓戰，再到阿富汗戰爭，英、美兩國人民用鮮血鑄成的這種夥伴關係，是其他任何關係都難以取代的。或許，今天駐在美國境內的英軍——往往負責指揮美軍——比自從「一八一二年戰爭」（War of 1812，譯按：即美、英兩國交戰的所謂「第二次美國獨立戰爭」）以來，駐在美境的英軍人數都多（謝天謝地，這一次這些英軍是來幫我們的）。直到本書發行時，美、日雙方沒有派遣日本軍官為美軍提供服務的類似安排。

不過美國與日本間的二十一世紀戰略關係，有一種只此一家的獨特性。不論日本官員在面對美國人時，會不會像當年希臘人面對羅馬人一樣，在美國的盟友中，日本毫無疑問已經成為中國戰略議題方面最重要的思想領袖。如本書在開始時所述，日本是唯一與中國展開全面戰略競爭的美國盟友，對美國政策也顯然造成相當衝擊。容我重申：美國的亞洲戰略架構，基本上以日本外務省的「自由開放的印太」戰略為基礎；美國的「國際開發金融公司」與美國對付中國「一帶一路」的戰略，採用日本「國際協力銀行」模式而建；美國為阻止掠奪成性的中國公司進入5G市場，用的是日本經產省研發的戰略；而且「四方安全對話」高峰會最初是安被提出的建議。每在美國退出自己倡導的戰略——《跨太平洋夥伴協定》（TPP）或「世界貿易組織」（WTO）就是例子——時，日本總是跨進身來，支撐這些區域與全球秩序的多邊樑柱，讓美國有一天可以重新返轉。根據「戰略暨國際研究中心」二〇二〇年以中國戰略為題，對全球思想領袖進行的民調，不僅日本思想領袖與美國以及西歐的思想領袖密切接合，在有關中國問題的每一方面，從嚇阻到科技、到人權議題，沒有任何兩個國家能像日本與美國走得這樣近。[5]

英國在「脫歐」（Brexit）協議後退出歐洲，日本卻對亞洲區域整合有強大的影響力。儘管與韓國、與中國的關係是重大障礙，日本仍是亞洲思想領導人，就像英國在歐洲戰後區域整合過程中扮演跨大西洋利益操盤手的角色一樣，在亞洲扮演不可或缺的重要角色。更值得注意的是，日本的思想領導現在幾乎全力衝刺，要建立那種美國戰略家追求了幾十年的開放性區域秩序。

當首相菅義偉二〇二〇年十月上台後第一次出訪，沒有先到美國而往訪越南與印尼時，美國評論員沒有人說什麼「脫美入亞」的酸話。事實上，在逐漸多極化的亞洲秩序中，日本已經成為亞洲地區志同道合盟邦的關鍵性中心。美國國務卿詹姆斯．貝克（James Baker）在冷戰結束時呼籲盟友，維護與美國的那些「軸與輻」（hubs and spokes）式的雙邊同盟安排，不要用新的多邊主義取代這些同盟——但日本現在要幫著在美國盟友與夥伴之間建立「軸」與輻的未來。就算美國不能在每一個案例中都成為「軸」，日本推動的這種聯盟與戰略夥伴關係網路，能加強美國領導的開放。

我們也就只有這樣的美國人了

安倍說得很清楚，日本的戰略成功極度仰仗美國。麥克米蘭的那些英國同事在一九四二年提醒他說，當年為羅馬帝國各地總督獻策的希臘人都是奴隸，連自己的命運也無法主宰。麥克米蘭與他的同事當然不是奴隸，但二十世紀的英國，除了盡可能塑造美國戰略決策以外別無其他選擇，因為對倫敦來說，沒有美國領導的世界根本站不住腳。據說，在冷戰期間，一位英國外相在聽完歐洲諸國外長們對華府的抱怨之後說，「沒錯⋯你們說的都沒錯，但我們也就只有這樣的美國人了。」安倍大戰略最令人印象深刻之處，就是它成功影響了日本外交政策中最重要的單一變數——美國。由於安倍這項戰略的目標大體上與美國人民利益一致，而且日本為了實施這項戰略，還必須付出面對更高風險、對同盟付出更多貢獻的代價，美國人應該不會像過去埋怨英國人那樣、埋怨日本人。有鑑於此，一位參與印太事務的美軍高級軍官二〇二〇年十月告訴我，美國與日本已經從「協同互通到相互依存」。美國人也沒有必要擔心日本人的避險戰略——除了它可以作為美國戰略本身出問題的警訊以外——因為日本這項戰略最值得注意之處，一直在於它強調與歐洲、與美國在亞洲的其他盟友合作，以補償美國的缺失。[6]事實是，這種跨大西洋與太平洋同盟網路同時也是美國長久以來的戰略目標。

本書引用的各項民調很清楚地顯示，美國人越來越了解日本以及日、美兩國利益結合的重要性。比較不清楚的是，美國外交政策領導人是否完全了解日本新戰略的成功，是否完全了解這項戰略為美國與中國的戰略競爭帶來的教訓與意義。二〇二〇年上台的拜登政府的高層外交政策專家，儘管大多經驗老道、成就斐然，但他們原本多屬大西洋主義派。其中許多人在早先美、日貿易摩擦的年代加入民主黨。二〇二一年上台的他們，應該比過去更加親日得多，不過他們未必比過去更了解日本。

新一代的美國亞洲外交政策思想領袖，大多在安倍推動日本大戰略的十年之間掘起於智庫、大學、與政府，我們有理由對他們有信心。在競爭越來越激烈的印太環境中，定期往訪東南亞或經常檢驗區域性外交、開發、與安全議題辯論的人，一定不會看不見日本人的影響力。美國軍方也終於作了自己的調整。過去許多年，服役中東的戰鬥經驗一直是高級軍官晉升要件，但到了今天，軍方領導人越來越可能是出身印太戰區的老將。而在印太戰區，與日本的協同作業是一項高度優先。同時，在國會裡，新一代外交政策領導人如阿拉斯加州參議員丹・蘇利文（Dan Sullivan），或威斯康辛州眾議員麥克・賈拉格（Mike Gallagher）或佛羅里達州眾議員史蒂芬妮・墨菲（Stephanie Murphy），知道與中國的競爭是日後職涯的必然，也開始把注意力投入日本與其他美國盟國。無論在美國國內與海外，美國商界現在也出現許多美日合資企業的資深領導人。不過，「美日商會」（U.S.-Japan Business Council）的許多美方代表所以參與這個組織，基本上看重的是日本經濟成長，而不是為了與日本協調對付中國的戰略。二〇二〇年，我在為一個高科技重要商業協會領導人簡報時，訝然發現與會領導人沒有一個曾與他們的日本夥伴討論過華為，或中國的掠奪式科技政策。

美國商界、國防部、或國務院，能不能訂定一項有效的對華政策，將取決於與日本的共事，取決於能不能了解日本本身的戰略思想與衝擊。我希望這本書能帶來一些幫助。

當這本書二〇二一年（譯按：指英文原版）付印時，日本政府為取代安倍二〇一三年發表的原始戰略文件，正著手一份新的國家安全戰略文件。這份新文件預期將以安倍的架構為基礎，同時聚焦於舊有戰略八年來在網路安全、防衛戰力、科技競爭、與規則制定等領域曝露的短板。日本政府這項作業的成功與否，不僅攸關與中國中程競爭的成敗，也是日本能不能執行國際法則、規範，把亞洲推回二十一世紀之初展現的整合、合作、與繁榮康莊大道的重要關鍵。在這個過程中，日本會碰上人口老齡化、中國軍事擴張等無數潛在障礙。但日本一旦成功，我們的世界會更安全，更繁榮，這一點毫無疑問。

全文完

謝辭

史密斯・李察森基金會（Smith Richardson Foundation）的艾爾・松（Al Song）在二〇一四年找上我，建議我寫一本新書，討論日本對中國的戰略。當時適逢第一次世界大戰爆發一百周年，史密斯・李察森基金會有意獎勵相關研究，以找出辦法，使亞洲可以躲開類似一九一四年那場讓整個歐洲淪陷的大難。我當時仍在為我那本美國的亞洲戰略史《超越天意》奔忙，本不願急急投入又一項新作，但拗不過艾爾與他那幾位史密斯・李察森同事的無比耐心與堅持，以及他們豐厚的支援與鼓勵，我也只能恭敬不如從命。[1]在喬治城（Georgetown）大學亞洲研究所文學碩士、現為普林斯頓（Princeton）博士生的寺岡亞由美的協助下，我在日本箱根開了一次為期三天的美、日外交史學者會議，考慮日本在面對中國挑戰時的選項，並在會中展開這項新書計劃。與會學者除了華倫・柯恩（Warren Cohen）、彼得・費佛（Peter Feaver）、威爾・英伯丹（Will Inboden）、強納森・史坦伯格（Jonathan Steinberg）與菲爾・吉利科（Phil Zellikow）之外，還包括日本的細谷雄一、五百旗頭真、北岡伸一、坂元一哉、中西寬、與白石隆等。這是當代美、日頂尖戰略思想家的一次夢幻組合，他們分析日本與其他國家國策史，從中汲取重要教訓，為這本新書的整體架構提供彌足珍貴的建言。

在這本新書的六年寫作計劃過程中，我在喬治城大學與戰略與國際研究中心（Center for Strategic and International Studies，CSIS）擁有幾位絕佳的研究助理，包括漢娜・佛岱爾

（Hannah Fodale）、加藤良子（Kato Ryoko，音譯）、中野知明（Nakauo Tomoaki，音譯）、西村林多郎（Nishimura Rintaro，音譯）、艾利約・西華伯格（Elliot Silverberg）、勞倫・孫（Lauren Sun，音譯）與亞歷克斯・寺井綾乃（Alexis Ayano Terai，音譯）等。我還有機會經由大韓民國教育部與朝鮮研究院朝鮮研究促進處（Korean Studies Promotion Service of the Academy of Korean Studies，AKS-2016-LAB-2250001）主辦的學術圓桌會議，透過哈佛大學的賴肖爾研究所（Reischauer Institute）與印第安納大學（University of Indiana）二十一世紀日本政治與社會專案（21st Century Japan Politics and Society Initiative）測試我的論點。我感激這些會議的主辦人與所有參與者。幾位友人與同事為我做了審稿。傑夫瑞・郝農（Jeffrey Hornung）與尼克・塞切尼（Nick Szechenyi）根據他們本身對日本國防政策的前沿研究，為我提了重要建議。CSIS客座研究員鈴木裕之（Suzuki Hiroyuki，音譯），就金融發展角度，為我書中有關區域秩序的那一章提出重要的背景鋪陳。查爾斯・雷克（Charles Lake）一如既往，在日本歷史與經濟政策問題上不斷給我啟發。細谷雄一與加藤洋一幫我梳理書中較大的歷史論點。在哥倫比亞大學出版社（Columbia University Press）選出的匿名讀者對書稿進行重要的最後審視之後，席琳・柯布（Caelyn Cobb）與她的哥大出版社團隊將這本書付印。我也要藉此向哥倫比亞大學東亞問題權威車維德與康燦雄（David Kang）深致謝忱。

若不是愛妻愛琳・潘寧登（Eileen Pennington）與我的兩個孩子桑德（Xander）與維琴妮亞（Virginia）超人般的包容，讓我沒日沒夜地埋首書房，我不可能完成這本書或之前幾本書。「要安靜…你老爸在趕稿！」是一句令許多作者感慨萬千的話。是的，我對我一家人虧欠太多了！

身為學界人士的我，總希望能透過作品既對政策世界先賢表達一份感激，也為後進帶來一種承先啟後的宗旨意識。不過，對任何一位在歷史與政治學叉路口寫作的人而言，如何清楚界定失敗、悲劇與偏見也是至關重要的課題。當個有理想的現實主義者並不簡單，你必須戰戰競競、全力以赴。我希望我的作品能做到這一點。

台灣版附錄

台灣對安倍大戰略的思考與回應

安倍給日本的戰略遺產與日台關係的缺位

賴怡忠（兩岸交流遠景基金會執行長）

相信各位看到後來，應該都跟我一樣對這本《安倍晉三大戰略》讚服不已。作者並不只是談論前日本首相安倍晉三外交戰略的內容與功過，而是從日本戰略思潮的歷史辯證過程，以及在這些時間日本國內外環境的變化，以四度時空方式建構出安倍晉三的日本外交戰略的特色與內外影響，其在日本外交的發展歷程上扮演了什麼角色，又給了後世什麼樣的戰略遺產，並讓日本取得什麼樣的國際位置。作者最後總結出安倍是讓日本走出戰後的吉田茂體制，打造出新的日本國益共識，並讓日本重新取得亞洲，甚至是全球戰略領導者的角色。本書除了讓我們跟著作者重新認識安倍，並對安倍的成就有另一番體認外，也在閱讀過程見識到作者豐富的理論學養，與對外交實踐強大的操作能量，以及對「日本性」的歷史掌握。相信不少人會與我一樣，發現閱讀這本書本身就是一個豐富的知識探索過程。

安倍對日本的戰略遺產：改變對中戰略、印太構想、價值外交

誠如作者在本書的總結，安倍晉三讓日本從吉田茂體制走出來，以一個更主動積極的角色提出印太區域秩序的看法，並在美國深陷戰略退縮與內部社會極化之時，一肩扛起了在亞太區域維護開放、自由與民主價值為依歸的區域秩序，甚至更提出印太戰略，領導了美國與其他國家在這個區域的戰略議程。

就一個位於日本周邊，且與日本「共享價值」還是最親近鄰居的台灣而言，安倍給日本戰略遺產最有感受的有三點，分別是日本修正其對中戰略、日本提出自由與開放的印太戰略構想、與日本強調以民主價值為判斷基準的外交路線。其對台灣的內部、日台關係、以及台灣所處的區域環境，都具深遠影響。

誠如作者所言，在美國於二〇一七年國安戰略宣示改變過去四十年的對中政策前，日本在安倍於二〇一三年上任後已經開始將其與中關係定位為競爭關係。安倍在二〇一三—二〇一七年初這段期間，剛好是歐巴馬第二任期，原國務卿希拉蕊及亞太助理國務卿坎貝爾主導的重返亞洲（pivot toward Asia），在歐巴馬第二任時被修正為再平衡（rebalance），繼任希拉蕊任國務卿的約翰·凱瑞，更是主張美國對亞洲的外交政策就是經濟政策。

歐巴馬第二任期時主要在煩惱伊拉克撤軍與後的伊斯蘭國問題，北韓核武發展更占據了其亞洲注意力的大部分，唯一在亞太的正向議程就剩下「跨太平洋夥伴關係」（TPP）。安倍對中採競爭的策略，歐巴馬根本毫無興趣。所幸二〇一三—二〇一四年在澳大利亞與印度的選舉結果，讓與安倍想法相近的意識型態盟友出面執政，安倍也找到願意傾聽其戰略構想的對象。因此當安倍再度將其五年前自由與開放的印太戰略主張提出時，是澳大利亞與印度先於美國在支持安倍構想。這也是印太戰略的起始點是在亞洲，不是在美國出現的原因。

安倍利用機會在川普剛選上時積極遊說川普及其團隊，讓美國接受安倍的印太戰略。但與其說美國接受這個印太戰略是安倍的個人魅力，還不如說在安倍前往紐約試圖推銷其構想時，包括澳大利亞與印度早已相當程度接受了安倍的印太主張，當美國在印太的幾個主要盟友對於區域戰略的口徑一致時，會更容易使美國接受這樣的想法。這是為何澳大利亞學者羅瑞·梅德卡夫那本描述印太戰略發展過程的《印太競逐》一書中，是用日本安倍首相與印度總理莫迪的火車會，而不是美國國安戰略的出場，作為印太戰略在此區域成為共識的起點。

值得注意的是，原先為面對中國而提出的印太戰略，之後演變為建構區域秩序的倡議，使得印太戰略超越了具針對性的地緣政治與地緣經濟，讓這個印太戰略獲得更多區域國家的關注，之後甚至外溢到歐洲，促使歐洲國家及歐盟也思考要建構印太戰略。這個過程也讓歐洲國家對亞太區域的關注視角不再被中國支配。使得包括台灣在內等過去被中國陰影覆蓋而得不到關注的國家，取得被關注空間。

安倍將日本對中政策態度轉變為要積極與中國競爭，而為了有效與中國競爭，必須建立在堅實的日美同盟基礎上，日美同盟因此被賦予極為不同的角色。在吉田茂教條下，日美同盟是日本的安全保障之所在，但日本的亞洲政策還是盡量獨立於對美關係，以此做為日本發揮自我意識與建立區域定位的場域。在冷戰到後冷戰初期的日本外交辯論，之所以常出現日中關係與日美同盟相對權重的爭論，與這樣的心理因素有關。

透過高舉日中關係來彰顯日本在美日同盟之外依然具有獨立外交作為，是在這段間在聲稱日本存在自主路線，不完全倚賴於美國的重要例證。但安倍的做法則是在過去被視為戰略少數派的海洋戰略現實主義之上（依循高坂正堯、岡崎久彥等的傳統），明確的採取美日同盟為主軸，並以之衡量對中政策的戰略操作，不同於將日美中視為等距或不等距三邊關係的傳統視角。安倍將對中政策做為日美同盟之下的派生策略，並把日美中關係以美日同盟與中國的雙邊關係處理，不是日美中三邊關係。

安倍讓日本與美國站在明確一方以面對中國的結果，使得日本在台海議題出現存在感。在台海議題上，日本身影隱然出現在美國之後，而過去的美中台三邊關係，也逐漸滑向美日同盟—中—台的關係，將過去美中台、日中台兩個不同的三角關係整合在一起。證諸二〇一八以來美國把對中競爭成為王道之外交策略的發展過程，我們看到安倍不僅先讓美國接受安倍版的印太戰略，也透過日本對美日同盟的影響，促使美國積極擁抱對中戰略競爭的選項，之後更透過美日緊密的合作，影響到二〇一八之後的台海戰略方程式，開啟了二〇二一後的台海安全國際化議程。

安倍的另一個重要貢獻，是讓民主國家展開價值結盟的構想被接受。冷戰結束進入全球化時代，認為歷史已經終結於民主的勝利之下，當時的樂觀氣氛使使得進行民主結盟不被認為是必要之舉，因為大家都需要朝向民主。當時也出現民主和平論，唯一擔心對戰爭的質疑，反而是威權體制向民主轉型時，這種國家最有可能會與其他國家出現戰爭。

小布希總統剛上任時曾意圖發展民主合作而建構民主社群（community of democracies），

但當時也主要是以推廣民主與鞏固新興民主為要。開始有意識地認識到威權體系在全球範圍內對民主發動進攻，因此需要對其反擊，並以民主作為經營管理國際事務的重要價值判準，是安倍先於其他領導者提出的遠見。

對台灣而言，民主價值外交凸顯了認知到對威權體系對民主體制的嚴重威脅，也讓過去被國際親中勢力刻意汙名化為民粹的內部政治改革主張，在論述與認知上有翻轉空間。舉例來說，台灣認同在冷戰結束後因其會挑戰一個中國，在擔心台海和平會因中國對此的過激反應而被破壞，但又無法約束中國之下，華府安全專家們日益將「台灣認同」視為破壞台海現狀的變數，對於跟隨台灣認同而出現對體制改革與憲法修正的合理訴求，也被當成是依附民粹的魯莽、不負責任作為。

因為民主價值的重視與須正視防範威權獨裁對民主體制的攻擊，之後反而發現強固的台灣認同是凝聚社會團結以鞏固民主體制的重要關鍵，開始不再把台灣認同視為洪水猛獸。台海議題之討論會引出這個轉變的主要因素，與安倍戮力強調並讓世界開始重視民主價值的對外作用，是有關的。

安倍時代，高度關注但無戰略的日台關係

這本書著墨於安倍啟動的日本外交戰略轉型，但卻無隻字片語提到安倍時代的日台關係發展，特別是安倍可說是在日台沒有正式關係以來最親台的首相，本身也多次利用機會為台灣加油打氣，以各種方式強調日台的友好與互助。葛林過去在任職美國安會亞洲資深主任時，曾多次來台與當時的民進黨政府溝通交往，對於當時民進黨政府下的台日關係變化應該不陌生，因此當這本描述安倍對日本外交戰略影響的著作中，日台關係被鮮少觸及，或即便被觸及也是頻率甚低，對台灣讀來說，似乎是有些許遺憾的。

雖然這很可能是作者本身的關注重點及篇幅受限，因此無法對安倍個人關注的台日關係有進一步申論。但觀看安倍第二任期的日台關係，真正有意義的發展還真的是比較少，對於安倍以及台灣這邊，相信都會認為這是未達期待「underachieved」的。大家都認為安倍時代的日台關係不應該只是這樣，但因種種因素而出現今天相對「平凡」的結果。

但是這種「平凡」，除了過去六年來台日各自在政治議程上的紛擾，導致發展始終無法對焦外，過去這二十年的台日關係，也是個在新局勢下被迫須正視台灣與日本對彼此的戰略地位的關係，因彼此在冷戰乃至到後冷戰初期的相互漠視，使得這個過程呈現出一個與時間賽跑以

進行歷史補課的狀態，這也讓台日關係的戰略建構過程，相當缺乏歷史的面向，沒關注到台灣與日本在歷史上對彼此的影響。

因為植基於歷史經驗所形成的戰略認知，才會有可長可久的發展基礎，也會形成社會與民族記憶的一部分。偏偏這是談論台日關係時最缺乏的部分，因此日本會關注日台關係，但卻說不出對台戰略應該是什麼；對台灣而言，這也導致對日戰略與內部不同族群對日本的感性認識始終糾纏不清，導致因缺乏共識無法討論就對日戰略進行有意義討論。

日台關係是台日彼此「脫二戰後」建構自我認同的關鍵密碼

與日韓關係做比較，就可以明顯看到問題是什麼。舉例來說，韓半島是日本與亞洲大陸交往的起點，也是亞洲大陸勢力如要進攻日本時，幾乎會採取的路線，因此東京的對韓戰略，就無可避免的與日本的亞洲大陸政策相聯繫。也會出現韓半島是一支插進日本的匕首的這種歷史認識。另一方面，在沖繩廢藩置縣後，台灣成為日本直接的海洋鄰居，大清帝國更是透過讓日本取得台灣誘使其將注意力放在海洋，以延遲日本勢力對亞洲大陸／滿洲的興趣。當一八九八美國取得菲律賓後，日美自此沿著巴士海峽出現分立，為之後雙方在二戰的兵戎相見種下遠因。二戰前日本向東南亞發展的南進政策，也是圍繞在以台灣為前進基地的操作上。

在那個時候，日本面向亞洲的海洋政策門戶就是台灣。但與韓國被視為日本對亞洲的大陸政策之起點的共識相比較，台灣作為日本亞洲海洋政策起點之歷史，反而很少在日本的對台討論上看到。現在的重視更多是來自擔憂中國掌握台灣。

台灣在二戰後迎來另一個殖民政權，台灣對日本的歷史記憶，隨著國民政府在台灣殖民體制的確立後，也跟著被國府的對日戰爭經驗抹除並取代。一九七二年日中建交後蔣介石更開始施行與日本文化的脫鉤政策，此舉讓今天的四年級到六年級生在成長過程中，相當缺乏對日本的基礎認知。而在九〇年代台灣向民主轉型後，復因台灣不同族群對日本存在相互衝突的歷史記憶，使得對日態度被賦予高度政治化的色彩，讓對日研究更容易受到干擾，對日政策也出現高度的內政化。

台灣在戰後因外來政權意圖抹消日本與台灣的歷史連結。日本則因戰後拋棄台灣，加上日中建交後所出現新的政治正確，讓日本也開始避談台灣議題。雖說前殖民主在拋棄對該地的領有後，想要關心這個區域自然很困難，但與同樣是戰前被日本殖民統治，戰後建立獨立國家的韓國來說，日本就沒有避談韓國。台韓同樣在二戰前是日本一部分，在二戰後也有顯著數量的移民定居日本，但是韓半島問題、以及在日韓國人VS在日朝鮮人的議題等，在日本社會是朗朗上口。相對的，在日台灣人卻是個隱形的存在，在台灣出生的日本人（灣生）在日本社會多是不被關注的邊緣群體，而戰前服役的台籍日本兵，不僅在台灣是不方便的政治存在（向天皇效忠的不抗日台灣人），在日本也是個被忽視的群體。

二戰後日本對台灣的無視，更因此開始導致遺忘，使得不少年輕一代日本人不知道台灣在二戰結束前曾是日本一部分的事實。對台韓態度在戰後的日本會出現這麼大的差異，記得一位非常有名氣的日本教授是這麼私下對筆者解釋的。日本一九一〇年併吞韓國以及之後的軍國主義發展，基本上是在明治時代後發生（日本在一九一一年進入大正時代），面對韓國的批評與問題，日本可以迅速歸因於這是日本在明治後走錯方向所致，不會涉及對明治維新的否定，也讓日本在戰後還可保留一絲尋求建立自尊的歷史素材。

但台灣是日本在明治維新之後的首要獎賞。一八九四年日清戰爭證明了日本維新方向的正確，在一九〇五年日俄戰爭更向世界證明亞洲人有能力擊敗當時橫行亞洲的歐洲列強。期間一九〇三年日英同盟也顯示日本取得與西方列強平起平坐的國際認可，側面驗證了明治維新路線帶來日本的獨立自尊。因此當戰後日本正式拋棄台灣後，如果再回過頭來討論台灣議題，勢必會牽涉到明治功過的討論，這對戰後日本來說是「很危險的」。

我當時被這個解釋震撼久久不已。但也意會到日本如要真正走出「二戰後」，就一定要認真討論台灣。因為對台灣議題的歷史反思，不僅會一併審視日本的明治維新過程，也會看到日本崛起的精神過程之光與影。

安倍對日本外交戰略典範進行改造的動機，是意圖重構日本戰後的自我身分與國際認同。因此一個脫吉田茂路線的戰略，就是一個日本走出「二戰後」精神運動在外交領域的表現。但正因為缺乏對台戰略的主張（因持續在關注中國對區域安保威脅的觀念下操作，而不是討論台灣對日本的意義與雙方的歷史連帶），也使得安倍對日本外交的「脫二戰化」戰略改造，無以畢全功。

看完本書細數安倍對日本的外交戰略改造後，當思考台灣的外交戰略與對日戰略改造的必要功課時，也會發現台灣如要提出一個有意義的對日戰略，同樣無法忽視一九四五年前的歷史，光憑一九四九年之後的台日互動經驗，與這段期間發展的民主價值為基礎，是遠遠不夠的。從這個角度看，安倍對日本外交戰略改造中出現的台日關係缺位，反映出台灣與日本對彼此的區域定位與自我身分認同的重要性，甚至是彼此在精神上如何「脫二戰化」、「脫中國內戰化」的關鍵密碼。

日本國家戰略的台灣因素

李世暉（國立政治大學國際事務學院副教授、
台灣日本研究院理事長）

國家戰略是指以國家的發展目標與國力為基礎，綜合判斷國內外情勢後所制定的整體戰略。其主要內容包括國家的軍事戰略、外交戰略與經濟戰略，而其戰略目標則是追求國家的繁榮與安全。一般而言，國家的戰略會因應國家的發展階段，如成立期、上升期、安定期、衰退期等，而有不同的內涵方針。明治維新之後的日本為例。明治國家成立之初，國家的首要目標為廢除不平等條約與富國強兵，並由此延伸出各種不同的國家戰略。包括大久保利通與大隈重信推動的「殖產興業」、宮島誠一郎提出的「日清提攜論」以及福澤諭吉的「脫亞論」等。

隨著日本在日清戰爭（甲午戰爭）、日俄戰爭取得勝利，日本國力出現飛躍性的成長，日本也重新評估其所處的國際環境，以及國家發展的戰略。此一國家發展上升時期的日本國家戰略，最具代表性的是兩條戰略路線的競爭。第一條戰略路線之爭，是陸軍主導的「北進論」（以朝鮮半島為基地，控制中國的東北與華北地區）與海軍支持的「南進論」（以台灣為基地，向中國華南地區、南洋地區發展勢力）。第二條戰略路線之爭，是當時日本國內兩大政黨所強調的「產業立國論」（政友會）與「貿易立國論」（民政黨）。其中，產業立國論重視滿洲開發，不惜與中國產生直接衝突；貿易立國論強調日中貿易的重要，主張建立友好的日中關係。

一九三〇年代之後，日本的外交路線受挫，其與歐美列強的矛盾日深。日本為了驅逐歐美勢力，獨占東亞地區的利權，首先推動「大東亞金融圈」的成立，以日圓作為共同的清算貨幣。之後在總動員體制下，日本形成了明治維新後的第一個「大戰略」（grand strategy）—大東亞共榮圈。國際關係領域所指稱的「大戰略」，是國家運用所有權力手段來達成目標的總體戰略。大東亞共榮圈乃是日本基於地緣政治思維的「生存圈」概念而制定的大戰略，主張在日本的帶領下，東亞地區建立「共存共榮」的新秩序。然而，當時日本的國力並不足以支撐此一大戰略。隨著太平洋戰爭的擴大，日本財政上的緊迫急速弱化其在東亞地區統治的基盤。隨著時間的推移與東亞共榮圈範圍的擴大，日本的第一個大戰略最終以失敗收場。

二次世界大戰結束之後，受到冷戰兩極對立、戰敗國地位、和平憲法制約與日美安保體制等因素影響，日本有很長一段時間沒有出現大戰略。此一時期的日本，透過對外的「貿易立國」與對內的「列島改造」，在經濟復甦上出現耀眼的成果，但軍事與外交領域卻只能追隨美國。進入後冷戰時期，日本的戰略自主不再受到外在環境的限制，但由於國內政局的不穩，以及在位者對外交事務的漠不關心，一直要到二〇一二年安倍晉三就任首相後，才開始出現新的大戰略思維—自由與開放的印太地區。

安倍晉三的大戰略有三根重要支柱。首先在安全層面上，是提出亞洲民主安全之鑽的概念，透過定期的四方會談，結合日本、美國、澳洲與印度的影響力，確保印太地區的和平與安定。其次在經濟層面上，則是努力推動與促成高標準區域經濟整合的TPP（美國退出後更名為CPTPP），並將其視為「自由與開放印太地區」的經濟基礎。最後在外交層面上，是強調「俯瞰地球儀的外交」與「積極的和平主義」。透過此兩項政策措施，不僅可發揮日本的區域影響力，亦可在全球和平與安全議題上，扮演重要的角色。

值得注意的是，在地緣政治與地緣經濟的考量下，無論是第一次大戰略的大東亞共榮圈，還是第二次大戰略的「自由與開放的印太」，日中關係與台灣都是最關鍵的要素。在東亞共榮圈下，中國是日本的勢力範圍，而台灣更是日本的南門關鍵、南進基地。而在「自由與開放的印太地區」中，其針對的對象就是崛起的中國，而台灣位於日本的海上生命線上，台灣有事就等於日本有事。若要進一步理解當代日本戰略中的台灣角色，就必須先理解日本如何以國家利益來思考台灣。

明治維新之後的日本，在以國家獨立為主的國家利益思維下，一方面藉由富國強兵來確立國家主權，另一方面則是在日本周邊掌控「境外」決戰之地，以防止本土受到外國勢力的攻擊。面對中國與俄羅斯等大陸國家勢力，明治政府在安全保障與國家利益的面向上，聚焦於對朝鮮半島的支配。而面對來自海洋的西方威脅，琉球與台灣則是日本重要「境外決戰」的關鍵地域。

在日本快速朝向帝國主義傾斜的二十世紀初期，日本在思考國家利益之際，陷入了北進（中國東北）與南進（中國華南與南洋地區）的政策競爭。一九三六年八月，日本的南進政策經由日本內閣會議議決，首度正式成為日本「國策的基準」。當時的政府公文書明確記載：「鑑於帝國內外之情勢，帝國必須確立的根本國策，是透過外交國防，一方面確保帝國在東亞大陸的地位，另一方面則向南方海洋發展」。到了一九三八年九月，在海軍的指示下，台灣總督府作成「南方外地統治組織擴充強化方策」，主張活用台灣經驗，以確立日本對廣東、汕頭、海南島的支配權。一九三九年，日本占領海南島之後，海軍決定由台灣總督府來協助該島的開發。值得注意的是，隨著中日戰爭的擴大，台灣在日本安全保障上的地位日形重要。

身為二次世界大戰的戰敗國，戰後初期的日本在自國安全保障與國家利益的議題上，並未有任何自主的空間，而是由日美安保體制來決定。在日美安保體制下，日本一方面接受了美國的保護，成為戰後美國東亞戰略的核心；另一方面則是進行重新武裝，分擔美國在東亞地區的防禦重擔。同時，日本也專注自身的經濟發展，並由此創造了日本的經濟奇蹟。值得注意的是，戰後的日本與台灣同屬民主陣營的東亞島鏈，彼此之間具有密切的地緣政治與安全保障關係。而日台之間的經貿關係，亦是鑲嵌於美國的亞太戰略之中，受到美國經貿外交政策的影響，形成了緊密的日美台三角經貿關係。

值得注意的是，不同於美國以戰略角度思考台灣問題，日本對於台灣的「定位」是相對複雜的。在國家戰略上，台灣位於日本海上生命線上的要衝，亦是日美安保體制的適用範圍。但是，過去以來的日本受到和平憲法的制約，較少在國防戰略問題上單獨觸及台灣議題，而是由日美安保體制來對應。另一方面，戰後的日本迴避其在朝鮮半島與中國本土的戰爭歷史問題，卻美化其在台灣殖民時期的成功經驗，導致中國認為日本將台灣視為「不在日本版圖內的日本領土」。這意味著，台灣因素同時涉及到日本的國家安全與歷史認識。而台灣因素的複雜性，也讓日本在思考國家利益時，經常擺盪在與認同有關的歷史遺緒，以及與安全有關的現實主義之間。

在上述日本國家戰略與國家利益的發展脈絡下，安倍晉三的大戰略具有維持區域與全球穩定的目標，並以對應中國在軍事、經濟的崛起為主要議題。另一方面，台灣則是安倍晉三大戰略中的關鍵角色。在此必須強調的是，安倍晉三大戰略中的台灣，既包括了與歷史遺緒有關的友台情感，也包括了現實主義下的島鏈、供應鏈與民主價值鏈等戰略角色。

誠如作者在結論中所提及，安倍晉三所遺留下的外交遺產，讓日本與美國邁向了新特殊關係的階段。同樣地，在日台關係的面向上，歷史遺緒與現實主義的結合下，日本與台灣也開啟了新的互動關係。當大戰略的框架與內容底定之後，剩下的只是資源手段的調度與政策的落實。而此一大戰略推動將持續影響當代日本的經貿、金融、外交與國防政策。在可預見的未來，透過此一大戰略，日本將持續在印太區域乃至於全球扮演更為積極的角色。

安倍晉三的海洋大戰略，不只改造日本，更會改變亞洲！

矢板明夫（產經新聞台北支局長）

安倍在國家找不到方向之際登場

安倍登場前的日本，正處於失落的時代。經濟泡沫化之前的日本，因其位在東西對立的最前線這一重要戰略地位，儘管不能發展軍備，但因為美國希望日本可以撐住最前線，因此提供給日本大量援助與機會，因此日本在蘇美冷戰期間賺得盆滿缽滿。

然而隨著蘇聯的解體，國際大環境開始變化，進入了後冷戰的全球化時代，這時代最大的改變就是中國的崛起跟日本的沒落。隨著中國不再是敵人，而日本的戰略地位因此消失。冷戰過後的十年，日本幾乎什麼事也沒辦法進行，被稱為失落的十年、接著是失落的二十年，這時安倍出現了。

安倍要面對的問題，一個是日本失去了經濟發展的模式，除了找不到支撐日本經濟發展的著力點。日本的不景氣是結構性的問題，日本國內的少子化和高齡化，導致無法透過減稅、刺激消費來提振經濟。但安倍面對的更重要問題是中國崛起的威脅，以及作為中國馬前卒的北韓不斷發導彈跟核試驗來威脅日本。正是在這種內憂外患，國家找不到方向的時候，安倍登場了。

安倍時代的日本戰略轉向

在經濟方面，大家都知道安倍的「三隻箭」的經濟政策，成功振興了日本的經濟不景氣。

但我認為安倍更關鍵任務，是成功推動了日本國家戰略的大轉向。

在二戰後，蘇聯是日本主要的敵人，而中國是拉攏的對象。美國出自結束冷戰的戰略目的也希望日本協助中國，把中國變成盟友，幫助中國推動改革開放的大方向。中間過程中即便發生了天安門事件，日本還是給中國支援。這正如一個日本外交官所說的：「日本好像在幫助一個窮孩子，讓他越長越大，最後變成了怪獸級的巨無霸，這時的日本還要不要繼續幫助他？」

日本協助中國的本意，還有兩個原因。一個是中國是日本文化上的老師；另外一個是日本曾經侵略過中國，因此懷抱著對中國的贖罪感。這兩點始終壓著日本，以至於中國再怎麼欺負日本，日本也一直忍讓。而安倍成功地改變了日本對中國的這種態度，他認為日本可以離開中國所謂的溫情與文化舞台，也必須結束戰後七十多年來日本不斷向中國道歉這個政治行為。安倍在二〇一五年，也就是在戰後七十周年時發表講話：「這是日本最後一次道歉，不能讓我們的子孫這樣一直道歉下去。從此以後，中國不應該再拿日本歷史問題指責日本，也不該再強調我就是日本人文化上的老師。」

因此，從安倍開始，日本的戰略假想敵，從北方（蘇聯）正式轉成西方（中國）。而安倍之後的日本首相，不管是菅義偉，還是岸田文雄，都延續了安倍的對政策，從而和安倍之前的日本首相完全不一樣，這就是安倍戰略對日本產生的劃時代轉變。

另外，過去的日本在美中關係中往往扮演第三邊的角色、並在中美關係間取得平衡，如同加藤紘一常說的：「中日美三邊關係是正三角關係」。而從安倍開始，他選擇站在美國這一邊並完全取得美國的信任，日美關係甚至超越英美關係，升日本的國際戰略地位也因此得到提升。

此外，由於美國的支持，安倍更能順利推動國內的改革，比如重新詮釋憲法九條。過去日本無法改革憲法的最大阻力來自美國，因為美國憂慮日本重演軍國主義的歷史，但現在的美國，無論是川普、拜登都希望日本重整軍備，承擔起亞州的區域安全與和平，因此反而是美國催促日本重整軍備。這雖是國際局勢的改變，更是安倍本人的戰略思維所推動的結果。

回顧二〇二〇年，如果東京奧運舉辦成功，將是日本從災後重建，重返世界大國舞台的宣言，可惜受到全球疫情與他個人健康因素的影響，安倍未能見證這一刻。現在的安倍雖然已卸任首相一職，但仍然為自己的政治信念積極奔走，因此不是他政治生涯的結束，而是一個新開始。安倍領導下的日本，積極參與國際活動，倡議「自由開放的印太」戰略框架，建立CPTPP、Quad等跨國組織，深深影響亞洲乃至於世界格局。美國總統拜登與其他十三個國家選擇在東京簽署IPEF（印太經濟框架），由此可見安倍大戰略的實質影響。

安倍可以說是戰後日本最有影響力的首相，他的思想獲得日本國民的普遍認同，引導了日本新的國家發展方向。這就像是司馬遼太郎說的「坂上之雲」（山坡上的雲）。安倍爬上山坡，找到了這朵雲，找到了讓日本前進的理想。安倍不僅成功改變了日本，更影響了整個亞洲的未來。

從坐在船上的陸權思想到海權民主國

本書作者葛林認為，日本歷史上有陸權跟海權的爭論。從明治維新以來，日本就有海權思想的萌芽，但在一九〇五年日俄戰爭以後，陸權思想逐漸占了上風，因此才衍生出侵略滿洲及中國的插曲。安倍的戰略轉型，則是推動日本回到明治時代海權思想的原則。我不太同意這個結論，我認為安倍才是日本海權戰略的原點。

近代世界的國家戰略可以概括為兩種：海權或陸權國家。陸權國家依賴對外擴張、征服領土、掠奪資源跟勞動力來壯大自己，例如俄羅斯跟中國都是陸權國家。而海權國家依賴貿易發展、各取所需來獲取優勢。換句話說，陸權國家必須依賴征服以獲取國家的絕對權威；而海權國家只要能維持公平貿易不受阻礙，沒有其他限制。因此海權國家在國際關係上的發展，往往比陸權國家更具優勢，例如英國、美國。

日本雖然是海島國家，但是土地面積足夠大，陸權思維也一直很強大。比如日本戰國時代，各大名（軍閥）相互競爭的方式，展現的就是陸權國家的思維：打贏了你，你的土地、女人、資源就都是我的。接著持續二百六十多年的江戶時代是海禁時代，絕大多數的日本人沒有出過海，都生活在陸地上。明治維新以後，日本雖然坐上了西洋的蒸汽船，但依然是個坐在船上的陸權國家，對樺太島、台灣等地進行擴張，跟其他陸權國家沒有什麼區別。

二戰後，陸權性質的軍國主義失敗，日本在美日安保體系的保護下成為一個以經濟發展為主導的國家，缺乏戰略的主動性。因此，安倍的構想不只要拋棄軍國主義等舊的陸權思想，更要想推動日本以海權國家的姿態，重新出現在國際舞台上，讓日本成為引領亞洲的海洋民主國。所以，安倍的海洋大戰略沒有對外擴張的領土野心，而是像美國一樣，防止陸權國家因為追求擴張而開啟妨礙國際貿易的戰爭。這個思路與過去日本的陸權思想截然不同。

雖然，我無法預見日本未來會不會再度成為一個陸權國家，因為日本人的思想並沒有全部改變，國內仍有根深蒂固的陸權思想，例如俄羅斯攻打烏克蘭，日本馬上有人想趁機要回北方領土，把庫頁島、千島群島要回來，說明這種領土擴張的思想依舊存在日本人心中。可以預期，傳統的陸權思想與安倍的海權思想，將成為日本國相互競爭的兩種主流戰略思想。

安倍對中國的強硬政策

在安倍的帶領下，日本以追求公平貿易的海權原則重返國際舞台，首先就必須面對中國的外交難題。比如在二〇一二年底，剛就任第二任首相的安倍，首先面臨的難題便是釣魚台（日本稱「尖閣諸島」）國有化而引爆中國的反日情緒。同樣剛就任中國國家主席的習近平，更要求日本恢復釣魚台國有化之前的狀態，並要求安倍不可參拜靖國神社，否則兩國將無法重啟談判。

在這段期間，儘管中國用盡各種方式對日本施壓，然而在安倍絕不妥協的強硬政策下，最後中國只好讓步，只要日本承認釣魚島是爭議性領土即可。但是安倍依然拒絕接受這種文字遊戲，捍衛日本固有的經濟海域。這導致了安倍與習近平僵持三年始終沒有會面，直到二〇一四年底亞太經濟合作組織（APEC）在北京召開，習近平才不得不接見安倍。這是戰後日本第一次面對中國威脅仍堅持自己的主張。

安倍的堅持是日本外交史上非常大的突破。我認為這不是他故意對中國強硬，而是堅持自己的主張。後來中國想盡辦法批評安倍，把他描繪為希特勒、軍國主義分子，試圖降低安倍影響力，但除此之外也沒有其他辦法。在中國的外交慣例上，中國國家主席任期的最後一年要去日本訪問，但是到現在十年過去，習近平也沒有訪問過日本，中國也無法締結中日之間的第五個外交文件。

安倍對中戰略的成功之處，是把自己跟美國和印太整個大結構綁在一起，從而使得中國的任何外交小動作都無法發揮作用。「不惜交惡也要堅持戰略原則」，安倍解除了過去中國施加給日本的頭銬腳鐐，之後的日本突破贖罪感的心理後，變得海闊天空、不再束手束腳。安倍成功改變了作為戰敗國的日本長久以來國際地位低落的處境。

為什麼安倍作為一個政治人物，能具備這樣果決地承擔決策與各種爭議的特質？我認為跟他外公岸信介的個性有關。一九六〇年代，岸信介不顧眾人反對，強行通過《日美安保條約》並獲得最後的勝利。安倍的性格或多或少跟家庭教育有關。也因此安倍能帶領日本突破外交困境，建構新型態的國際組織架構，影響整個亞洲局勢。

台灣在安倍大戰略中扮演的角色

安倍在中國崛起的威脅下，從二〇一七年開始，努力促成Quad（四方安全談話）以圍堵中國的擴張。而中國的擴張就是台灣的危機。因為中國侵略其他國家有國際法的問題，但台灣的國際地位模糊，若中國以國內法的名義侵略台灣，外國難以插手，為了讓中國打消侵略台灣的念頭，亞洲的民主勢力便需要保持軍事上的絕對優勢。

現在的美國雖然在亞洲保有中國的軍事優勢，但再過十年、二十年，美國的優勢未必能繼續維持。因此，日本在美國的支持下得以改革憲法，脫離戰後體制並增強軍事實力。但是，光靠日本的力量是不足以有效維持地區安全的，所以還需要聯合印度跟澳大利亞，才能保持對中國的絕對軍事優勢。所以安倍構思的Quad，可以說就是為了保護台灣所設置的。

安倍認識到今天的日本位於新冷戰架構中的最前線，但是台灣的位置則是比日本還要更前面；日本若是烏克蘭，則台灣是克里米亞，所以安倍當然要挺台灣。台灣淪陷了，日本不只直接淪為衝突的最前線，而且作為國家命脈的海運航線也會被中國切斷，因此可以說台灣與日本有著唇亡齒寒的關係。因此安倍希望日本要全力支持台灣，更在二〇二一年底明確地喊出：「台灣有事就是日本有事，日本出於國家戰略的需要，會全力支持台灣。」

另外，安倍大戰略中最為強調的部分，乃是台灣與日本都擁有自由民主的最核心價值。因此，安倍在日本繼續推動台灣加入CPTPP（《跨太平洋夥伴全面進步協定》）、提供台灣疫苗等等，除了基於日台之間的友誼，更是不希望讓台灣因為內部政治動盪而導致混亂。我認為影響台灣的國際力量，百分之七十來自美國，百分之二十是日本，其它占百分之十，換句話說台灣只要有日、美支持，就能決定自己的未來。然而，台灣獲得日本及美國支持的前提，是台灣不主動挑事，否則日、美就被台灣綁架。雖然歷來的台灣總統，都沒有辦法做到讓日本或美國百分百信任，不過今天的蔡英文總統在這方面就處理得很好，一方面堅持台灣主權、不接受九二共識、不與中國玩文字遊戲；另一方面也不主動挑起兩岸衝突。

日本百年戰略與安倍主義

郭育仁（國立中山大學中國與亞太區域研究所教授、
當代日本研究學會會長、國策研究院執行長）

非常榮幸推薦麥可．葛林的大作《安倍晉三的大戰略》（*Line of Advantages: Japan's Grand Strategy in the Era of Abe Shinzo*）。尤其身為二〇二一年十二月一日安倍在國策研究院發表「台灣有事、日本有事」演講的主辦人，更有切身之感。我與葛林的關係可以追溯到九十年代，在美國求學與撰寫博士論文時多次面訪關於美日同盟議題。葛林受過嚴謹學術訓練與完整國安政策實務歷練，是極少數能討論日本國家大戰略的專家。

葛林開頭便強調，二〇一二年二次執政時面對的內外困局是影響安倍構思日本大戰略的主要原因：六年六任首相、二〇〇九年民主黨荒腔走板主政、二〇一〇年中國經濟規模超越日本、二〇一一年東日本大地震與福島核災、中國在釣魚台海空域的挑戰、以及失去美國的信賴。美國前副國務卿阿米塔吉（Richard Armitage）與前助理國防部長奈伊（Joseph Nye）對日本的停滯不前表達擔憂並質疑日本能否維持「一流強國」地位。二〇一三年二月二十二日安倍重返「戰略暨國際研究中心」（CSIS），發表「日本回來了」（Japan is back）演說，明確表示「日本不會淪為二流國家，現在不會，未來也永遠不會！」之後八年，安倍重新調整日本體制、美日關係、以及國家大戰略來證明此言不虛。

日本國家大戰略的前世今生

政治菁英因應險惡地緣環境被迫調整體制與外交戰略，在日本歷史上並不罕見。日本在十九世紀面對崩解的清帝國、以及俄羅斯與歐洲強權凶惡的擴張。一八八九年山縣有朋提出《外交政略論》「利益線」的擴張論。山縣主張日本必須劃設國家「利益線」以主動形塑外在環境，避免對手控制日本的關鍵通道。山縣將「利益線」劃在亞洲大陸，從朝鮮半島往滿洲與中國延伸，導致日本處於海陸腹背受敵的窘境，以及最後災難性的敗戰。

葛林認為，安倍「積極和平主義」受到一八六七年坂本龍馬「船中八策」的啟發，外交與國防政策雖採「利益線」概念卻有截然不同的戰略方向：即選擇將「利益線」劃在海上。安倍刻意運用海洋與大世界等詞彙定義日本的大戰略，例如「四方安全對話」與「自由開放的印太」戰略的構築。安倍「利益線」雖以地緣概念為基礎，但強調海洋與貿易對島國的重要性，從而主張日本必須爭取制訂區域與全球規格與規範的主導權，並保障海路到網路空間所有進入日本的門戶。換言之，安倍的戰略手段並非戰前先發制人的軍事征服戰略，而是價值觀、經貿、科技、機制合作、與外交手段的競爭。

安倍的自由開放印太戰略

葛林強調安倍的印太戰略有兩大主軸：維持權力平衡現狀與國際主義。首先、為維持印太地區權力平衡的現狀，安倍突破多年政治禁忌，解禁日本自衛隊行使集體自衛權進行本土防衛以外的任務，以便與美國、澳洲等夥伴進行緊密的聯合計劃與軍事行動。安倍也推動「自由開放的印太」（FOIP）戰略，加強日本在印太地區的外交、軍事能力構築、與基礎設施援助，以對抗中國在亞洲稱霸的野心。美國川普（Donald Trump）與拜登（Joe Biden）政府的印太戰略便是借用安倍FOIP的概念。澳洲與印度也先後接受安倍建議，與美日建立海洋民主國的「四方安全對話」（Quad）。

其次，安倍的印太戰略帶有濃厚國際主義色彩。日本並未試圖在區域合作中排擠中國，反倒企圖透過多邊貿易與外交協議的規則制訂，迫使中國遵守國際規範。當川普退出《跨太平洋夥伴協定》（*Trans-Pacific Partnership*，TPP）時，安倍仍持續完成TPP簽署，也簽署包含中國在內的《區域全面經濟夥伴協定》（RCEP）以鞏固亞太地區的貿易規範。

二〇一九年澳洲「洛伊國際政策研究所」（Lowy Institute）對區域國力與影響力評估報告認為，日本已成為「亞洲自由秩序的領導者」。國關學者布蘭茲（Hal Brands）與庫伯（Zack Cooper）更說，美國所有盟國中，只有日本能與中國展開長期與全面競爭：從外交、經貿、科技、軍事、價值觀、以及基礎建設。美國與其他民主國家後來提出對中國政策強調競爭而非對抗，有太多與日本雷同之處也是不爭的事實。

百年歷史教訓與安倍主義

葛林認為，安倍大戰略已經取代戰後的吉田主義，在面對二戰歷史問題更具積極性與反思性，也在國家發展上遠比擴張主義更具戰略遠見與持續性。首先、安倍大戰略並不迴避軍事手段的運用，但更重視外交、經貿、與價值觀等政策工具的操作，讓日本在國際舞台上成為重要的國際自由秩序的捍衛者，而非歷史「修正主義」（revisionism）者。

其次、日本一九三〇至一九四〇年代在亞洲大陸擴張利益線不僅不道德也是嚴重的戰略誤判。安倍的戰略選擇讓日本與其他海洋大國合作強化國際貿易標準、保護海上通道，成為可長可久的必然戰略趨勢。美國、澳洲、與其他海洋民主國家紛紛採取類似政策、構築「印太」戰略的事實，進一步強化此戰略架構的持續性。最後、安倍的海洋戰略能讓日本有效運用國力以及維繫海上通道與國際規範，同時放棄塑造朝鮮半島地緣政治格局：即山縣的利益線。安倍透過主動的海洋戰略企圖證明二十世紀早期的擴張主義是日本歷史上的非常態。

葛林筆下安倍推動日本大戰略的轉型，是近代國際關係最重要的發展之一，也是同樣處於美中國力相對消長與長期戰略競爭的國際格局、同為海洋國家、同樣受到快速崛起中國全面性壓迫的台灣一個重要的參考。

謝辭

1 Michael J. Green, By *More than Providence: Grand Strategy and American Power in the Asia Pacific Since 1783* (New York: Columbia University Press, 2017).

13, 2020.

133 Tomoko Kamata, "PM Suga's Digital Mission," *NHK World-Japan,* September 24, 2020, https://www3.nhk.or.jp/nhkworld/en/news/backstories/1304/; Taiga Uranaka and Yuki Hagiwara, "Japanese Banks Expect Digital Shift to Accelerate Under Suga," *Bloomberg*, September 17, 2020, https://www.bloomberg.com/news/articles/2020-09-17/japanese-banks-expect-digital-shift-to-accelerate-under-suga.

134 獨角獸公司數目從 2018 年的一家增加到 2019 年的三家；參見 Kazuyuki Okudaira, "Japan's Unicorn Population a Shadow of Those in the US and China," *Nikkei Asia,* August 4, 2019, https://asia.nikkei.com/Business/Startups/Japan-s-unicorn-population-a-shadow-of-those-in-the-US-and-China. 不過，日本的科技公司主管告訴我，他們現在在科技產業見到好幾十家可能成為獨角獸的公司。

135 對專家與投資人的民調發現，在 2020 年 10 月，十九個強有力經濟治理指數中有十八個上揚，參見 Jack Lambert et al., *Gatehouse Governance Tracker: Japan Q3 2020,* Gatehouse Advisory Partners, October 21, 2020.

136 Carol Gluck, "Patterns of Change: A 'Grand Unified Theory' of Japanese History," *Bulletin of the American Academy of Arts and Sciences* 48, no. 6 (March 1995): 38.

137 Mireya Solís, "The Underappreciated Power: Japan After Abe," *Foreign Affairs* 99, no. 6 (November/December 2020): 124.

138 Cabinet Office, "Heisei 29 nen-do Yoron Chōsa" [2017 年民眾民意調查], Government of Japan, https://survey.gov-online.go.jp/h29/h29-life/zh/z02-2.html.

結論：吉田主義的結束

1 "Japan Communist Party Slams China in First Platform Change Since 2004," *Japan Times*, January 18, 2020, https://www.japantimes.co.jp/news/2020/01/18/national/politics-diplomacy/japanese-communist-party-china-platform/.

2 Michael J. Green, *By More than Providence: Grand Strategy and American Power in the Asia Pacific Since 1783* (New York: Columbia University Press, 2017), 548.

3 一般來自 *Sunday Telegraph*, February 9, 1964.

4 Green, By *More than Providence,* 314.

5 *Mapping the Future of U.S. China Policy*, https://chinasurvey.csis.org/.

6 舉例而言，參見 Hiroyuki Akita, "Time for Japan and Europe to Fill Void Left by US on World Stage: A Biden Win Would Not Mean an Immediate Return as Global Leader," *Nikkei Asia,* November 1, 2020.

482eed0038b1.

129 Emiko Jozuka and Yoko Wakatsuki, "Answering the Call: The Women on the Front Lines of Japan's Defense," *CNN,* February 3, 2019, https://www.cnn.com/2019/01/23/asia/japan-self-defense-force-recruitment-intl/index.html; "Women Taking On More Frontline Roles in Japan's Self-Defense Forces," *Kyodo News,* October 14, 2018, https://english.kyodonews.net/news/2018/10/7eca2543f9e6-feature-women-taking-on-more-frontline-roles-in-japans-self-defense-forces.html. The U.S. advisory board is DACOWITS—Defense Advisory Committee on Women in the Services; 參見: https://dacowits.defense.gov/.

130 "20nen Haru Nyūshō no Kokka Kōmuin Josei wa Kako Saikōno 37 percent" [在 2020 年春進入政府部會工作的公務人員中，女性占 37%，創有史以來新 高], *Nihon Keizai Shimbun*, May 29, 2020, https://www.nikkei.com/article/DGXMZO59741270Z20C20A5EA3000/.

131 "Shutsunyūkoku Kanri Oyobi Nanmin Nintei hō Oyobi Hōmushō Secchihō no Ichibu wo Kaisei suru Hōritsu" [法案要修正「移民管制與難民辨認法」一部份以及「法務省設立法」], House of Representatives, Japan, http://www.shugiin.go.jp/internet/itdb_housei.nsf/html/housei/19720181214102.htm; Simon Denyer and Akiko Kashiwagi, "Japan Passes Controversial New Immigration Bill to Attract Foreign Workers," *Washington Post*, December 7, 2018, https://www.washingtonpost.com/world/japan-passes-controversial-new-immigration-bill-to-attract-foreign-workers/2018/12/07/a76d8420-f9f3-11e8-863a-8972120646e0_story.html; Takehiro Masumoto, "Japan's Open to Foreign Workers: Just Don't Call Them Immigrants," *South China Morning Post*, June 30, 2018, https://www.scmp.com/week-asia/business/article/2152880/japans-open-foreign-workers-just-dont-call-them-immigrants.

132 馬丁・蓋林（Martin Gelin）引用小熊英二的話： "Japan Radically Increased Immigration—and No One Protested," *Foreign Policy,* June 23, 2020, https://foreignpolicy.com/2020/06/23/japan-immigration-policy-xenophobia-migration/; "Revised Immigration Control and Refugee Recognition Law—No Settlement in the Countryside Expected Despite the Expansion in Accepting Foreign Nationals, Government Lacking Clear Policy" 《每日新聞》2018 年 12 月 26 日 ; Chris Burgess, "A Japanese Multicultural Society Still Far Off," *East Asia Forum*, October 13, 2016, https://www.eastasiaforum.org/2016/10/13/a-japanese-multicultural-society-still-far-off/.

保守派自民黨政界人士擁抱移民的，包括額賀福志郎與稻田朋美。"Konbini mo 'Tokutei Ginō ni' Gaikokujin Ukeire de Jimin Teigen" [自民黨建議為接受的外國人「特定有技巧產業」添加便利商店], *Nihon Keizai Shimbun*, June com/finance-and-economics/2014/12/30/pump-priming?zid=309&ah=80dcf288b8561b012f603b9fd9577f0e.

123 "Council for the Realization of Work Style Reform," *Kantei,* September 27, 2016, https://japan.kantei.go.jp/97_abe/actions/201609/27article2.html; "Abenomics' 'Third Arrow' Key to Revitalizing Japan's Economy," Organisation for Economic Co-operation and Development, April 15, 2015, https://www.oecd.org/newsroom/abenomics-third-arrow-key-to-revitalising-japans-economy.htm; Prime Minister's Office of Japan,"Opening Speech by Prime Minister Shinzo Abe at the World Assembly for Women in Tokyo: WAW! 2015," *YouTube,* June 1, 2017, https://www.youtube.com/watch?v=K4QiuT88i9Y.

124 Kaori Kaneko and Leika Kihara, "Japan May Slide Toward Recession as 'Abenomics' Impact Fades," Reuters, November 14, 2019, https://www.reuters.com/article/us-japan-abe-economy-analysis/japan-may-slide-toward-recession-as-abenomics-impact-fades-idUSKBN1XO2YN; "Abenomics Provides a Lesson for the Rich World," *Financial Times*, November 21, 2019, https://www.ft.com/content/f4326dba-0ba5-11ea-bb52-34c8d9dc6d84; Motonao Uesugi, "Has Abenomics Run Out of Steam?" *Nikkei Asia*, January 12, 2020, https://asia.nikkei.com/Spotlight/Comment/Has-Abenomics-run-out-of-steam; William Pesek, "Coronavirus Fallout Highlights Failure of Japan's Womenomics,"*Nikkei Asia*, June 18, 2020, https://asia.nikkei.com/Opinion/Coronavirus-fallout-highlights-failure-of-Japan-s-womenomics.

125 Akira Kawamoto, "Moving the Nation Beyond Abenomics," *Japan Times*, March 8, 2020, https://www.japantimes.co.jp/opinion/2020/03/08/commentary/japan-commentary/moving-nation-beyond-abenomics/; Kathy Matsui, Hiromi Suzuki, and Kazunori Tatebe, *Womenomics 5.0: 20 Years On*, Goldman Sachs, April 2019, https://www.goldmansachs.com/insights/pages/womenomics-5.0/multimedia/womenomics-5.0-report.pdf.

126 Yuri Kageyama, "Japan's Economy Shrinks at Record Rate, Slammed by Pandemic," Associated Press, August 16, 2020, https://apnews.com/article/virus-outbreak-global-trade-ap-top-news-world-war-ii-financial-markets-d10ca239b0e6ffafc5a2c7deafd23d85.

127 舉例而言，參見 Akira Kawamoto, "Moving the Nation Beyond Abenomics," *Japan Times*, March 8, 2020, https://www.japantimes.co.jp/opinion/2020/03/08/commentary/japan-commentary/moving-nation-beyond-abenomics; "Abenomics Provides a Lesson for the Rich World,"*Financial Times*, November 21, 2019, https://www.ft.com/content/f4326dba-0ba5-11ea-bb52-34c8d9dc6d84.

128 舉例而言，參見 "Japan's Problem Is Not Enough Abenomics," *Financial Times*, February 18, 2020, https://www.ft.com/content/17607a42-517a-11ea-8841-

June 29, 2020;"PM Abe Leading Discussion on Teki Kichi Kogeki（敵基地攻擊）—Urging to Fill the Vacuum of Defense Policy," *Jiji Press*, June 19, 2020; "Defense Minister Kono Says It Is Natural to Discuss the Possession of Teki Kichi Kogeki Noryoku（敵基地攻擊能力）," *Asahi Shimbun*, July 9, 2020.

112 舉例而言，參見 Masafumi Iida, "China's Security Threats and Japan's Responses," in *Strategic Japan 2021: The Future of Japan-China Relations*, Center for Strategic and International Studies, April 2021, https://www.csis.org/programs/japan-chair/strategic-japan-working-papers#2021.

113 "Uchū Kihon hō" [基本太空法],*E-Gov,* https://elaws.e-gov.go.jp/search/elawsSearch/elaws_search/lsg0500/detail?lawId=420AC1000000043.

114 "Japan and U.S. Agree to Boost Defense Cooperation in Outer Space," *Japan Times*, August 27, 2020, https://www.japantimes.co.jp/news/2020/08/27/national/abe-meets-u-s-space-force-chief/.

115 *Defense of Japan* 2017, 338–39.

116 "Jieitai Chihōni Hatsuno Saibā Butai Chūgoku Nentō" [自衛隊將以中國為假想敵，部署一個新網路防衛單位], *Asahi Shimbun*, June 11, 2019, https://www.asahi.com/articles/ASM67645CM67UTFK01N.html.

117 Grant Newsham, "Time to Be Honest About Japan's Defense Deficiency," *Asia Times*, October 13, 2020, https://asiatimes.com/2020/10/time-to-be-honest-about-japans-defense-deficiency/.

118 Jeffrey R. Hornung, *Japan's Potential Contributions in an East China Sea Contingency*, RAND Corporation, 2020, https://www.rand.org/pubs/research_reports/RRA314-1.html?utm_source=WhatCountsEmail&utm_medium=NPA:2636:6578:Dec%2014,%202020%207:41:15%20AM%20PST&utm_campaign=NPA:2636:6578:Dec%2014,%202020%207:41:15%20AM%20PST.

119 "Three Barriers on the Road to Prosperity," Japan Center for Economic Research, May 31, 2013, https://www.jcer.or.jp/jcer_download_log.php?f=eyJwb3N0X2lkI-jo1MTcwNywiZmlsZV9wb3N0X2lkIjo1MTcwOH0=&post_id=51707&file_post_id=51708.

120 *Emergency Economic Measures for the Revitalization of the Japanese Economy,* Government of Japan, January 11, 2013, https://www5.cao.go.jp/keizai1/2013/130111_emergency_economic_measures.pdf.

121 *New Framework for Strengthening Monetary Easing: "Quantitative and Qualitative Monetary Easing with Yield Curve Control*," Bank of Japan, September 21, 2016, https://www.boj.or.jp/en/announcements/release_2016/k160921a.pdf.

122 "Pump-priming," *The Economist,* December 30, 2014, https://www.economist.

no. 4 (Spring 2007): 67–96.

100 NHK2017 年針對 18 歲與 19 歲青年進行的民調發現，86% 的受訪者認為日本不應該擁有核武。“Zenkoku no 18sai to 19sai Shūsen no hi ‘Shiranai’ 14 percent NHK Yoron Chōsa” [根據 NHK 民調，全日本，18 與 19 歲的青年有 14% 的人「不知道」第二次世界大戰終戰紀念], *NHK News,* August 9, 2017.

101 “Three Non-Nuclear Principles,” Ministry of Foreign Affairs of Japan, https://www.mofa.go.jp/policy/un/disarmament/nnp/. 想知道日本國會有關非核三原則決議案的例子，參見 “Hikaku Sangensoku ni Kansuru Kokkai Ketsugi” [國會有關非核三原則決議案], Ministry of Foreign Affairs of Japan, https://www.mofa.go.jp/mofaj/gaiko/kaku/gensoku/ketsugi.html.

102 Michael Green and Katsuhisa Furukawa, “New Ambitions, Old Obstacles: Japan and Its Search for an Arms Control Strategy,” Arms Control Today, July/August 2000, https://www.armscontrol.org/act/2000-07/features/new-ambitions-old-obstacles-japan-its-search-arms-control-strategy.

103 Emma Chanlett-Avery and Mary Beth Nikitin, *Japan's Nuclear Future: Policy Debate, Prospects, and U.S. Interests,* Congressional Research Service, February 19, 2009, https://fas.org/sgp/crs/nuke/RL34487.pdf.

104 參見 Green and Furukawa, “Japan: New Nuclear Realism,” 347–72.

105 “Transcript: Donald Trump Expounds on His Foreign Policy Views,” *New York Times,* March 26, 2016, https://www.nytimes.com/2016/03/27/us/politics/donald-trump-transcript.html.

106 *Defense of Japan* 2017, 233.

107 SIPRI Military Expenditure Database 2020, https://www.sipri.org/databases/milex.

108 Liff, “Japan's Security Policy in the ‘Abe Era,’ ” 23.

109 Japan Ministry of Defense, *Medium Term Defense Program* (FY 2019–FY 2023), December 18, 2018; Tim Kelly and Nobuhiro Kubo, “Exclusive: Japan's Far-Flung Island Defense Plan Seeks to Turn Tables on China,” Reuters, December 17, 2015, https://www.reuters.com/article/us-japan-military-china-exclusive-idUSKBN0U107220151218.

110 Franz-Stefan Gady, “Japan's Ministry of Defense Confirms Plans to Procure New StandOff Missiles,” *The Diplomat,* February 4, 2020, https://thediplomat.com/2020/02/japans-ministry-of-defense-confirms-plans-to-procure-new-stand-off-missiles/.

111 “Looking for a New Term for Teki Kichi Kogeki (Enemy Base Attack)—Differentiation from Preemptive Strike,” *Nihon Keizai Shimbun*, July 8, 2020; “Is Teki Kichi Kogeki Noryoku （敵基地攻擊能力） Necessary?” *Sankei Shimbun*,

Kangaetemita" [徹底考慮國家安全議題], Toyo Keizai Online, September 20, 2019, https://toyokeizai.net/articles/-/301541?page; Yuichi Hosoya, *Gunji to Seiji: Nihon no Sentaku* [軍事與政治：日本的選擇] (Tokyo: Bungei Shunju, 2019).

91 "Beikoku-sei Mujinki, Chōtatsu Chūshi mo Seifu, Kosuto-zō Kenen de Saikentō —Gurōbaruhōku Sanki" [由於成本增加，政府重新考慮取消美國開發的無人航空載具採購案——三架全球鷹], *Jiji Press,* August 14, 2020.

92 Yuki Tatsumi, "Japan Wants to Streamline Its Defense Industry," *The Diplomat*, October 2, 2015, https://thediplomat.com/2015/10/japan-wants-to-streamline-its-defense-industry/.

93 Patrick Buchan and Benjamin Rimland, "Japan's F-2 Fighter Replacement Program and the Politics of Alliance Management," Center for Strategic and International Studies, April 3, 2020, https://www.csis.org/analysis/japans-f-2-fighter-replacement-program-and-politics-alliance-management; Tim Kelly, "Exclusive: Japan Favors Home-Grown Design for Next-Generation Fighter After Rejecting Foreign Plans: Sources," Reuters, March 27, 2020, https://www.reuters.com/article/us-japan-defence-fighter-exclusive/exclusive-japan-favors-home-grown-design-for-next-generation-fighter-after-rejecting-foreign-plans-sources-idUSKBN21E137.

94 Mike Yeo, "Japan's Defense Industry Continues to Grow. But is it in for Rough Seas?" *Defense News*, August 15, 2018, https://www.defensenews.com/top-100/2018/08/15/japans-defense-industry-continues-to-grow-but-is-it-in-for-rough-seas/.

95 欲知更多細節，參見 Green, *Arming Japan*.

96 Ying Yu Lin, "The Early Returns of China's Military Reforms," *The Diplomat,* January 13, 2018, https://thediplomat.com/2018/01/the-early-returns-of-chinas-military-reforms/.

97 欲知更多細節，參見 Michael J. Green and Katsuhisa Furukawa, "Japan: New Nuclear Realism," in *The Long Shadow: Nuclear Weapons and Security in 21st Century Asia,* ed. Muthiah Alagappa, 347 (Stanford, CA: Stanford University Press, 2008).

98 舉例而言，參見，Hugh White, "No Regional Security Without a Secure Japan," The Interpreter, The Lowy Institute, July 18, 2008, https://archive.lowyinstitute.org/the-interpreter/no-regional-security-without-secure-japan 網路不存在，檔案見 https://web.archive.org/web/20210921205956/https://archive.lowyinstitute.org/the-interpreter/no-regional-security-without-secure-japan.

99 Llewelyn Hughes, "Why Japan Will Not Go Nuclear: International and Domestic Constraints on the Nuclearization of Japan," *International Security* 31,

Deterrence and Military Transformation, Asie. Visions 59, Proliferation Papers 44 (Paris: Institut Francais des Relations Internationales, 2012), 12–13, https://www.ifri.org/sites/default/files/atoms/files/pp44av59takahashi.pdf.

77 *Defense of Japan 2015* (Tokyo: Japan Ministry of Defense, 2015), 219.

78 "Kaisei Bōeishō Secchihō ga Seiritsu Sebirogumi to Seifukugumi Taitōni" [防衛省設立修正法，讓文職人員與軍人享有同等待遇], *Yomiuri Shimbun*, June 10, 2015; Mina Pollmann, "Japan's Defense Ministry Seeks to Roll Back Civilian Control," *The Diplomat*, February 28, 2015, https://thediplomat.com/2015/02/japans-defense-ministry-seeks-to-roll-back-civilian-control/.

79 *Defense of Japan 2017* (Tokyo: Japan Ministry of Defense, 2017), 317.

80 Nobuhiro Kubo and Tim Kelly, "Japan Activates First Marines Since WW2 to Bolster Defenses Against China," Reuters, April 7, 2018, https://www.reuters.com/article/us-japan-defence-marines/japan-activates-first-marines-since-ww2-to-bolster-defensesagainst-china-idUSKCN1HE069.

81 "US-Japan Advance New Amphibious Capability," *Military News*, October 6, 2018, https://www.militarynews.com/news/us-japan-advance-new-amphibious-capability /article_a8165d68-c995-11e8-ad32-0b2be5d5a42b.html.

82 Richard J. Samuels, " 'New Fighting Power!' Japan's Growing Maritime Capabilities and East Asian Security," *International Security* 32, no. 3 (2007): 84–112.

83 "Mr. Sato to Be Appointed as the First Uniformed Chief of Coast Guard," *Sankei Shimbun*, July 18, 2013.

84 Lyle J. Morris, "Blunt Defenders of Sovereignty: The Rise of Coast Guards in East and Southeast Asia," *Naval War College Review* 70, no. 2 (2017): 91.

85 "Admiral Kawano Unprecedentedly Having the 3rd Extension of Mandatory Retirement Age," *Jiji News,* May 25, 2018.

86 Trent Scott and Andrew Shearer, *Building Allied Interoperability in the Indo-Pacific Region: A Case Study in Joint Command and Control for the Japanese Self-Defense Forces,* Center for Strategic and International Studies, December 2017.

87 Barry Posen, *The Sources of Military Doctrine: France, Britain, and Germany Between the World Wars* (Ithaca, NY: Cornell University Press, 2014), 40.

88 Michael W. Chinworth, *Inside Japan's Defense: Technology, Economics and Strategy* (Sterling, VA: Brassey's, 1992), 8.

89 "Shinrai Dekiru wa Jietai Toppu" [根據《日本經濟新聞》的郵寄民調，自衛隊最值得信任], *Nihon Keizai Shimbun*, January 21, 2019, https://www.nikkei.com/article/DGXMZO40237230Q9A120C1905M00/.

90 Yuichi Hosoya, "Kokumin Anzen Hoshō' no Mondai wo Tetteiteki ni

Nihon Keizai Shimbun, April 1, 2020.

65 Richard J. Samuels, *Special Duty: A History of the Japanese Intelligence Community* (Ithaca, NY: Cornell University Press, 2019), 205.

66 "Jimintō Shunō wa Bōei Himitsu Hōan no Kon Kokkai Teishutsu wo Miokurukotowo Kimeta" [自民黨領導人決定不在本屆國會會期提出防衛機密法], *Mainichi Shimbun*, February 20, 1988. 我記得很清楚當時狀況，因為一群人把我從走廊拖出來，與其他一些幕僚一起推進會議室，在攝影機前營造一種大家都支持這項法案的假象，事實是大家都不喜歡這項法案。我奉命必須坐在會議室前方，讓攝影機不會照到會議室空空如也的鏡頭。

67 "Mondai ōi Supai Bōshi Hōan: Shasetsu" [社論：問題多多的反間諜法], *Nihon Keizai Shimbun,* June 5, 1985.

68 "Himitsu Hogo eno Kenen Kaishōni Saranaru Doryoku wo: Shasetsu" [社論：需要進一步努力以解決有關機密法的顧慮], *Nihon Keizai Shimbun*, October 15, 2014.

69 "Editorial: Enforcement of Security of Information Legislation—Danger of Being Unspecific," *Asahi Shimbun*, December 10, 2014; "Editorial: Security of Information Legislation in Effect—Necessary for Information Sharing with Foreign Governments," *Yomiuri Shimbun*, December 10, 2014.

70 "Passing of Security of Information Legislation—Steamrolling by the Ruling Parties," *Kyodo News*, December 6, 2013.

71 A CSIS report in 2018 called for the inclusion of Japan in the Five Eyes: *More Important than Ever: Renewing the U.S.-Japan Alliance for the 21st Century,* Center for Strategic and International Studies, October 2018, https://www.csis.org/analysis/more-important-ever.

72 Samuels, *Special Duty,* 216–40.

73 Mark Cancian, "Goldwater-Nichols 2.0," Center for Strategic and International Studies, March 4, 2016, https://www.csis.org/analysis/goldwater-nichols-20.

74 "National Defense Program Outline in and After FY 1996," Ministry of Foreign Affairs of Japan, December 1995, https://www.mofa.go.jp/policy/security/defense96/.

75 Yuki Tatsumi and Andrew L. Oros, eds., *Japan's New Defense Establishment: Institutions, Capabilities, and Implications* (Washington, DC: Henry L. Stimson Center, 2007), https://www.stimson.org/wp-content/files/file-attachments/Japan's%20New%20Defense%20Establishment.pdf.

76 Neil Melvin, "The Foreign Military Presence in the Horn of Africa Region," Stockholm International Peace Research Institute, 2019, 10–11, https://www.sipri.org/publications/2019/sipri-background-papers/foreign-military-presence-horn-africa-region; Sugio Takahashi, *Ballistic Missile Defense in Japan:*

57 Giulio Pugliese, "Japan's Henry Kissinger? Yachi Shotaro, the State Behind the Curtain," *Pacific Affairs* 90, no. 2 (2017): 231–51.

58 Giulio Pugliese, "Kantei Diplomacy? Japan's Hybrid Leadership in Foreign and Security Policy," *Pacific Review* 30, no. 2 (2017): 152–68, DOI:10.1080/09512748.2016.1201131.

59 "Nichibei NSC Kimmitsu ni Renkei Yachishi Bei Kakuryōrato Kaidan" [為了加強美國與日本國家安全會議的合作，谷內會晤美國內閣部長。], *Nihon Keizai Shimbun*, January 18, 2014, https://www.nikkei.com/article/DGXNASFS18005_Y4A110C1MM0000/; "Nichibei Anpo Tantō Kaidan Nichibei Dōmeino Kyōka e Renkei Shinka wo Kakunin" [美日國家安全幕僚會議，加強美日同盟], *Mainichi Shimbun*, March 1, 2017, https://mainichi.jp/articles/20170301/k00/00e/030/225000c.

60 Liff, "Japan's Security Policy in the 'Abe Era,' " 20; "Kanryo ga Kantei no Kaoiro Mite Shigoto: Fukuda Moto Shusho Abe Seiken Hihan" [官僚看官邸臉色行事：前首相福田批判安倍政府], *Tokyo Shimbun*, August 3, 2017.

61 Katsuya Hirose, *Kanryō to Gunjin Bummin Tōseino Genkai* [官僚與軍人：文人管控的限制] (Tokyo: Iwanami Shoten, 1989).

62 "New LDP Chief May Spell End to Reign of Economy Ministry," *Asahi Shimbun*, September 6, 2020, http://www.asahi.com/ajw/articles/13702805; Kosuke Takeuchi, "All Abe's Men: Japan's Economy Ministry Sidelined Under Suga," *Nikkei Asia*, September 17, 2020, https://asia.nikkei.com/Politics/Japan-after-Abe/All-Abe-s-men-Japan-s-economy-ministry-sidelined-under-Suga; "Dai niji Abe Naikaku Hossoku Kanteini Hishokan Futari Makikaeshi Nerau Keisanshō TPP Ene Seisakude" [第二屆安倍內閣即將上任：經濟產業省派出兩名秘書官前往官邸，希望能表達一些對跨太平洋夥伴關係與能源政策的反對], *Mainichi Shimbun,* December 27, 2012.

63 "Gaikō Anpo Sokkin Atsumeru Shushō NSS Kyokuchō Kōtai Kitamurashi ni". [首相召集他的外交政策與國安助理，國家安保局長將由北村接任], *Asahi Shimbun*, September 23, 2019; "Suga Gaikō Gaimushō Shudōni Kaikika" [菅義偉的外交重返 MOFA 領導的外交], *Asahi Shimbun*, October 10, 2020; "Keisanshōno Sonzaikan Teika Seiken naino Rikigakuni Henka Suga Naikaku" [在菅義偉內閣下，經濟產業省勢力漸消，政府權力動能出現變化], *Jiji Press*, September 21, 2020

64 Brad Glosserman, "NSC Change Prepares Japan for New Global Realities," *Japan Times*, April 1, 2020, https://www.japantimes.co.jp/opinion/2020/04/01/commentary/japan-commentary/nsc-change-prepares-japan-new-global-realities/; "Kokka Anpokyokuni Keizaihan Hossoku Shingata Korona Taiōmo Kyūmu" [國家安全戰略成立經濟部：處理包括因應新冠疫情等事務],

本政壇能學習嗎？], 125–58, *Nihon Saiken Inishiatibu* [重建日本倡議基金會] (Tokyo: Chuo Kōron Shinsha, 2013); Kiyoshi Kurokawa, Kisei no Toriko: Gurūpu Shinku ga Nihon wo Horobosu [規範當局為一己私利而規範：團體思考會毀了日本] (Tokyo: Kodansha, 2016); "DPJ Cabinet's 3 Years of Instability—Hatoyama, Kan and Noda," *Nihon Keizai Shimbun*, November 18, 2012;"Editorial: Resignation of PM Kan—Sin for his short-lived cabinet," *Mainichi Shimbun,* August 27, 2011.

50 Kitaoka, "A 'Proactive Contribution to Peace,' " 4. "National Defense Program Guidelines for FY2011 and Beyond," Japan Ministry of Defense, https://worldjpn.grips.ac.jp/documents/texts/JPSC/20101217.O1E.html.

51 Kitaoka, "A 'Proactive Contribution to Peace,' " 28.

52 這個在 11 月通過的法律稱為 "Anzen Hoshō Kaigi Secchihō Nadono Ichibuwo Kaiseisuru Hōritsu 'Gian Jōhō' " [情報法案], House of Councillors, National Diet of Japan, December 4, 2013, https://www.sangiin.go.jp/japanese/joho1/kousei/gian/185/meisai/m18503183075.htm.

53 "Japan's Proactive Contribution to Peace," Cabinet Public Relations Office, Government of Japan, Spring 2014, https://www.japan.go.jp/tomodachi/2014/spring2014/japans_proactive_contribution_to_peace.html.

54 欲知國家安全戰略英文版全文，參見 *National Security Strategy, Kantei,* December 17, 2013, http://japan.kantei.go.jp/96_abe/documents/2013/__icsFiles/afieldfile/2013/12/17/NSS.pdf; 日文版，參見 *Kokka Anzen Hoshō Senryakuni Tsuite* [有關國家安全戰略], Kantei, December 17, 2013, https://www.cas.go.jp/jp/siryou/131217anzenhoshou/nss-j.pdf.

55 *Defense of Japan 2017* (Tokyo: Japan Ministry of Defense, 2017), 216; "1947 National Security Act," Office of the Director of National Intelligence, https://www.dni.gov/index.php/ic-legal-reference-book/national-security-act-of-1947; 參見 Kotani Ken, "Nihon-ban Kokka Anzen Hoshō Kaigi (NSC) no kinōteki tokuchō" [日本式的國家安全會議與它的功能特性], *Kokusai Anzen Hoshō,* March 2015, 61–75, 61–62; Kaneko Masafumi, "Iyoiyo shidō Nihon-ban NSC" [日本式的國家安全會議…終於開始了], PHP Kenkyūjo, 2013, https://thinktank.php.co.jp/kaeruchikara/939/; Adam P. Liff, "Japan's Security Policy in the 'Abe Era': Radical Transformation or Evolutionary Shift?" *Texas National Security Review* 1, no. 3 (2018): 20.

56 "Naikaku Jinjikyoku Hossoku Ichinen Kanryō Jinji Tsuyomaru Kanteishoku" [在內閣人事事務局建立一年之後：官僚人事事務更受內閣影響], *Yomiuri Shimbun*, May 30, 2015; "Suga Kambōchōkan no Zaishoku Rekidai Yoni ni Chikarano Gensuiwa Kanryō Shōaku to Jōhōmō" [內閣官房長官谷內正太郎當權第四久], *Kyodo News*, May 9, 2015.

事件過後，國家安全保障會議在官邸集會], *Mainichi Shimbun*, September 12, 2001; “Beini Zenmen Terokōgeki Nihonseifuga Taisaku Hombu Secchi” [為因應對美國發動的全面恐怖攻擊，日本政府成立一個反恐總部], *Sankei Shimbun*, September 12, 2001; Shinoda, *Koizumi Diplomacy*, 91

39 有關人道與災後重建援助活動的法律有：伊拉克特別措施法，（2003 年 8 月 1 日）；保護人民權益法（2004 年，6 月 18 日）；美軍活動促進法（2004 年，6 月 18 日）；公共設施使用法（2004 年，6 月 18 日）。

40 Shinoda, *Koizumi Diplomacy,* 112.

41 就在 2000 年大選以前，理查・阿米塔吉與約瑟夫・奈伊就對這項戰略的遠景有相當明確的陳述，參見 *The United States and Japan: Advancing Toward a Mature Partnership*, Institute for National Strategic Studies Special Report, October 11, 2000, https://spfusa.org/wp-content/uploads/2015/11/ArmitageNyeReport_2000.pdf.

42 Richard J. Samuels, *Special Duty: A History of the Japanese Intelligence Community* (Ithaca, NY: Cornell University Press, 2019), 174. 小泉剛剛

43 這發生在小泉剛剛從國會逐走郵政儲蓄改革的反對派，在選舉中取得壓倒性勝利之後，所以國內政治沒有問題。

44 Kitaoka Shinichi, “A ‘Proactive Contribution to Peace’ and the Right of Collective Self-Defense: The Development of Security Policy in the Abe Administration,” *Asia-Pacific Review* 21, no. 2 (2014): 1–18, doi:10.1080/13439006.2014.985237.

45 我與小池百合子與她的一組人開過幾次會，討論全球各地的國家安全會議結構。“Nihonban NSC ‘Shushōni Kawari Shudō’ Koike Hosakanga Tsuyoi Iyoku” [小池顧問展現強烈興趣，要在首相官邸領導一個日本式的國家安全會議], *Nihon Keizai Shimbun*, October 2, 2006. 小池也訪問美國與英國，蒐集有關日本式國家安全會議的情資。“Nihonban NSC Setsuritsu Koike Hosakan Ei Jōhō Soshikiwo Shisatsude Chōsei” [為建立一個日本式的國家安全會議，小池顧問預定訪問英國情報組織], *NHK News*, October 25, 2006. 官邸的崩潰

46 Takashi Uesugi, *Kantei Hōkai Abe Seiken Meisōno Ichinen* [官邸的崩潰——安倍政府在走岔了路的一年之後] (Tokyo: Shinchōsha, 2007), 126.

47 “Kantei Kinō no Kyōka Senryakushitsu no Gutaizō Shushō Hatsugen de Meisō” [由於首相的話，官邸功能與戰略部們特定形象的加強都失敗了], *Yomiuri Shimbun,* August 25, 2010.

48 Nikkei on Renho and Shiwake.

49 舉例而言，參見 Ken Jinbo, “Gaikō Anpo: Rinen Tsuikyū kara Genjitsu Rosen e” [外交與國家安全：從追求理念到實際作法], in *Minshutō Seiken Shippai no Kenshō: Nihon Seiji wa Nani wo Ikasu ka* [檢驗日本民主黨的失敗：日

28 Glen Fukushima, "The Great Hanshin Earthquake," Japan Policy Research Institute Occasional Paper no. 2 (March 1995), 網站已經不存，檔案在 https://web.archive.org/web/20070301183810/http://www.jpri.org/publications/occasionalpapers/op2.html; " mu Kienu Shōgeki Chikatetsu Sarin Jiken 25nen" [東京地鐵沙林毒氣攻擊事件二十五年後：奧姆真理教不可否認的震撼], *Nihon Keizai Shimbun*, March 20, 2020; "Backgrounder: Aum Shinrikyo," Council on Foreign Relations, June 19, 2012, https://www.cfr.org/backgrounder/aum-shinrikyo.

29 Ichiro Ozawa, *Blueprint for a New Japan: The Thinking of a Nation* (New York: Kodansha International, 1994), 24.

30 "Kenshō Gaimushō Kikōkaikaku 'Senryakuteki Gaikō' Zenmen ni" [外務省改革：「戰略外交」居首], *Yomiuri Shimbun*, March 31, 1993; "Sōgō Gaikō Seisakukyoku Gaimushōga Shinsetsu e" [外務省要新成立一個綜合外交政策局], *Nihon Keizai Shimbun*, July 27, 1993.

31 參見 Cabinet Law Article 15 for the role of deputy chief cabinet secretary for crisis management: "The Cabinet Law (Law No. 5 of 1947, as Amended)," *Kantei*; "Michi Nakabano Kikikanri Kyōka Hanshin Daishinsai kara Sannen Osaka" [大阪：阪神大地震三年後，危機管理加強工作進行到一半], *Asahi Shimbun*, January 16, 1998.

32 "Naikakufu Secchihō" [內閣官房成立法], *E-Gov.*

33 Rosenbluth and Thies, *Japan Transformed,* 96–97.

34 Ryūtaro Hashimoto, *Vision of Japan* (Tokyo: Besuto Serazu, 1993).

35 《朝日新聞》當時與作者共享出口民調。

36 在擄人議題上，福田主張幕後談判，安倍則主張以較強硬的立場回應北韓。" 'Rachi' Kaiketsuni 'Kitakaze' to 'Taiyō' " [「北風與太陽」圍繞著擄人議題], *Sankei Shimbun*, 2002 年 3 月 27 日。在 2006 年自民黨領導層選舉中，他們的差異越來越顯著。"('06 Jimin Sōsaisen) Abe Fukuda Ryōshi Tairitsujiku Senmeini" [在 2006 年自民黨領導層選舉中，安倍與福田的差異越來越顯著。], *Asahi Shimbun,* June 1, 2006.

37 在 2001 年 6 月與 8 月間，各大意識形態報紙——產經、朝日、讀賣——紛紛發表社論批判福田。"Shasetsu: Tanaka Gaikō Koreijōno Teitaiwa Yurusarenai" [社論：不能再讓福田的外交停滯不前], *Yomiuri Shimbun,* June 10, 2001; "Shakumei Dakeno Tabidewa Nai Tanaka Gaishō Hōbei: Shasetsu" [社論：外相福田訪美：這次訪問應該不只是作一些解釋罷了], *Asahi Shimbun*, June 17, 2001; "Tsugiwa Tanaka Gaishōno Tekikakuseiga Towareru: Shasetsu" [社論：這一次外相福田的能力要受到質疑了], *Nihon Keizai Shimbun*, August 4, 2001.

38 "Beikoku Dōji Tahatsu Tero Shushō Kanteide Anzen Hoshō Kaigi" [9/11 攻擊

Vintage, 2013).

14 Pyle, *Japan Rising,* 123–24; William G. Beasley, *Japanese Imperialism* (New York: Oxford University Press, 1985), 35.

15 John W. Dower, *Embracing Defeat: Japan in the Wake of World War II* (New York: Norton, 1999), 75, 82, 529.

16 Tomohito Shinoda, *Contemporary Japanese Politics: Institutional Changes and Power Shifts* (New York: Columbia University Press, 2013), 15.

17 Kenji Hayao, *The Japanese Prime Minister and Public Policy* (Pittsburgh, PA: University of Pittsburgh Press, 1993); Terry Edward MacDougall, *Political Leadership in Contemporary Japan* (Ann Arbor: Center for Japanese Studies, University of Michigan, 1982), 14; Rosenbluth and Thies, *Japan Transformed,* 112.

18 Alisa Gaunder, *Political Reform in Japan: Leadership Looming Large* (London: Routledge, 2007), 6–7.

19 Seizaburo Sato, Ken'ichi Koyama, and Shunpei Kumon, *Postwar Politician: The Life of Former Prime Minister Masayoshi Ohira* (Tokyo: Kodansha International, 1990), 445–46.

20 Sōgō Anzen Hoshō Kenkyū Gurūpu [綜合安全研究組], Sōgō Anzen Hoshō Senryaku [綜合安全保障戰略] (Tokyo: kurasho Insatsukyoku, 1980).

21 Michael J. Green, *Arming Japan: Defense Production, Alliance Politics, and the Postwar Search for Autonomy* (New York: Columbia University Press, 1995), 53–71.

22 Tomohito Shinoda, *Koizumi Diplomacy: Japan's Kantei Approach to Foreign and Defense Affairs* (Seattle: University of Washington Press, 2017), 26.

23 Shinoda, *Koizumi Diplomacy,* 28.

24 Gotoda Masaharu, *Naikaku Kambōchōkan* [內閣官房長官] (Tokyo: Kōdansha, 1989), 56; Sassa Atsuyuki, *Waga Jōshi Gotōda Masaharu* [我們的老闆，後藤田正晴] (Tokyo: Bungei Shunju, 2000).

25 Sassa Atsuyuki, *Poritiko Miritari no Susume* [針對政治軍事議題提出建議] (Tokyo: Shinkosha, 1994).

26 "Kokka Anzen Hoshō Kaigi Secchihō" [國家安全保障會議成立法], E-Gov, https://elaws.e-gov.go.jp/search/elawsSearch/elaws_search/lsg0500/detail?lawId=361AC0000000071; "Wagakunino Jōhōkinō Himitsu Hozen" [我們國家的情報功能與安全], Sangiin, December 2013, https://www.sangiin.go.jp/japanese/annai/chousa/rippou_chousa/backnumber/2013pdf/20131202015.pdf.

27 Michael J. Green and Igata Akira, "The Gulf War and Japan's National Security Identity," in *Examining Japan's Lost Decades,* ed. Yōichi Funabashi and Barak Kushner (London: Routledge, 2015), 158–75.

第六章　內在均勢

1 Kenneth N. Waltz, *Theory of International Politics* (Reading, MA: Addison-Wesley, 1979), 168–70.

2 Waltz, *Theory of International Politics; Asia Power Index 2019: Key Findings*, Lowy Institute, https://power.lowyinstitute.org/downloads/Lowy-Institute-Asia-Power-Index-2019-Key-Findings.pdf.

3 Karel G. van Wolferen, "The Japan Problem," *Foreign Affairs* 65, no. 2 (Winter 1986/1987): 289; Kent E. Calder, "Japanese Foreign Economic Policy Formation: Explaining the Reactive State," *World Politics* 40, no.4 (1988).

4 Peter W. Rodman, *Presidential Command: Power, Leadership, and the Making of Foreign Policy from Richard Nixon to George W. Bush* (New York: Vintage, 2008).

5 "Tsugi no shushou: Suga-shi 46 percent Honsha Zenkoku Yoronchousa" [下一任首相：菅義偉在全國性民調中有46%支持率], *Yomiuri Shimbun*, September 7, 2020, 10.

6 Jonathan Steinberg, *Bismarck: A Life* (New York: Oxford University Press, 2011), 16, 191, 198, 211, 245, 267–68, 303–4, 310.

7 Kenneth Pyle, *Japan Rising: The Resurgence of Japanese Power and Purpose* (New York: Public Affairs, 2007), 25.

8 Bernd Martin, *Japan and Germany in the Modern World* (Providence, RI: Berghahn, 1971), 18.

9 Frances McCall Rosenbluth and Michael F. Thies, *Japan Transformed : Political Change and Economic Restructuring* (Princeton, NJ: Princeton University Press, 2010), 36–37; Masako Shibata, "Controlling National Identity and Reshaping the Role of Education: The Vision of State Formation in Meiji Japan and the German Kaiserreich," *History of Education* 33, no. 1 (2004): 75–85.

10 Yamamura Kōzō, "Success Illgotten? The Role of Meiji Militarism in Japan's Technological Progress," *Journal of Economic History* 37, no. 1 (March 1977): 113; Kobayashi Ushisaburō, Military Industries of Japan (New York: Oxford University Press, 1922), 161; Richard Samuels, *Rich Nation, Strong Army* (Ithaca, NY: Cornell University Press, 1996), 34.

11 Peter Duus, *Party Rivalry and Political Change in Taisho Japan* (Cambridge, MA: Harvard University Press, 1968), 2.

12 Andrew Gordon, *Modern History of Japan: From Tokugawa Times to the Present* (New York: Oxford University Press, 2003); James Fulcher, "The Bureaucratization of the State and the Rise of Japan," *British Journal of Sociology* 39, no. 2 (1988): 228–54.

13 舉例而言，參見 Eri Hotta, *Japan 1941: Countdown to Infamy* (New York:

Joint Public Opinion Poll 2019."

66 "South Korea's Spy Chief Meets Suga amid Protracted Dispute over Wartime Forced Labor," *Korea Herald*, November 10, 2020, http://www.koreaherald.com/view.php?ud=20201110000923.

67 Josh Wingrove and Isabel Reynolds, "Trump Bemoans Request to 'Get Involved' in Seoul-Tokyo Dispute," *Bloomberg*, July 19, 2019, https://www.bloomberg.com/news/articles/2019-07-19/trump-bemoans-request-to-get-involved-in-seoul-tokyo-dispute.

68 Reiji Yoshida and Satoshi Sugiyama, "GSOMIA Survives as South Korea Reverses Decision to Exit Intel Pact with Japan," *Japan Times*, November 22, 2019, https://www.japantimes.co.jp/news/2019/11/22/national/politics-diplomacy/japan-south-korea-gsomia-talks/.

69 "Abe May Settle for Return of Just 2 Out of 4 Northern Territories from Russia," *Mainichi Shimbun*, November 23, 2018, https://mainichi.jp/english/articles/20181123/p2a/00m/0na/006000c; Robin Harding and Henry Foy, "Russia and Japan Push to Resolve Kuril Islands Dispute," *Financial Times*, November 28, 2018, https://www.ft.com/content/763b2eb2-f2f4-11e8-ae55-df4bf40f9d0d.

70 Keiichi Yamaguchi, "Abe Presents 8-Point Economic Cooperation Plan to Putin," *Nikkei Asia,* May 7, 2016; "Japan-Russia Summit Meeting," Ministry of Foreign Affairs of Japan, May 7, 2016, https://www.mofa.go.jp/erp/rss/northern/page4e_000427.html.

71 "Japan Jets Scramble at Cold-War Levels as Chinese and Russian Incursions Increase," Reuters, April 16, 2015, https://www.reuters.com/article/us-japan-airforce-scramble/japan-jets-scramble-at-cold-war-levels-as-chinese-and-russian-incursions-increase-idUSKBN0N60ST20150416; "Russia Deploys Surveillance Drone to JapanClaimed Isles off Hokkaido, Report Says," *Japan Times*, April 9, 2019, https://www.japantimes.co.jp/news/2019/04/09/national/politics-diplomacy/russia-deploys-surveillance-drone-japan-claimed-isles-off-hokkaido-report-says.

72 "A Conversation with KOICA President Kim Young-mok," Asia Foundation, June 17, 2015, https://asiafoundation.org/2015/06/17/a-conversation-with-koica-president-kim-young-mok/; Koh Byung-joon, "KOICA to Promote Democracy, Rights, Gender Equality in Overseas Development Projects," *Yonhap News Agency*, December 15, 2017, https://en.yna.co.kr/view/AEN20171214011300315.

73 Green, *Japan's Reluctant Realism*, 133–37.

74 Michishita, "Changing Security Relationship."

75 Michishita, "Changing Security Relationship."

court-orders-japans-mitsubishi-to-pay-compensation-for-wartime-forced-labor/2018/11/28/4f0a6616-f37e-11e8-9240-e8028a62c722_story.html.

60 "Former President Park Refuses to Be Questioned over Judicial Power Abuse Scandal,"*Yonhap News Agency*, January 9, 2019, https://en.yna.co.kr/view/AEN20190109007000325?.

61 Kan Kimura, "South Korea's Botched Handling of the Forced Labor Issue," *The Diplomat*, July 9, 2019, https://thediplomat.com/2019/07/south-koreas-botched-handling-of-the-forced-labor-issue/.

62 Mayumi Negishi and Eun-Young Jeong, "Japan Curbs Exports to South Korea, Hitting Global Chip Makers," *Wall Street Journal,* July 1, 2019, https://www.wsj.com/articles/japan-restricts-exports-to-south-korea-as-bilateral-ties-fray-11561953854.

63 "Speaker Submits Bill on Compensation for Japan's Wartime Forced Labor," *Korea Herald*, December 18, 2019, http://www.koreaherald.com/view.php?ud=20191218000918.

64 文在寅是菅義偉在獲任命為首相之後，最早與菅義偉對談的領導人之一。根據青瓦台發言人的說法，在強迫勞工的議題上，文在寅說，兩國政府對這個議題看法不一，但應該找出一個最佳解決之道，不過菅義偉承認強迫勞工議題是一個「極端困難的情勢」。由於即將於 2022 年 3 月舉行總統選舉，文在寅可能迫於國內壓力，必須在今後數月在這個議題上採取強硬立場。Matthew Goodman, "Japan and Korea: Rising Above the Fray," Center for Strategic and International Studies, August 6, 2019, https://www.csis.org/analysis/japan-and-korea-rising-above-fray; Ryotaro Nakamaru, "FOCUS: Japan-S. Korea Feud Set to Flare over Wartime Labor Row," *Kyodo News*, August 5, 2020, https://english.kyodonews.net/news/2020/08/a93a8dec49df-focus-japan-s-korea-feud-set-to-flare-over-wartime-labor-row.html; Chang-Ran Kim and Sangmi Cha, "Japan's New PM Calls for Better Ties with South Korea, Cooperation on North Korea," Reuters, September 23, 2020, https://www.reuters.com/article/us-southkorea-japan/japans-new-pm-calls-for-better-ties-with-south-korea-cooperation-on-north-korea-idUSKCN26F09Z?il=0; Hiroshi Minegishi, "Tokyo and Seoul Struggle for Compromise on Wartime Labor Issue," *Nikkei Asia*, September 26, 2020, https://asia.nikkei.com/Spotlight/Comment/Tokyo-and-Seoul-struggle-for-compromise-on-forced-labor-issue. South Korean Court Dismissses Wartime Labor Case against 16 Japanese Companies, *Japan Times*, June 7, 2021, https://www.japantimes.co.jp/news/2021/06/07/national/crime-legal/south-korea-wartime-labor-japan-lawsuit-dismissed/

65 「言論NPO」的2019年民調顯示，日本與韓國兩國都有49.9%的受訪者說，對另一國印象不佳或很壞。欲知更多資訊，參見 "The Japan-South Korea

52 Youmi Kim and Mike Ives, "A Harvard Professor Called Wartime Sex Slaves 'Prostitutes.' One Pushed Back," *New York Times*, February 6, 2021, https://www.nytimes.com/2021/02/26/world/asia/harvard-professor-comfort-women.html.

53 "Court Says Seoul's Inaction over Former 'Comfort Women' Unconstitutional," *Yonhap News Agency*, August 30, 2011, https://en.yna.co.kr/view/AEN20110830007951315.

54 "Ianfu Mondai Kamiawanu Nikkan" [日本與韓國就慰安婦議題各說各話], *Asahi Shimbun*, August 31, 2012; "S. Korea Demands Japan Take 'Fundamental Measures' on Wartime Sex Slavery," *Yonhap News Agency*, March 9, 2012, https://en.yna.co.kr/view/AEN20120309006500315.

55 *Statesmen's Forum: Shinzo Abe, Prime Minister of Japan*, Center for Strategic and International Studies, February 22, 2013, https://csis-website-prod.s3.amazonaws.com/s3fs-public/event/132202_PM_Abe_TS.pdf.

56 "Report on the Review of the Korea Japan Agreement of December 28, 2015 on the Issue of Comfort Women Victims," Ministry of Foreign Affairs of Republic of Korea, December 27, 2017, 6, https://www.mofa.go.kr/viewer/skin/doc.html?fn=20180226052509505.pdf&rs=/viewer/result/202109; Gilbert Rozman, *Changes in the Japan–South Korea National Identity Gap*, Joint U.S.–Korea Academic Studies, Korea Economic Association of America 2016, 127–42, http://keia.org/sites/default/files/publications/joint_us-korea_2016_-_identity_gap.pdf.

57 在 2017 年日本網路媒體 JBpress 的一篇報導中，記者古森義久說，韓國的「日軍性奴議題正義與緬懷委員會」是「反美、反日、親北韓」的組織。古森義久，"Ianfu ga Kankoku de Kyarakutā Bijinesu ni?" [在韓國，慰安婦已經成為好生意了嗎？], *JBpress, January* 16, 2017, https://jbpress.ismedia.jp/articles/-/48928. 日本網路媒體 SankeiBiz 也在 2020 年的一篇報導中說，北韓也在所謂捐款分配不當的議題上支持這同一組織 "Kitachōsen Kifu Ryūyō nadono Giwaku de Kachū no Kankoku no Moto Ianfu Shiendantai to Zen Rijichō wo Yōgo" [在捐款分配不當聲中，北韓支持韓國這個前慰安婦支援組織與它的負責人], *Sankei Biz*, June 3, 2020, https://www.sankeibiz.jp/macro/news/200603/mcb2006031233019-n1.htm.

58 Kim Tong-Hyung, "Court Orders Japan Company to Pay 4 Koreans for Forced Labor," Associated Press, October 30, 2018, https://apnews.com/474886c44d2c498e94e90c0a8abc5f6d.

59 Simon Denyer, "New South Korean Court Ruling Angers Japan, Deepening Crisis Between America's Closest Pacific Allies," *Washington Post*, November 29, 2018, https://www.washingtonpost.com/world/s-korea-

Materials 5, no. 1 (1966): 111–17, https://www.jstor.org/stable/20690013.

45 *Iwayuru Jūgun Ianfu ni tsuite* [有關慰安婦議題], Ministry of Foreign Affairs of Japan, August 4, 1993, https://www.mofa.go.jp/mofaj/area/taisen/pdfs/im_050804.pdf.

46 近年來許多學者投入慰安婦議題，楚敏安（Min-Ah Cho，音譯）是其中一人。*Statement by the Chief Cabinet Secretary Yohei Kono on the Result of the Study on the Issue of "Comfort Women,"* Ministry of Foreign Affairs of Japan, August 4, 1993, https://www.legal-tools.org/doc/cb4732/pdf/; Min-Ah Cho, "Stirring Up Deep Waters: Korean Feminist Theologies Today," *Theology Today* 71, no. 2 (2014): 236–37, https://doi.org/10.1177%2F0040573614529788

47 Norimitsu Onishi, "Abe Rejects Japan's Files on War Sex," *New York Times*, March 2, 2007, https://www.nytimes.com/2007/03/02/world/asia/02japan.html.

48 " 'Gyakusatsu ni Hitoshii Shūdan Reipu' Mogi Saiban de Shōgen Kokuren Sekai Jinken Kaigi" [模擬審判證詞「輪暴等同種族滅絕」，在聯合國世界人權會議], *Mainichi Shimbun*, June 16, 1993.

49 Brian Knowlton, "Bush Urges Congress to Reject Armenian Genocide Resolution," *New York Times*, October 10, 2007, https://www.nytimes.com/2007/10/10/world/europe/10iht-10turkey.7834745.html.

50 " 'Jūgun Ianfu Mondai' Kishimu Nichibei Kain Ketsugian Hirogaru Sandō" [美國與日本兩國關係因「所謂慰安婦議題」而出現摩擦，支持美國眾議院決議的人越來越多], *Asahi Shimbun*, April 4, 2007; "Moto Ianfu eno 'Owabi' Kyōchō Abe Shushō" [安倍首相強調對前慰安婦「道歉」], *Yomiuri Shimbun*, March 12, 2007. 在我接受《讀賣新聞》訪問後，安倍於 3 月 11 日在 NHK 發表聲明：" 'Ianfu' Rekishika ni Makaseyo Maikeru Guriin shi ni kiku" [麥可・葛林說，讓史家們處理慰安婦議題], *Yomiuri Shimbun*, March 4, 2007.

51 這封信發表於《美國歷史協會》（*American Historical Association*）雜誌：艾莉克西絲・達頓（Alexis Dudden），"Letters to the Editor: Standing with Historians of Japan," *Perspectives on History*, March 1, 2015, https://www.historians.org/publications-and-directories/perspectives-on-history/march-2015/letter-to-the-editor-standing-with-historians-of-japan; Anna Fifield, "U.S. Academics Condemn Japanese Efforts to Revise History of 'Comfort Women,' " *Washington Post*, February 9, 2015. 在 2014 年，《朝日新聞》曾承認它過去發表的一些文章有錯，並收回早在幾十年前發表的相關報導，這些報導引用一名日本男子的話說，他在戰時綁架了一群韓國婦女，迫使她們充當日軍軍妓；參見 Reiji Yoshida, "Asahi Shimbun Admits Errors in Past 'Comfort Women' Stories," *Japan Times*, August 5, 2014, https://www.japantimes.co.jp/news/2014/08/05/national/politics-diplomacy/asahi-shimbun-admits-errors-in-past-comfort-women-stories/.

explosion-demolish-dmz/2020/06/16/7c7a2dc0-af9d-11ea-98b5-279a6479a1e4_story.html.

37 Reiji Yoshida, "At G20, Abe Has Held Talks with Several World Leaders and Even a Pop Idol, but Not Moon Jae-in," *Japan Times*, June 29, 2019, https://www.japantimes.co.jp/news/2019/06/29/national/politics-diplomacy/g20-abe-held-talks-several-world-leaders-even-pop-idol-not-moon-jae/.

38 Robert King, "Japan and North Korea: Summitry, Missile Fears, and Abductions," Center for Strategic and International Studies, June 19, 2019, https://www.csis.org/analysis/japan-and-north-korea-summitry-missile-fears-and-abductions.

39 "Opinion Poll Report," *Naikakufu* [內閣官房], January 2012, https://survey.gov-online.go.jp/h23/h23-bouei/index.html.

40 *Defense of Japan 2019* (Tokyo: Japan Ministry of Defense, 2019), https://www.mod.go.jp/en/publ/w_paper/wp2019/pdf/DOJ2019_Full.pdf.

41 舉例而言，以中國為例，鈴木勝吾（Shogo Suzuki，音譯）說，在日本，無論對左派與對右派而言，中國都已經成為一個全國性焦點議題，左、右兩派在對華政策上並無顯著不同。菲利浦・里普西（Phillip Lipscy）與伊森・沙伊納（Ethan Scheiner）認為，1994 年的多數制選舉規則導致兩大政黨的政策立場趨於一致。Shogo Suzuki, "The Rise of the Chinese 'Other' in Japan's Construction of Identity: Is China a Focal Point of Japanese Nationalism?" *Pacific Review* 28, no. 1 (2015): 95–116.
欲了解韓國境內兩極化問題，參見 Sook-Jong Lee, "Democratization and Polarization in Korean Society," *Asian Perspective* 29, no. 3 (2005): 99–125; Phillip Lipscy and Ethan Scheiner, "Japan Under the DPJ: The Paradox of Political Change Without Policy Change," special issue, *Journal of East Asian Studies* 12, no. 3 (2012): 311–22.

42 舉例而言，參見 Gi-Wook Shin, "South Korea's Democratic Decay," *Journal of Democracy 31*, no. 3 (July 2020): 100–14.

43 Noriyo Isozaki, "Nikkan Shimin Shakai niokeru Sōgoninshiki" [日本與韓國公民社會的相互看法], in *Nikkan Kankeishi 1965–2015 III Shakai-Bunka* [日本與南韓關係史，1965-2015，第三冊：社會與文化], ed. Noriyo Isozaki and Chong-koo Lee (Tokyo: University of Tokyo Press, 2015), 29–60.

44 條約第二條規定:「簽約方確認，有關簽約兩造的財產、權例、與利益問題，以及它們的人民（包括司法人員）與簽約方之間與它們的人民之間的主張，包括 1951 年 9 月 8 日在舊金山市與日本簽定的和平條約第四條（a）所規定的主張，都已經一勞永逸地全面解決。」" "Agreement Between Japan and the Republic of Korea Concerning the Settlement of Problems in Regard to Property and Claims and Economic Co-operation," *International Legal*

trilateralism-in-a-broader-regional-architecture-a-south-korean-perspective-brief/.

28 "Nihon Gaikō Henka to Mosaku (Jō) Kitachōsen tono Himitsu Kōshō" [日本外交的改變與搜尋（第一部份）：與北韓的秘密談判——依賴田中仁決定結果], *Nihon Keizai Shinbun*, December 22, 2002.

29 "Seijōka Kōshō Nicchō Raigetsu Saikai e Rachi Kazoku Kikoku Kecchaku nara" [日本與北韓的關係正常化談判將於下個月重新展開；如果問題解決，被綁架日人的家屬可以返國], *Nihon Keizai Shimbun*, May 16, 2004; "Abductions of Japanese Citizens by North Korea," Ministry of Foreign Affairs of Japan, August 6, 2021, https://www.mofa.go.jp/region/asia-paci/n_korea/abduction/index.html; "Abductions of Japanese Citizens by North Korea," https://www.rachi.go.jp/; "Seiji Jinji Tai KitachōsenKyōkoha no Yachi Fukuchōkanho Gaimu Jimujikan ni Irei no Fukki" [政府人事：北韓強硬派、助理內閣官房長官谷內正太郎將出任副外相，谷內重返外務省很不尋常], *Mainichi Shimbun*, December 28, 2014.

30 Choe Sang-Hun, "South Korea's Leader Will Be Odd Man Out in Meeting with Trump and Shinzo Abe," *New York Times*, September 20, 2017, https://www.nytimes.com/2017/09/20/world/asia/trump-moon-south-korea.html.

31 "Namboku Yūwa Nihon wa Naze Shimpaigao?" [日本為什麼擔心南、北韓和解？], *Nihon Keizai Shimbun*, May 21, 2018.

32 "Press Conference by President Trump," White House, June 12, 2018, 網站已經不存，檔案在 https://web.archive.org/web/20180618015801/https://www.whitehouse.gov/briefings-statements/press-conference-president-trump/.

33 John Bolton, *The Room Where It Happened: A White House Memoir* (New York: Simon and Schuster, 2020).

34 "Remarks by President Trump Before Marine One Departure," White House, August 1, 2019, 網站已經不存，檔案在 https://web.archive.org/web/20190806035553/https://www.whitehouse.gov/briefings-statements/remarks-president-trump-marine-one-departure-56/; "Remarks by President Trump Before Marine One Departure," White House, August 9, 2019, 網站已經不存，檔案在 https://web.archive.org/web/20190809234506/https://www.whitehouse.gov/briefings-statements/remarks-president-trump-marine-one-departure-59/.

35 "Address by Prime Minister Abe at the Seventy-Third Session of the United Nations General Assembly," Ministry of Foreign Affairs of Japan, September 25, 2018, https://www.mofa.go.jp/fp/unp_a/page3e_000926.html.

36 Min Joo Kim, "North Korea Blows Up Joint Liaison Office, Dramatically Raising Tensions with South," *Washington Post*, June 16, 2020, https://www.washingtonpost.com/world/asia_pacific/north-korea-liaison-office-kaesong-

South Korea: Frictions and Hopes," *Asia-Pacific Review* 21, no. 2 (2014): 24, https://www.tandfonline.com/doi/abs/10.1080/13439006.2014.970327.

17 Michishita, "Changing Security Relationship," 26.

18 舉例而言，參見 *Mapping the Future of U.S. China Policy,* https://chinasurvey.csis.org/.

19 舉例而言，參見 David C. Kang and Jiun Bang, "The Pursuit of Autonomy and Korea's Atypical Strategic Culture," in *Strategic Asia 2016–17: Understanding Strategic Cultures in the Asia-Pacific*, ed. Michael Wills, Ashley J. Tellis, and Alison Szalwinski （西雅圖：國立亞洲研究局，2016 年 11 月）, https://www.nbr.org/publication/the-pursuit-of-autonomy-and-south-koreas-atypical-strategic-culture/.

20 "Sōru de Nichibeikan Bōei Jitsumusha Kyōgi" [在首爾舉行的日美韓防衛工作層級會談], *Asahi Shimbun*, April 24, 1998; "Sōru de Nichibeikan Bōei Kyōgi" [在首爾舉行的日美韓防衛會談], *Nihon Keizai Shimbun*, October 20, 1998.

21 "Trilateral Statement Japan, Republic of Korea, and the United States," Office of the Spokesman, U.S. Department of State, December 6, 2010, https://2009-2017.state.gov/r/pa/prs/ps/2010/12/152431.htm.

22 "Living History with Ambassador Chun Yung-woo" (CSIS Korea Chair oral history interview), August 9, 2017, https://beyondparallel.csis.org/living-history-ambassador-chun-yung-woo/.

23 Brad Glosserman and Scott A. Snyder, *The Japan–South Korea Identity Clash: East Asian Security and the United States* (New York: Columbia University Press, 2015), 97.

24 Chung Min-uck, "Lawmakers Express Concern over Korea-Japan Military Pact," *Korea Times*, July 11, 2012; Mark Manyin, Emma Chanlett-Avery, et al., *U.S.-South Korea Relations*, Congressional Research Service, May 23, 2017, 8, https://fas.org/sgp/crs/row/R41481.pdf.

25 Choe Hang Sun, "South Korea Fires Top Presidential Aide over Pact with Japan," *New York Times*, August 5, 2012, https://www.nytimes.com/2012/07/06/world/asia/south-korean-aide-offers-to-resign-over-pact-with-japan.html.

26 Michael J. Green, *Japan's Reluctant Realism: Foreign Policy Challenges in an Era of Uncertain Power* (New York: Palgrave Macmillan, 2001), 118.

27 James Schoff, *Tools for Trilateralism: Improving U.S.-Japan-Korea Cooperation to Manage Complex Contingencies* (Institute for Foreign Policy Analysis, Cambridge, MA: Potomac, 2005); Yul Sohn, "Relocating Trilateralism in a Broader Regional Architecture: A South Korean Perspective," National Bureau of Asian Research, March 25, 2016, https://www.nbr.org/publication/relocating-

Security Triangle (Palo Alto, CA: Stanford University Press, 1999), 10.

8 Scott A. Snyder, *South Korea at the Crossroads: Autonomy and Alliance in an Era of Rival Powers* (New York: Columbia University Press, 2018), 122.

9 舉例而言，參見 Chaesung Chun, "South Korea's Middle Power Strategy as a Foreign Strategy," *American Studies* 37, no. 2 (December 2014): 45–80, 網站已經不存，檔案在 https://web.archive.org/web/20200710014757/https://s-space.snu.ac.kr/bitstream/10371/93894/1/%EB%AF%B8%EA%B5%AD%ED%95%99%20 37-2-2..pdf; Jongryn Mo, "South Korea's Middle Power Diplomacy: A Case of Growing Compatibility Between Regional and Global Roles," *International Journal* [多倫多] 71, no. 4 (December 1, 2016): 587–607.

10 "Paku Gaikō Yūsen Juni wa 'Bei Chū tsugini Nichiro' Gaishō Kōho ga Kenkai" [對朴槿惠的外交來說，優先秩序是「美國，中國，接下來是日本與俄國」], *Yomiuri Shimbun*, March 1, 2013.

11 "Kankoku 'Nihon Hazushi' Gaikō Kaigi ya Senryaku Taiwa Beichū nomini Dashin Nihon Seifu Fukaikan" [韓國要在外交上劃除日本，只願與美國與中國進行會議與戰略對話；日本政府表示惱怒], *Yomiuri Shimbun*, May 14, 2013; "Bei Kokumushō Iijimashi Hōchō 'Kōkan no Hōnichiji ni Shōsai Kiku' " [美國國務院在談到飯島先生的北韓之行時說，「會在高級官員訪問日本時詢問詳情」], *Nihon Keizai Shimbun*, May 15, 2013.

12 "CSIS Experts Participate in Seoul 'Track 1.5' Dialogues," Center for Strategic and International Studies, July 22, 2013, https://www.csis.org/news/csis-experts-participate-seoul-%E2%80%9Ctrack-15%E2%80%9D-dialogues; "Bei Chū Kan de Anpo Kaigi 22nichi Kaisai e Kankoku 'Nihon Hazushi' de Shin Wakugumi" [美中韓安全會議將於 22 日舉行——韓國要創建一個沒有日本的新架構], *Kyodo News*, July 19, 2013.

13 *Diplomatic Bluebook 2015*, Ministry of Foreign Affairs of Japan, 28, 網站已經不存，檔案在 https://web.archive.org/web/20210921192052/https://www.mofa.go.jp/files/000106464.pdf;*Diplomatic Bluebook 2018*, Ministry of Foreign Affairs of Japan, 26, 網站已經不存，檔案在 https://web.archive.org/web/20201217090515/https://www.mofa.go.jp/files/000401242.pdf.

14 Ian Rinehart and Bart Elias, "China's Air Defense Identification Zone (ADIZ)," Congressional Research Service, January 30, 2015, 18–21; Victor Cha, *Korea's Mistake on China's ADIZ Controversy*, CSIS Korea Chair Platform, December 2, 2013, https://www.csis.org/analysis/korea%E2%80%99s-mistake-china%E2%80%99s-adiz-controversy,https://fas.org/sgp/crs/row/R43894.pdf.

15 "The Japan-South Korea Joint Public Opinion Poll 2019," *Genron NPO,* June 12, 2019, https://www.genron-npo.net/en/opinion_polls/archives/5489.html.

16 Narushige Michishita, "Changing Security Relationship Between Japan and

(April 2012): 97–102.

214 *Asia Power Index 2019*. 洛伊研究所因日本停止對中國的政府開發援助而將日本評等調降，就相對影響力條件而言，日本此舉似乎是一項明智的決定，但對日本總和影響力的警告令人提心吊膽。

第五章 韓國

1 舉例而言，戰略與國際研究中心在 2014 年進行的民調顯示，日本與韓國受訪者都認為提升良好治理對東亞地區很重要（日本 97%，韓國 92%），北韓崩潰對國家安全構成威脅（日本 7.4%，韓國 8.3%）。都認為欠缺共同價值（日本 7.2%，韓國 6.8%），以及中國崛起造成的不確定（日本 8.6%，韓國 7.3%）是在東亞營造共同體的障礙，都認為美國在今後十年會繼續領導東亞（日本 79%，韓國 82%）。欲知更多，參見 Michael J. Green and Nicholas Szechenyi, *Power and Order in Asia: A Survey of Regional Expectations*, Center for Strategic and International Studies, July 2014, https://csis-website-prod.s3.amazonaws.com/s3fs-public/legacy_files/files/publication/140605_Green_PowerandOrder_WEB.pdf.
這些結果與戰略與國際研究中心在 2020 年對中國政策進行的民調結果相呼應，參見 https://chinasurvey.csis.org/.

2 Mark R. Peattie, introduction to *The Japanese Colonial Empire, 1895–1945*, ed. Ramon Hawley Myers and Mark R. Peattie (Princeton, NJ: Princeton University Press, 1984), 15.

3 大多數國際組織與美國地理委員會（Board on Geographic Names）將這處水域稱為「日本海」，不過日本與韓國繼續在聯合國與其他國際論壇為這處水域的名稱問題爭議不休。參見：https://www.usgs.gov/core-science-systems/ngp/board-on-geographic-names.

4 Hans J. Morgenthau, *Politics Among Nations: The Struggle for Power and Peace,* 2nd ed. (New York: Knopf, 1967), 117.

5 Samuel Jay Hawley, *The Imjin War: Japan's Sixteenth-Century Invasion of Korea and Attempt to Conquer China* (Seoul: Royal Asiatic Society, Korea Branch, 2005), 45; Arata Hirakawa, *Sengoku Nihon to Daikōkai Jidai Hideyoshi Ieyasu Masamune no Gaikō Senryaku* [戰國時代的日本以及探索時代：豐臣秀吉、德川家康、與伊達政宗的外交策略] (Tokyo: Chuo Koron Shinsha, 2018).

6 Park Cheol Hee, *Strategic Estrangement Between South Korea and Japan as a Barrier to Trilateral Cooperation*, Atlantic Council, November 2019, https://www.atlanticcouncil.org/wp-content/uploads/2019/12/Strategic-Estrangement-Report-web.pdf.

7 Victor D. Cha, *Alignment Despite Antagonism: The United States-Korea-Japan*

China's "predatory economic practices." For more, 參見 *United States Strategic Approach to the People's Republic of China*, White House; "Pompeo says China trade policies 'predatory,' " Reuters, June 18, 2018, https://www.reuters.com/article/us-usa-trade-pompeo/pompeo-says-china-trade-policies-predatory-idUSKBN1JE2QK?il=0.

201 Xi Jinping, "Secure a Decisive Victory in Building a Moderately Prosperous Society in All Respects and Strive for the Great Success of Socialism with Chinese Characteristics for a New Era—Delivered at the 19th National Congress of the Communist Party of China," *Xinhua*, October 18, 2017.

202 舉例而言，參見 Alistair Iain Johnstone, "China in a World of Orders: Rethinking Compliance and Challenge in Beijing's International Relations," *International Security 44, no. 3* (2019): 9–60.

203 "G7 Ise-Shima Summit," Ministry of Foreign Affairs of Japan, May 27, 2016, https://www.mofa.go.jp/ecm/ec/page24e_000148.html.

204 "G-7 Ends in Disarray as Trump Abandons Joint Statement," *BBC,* June 10, 2018, https://www.bbc.com/news/world-us-canada-44427660.

205 Interview with senior MOFA official, June 12, 2018.

206 Jesco Denzel, *Heads of State Attend G7 Meeting—Day Two*, 2018, Bundesregierung, https://www.gettyimages.com/detail/news-photo/in-this-photo-provided-by-the-german-government-press-news-photo/971491304?adppopup=true.

207 Satoshi Sugiyama, "Abe Hails Launch of 'Osaka Track' Framework for Free Cross-Border Data Flow at G20," *Japan Times,* June 18, 2019, https://www.japantimes.co.jp/news/2019/06/28/national/abe-heralds-launch-osaka-track-framework-free-cross-border-data-flow-g20/.

208 *Asia Power Index 2019: Key Findings,* Lowy Institute, https://power.lowyinstitute.org/downloads/Lowy-Institute-Asia-Power-Index-2019-Key-Findings.pdf.

209 *Asia Power Index* 2019.

210 Alex Oliver, "2018 Lowy Institute Poll," June 20, 2018, https://www.lowyinstitute.org/publications/2018-lowy-institute-poll.

211 "Opinion Poll on Japan," Ministry of Foreign Affairs of Japan, March 18, 2020, https://www.mofa.go.jp/press/release/press4e_002784.html.

212 Sharon Seah, Hoang Thi Ha, Melinda Martinus, and Pham Thi Phuong Thao, *The State of Southeast Asia: 2021 Survey Report*, ISEAS Yusof Ishak Institute, February 10, 2021, https://www.iseas.edu.sg/wp-content/uploads/2021/01/The-State-of-SEA-2021-v2.pdf.

213 Dong-Hun Lee, "Nation Brands, 2011 Survey Results," *SERI Quarterly* 5, no. 2

道合的國家都能共聚一堂，美國可以重拾指揮棒，我們可以根據這些共同價值團結國際社會。」英文翻譯可參見 "Online Event: Mt. Fuji DC Event: The U.S.-Japan Alliance at 60," Center for Strategic and International Studies, September 9, 2020, https://www.csis.org/analysis/online-event-mt-fuji-dc-event-us-japan-alliance-60. 欲知有關美國商界擔心遭擋在 RCEP 與 CPTPP 門外的事，參見 Myron Brilliant, "U.S. Chamber Statement on the Regional Comprehensive Partnership Agreement (RCEP)," U.S. Chamber of Commerce, November 16, 2020, https://www.uschamber.com/press-release/us-chamber-statement-the-regional-comprehensive-partnership-agreement-rcep.

192 "Japan Trade Agreement," U.S. Customs and Border Protection, last modified April 5, 2021, https://www.cbp.gov/trade/free-trade-agreements/japan.

193 *Agreement Between the United States of America and Japan Concerning Digital Trade*, Office of the United States Trade Representative, https://ustr.gov/sites/default/files/files/agreements/japan/Agreement_between_the_United_States_and_Japan_concerning_Digital_Trade.pdf.

194 Reuters, "China Applies to Join Pacific Trade Pact to Boost Economic C Clout," September 17, 2021, https://www.reuters.com/world/china/china-officially-applies-join-cptpp-trade-pact-2021-09-16/

195 "Japan's Successful Participation in the Trans-Pacific Partnership (TPP) Agreement: Preparing for a 21st Century, WTO-plus Agreement," U.S.-Japan Business Council, June 2011, 36.

196 舉例而言，經團連在 2011 年 4 月提出一項建議說，「當其他國家為追求成長與就業，紛紛以戰略手段處理貿易議題時…根據觀察，日本的貿易戰略沒有出現重大轉變。比如說，南韓已經與美國與歐盟簽署自由貿易協定…另一方面，日本與南韓在競爭條件的差距上不斷加大，也在日本國內引起擔心。」欲知更多細節，參見 "Proposals for Japan's Trade Strategy," Nippon Keidanren (Japan Business Federation), April 19, 2011, https://www.keidanren.or.jp/en/policy/2011/030proposal.html.

197 "EU-Japan Trade Agreement Enters into Force," European Commission, January 31, 2019, https://ec.europa.eu/commission/presscorner/detail/en/IP_19_785.

198 *Waga Kuni no Keizai Renkei Kyōtei (EPA/ FTA) tō no Torikumi* [我們國家在例如經濟夥伴（EPA/FTA）這類倡議上的努力], Ministry of Foreign Affairs of Japan, March 2021, https://www.mofa.go.jp/mofaj/files/000490260.pdf.

199 Shinzō Abe, "Address by Prime Minister Abe at the Seventy-Third Session of the United Nations General Assembly" (speech, September 25, 2018), Prime Minister of Japan and His Cabinet, https://japan.kantei.go.jp/98_abe/statement/201809/_00005.html.

200 A twenty-page report issued by the White House in May 2020 condemns

Way into Cambodia," *Financial Times*, September 8, 2016, https://www.ft.com/content/23968248-43a0-11e6-b22f-79eb4891c97d.

184 Green and Szechenyi, *Power and Order in Asia*, 7–8.

185 Green and Szechenyi, *Power and Order in Asia*, 16.

186 Myron Brilliant, "Free Trade Agreement Asia Pacific (FTAAP)," U.S. Chamber of Commerce, September 2007.

187 Peter Landers, "Japan, the Original Trade Villain, Now Casts Itself as the Hero," *Wall Street Journal*, March 9, 2018.

188 "The 4th Regional Comprehensive Economic Partnership (RCEP) Summit and RCEP Agreement Signing Ceremony," Ministry of Foreign Affairs of Japan, November 15, 2020, https://www.mofa.go.jp/policy/economy/fta/page1e_000291.html.

189 *RCEP Kyōtei no Keizai Kōka Bunseki* [區域全面經濟夥伴經濟衝擊分析], Government of Japan, March 19, 2021, https://www.mofa.go.jp/mofaj/files/100162437.pdf.

190 Tobias Sytsma, "RCEP Forms the World's Largest Trading Bloc. What Does This Mean for Global Trade?" *RAND Blog*, December 9, 2020, https://www.rand.org/blog/2020/12/rcep-forms-the-worlds-largest-trading-bloc-what-does.html; William Alan Reinsch, Lydia Murray, and Jack Caporal, "At Last, an RCEP Deal," Center for Strategic and International Studies, December 3, 2019, https://www.csis.org/analysis/last-rcep-deal; Cathleen Cimino-Isaacs and Michael Sutherland, "The Regional Comprehensive Economic Partnership: Status and Recent Developments," Congressional Research Service, November 19, 2019, https://crsreports.congress.gov/product/pdf/IN/IN11200. 欲知日本的省思以及現有統計數字，參見 Shin Kawashima, "Japan's Painful Choice on RCEP," *The Diplomat*, August 3, 2020, https://thediplomat.com/2020/08/japans-painful-choice-on-rcep/; "RCEP States Make 'Significant' Progress in Trade Talks Without India," *Japan Times*, August 27, 2020, https://www.japantimes.co.jp/news/2020/08/27/business/economy-business/rcep-states-make-significant-progress-trade-talks-without-india/.

191 芝加哥全球事務委員會在 2019 年 10 月進行的一項調查顯示，83% 的美國人認為國際貿易對美國公司有利，87% 的美國人認為國際貿易對美國經濟有利，這是自這項調查自 2004 年展開以來取得的最高紀錄。欲知更多細節，參見 Brendan Helm, Alexander Hitch, and Dina Smeltz, "Record Number of Americans Say International Trade Is Good for the US Economy," Chicago Council on Global Affairs, October 9, 2019. 在 2020 年 9 月與戰略與國際研究中心的線上會談中，時任防衛大臣的河野太郎說，「我仍然希望有一天美國能重返 TPP，美國與日本可以領導這個地區的規則制定…希望志同

175 "Japan's Infrastructure Development Strategy: Supporting a Free and Open Indo-Pacific," Center for Strategic and International Studies, October 17, 2019, https://www.csis.org/events/japans-infrastructure-development-strategy-supporting-free-and-open-indo-pacific.

176 在開幕儀式的基調演說中，習近平強調一帶一路倡議的優質、可續的基礎建設。在聯合公報中也提到「優質基礎建設」。"Xi Delivers Keynote Speech at Second B&R Forum," *China Daily*, April 26, 2019, https://www.chinadaily.com.cn/a/201904/26/WS5cc26353a3104842260b880d.html; "Joint Communique of the Leaders' Roundtable of the 2nd Belt and Road Forum for International Cooperation," Ministry of Foreign Affairs of the People's Republic of China, April 27, 2019, https://www.fmprc.gov.cn/mfa_eng/zxxx_662805/t1658766.shtml.

177 "China No Match for Japan in Southeast Asia Infrastructure Race," *Japan Times*, June 23, 2019, https://www.japantimes.co.jp/news/2019/06/23/business/china-no-match-japan-southeast-asia-infrastructure-race/.

178 William Choong, *Japan's Indo-Pacific Strategy in Southeast Asia: Floundering, not Foundering*, ISEAS Yusof Ishak Institute, May 6, 2020, https://www.iseas.edu.sg/wp-content/uploads/2020/03/ISEAS_Perspective_2020_40.pdf.

179 Nyshka Chandran, "Japan, Not China, May Be Winning Asia's Infrastructure Investment Contest," CNBC, January 23, 2019, https://www.cnbc.com/2019/01/23/belt-and-road-japan-not-china-may-be-winning-investment-contest.html.

180 Koya Jibiki, "Indoneshia, Nihon ni Kousoku Tetsudou Sanka Dashin e Chuugoku Shudou de Okure" [印尼要求日本加入中國領導的、面對延滯的高鐵項目], *Nihon Keizai Shimbun*, June 7, 2020, https://www.nikkei.com/article/DGXMZO60080710X00C20A6FF8000/.

181 參見 Midford, *Overcoming Isolationism.*

182 Sheldon Simon, "Deep in South China Sea Diplomacy,"*Comparative Connections*, September 2011, http://cc.pacforum.org/2011/09/deep-south-china-sea-diplomacy/; Andrew Quinn, "U.S. Calls for More Clarity on South China Sea Claims," Reuters, July 22, 2011, https://www.reuters.com/article/us-asean-southchinasea/u-s-calls-for-more-clarity-on-south-china-sea-claims-idUSTRE76M0KS20110723.

183 Manuel Mogato, Michael Martina, and Ben Blanchard, "ASEAN Deadlocked on South China Sea, Cambodia Blocks Statement," Reuters, July 25, 2016, https://www.reuters.com/article/us-southchinasea-ruling-asean/asean-deadlocked-on-south-china-sea-cambodia-blocks-statement-idUSKCN1050F6; James Kynge, Leila Haddou, and Michael Peel, "FT Investigation: How China Bought Its

October 9, 2014, https://www.nytimes.com/2014/10/10/world/asia/chinas-plan-for-regional-development-bank-runs-into-us-opposition.html; David Lawder, "After Ex-Im Win, U.S. Conservatives Target Foreign Investment Agency," Reuters, July 13, 2015, https://www.reuters.com/article/us-usa-congress-opic/after-ex-im-win-u-s-conservatives-target-foreigninvestment-agency-idUSKCN0PN0EM20150713.

169 Daniel Runde and Romina Bandura, "The BUILD Act Has Passed: What's Next?" Center for Strategic and International Studies, October 12, 2018, https://www.csis.org/analysis/build-act-has-passed-whats-next.

170 Daniel Runde, Romina Bandura, and Janina Staguhn, "The DFC's New Equity Authority," Center for Strategic and International Studies, April 3, 2020, https://www.csis.org/analysis/dfcs-new-equity-authority.

171 "Joint Statement of the Governments of the United States of America, Australia, and Japan," White House, November 17, 2018, https://www.whitehouse.gov/briefings-statements/joint-statement-governments-united-states-america-australia-japan/ 網站已經不存，檔案在 https://web.archive.org/web/20181118161517/https://www.whitehouse.gov/briefings-statements/joint-statement-governments-united-states-america-australia-japan/;"U.S., Australia, Japan Delegation Travels to Indonesia to Explore Investment Opportunities," U.S. International Development Finance Corporation, August 27, 2019, https://www.dfc.gov/media/opic-press-releases/us-australia-japan-delegation-travels-indonesia-explore-investment; "OPIC to Support World's Longest Subsea Telecommuniations Cable," U.S. International Development Finance Corporation, November 5, 2019, https://www.dfc.gov/media/opic-press-releases/opic-support-worlds-longest-subsea-telecommunications-cable.

172 Christopher K. Johnson, Matthew P. Goodman, and Jonathan E. Hillman, "President Xi Jinping's 'Belt and Road' Forum," Center for Strategic and International Studies, May 9, 2017, https://www.csis.org/analysis/president-xi-jinpings-belt-and-road-forum.

173 "JBIC Signs MOU with China Development Bank," Japan Bank for International Cooperation, October 26, 2018, https://www.jbic.go.jp/en/information/press/press-2018/1026-011525.html.

174 國際貨幣基金總監克莉絲汀・拉加德（Christine Lagarde）於 2018 年 4 月在北京舉行的一次國際貨幣基金與中國人民銀行會議中發表演說指出：「一帶一路倡議能為夥伴國家帶來迫切需要的基礎建設融資。不過這些項目也能帶來更多債務問題，因債台高築而使其他開支受限，造成支付平衡的挑戰。」克莉絲汀・拉加德，"Belt and Road Initiative: Strategies to Deliver in the Next Phase," International Monetary Fund, April 12, 2018.

October 2, 2013, https://www.chinadaily.com.cn/china/2013xiapec/2013-10/02/content_17007915.htm.

162 "AIIB Zaimusō Tōmen Sanka Miokurino Hōshin Shimesu 'Chūgoku Gawano Setsumei Fujūbun' " [日本財務大臣說，由於中國提出的解釋不充分，日本目前不會加入亞投行], *NHK News*, March 31, 2015.

163 " 'The Future of Asia: Be Innovative'—Speech by Prime Minister Shinzo Abe at the Banquet of the 21st International Conference on the Future of Asia," Prime Minister of Japan and His Cabinet, May 21, 2015, http://japan.kantei.go.jp/97_abe/statement/201505/0521foaspeech.html; "Announcement of 'Partnership for Quality Infrastructure: Investment for Asia's Future,' " Ministry of Foreign Affairs of Japan, May 21, 2015, https://www.mofa.go.jp/policy/oda/page18_000076.html.

164 Daniel F. Runde et al., "Report Launch: Financing and Implementing the Quality Infrastructure Agenda," Center for Strategic and International Studies, September 4, 2018; Jonathan Hillman, "'China's Belt and Road Initiative: Five Years Later': Statement Before the U.S.-China Economic and Security Review Commission"（演說，德克森〔Dirksen〕參議院辦公大樓，419 號，華府，2018 年 1 月 25 日）

165 Robin Harding, Avantika Chilkoti, and Tom Mitchell, "Japan Cries Foul After Indonesia Awards Rail Contract to China," *Financial Times*, October 1, 2015, https://www.ft.com/content/eca4af84-67fa-11e5-97d0-1456a776a4f5; "Indoneshia Kōsoku Tetsudō Hakushi Itten Chūgokuan wo Saiyō Kambōchō 'Kiwamete Ikan' " [CCS 說，對於印尼決定改採中國提出的高鐵計畫一事，它「極端遺憾」],*Nihon Keizai Shimbun*, September 30, 2015; Shang-su Wu, "Is Japan's Rail Diplomacy in Southeast Asia Moving Away from Shinkansen?" *The Diplomat,* October 23, 2019, https://thediplomat.com/2019/10/is-japans-rail-diplomacy-in-southeast-asia-moving-away-from-shinkansen/.

166 參見 Agatha Kratz and Dragan Pavlićević, "Norm-Making, Norm-Taking or Norm-Shifting? A Case Study of Sino–Japanese Competition in the Jakarta–Bandung High-Speed Rail Project," *Third World Quarterly* 40, no. 6 (2019): 1113.

167 "Amendment of the JBIC Act," Japan Bank for International Cooperation, May 11, 2016, https://www.jbic.go.jp/en/information/news/news-2016/0511-48128.html. 日本國際協力銀行立即在對印度的貸款案上運用它取得的更大彈性； 參 見 Zhao Hong,"China–Japan Compete for Infrastructure Investment in Southeast Asia: Geopolitical Rivalry or Healthy Competition?" *Journal of Contemporary China* 28, no. 118 (2019): 574, https://www.tandfonline.com/doi/abs/10.1080/10670564.2018.1557946.

168 Jane Perlez, "U.S. Opposing China's Answer to World Bank," *New York Times*,

Kong Law," *Japan Times*, June 7, 2020, https://www.japantimes.co.jp/news/2020/06/07/national/japan-rejects-offer-join-us-criticizing-china-hong-kong/#:~:text=WASHINGTON%20%E2%80%93%20Japan%20has%20opted%20out%20of%20joining,with%20Beijing%2C%20officials%20from%20countries%20involved%20said%20Saturday.

152 Gen Nakatani, "Jinken Gaikō Giin Renmei" [人權外交國會聯盟], Gen Nakatani official website, March 25, 2021, https://nakatanigen.jp/?p=3026 網站已經不存，檔案在 https://web.archive.org/web/20210921191207/https://nakatanigen.jp/?p=3026.

153 "Japan, U.S. Express Concerns over Myanmar Refugee Crisis," *Japan Times,* September 20, 2017, https://english.kyodonews.net/news/2017/09/886653f29998-japan-us-express-concerns-over-myanmar-refugee-crisis.html#:~:text=Japan%20and%20the%20United%20States%20expressed%20strong%20concerns,reporters%20after%20a%20series%20of%20meetings%20with%20counterparts.

154 "Japan, the United States, and the Future of World Order," Johns Hopkins School of Advanced International Studies, Henry A. Kissinger Center for Global Affairs（總統副助理與印太事務資深協調員庫爾特・坎貝爾博士的話，國家安全會議）, March 24, 2021, https://sais.jhu.edu/kissinger/events/us-japan.

155 舉例而言，參見 for example, Benjamin Reilly, "Why Is 'Values' the New Buzzword in Australian Foreign Policy? (Hint: It Has Something to Do with China)," *The Conversation,* August 5, 2020, https://theconversation.com/why-is-values-the-new-buzzword-in-australianforeign-policy-hint-it-has-something-to-do-with-china-143839; *EU-China—A Strategic Outlook*, European Commission, March 12, 2019, https://ec.europa.eu/commission/sites/beta-political/files/communication-eu-china-a-strategic-outlook.pdf.

156 Green and Szechenyi, *Power and Order in Asia*, 18.

157 " 'Wasurerareta Kokusai Jōyaku' ga Hatashita　kina Yakuwari / 'Kyū Sekai Chitsujo' wa 'Shin Sekai Chitsujo' ni Tenjita" [「忘記國際條約」／「舊世界秩序」轉為「新世界秩序」扮演的大角色], *Weekly Toyo Keizai,* October 12, 2018.

158 Saori Katada, *Japan's New Regional Reality: Geoeconomic Strategy in the Asia-Pacific* (New York: Columbia University Press, 2020), loc. 333 of 10287, Kindle.

159 Steven K. Vogel, *Japan Remodeled: How Government and Industry Are Reforming Japanese Capitalism* (Ithaca, NY: Cornell University Press, 2006).

160 Katada, *Japan's New Regional Reality,* loc. 1962 of 10287, Kindle.

161 Wu Jiao, "President Xi Gives Speech to Indonesia's Parliament," *China Daily,*

142 “China Raps Abe’s War-End Anniversary Statement,” *Jiji Press*, August 15, 2015.

143 “ODA Kentōkai Menbā Kettei Hihanha Zoroi Nijimu ‘Abe Karā’ ” [政府開發援助成員反映安倍的精神], *Sankei Shimbun*, December 3, 2005.

144 *Japan’s Development Cooperation Policy: Development Cooperation Charter*, Ministry of Foreign Affairs of Japan, November 2, 2015, https://www.mofa.go.jp/files/000406629.pdf#:~:text=Basic%20policies%20of%20the%20development%20cooperation%20of%20Japan,for%20non-military%20purposes%20is%20one%20of%20the%20most.

145 Ichihara Maiko, “Understanding Japanese Democracy Assistance,” Carnegie Endowment for International Peace, March 25, 2013, http://carnegieendowment.org/2013/03/25/understanding-japanese-democracy-%20assistance/ftcg; Ichihara Maiko, *Japan’sInternational Democracy Assistance as Soft Power: Neoclassical Realist Analysis* (Abingdon, Oxon: Routledge, 2017).

146 “Survey of Japanese Legislators: Attitudes on ODA and Global Health,” Japan Center for International Exchange, June 2020, https://www.jcie.org/analysis/jcie-diet-survey-on-global-health-oda/.

147 “Comments of Ambassador Takasu Yukio at the EAI Online Seminar Enhancing Democratic Partnership in the Indo-Pacific,” East Asia Institute, September 18, 2020 (KST), http://www.eai.or.kr/new/en/news/notice_view.asp?intSeq=19997&board=eng_announcement; The Future of Democracy Project, JCIE, http://democracy.jcie.or.jp/.

148 Atsuko Geiger, *Japan’s Support for Democracy-Related Issues* (Tokyo: Japan Center for International Exchange, 2019), https://www.jcie.org/wp-content/uploads/2019/10/Japan-Democracy-Survey-2019_FINAL.pdf; Ichihara, *Japan’s International Democracy Assistance as Soft Power.* 有關規則制定討論組， 參見 “Chūgoku Kensei suru Jimingiin Yūshino Ugoki Kappatsuka” [主張壓制中國的活動在自民黨國會議員間不斷增加，即將向政府提出有關訓練未來國際組織領導人的建議], *Mainichi Shimbun*, August 27, 2020, https://mainichi.jp/articles/20200827/k00/00m/010/255000c.

149 “Mapping the Future of U.S. China Policy,” Center for Strategic and International Studies, October 13, 2020, https://chinasurvey.csis.org/.

150 “Japan to Back EU-Led U.N. Resolution on Human Rights in North Korea,” *Japan Times*, March 12, 2020, https://www.japantimes.co.jp/news/2020/03/12/national/japan-un-resolution-human-rights-north-korea/. 例外出現於 2019 年，當時川普與金正恩的高峰會剛結束，安倍嘗試向平壤送出橄欖枝，但沒有獲得任何回報，我們在第五章就會見到。

151 “Japan Rejects Offer to Join Statement Slamming China over Hong

129 Japan Institute for National Fundamentals, "Refute International Criticism of 'Comfort Women,' " September 17, 2014, https://jinf.jp/suggestion/archives/14609; Japan Institute for National Fundamentals, "Verification of Kono Statement Has Not Yet Been Completed," July 17, 2014, https://jinf.jp/suggestion/archives/13516.

130 Alexis Dudden, *Troubled Apologies Among Japan, Korea and the United States* (New York: Columbia University Press, 2008), 57–59.

131 Dudden, *Troubled Apologies*, 57–59.

132 Kevin Michael Doak, *A History of Nationalism in Modern Japan: Placing the People* (Boston: Brill, 2007).

133 羽田正在離開安倍官邸以後，寫了《歷史教訓》一書，擴大討論了這個歷史背景] (Tokyo: Iwanami Shoten, 2020); on Professor Haneda, 參見羽田正檔案：http://www.ioc.u-tokyo.ac.jp/eng/faculty/prof/haneda.html.

134 *Toward the Abe Statement on the 70th Anniversary of the End of World War II: Lessons from the 20th Century and a Vision for the 21st Century for Japan* (English edition of *Sengo 70 Nen Danwa no Ronten*) (Tokyo: Japan Publishing Industry Foundation for Culture, 2015), iii.

135 當委員會成立時，我曾就委員會工作的國際背景非正式地為委員會領導層作證。參見 Liberal Democratic Party of Japan, "Submission of Proposal for Restoring Japan's Honor and Trust to Prime Minister Abe," July 30, 2015, https://www.jimin.jp/news/policy/128438.html.

136 Shinzō Abe, "Statement by Prime Minister Shinzo Abe," August 14, 2015, https://japan.kantei.go.jp/97_abe/statement/201508/0814statement.html (ENG) or https://www.kantei.go.jp/jp/97_abe/statement/2015/0814kaiken.html (JPN).

137 "Statement by Prime Minister Tomiichi Murayama 'On the Occasion of the 50th Anniversary of the War's End,' " Ministry of Foreign Affairs of Japan, August 15, 1995, https://www.mofa.go.jp/announce/press/pm/murayama/9508.html.

138 "Yoron Chōsa Abe Danwa 44 Percent Hyōka" [民眾民調：44% 贊同安倍的聲明], *Kyodo News*, August 15, 2015.

139 "Sengo 70nen Shushō Danwa Kōmei Daihyōga Hyōka Chūkan Kankei Kaizen ni Tsunagetai" [公明黨領導人贊同首相的聲明，希望能藉以改善與中國、與南韓的關係], *NHK News*, August 15, 2015.

140 David Brunnstrom, "U.S. Welcomes Abe's Statement on War Anniversary," Reuters, August 14, 2015, https://www.reuters.com/article/us-ww2-anniversary-usa/u-s-welcomes-abes-statement-on-war-anniversary-idUKKCN0QJ1OP20150814.

141 "Park Praises Abe's WWII Statement to Certain Extent," *Jiji Press*, August 15, 2015.

2002, https://www.japantimes.co.jp/opinion/2002/03/25/commentary/koizumi-takes-aim-at-collusion/#.XzL7LC2odQI.

118 "Speech by Prime Minister of Japan Junichiro Koizumi: Japan and ASEAN in East Asia: A Sincere and Open Partnership," Cabinet Office of the Prime Minister of Japan, Singapore, January 14, 2002.

119 "Asian Strategy as I See It: Japan as the 'Thought Leader' of Asia"（外相麻生太郎在日本外籍記者俱樂部的演說）, Ministry of Foreign Affairs of Japan, December 7, 2005, https://www.mofa.go.jp/announce/fm/aso/speech0512.html.

120 "Ronten: Ajia Gaikō Nihon no Eikyōryoku wa Bei no Kokueki Maikeru Guriin (Kikō)" [麥可・葛林：日本在亞洲的外交影響力是美國的國家利益], *Yomiuri Shimbun*, March 22, 2006.

121 "Kachikan Gaikōwo Suishinsuru Giinrenmei: 'Abe Gaikō' Girenwo Kessei Shin YKK Kensei ka" [為了對付新「YKK」而組成的一個推動價值導向外交的國會團體], *Mainichi Shimbun*, April 3, 2007.

122 "Shasetsu: Kachikan Giren 'Abe Ōendan' no Ayausa" [社論：「價值導向研究聯盟」安倍啦啦隊的危險], *Asahi Shimbun*, May 20, 2007.

123 "Fukuda Shushō: 'Kyōmei Gaikō' Tamesareru Genjitsu Taiōryoku" [福田康夫首相的協同外交], *Mainichi Shimbun*, November 25, 2007; "Press Conference by Prime Minister Yasuo Fukuda Following His Visits to the United States and Singapore," Ministry of Foreign Affairs of Japan, November 21, 2007, https://www.mofa.go.jp/region/asia-paci/eas/press0711.html; *Diplomatic Bluebook* 2008, Ministry of Foreign Affairs of Japan, 2.

124 Nobukatsu Kanehara, "Kokka Kokueki Kachito Gaikô Anzenhoshô" [國家、國家利益、價值、外交、與國家安全], in *RonshÛ Nihon no Gaikô to Sôgôteki Anzenhoshô* [論文集：日本外交與全面國家安全], ed. Shotaro Yachi (Tokyo: Wedge, 2011).

125 *National Security Strategy*, December 17, 2013, Kantei, http://japan.kantei.go.jp/96_abe/documents/2013/__icsFiles/afieldfile/2013/12/17/NSS.pdf.

126 Yoichi Kato, "Reaction May Put Strategic Position at Risk," *Asahi Shimbun*, June 28, 2007.

127 Julian Ryall, "Japan PM Dismisses WWII War Crimes Trials as 'Victors' Justice,'" The Telegraph [倫敦], March 14, 2013, https://www.telegraph.co.uk/news/worldnews/asia/japan/9930041/Japan-PM-dismisses-WWII-war-crimes-trials-as-victors-justice.html; "Shushō Kōno Danwano Minaoshi Shisan 'Kyōseisei Urazuke Nakatta'" [首相建議檢討河野洋平的聲明，說「強徵事件並無確證」], *Sankei Shimbun*, March 2, 2007.

128 Caroline Rose, "The Battle for Hearts and Minds: Patriotic Education in Japan in the 1990s and Beyond," in *Nationalisms in Japan*, ed. Naoko Shimazu (Oxon, UK: Routledge, 2006), 131.

Four Nations Are Committed to a Free, Open, Secure and Prosperous Indo-Pacific Region," Washington Post, March 13, 2021, https://www.washingtonpost.com/opinions/2021/03/13/biden-modi-morrison-suga-quad-nations-indo-pacific/.

110 Colm Quinn, "Biden Attempts to Stretch the Quad," *Foreign Policy*, March 12, 2021, https://foreignpolicy.com/2021/03/12/quad-summit-japan-india-australia/.

111 Lucy Fisher, "Britain Could Join 'Asian NATO,' " *The Telegraph*, January 21, 2021, https://www.telegraph.co.uk/politics/2021/01/27/britain-could-join-asian-nato-proposal-expand-membership-counter/; Elizabeth Shim, "South Korea Could Work with Quad on Aligned Issues, Report Says," *UPI,* April 6, 2021, https://www.upi.com/Top_News/World-News/2021/04/06/skorea-South-Korea-Quad-policy-aligned/7891617713272/; Anirudh Bhattacharyya, "Canada Joins Quad Joint Naval Exercise in Pacific Ocean,"*Hindustan Times*, January 25, 2021, https://www.hindustantimes.com/india-news/canada-to-join-quad-joint-naval-exercise-in-pacific-ocean-101611556512917.html.

112 Michael J. Green, Bates Gill, Kiyoto Tsuji, and William Watts, *Strategic Views on Asian Regionalism: Survey Results and Analysis*, Center for Strategic and International Studies, February 17, 2009, vi, https://www.csis.org/analysis/strategic-views-asian-regionalism; Green and Szechenyi, *Power and Order*, 1, 19; Michael J. Green and Amy K. Lehr, *The Sunnylands Principles on Enhancing Democratic Partnership in the Indo-Pacific Region*, Center for Strategic and International Studies, July 2020, 4, 14.

113 Prime Minister Hosokawa Morihiro, *Shoshin Hyomei Enzetsu* [一般政策演說], August 23, 1993, https://worldjpn.grips.ac.jp/documents/texts/pm/19930823.SWJ.html.

114 "Japan-U.S. Joint Declaration on Security: Alliance for the 21st Century," Ministry of Foreign Affairs of Japan, April 17, 1996, https://www.mofa.go.jp/region/n-america/us/security/security.html.

115 "Speech by Prime Minister Ryutaro Hashimoto: Seeking a New Foreign Policy Toward China," Ministry of Foreign Affairs of Japan, August 28, 1997, https://www.mofa.go.jp/region/asia-paci/china/seeking.html.

116 細川護熙的聯合政府儘管短命，但改革了日本的選舉法。改革項目包括混合區域名單系統與國會眾議院的單一席次選區。由於自民黨每一個派系都在早先的多席次選區系統中有代表，這項改革使政界人士不必再像過去那樣需要派系支持，也削弱了派系在東京的影響力，為小泉這類反主流民粹主義者帶來出線的機會。參見，Alisa Gaunder, *Japanese Politics and Government* (London: Routledge, 2017), 69–73.

117 Keizo Nabeshima, "Koizumi Takes Aim at Collusion," *Japan Times*, March 25,

Defense Capacity Building in the Indo-Pacific in the Era of Covid-19," Center for Strategic and International Studies, July 17, 2020, https://www.csis.org/analysis/how-japan-can-forge-resiliency-and-defense-capacity-building-indo-pacific-era-covid-19.

100 Hayashi, "How Japan Can Forge Resiliency"; Walter Sim, "The Changing Face of JapanASEAN Aid: Tokyo Is Moving to Help Countries Build Up Their Military Capacity as Beijing Flexes Its Muscles in the S. China Sea," *Straits Times*, August 15, 2016, https://www.straitstimes.com/asia/east-asia/the-changing-face-of-japan-asean-aid.

101 "Nichi Betonamu Shunō Kaidan" [日本 - 越南國家元首會議], Ministry of Foreign Affairs of Japan, October 19, 2020, https://www.mofa.go.jp/mofaj/s_sa/sea1/vn/page1_000888.html.

102 "Japan Latest Nation to Contest Beijing's South China Sea Claims," *Radio Free Asia*, January 23, 2021, https://www.voanews.com/east-asia-pacific/japan-latest-nation-contest-beijings-south-china-sea-claims.

103 受訪者認為，為因應中美戰略競爭，日本是戰略夥伴選項首選（38.2%），以次為歐盟（31.7%），再其次為澳洲（8.8%）；參見 Tang Siew Mun et al., *The State of Southeast Asia*: 2020 Survey Report (Singapore: ISEAS Yusof Ishak Institute, 2020).

104 "Indo Taiheiyō no Dōshō Imu: Seisaku Daigakuin Gakuchō Tanaka Akihiko Shi" [政策研究大學院大學（Graduate Research Institute for Policy Studies）所長田中明彥對印太地區同床異夢的看法], *Nihon Keizai Shimbun*, November 20, 2018; Shinichi Kitaoka, "Vision for a Free and Open Indo-Pacific," *Asia-Pacific Review* 26, no. 1 (2019): 7–17, https://www.tandfonline.com/doi/full/10.1080/13439006.2019.1618592.

105 Ankit Panda, "US, Japan, India, and Australia Hold Working-Level Quadrilateral Meeting on Regional Cooperation," *The Diplomat*, November 13, 2017, https://thediplomat.com/2017/11/us-japan-india-and-australia-hold-working-level-quadrilateral-meeting-on-regional-cooperation/.

106 Premesha Saha and Harsh V. Pant, "India's Pivot to Australia," *Foreign Policy*, July 21, 2020, https://foreignpolicy.com/2020/07/21/indias-pivot-to-australia/.

107 "Top Diplomats from 'Quad' Countries to Meet Oct. 6 in Tokyo," *Japan Times*, September 29, 2020, https://www.japantimes.co.jp/news/2020/09/29/national/japan-us-australia-india-quad-tokyo/#:~:text=The%20talks%20between%20representatives%20of%20the%20democracies%2C%20collectively,on%20the%20sidelines%20of%20the%20U.N.%20General%20Assembly.

108 Green, By *More than Providence*, 50–51, 79–86.

109 Joe Biden, Narendra Modi, Scott Morrison, and Yoshihide Suga, "Opinion: Our

files/000290287.pdf.

91 *White Paper on Development Cooperation 2017*, Ministry of Foreign Affairs of Japan, https://www.mofa.go.jp/files/000414121.pdf.

92 Rex Tillerson, "Defining Our Relationship with India for the Next Century: An Address by U.S. Secretary of State Rex Tillerson" (speech, Center for Strategic and International Studies, Washington DC, October 18, 2017), https://www.csis.org/analysis/defining-our-relationship-india-next-century-address-us-secretary-state-rex-tillerson.

93 "Japan-U.S. Working Lunch and Japan-U.S. Summit Meeting," Ministry of Foreign Affairs of Japan, November 6, 2017, https://www.mofa.go.jp/na/na1/us/page4e_000699.html.

94 U.S. Department of State, *A Free and Open Indo-Pacific: Advancing a Shared Vision*, November 4, 2019, https://www.state.gov/wp-content/uploads/2019/11/Free-and-Open-Indo-Pacific-4Nov2019.pdf.

95 Shoji Tomotaka, "ASEAN's Ambivalence Toward the Vision of a Free and Open Indo-Pacific: Mixture of Anxiety and Expectation," Sasakawa Peace Foundation, May 10, 2019, https://www.spf.org/iina/en/articles/shoji-southeastasia-foips.html. 東南亞國協對自由與開放印太戰略的關切，參見 William Choong, "The Return of the Indo-Pacific Strategy: An Assessment," *Australian Journal of International Affairs* 73, no. 5 (2019): 415–30.

96 Association of Southeast Asian Nations, *ASEAN Outlook on the Indo-Pacific*, Association of Southeast Asian Nations, June 23, 2019; Denghua Zhang, "The Concept of 'Community of Common Destiny' in China's Diplomacy: Meaning, Motives and Implications," *Asia and the Pacific Policy Studies* 5, no. 2 (May 2018): 196–207, https://doi.org/10.1002/app5.231.

97 Dewi Fortuna Anwar, "Indonesia and the ASEAN Outlook on the Indo-Pacific," *International Affairs 96*, no. 1 (January 2020): 111–29, https://doi.org/10.1093/ia/iiz223.

98 Her Majesty's Government, United Kingdom, *Global Britain in a Competitive Age: The Integrated Review of Security, Defence, Development and Foreign Policy*, March 2021, https://assets.publishing.service.gov.uk/government/uploads/system/uploads/attachment_data/file/969402/The_Integrated_Review_of_Security__Defence__Development_and_Foreign_Policy.pdf; Ministère des Armées, République *Française, France and Security in the Indo-Pacific*, 2018 (updated May 2019).

99 Mina Pollmann, "The Trouble with Japan's Defense Exports," *The Diplomat,* October 2, 2015, https://thediplomat.com/2015/10/the-truth-about-japans-defense-exports/; Mitsuko Hayashi, "How Japan Can Forge Resiliency and

82 Ramesh Thakur, "Australia and the Quad," *The Strategist*, July 5, 2018, https://www.aspistrategist.org.au/australia-and-the-quad/; Daniel Flitton, "Who Really Killed the Quad 1.0?" The Interpreter, June 2, 2020, https://www.lowyinstitute.org/the-interpreter/who-really-killed-quad-10.

83 Shinzō Abe, "Asia's Democratic Security Diamond," Project Syndicate, December 27, 2012, https://www.project-syndicate.org/onpoint/a-strategic-alliance-for-japan-and-india-by-shinzo-abe?barrier=accesspaylog.

84 Lavina Lee and John Lee, "Japan-India Cooperation and Abe's Democratic Security Diamond: Possibilities, Limitations and the View from Southeast Asia," *Contemporary Southeast Asia* 38, no. 2 (August 2016): 284–308.

85 史派克曼（Spykman）在 1942 年說，戰後的美國需要圍繞歐亞大陸「邊緣地帶」構築同盟與軍事介入，以防堵蘇聯。這本書在發表時引起高度爭議，但韓戰爆發後，它成為圍堵戰略的重要依據。參見 Nicholas John Spykman, *America's Strategy in World Politics* (New York: Harcourt Brace, 1942).

86 Shinzō Abe, "The Bounty of the Open Seas: Five New Principles for Japanese Diplomacy," Ministry of Foreign Affairs of Japan, January 18, 2013, https://www.mofa.go.jp/announce/pm/abe/abe_0118e.html.

87 "Gaimusho HP kara Yomitoku 'Jiyū de Hirekareta Indo Taiheiyō Senryaku' no Rinen to Jissen" [自由與開放印太戰略的概念與程序], From the Oceans, Sasakawa Heiwa Zaidan (Sasakawa Peace Foundation), April 23, 2018, https://www.spf.org/oceans/analysis_ja02/hpfoip.html#_ftn2.

88 舉例而言，參見 Rory Medcalf, "Pivoting the Map: Australia's Indo-Pacific System," *Centre of Gravity,* Issue 1, Strategic and Defence Studies Centre, ANU College of Asia and the Pacific, Australian National University, November 2011; C. Raja Mohan, *Samudra Manthan: Sino-Indian Rivalry in the Indo-Pacific* (Washington, DC: Carnegie Endowment for International Peace, 2012), introduction, chaps. 6 and 7; Michael Green and Andrew Shearer, "Defining U.S. Indian Ocean Strategy," *Washington Quarterly* 35, no. 2 (Spring 2012): 175–89: all cited in Yoshinobu Yamamoto, "Indo Taihei Yo Gainen wo Megutte" [關於印太戰略的概念], in *Ajia* (Tokuni Minami Shina Kai Indo Yo) ni okeru Anzen Hosho Chitsujo [亞洲，特別是在南中國海與印度洋的安全秩序], ed. Japan Institute of International Affairs, 5–23, http://www2.jiia.or.jp/pdf/resarch/H24_Asia_Security/introduction.pdf.

89 Michael J. Green and Nicholas Szechenyi, *Power and Order in Asia: A Survey of Regional Expectations*, Center for Strategic and International Studies, July 2014, https://csis-website-prod.s3.amazonaws.com/s3fs-public/legacy_files/files/publication/140605_Green_PowerandOrder_WEB.pdf.

90 *Diplomatic Bluebook* 2017, Chapter 1 Special Feature: "Free and Open Indo-Pacific Strategy," Ministry of Foreign Affairs of Japan, https://www.mofa.go.jp/

Confederation of Indian Industry, *The United States, Japan, and India: Toward New Trilateral Cooperation*, U.S.-Japan-India Report, Center for Strategic and International Studies, August 16, 2007, https://csis-website-prod.s3.amazonaws.com/s3fs-public/legacy_files/files/media/csis/pubs/070816_us_j_ireport.pdf.

73 Shinzō Abe, *Utsukushii Kuni e* [邁向一個美麗的國家] (Tokyo: Bungei Shunju, 2006).

74 Ministry of External Affairs, "Joint Statement Towards India-Japan Strategic and Global Partnership," Government of India, December 15, 2006, https://mea.gov.in/bilateral-documents.htm?dtl/6368/Joint+Statement+Towards+IndiaJapan+Strategic+and+Global+Partnership.

75 Michael J. Green, "Japan, India and the Strategic Triangle with China," in *Strategic Asia* 2011–12: *Asia Responds to Its Rising Powers*, ed. Ashley J. Tellis, Travis Tanner, and Jessica Keough, 131–59 (Seattle: National Bureau of Asian Research, 2011).

76 Shinzō Abe, " 'Confluence of the Two Seas': Speech by H. E. Mr. Shinzo Abe, Prime Minister of Japan, at the Parliament of the Republic of India," Ministry of Foreign Affairs of Japan, August 2007, https://www.mofa.go.jp/region/asia-paci/pmv0708/speech-2.html.

77 "Japan-Australia Joint Declaration on Security Cooperation," Ministry of Foreign Affairs of Japan, March 13, 2007, https://www.mofa.go.jp/region/asia-paci/australia/joint0703.html; Aurelia George Mulgan, "Breaking the Mould: Japan's Subtle Shift from Exclusive Bilateralism to Modest Minilateralism," *Contemporary Southeast Asia* 30, no. 1 (2008): 52–72.

78 "Joint Declaration on Security Cooperation Between Japan and India," Ministry of Foreign Affairs of Japan, October 22, 2008, https://www.mofa.go.jp/region/asia-paci/india/pmv0810/joint_d.html; Michael Heazle and Yuki Tatsumi, "Explaining Australia-Japan Security Cooperation and Its Prospects: 'The Interests That Bind?'" *Pacific Review* 31, no. 1 (2018): 38–56, https://www.tandfonline.com/doi/full/10.1080/09512748.2017.1310750.

79 Aso Taro, "Speech by Mr. Taro Aso, Minister for Foreign Affairs, on the Occasion of the Japan Institute of International Affairs Seminar: 'Arc of Freedom and Prosperity: Japan's Expanding Diplomatic Horizons,'" (speech, Ministry of Foreign Affairs of Japan, Tokyo, November 30, 2006), https://www.mofa.go.jp/announce/fm/aso/speech0611.html.

80 Green, By *More than Providence*, 209, 225, 277.

81 Tomohiko Taniguchi, "Beyond the 'Arc of Freedom and Prosperity': Debating Universal Values in Japanese Grand Strategy," German Marshall Fund of the United States, October 26, 2010.

Terashima Jitsuro, "Jōshikini Kaeru Ishito Kōsō: Nichibei Dōmeino Saikōchiku ni Mukete" [重返常識的意志與想像力：邁向美日同盟的重組], *Asia-Pacific Journal* 8, no. 11 (March 15, 2010), https://apjjf.org/-Jitsuro-Terashima/3321/article.html.

61 Ahmad A. Talib, "New Voice for Asia Gains Momentum with Inaugural Boao Forum," *New Straits Times* [馬來西亞], February 27, 2001.

62 欲知細節，參見 Green, By More than Providence, 512–13.

63 欲知橋本龍太郎的新歐亞外交，參見 Green, *Japan's Reluctant Realism*, 147.

64 Koizumi Junichiro, "Policy Speech by Prime Minister Junichiro Koizumi to the 151st Session of the Diet" (speech, National Diet Building, Tokyo, Japan, May 7, 2001), https://japan.kantei.go.jp/koizumispeech/2001/0507policyspeech_e.html.

65 Koizumi Junichiro, "Speech by Prime Minister of Japan Junichiro Koizumi: Japan and ASEAN in East Asia: A Sincere and Open Partnership" (speech, Singapore, January 14, 2002), https://japan.kantei.go.jp/koizumispeech/2002/01/14speech_e.html.

66 Yoshihide Soeya, "An East Asian Community and Japan-China Relations," *AJISS-Commentary*, April 30, 2010, https://www2.jiia.or.jp/en_commentary/201004/30-1.html.

67 一周以前，我在日本大使館會晤一位日本對手官員時，已經發現這篇講稿的草稿，我或許是第一個事先獲悉這篇草稿的美國官員。日本過去總是在美國催促下推動民主或自由市場價值，像這一次這樣主動的狀況很少見。

68 Tanaka Hitoshi, *Gaiko no Chikara* [外交的力量] (Tokyo: Nihon Keizai Shimbun, 2009), 152–69.

69 我代表國家安全會議參加第一次三邊安全對話會議。

70 John Hemmings, "What the Bush Era Can Teach Us About Asia," *The National Interest*, April 14, 2016, https://nationalinterest.org/feature/what-the-bush-era-can-teach-us-about-asia-15776; James L. Schoff, "The Evolution of US-Japan-Australia Security Cooperation," in *US-Japan-Australia Security Cooperation: Prospects and Challenges*, ed. Yuki Tatsumi (Stimson Center, April 2015), 39–40, https://www.stimson.org/wp-content/files/file-attachments/US-Japan_Australia-WEB.pdf.

71 Patrick Gerard Buchan and Benjamin Rimland, *Defining the Diamond: The Past, Present, and Future of the Quadrilateral Security Dialogue*, Center for Strategic and International Studies, March 2020, 2, https://csis-website-prod.s3.amazonaws.com/s3fs-public/publication/200312_BuchanRimland_QuadReport_v2%5B6%5D.pdf?fuRA6-mwjWYKqROtSmJD4u5ct.vijdkZv.

72 Office of the Japan Chair, the Japan Institute of International Affairs, and the

of Foreign Affairs, 1994), 84.

52 For details, 參見 Green, *Japan's Reluctant Realism*, 211–15.

53 Glenn D. Hook, "Japan's Role in Emerging East Asian Governance," in *Contested Governance in Japan: Sites and Issues*, ed. Glenn D. Hook, Japanese Studies Series, 36 (New York: Routledge, 2008).

54 資料來自世界銀行：https://data.worldbank.org/indicator/BX.KLT.DINV.WD.GD.ZS?locations=JP.

55 Samuel P. Huntington, "The Clash of Civilizations?" *Foreign Affairs* 72, no. 3 (Summer 1993): 22–49; Takashi Inoguchi and Edward Newman, "Introduction: 'Asian Values' and Democracy in Asia"（1997 年 3 月 28 日在日本靜岡縣濱松市舉行的一項會議的紀錄文件。這項會議是「第一屆靜岡亞太論壇：亞太地區的未來」的一部份），http://archive.unu.edu/unupress/asian-values.html#; David Hitchcock, *Asian Values and the United States: How Much Conflict?* (Washington, DC: Center for Strategic and International Studies, 1994); William Theodore de Bary and Weiming Tu, *Confucianism and Human Rights* (New York: Columbia University Press, 1998).

56 William Jefferson Clinton, "Remarks on the Global Economy" (delivered at the Council on Foreign Relations, New York, September 14, 1998); William W. Grimes, *Currency and Contest in East Asia: The Great Power Politics of Financial Regionalism* (Ithaca, NY: Cornell University Press, 2008).

57 Paul Midford, *Overcoming Isolationism: Japan's Leadership in East Asian Security Multilateralism* (Stanford, CA: Stanford University Press, 2020), 105–19.

58 Tadahiro Asami, *Chiang Mai Initiative as the Foundation of Financial Stability in East Asia,* Institute of International Monetary Affairs, March 1, 2005, https://www.asean.org/wp-content/uploads/images/archive/17905.pdf.

59 有關中國的壓力，以及日本沒能爭取到東南亞國家協會的支持："Kokuren Kaikaku: G4 Ketsugian Nihon ni Kibishii Genjitsu Kyōdō Teian Ajia 3 kakoku dake" [聯合國改革：G4 決議只爭取到三個亞洲國家共同贊助，對日本是一項殘酷的現實], *Mainichi Shimbun,* July 8, 2005. 2010 年 10 月，在東南亞國家協會國防部長會議上討論尖閣列島議題，當時擔任日本防衛大臣的北澤試圖爭取東南亞國家協會支持日本對這些島嶼的領土主張，但東協因為不願損及它們與中國的關係，都避免公開支持。"ASEAN Kakudai Kokubōshō Kaigi—Nihon Higashi Shinakaini Genkyū" [日本在東南亞國家協會國防部長會議上提出東中國海問題], *Nihon Keizai Shimbun*, October 13, 2010.

60 Michael J. Green, "Japan's Confused Revolution," *Washington Quarterly* 33, no.1 (January 2010): 3–19; Taro Karasaki and Terashima Jitsuro, "New Asian Focus: China and the Future of the U.S.-Japan Alliance," *Asia-Pacific Journal* 2, no. 6 (June 25, 2004), https://apjjf.org/-Karasaki-Taro/1632/article.html;

en/975081468244550798/Main-report. 銀行經濟專家終於在若干要點上讓步，不過繼續將他們的傳統重心置於以市場為基礎的發展上。

38 Yōichi Funabashi, "The Asianization of Asia," *Foreign Affairs* 72, no. 5 (November/ December 1993): 75.

39 John W. Dower, *War Without Mercy: Race and Power in the Pacific War* (New York: Pantheon, 1993), 314–17.

40 有關「日本人論」的一些重要刊物包括 Takeo Doi, *Amae no Kōzō* [依賴的解 剖] (New York: Kodansha, 1971); Hiroshi Minami, *Nihonteki Jiga* [日 本的自我] (Tokyo: Iwanami Shoten, 1983); Kosaku Yoshino,/ 當代日本的文化民族主義：一項社會學探討 (London: Routledge, 1992); Kenzo Tsukishima, '*Nihonjin ron' no Nakano Nihonjin* [「日本人論」裡的日本人] (Tokyo: Kodansha, 2000); Masahiko Fujiwara, *Kokka no Hinkaku* [國 家 的 尊 嚴] (Tokyo: Shinchosha, 2005).

41 Stuart Auerbach, "Japanese Aide Cites Health, Religious Reasons for Slackening U.S. Beef Imports," *Washington Post*, December 18, 1987.

42 Miwa Kimitada, *Nihon: 1945nen no Shiten* [日本：1945 年的省思] (Tokyo: Tokyo University Publishing, 1986), cited in Sven Saaler and J. Victor Koschmann, eds., *Pan-Asianism in Modern Japanese History: Colonialism, Regionalism and Borders* (London: Routledge, 2007), 32.

43 Shintaro Ishihara and Akio Morita, *"Nō" to Ieru Nihon* [日本可以說不] (Tokyo: Kobunsha, 1989); Shintaro Ishihara and Mahathir Mohamad, *"Nō" to Ieru Asjia* [亞洲可以說不] (Tokyo: Kobunsha, 1994).

44 Walter Hatch and Kozo Yamamura, *Asia in Japan's Embrace: Building a Regional Production Alliance* (Cambridge: Cambridge University Press, 1996).

45 Kenneth Pyle, *The Japanese Question: Power and Purpose in a New Era* (Washington, DC: AEI Press, 1996), 133.

46 Kenneth A. Froot and David B. Yoffie, "Trading Blocs and the Incentives to Protect," in *Regionalism and Rivalry: Japan and the United States in Pacific Asia*, ed. Jeffrey Frankel and Miles Kahler, 125–56 (Chicago: University of Chicago Press, 1993), https://www.nber.org/chapters/c7836.pdf.

47 欲知細節，參見 Green, *By More than Providence*, 411–15.

48 Mikhail Sergeevich Gorbachev, *Speech by Mikhail Gorbachev in Vladivostok, July 28, 1986* (Moscow: Novosti, 1986).

49 Mark T. Berger, "APEC and Its Enemies: The Failure of the New Regionalism in the Asia-Pacific," *Third World Quarterly* 20, no. 5 (October 1999): 1013–30.

50 James Addison Baker and Thomas M. DeFrank, *The Politics of Diplomacy: Revolution, War, and Peace, 1989–1992* (New York: Putnam, 1995), 610–11.

51 Gaimusho (MOFA), *Gaikō Seisho 1993* [日本外交藍皮書] (Tokyo: Ministry

25 Victor Cha, *Alignment Despite Antagonism: The US-Korea-Japan Security Triangle* (Stanford, CA: Stanford University Press, 1999), 24.

26 Joshua Walker, *Shadows of Empire: Historical Memory in Post-Imperial Successor States* (Princeton, NJ: Princeton University Press, 2012).

27 Kaname Akamatsu, "Waga Kuni Keizai Hatten no Shuku Gooben Shoohoo" [我國經濟發展的綜合原理], in *Shoogyoo Keizai ron* [商務與經濟理論], 179–220 (Nagoya, 1932); Terutomo Ozawa,"The Classical Origins of Akamatsu's Flying-Geese Theory: A Note on a Missing Link to David Hume," Working Paper No. 320, Columbia University Center on Japanese Economy and Business, April 10, 2013.

28 Kaname Akamatsu, "A Historical Pattern of Economic Growth in Developing Countries," *Journal of Developing Economies* 1, no. 1 (March/August 1962): 3–25.

29 欲知細節，參見 Sueo Sudo, *The Fukuda Doctrine and ASEAN: New Dimensions in Japanese Foreign Policy* (Singapore: Institute of Southeast Asian Studies, 1992).

30 Michael J. Green, *Japan's Reluctant Realism: Foreign Policy Challenges in an Era of Uncertain Power* (New York: Palgrave Macmillan, 2001), 170–71.

31 Soeya Yoshihide, "Vietnam in Japan's Regional Policy," in *Vietnam Joins the World: American and Japanese Perspectives*, ed. James W. Morley and Masahi Nishihara (New York: Routledge, 1997).

32 Pekka Korhonen, *Japan and Asia-Pacific Integration: Pacific Romances 1968–1996* (London: Routledge, 1998), 138; Kojima Kiyoshi, "The 'Flying Geese' Model of Asian Economic Development: Origin, Theoretical Extensions, and Regional Policy Implications," *Journal of Asian Economics* 11, no. 4 (2000): 385.

33 Martin Tolchin and Susan J. Tolchin, *Buying into America: How Foreign Money Is Changing the Face of Our Nation* (Washington, DC: Farragut, 1993); Donald J. Trump, "There's Nothing Wrong with America's Foreign Defense Policy That a Little Backbone Can't Cure," *Washington Post*, September 2, 1987.

34 Michael D. Barr, "Lee Kwan Yew and the Asian Values Debate," *Asian Studies Review* 24, no. 3 (September 2000): 309–31.

35 Ogura Kazuo, "Azia no Fukken no Tame ni" [為了亞洲重建], *Chuo Koron* (July 1993), translated as "Call for a New Concept of Asia" in *Japan Echo* 20, no. 3 (Autumn 1993): 37–44.

36 Sakakibara Eisuke, *Beyond Capitalism: The Japanese Model of Market Economics* (Lanham, MD: University Press of America, 1993).

37 *The East Asian Miracle: Economic Growth and Public Policy* (Washington, DC: World Bank Group, 1993), http://documents.worldbank.org/curated/

Grand Strategy and American Power in the Asia Pacific Since 1783 (New York: Columbia University Press, 2017), 30–31.

13 Jeremy A. Yellen, *The Greater East Asia Co-Prosperity Sphere: When Total Empire Met Total War* (New York: Cornell University Press, 2019), loc. 216 of 938, Kindle.

14 Michael Carr, "Yamato-Damashii 'Japanese Spirit' Definitions," *International Journal of Lexicography* 7, no. 4 (1994): 279–306, 284; Takie Sugiyama Lebra, *Japanese Patterns of Behavior* (Honolulu: University Press of Hawaii, 1976), 163; Daitoa Kensetsu Shingikai,"Daitoa kensetsu shingikai sokai dairokukai giji sokkiroku" [1942 年大東亞共榮圈第六次會議發表的聲明], in *Daitoa kensetsu shingikai kankei shiryo: Sokai bukai sokkiroku* [有關構築大東亞共榮圈的文件：委員會聽證會紀錄], vol. 1, ed. Kikakuin and Daitoa Kensetsu Shingikai (Tokyo: Ryukei Shosh, 1995).

15 John Dower, *War Without Mercy: Race and Power in the Pacific War* (New York: Pantheon, 1986), 6.

16 舉例而言，參見 Norton S. Ginsburg, "Manchurian Railroad Development," *Far Eastern Quarterly* 8, no. 4 (August 1949): 398–411.

17 舉例而言，參見 Daqing Yang, *Technology of Empire: Telecommunications and Japanese Expansion in Asia, 1883–1945* (Cambridge, MA: Harvard East Asia Monographs, 2011).

18 Peter Duus, "Japan's Informal Empire in China, 1895–1937: An Overview," in *The Japanese Informal Empire in China, 1895–1937*, ed. Peter Duus et al., xi–xxx (Princeton, NJ: Princeton University Press, 1989).

19 Dickinson, *World War I and the Triumph of a New Japan*, 61.

20 Dickinson, *World War I and the Triumph of a New Japan*, 63.

21 Mark Metzler, *Lever of Empire: The International Gold Standard and the Crisis of Liberalism in Prewar Japan* (Berkeley: University of California Press, 2006).

22 Richard J. Samuels, *Securing Japan: Tokyo's Grand Strategy and the Future of East Asia* (Ithaca, NY: Cornell University Press, 2008), 26.

23 Peattie Park, *Ishiwara Kanji and Japan's Confrontation with the West* (Princeton, NJ: Princeton University Press, 1975), 178.

24 欲知 1947 年備忘錄，參見 "Memorandum by Mr. John P. Davies, Jr., of the Policy Planning Staff to the Director of the Staff (Kennan)," August 11, 1947, in *Foreign Relations of the United States*, 1947, vol. 6: *The Far East*, Document 393 (Washington, DC: Government Printing Office), 485–86; 欲知對日本整批援助方案內容，參見 Michael Schaller, *The American Occupation of Japan: The Origins of the Cold War in Asia* (New York: Oxford University Press, 1985), 143–44.

[在川普總統訪問日本期間，首相安倍表示支持「擺在檯面上的一切選項」], *Kyodo News*, October 29, 2017.

第四章　印度—太平洋地區

1 M. Earl, *Emperor and Nation in Japan* (Seattle: Washington University of Seattle Press, 1964), 173–74; William G. Beasley, Japanese Imperialism (New York: Oxford University Press, 1985), 29.

2 Frederick R. Dickinson, *World War I and the Triumph of a New Japan*, 1919–1930 (New York: Cambridge University Press, 2013), xx; Cemil Aydin, "Japan's Pan-Asianism and the Legitimacy of Imperial World Order, 1931–1945," *Asia-Pacific Journal* 6, no. 3 (2008): 1–2, https://apjjf.org/-Cemil-Aydin/2695/article.pdf.

3 Iriye Akira, "Introduction," in *Japan Erupts: The London Naval Conference and the Manchurian Incident, 1928–1932*, ed. James William Morley (New York: Columbia University Press, 1984), 238–39; Kenneth Pyle, *Japan Rising* (New York: Public Affairs, 2008), 68.

4 Pyle, *Japan Rising*, 68.

5 Cemil Aydin, *The Politics of Anti-Westernism in Asia: Visions of World Order in Pan-Islamic and Pan-Asian Thought* (New York: Columbia University Press, 2007), 3, 193, 201.

6 Okakura Tenshin, *The Ideals of the East with Special Reference to the Art of Japan* (London: John Murray, 1903), 5.

7 Eri Hotta, *Pan-Asianism and Japan's War* (New York: Palgrave Macmillan, 2007), 37.

8 Ishiwara Kanji, *Sensoshi Taikan*, July 4, 1929, reprinted in 2002 by Chuo Koron Shinsha, Tokyo; Ishiwara Kanji, *Manmo Mondai Shiken*, May 22, 1931, in *Ishiwara Kanji Shiro Kokuboronsaku*, ed. Tsunoda Jun (Tokyo: Hara Shobo, 1971), 76–79. 參見 Peattie Park, *Ishiwara Kanji and Japan's Confrontation with the West* (Princeton, NJ: Princeton University Press, 1975), 178.

9 As quoted in Martin Weinstein, *The Human Face of Japan's Leadership: Twelve Portraits* (New York: Praeger, 1989), 53.

10 Marc S. Gallicchio, *The African American Encounter with Japan and China: Black Internationalism in Asia, 1895–1945* (Chapel Hill: University of North Carolina Press, 2000), 20.

11 kawa Shūmei, *Fukkō Ajia no Shomondai* [亞洲復興的問題] (1922; Tokyo: Chuko Bunko, 1993), 23.

12 欲知有關聯合參謀首長、國務院、戰略情報局（OSS）對日本戰時泛亞洲宣傳的初步勝利評估，參見 Michael J. Green, By *More than Providence:*

worldviews/wp/2018/06/12/japan-wanted-kim-jong-un-pledge-to-reopen-issue-of-cold-war-era-abductions-trump-says-they-working-on-that/.

88 Donald J. Trump, *National Security Strategy of the United States of America* (Washington, DC: White House, 2017), 46–47; *Summary of the 2018 National Defense Strategy of the United States of America: Sharpening the American Military's Competitive Edge* (Washington, DC: Department of Defense, 2018), 9, https://dod.defense.gov/Portals/1/Documents/pubs/2018-National-Defense-Strategy-Summary.pdf.

89 U.S. Department of State, *A Free and Open Indo-Pacific: Advancing a Shared Vision*, November 4, 2019, https://www.state.gov/wp-content/uploads/2019/11/Free-and-Open-Indo-Pacific-4Nov2019.pdf. Ministry of Foreign Affairs of Japan, *Free and Open Indo-Pacific*, April 1, 2021, https://www.mofa.go.jp/policy/page25e_000278.html.

90 "Japanese Divided on Democracy's Success at Home."

91 Y.A., "The Virtues of a Confrontational China Strategy," *The American Interest*, April 10, 2020, https://www.the-american-interest.com/2020/04/10/the-virtues-of-a-confrontational-china-strategy/; "Mapping the Future of U.S. China Policy," Center for Strategic and International Studies, https://chinasurvey.csis.org/.

92 "Japanese Divided on Democracy's Success at Home"; "Bōeki Kyōgi Shintende Kaizen Nichibei Yoron Chōsa Sonoichi" [美日聯合民眾民調，第一部份：改善要靠貿易談判的發展], *Yomiuri Shimbun*, December 18, 2019; " 'Nichibei Ryōkō' Nihon Kyūraku 39 percent Honsha Gyarappu Kyōdō Yoron Chōsa" [讀賣 / 蓋洛普民眾民調：認為美日關係像過去一樣好的日本受訪者跌到 39%], *Yomiuri Shimbun*, December 19, 2018; "Nichibei 'Ryōkō' ga Hansū 'Torampu Hikanron' Chinseika Nichibei Kyōdō Yoron Chōsa Sonoichi" [美日聯合民眾民調，第一部份：半數受訪者認為美日關係像過去一樣好，對川普的悲觀看法平息下來], *Yomiuri Shimbun*, December 20, 2017.

93 "Keidai Kyōju Hosoya Yūichishi—Anpo Kankyōga Kyūhen Kadono Taibei Izon Dakkyakuwo (Posuto Korona no Nihon Seiji)" [慶應大學教授細谷雄一：安保環境的突然變化需要日本不再像過去一樣依賴美國（後新冠時代的日本政治）], *Nihon Keizai Shimbun*, July 7, 2020.

94 " 'Rekishi no Kyokun' Author Talk with Prof. Nobukatsu Kanehara," Sasakawa Peace Foundation USA, August 26, 2020.

95 欲知更多細節，參見 Green, *By More than Providence*, 524–28.

96 David Vergun, "Indo-Pacom Commander Discusses Regional Threats," U.S. Department of Defense, May 23, 2019, https://www.defense.gov/Explore/News/Article/Article/1856670/indo-pacom-commander-discusses-regional-threats/.

97 "Tai Kitachōsen 'Subeteno Sentakushi' Shijie—Shushō Torampushi Rainichide"

［國際社會對安全法案的支持與擔心：東南亞認為與中國的關係將惡化］, *Nihon Keizai Shimbun*, September 20, 2015.

79 Dina Smeltz et al., *America Divided: Political Partisanship and US Foreign Policy* (2015 Chicago Council survey of American public opinion and U.S. foreign policy) (Chicago: Chicago Council on Global Affairs, 2015), 12.

80 "Kakuno Kyōi Rokkakokoku Gōi no Uragawa 4: Taikita Yuragu Nichibei Renkei" ［核子威脅：六國協議（4）幕後：美日對北韓政策的協調不穩］, *Yomiuri Shimbun*, February 19, 2007. 欲知更多背景資料與細節，參見 Green, *By More than Providence*, 507.

81 "Joint Press Conference with President Obama and Prime Minister Abe of Japan," Office of the Press Secretary, White House, April 24, 2014, https://obamawhitehouse.archives.gov/the-press-office/2014/04/24/joint-press-conference-president-obama-and-prime-minister-abe-japan.

82 Susan E. Rice, "Remarks as Prepared for Delivery by National Security Advisor Susan E. Rice" (speech, Georgetown University, November 20, 2013), https://obamawhitehouse.archives.gov/the-press-office/2013/11/21/remarks-prepared-delivery-national-security-advisor-susan-e-rice; Yoji Koda, "Japan's Perspectives on U.S. Policy Toward the South China Sea," in *Perspectives on the South China Sea: Diplomatic, Legal, and Security Dimensions of the Dispute*, ed. Murray Hiebert, Phuong Nguyen, and Gregory B. Polling, 92–95 (Washington, DC: Center for Strategic and International Studies, 2014), https://csis-website-prod.s3.amazonaws.com/s3fs-public/legacy_files/files/publication/140930_Hiebert_PerspectivesSouthChinaSea_Web.pdf.

83 "Shasetsu: Nichibei Shunō Kaidan Ajiano Ishizuee Ippowo" ［美日高峰會：需要採取步驟邁向亞洲基礎］, *Asahi Shimbun*, April 25, 2014.

84 "Japanese Divided on Democracy's Success at Home, but Value Voice of the People," Pew Research Center, October 17, 2017.

85 David Brunnstrom, "Japan PM Stresses Importance of TPP Trade Pact in Clinton Meeting," Reuters, September 19, 2016, https://www.reuters.com/article/us-japan-trade-clinton-idUSKCN11Q0BK.

86 Andy Sharp, "Abe Wooed Trump with Golf, Just Like His Grandfather Did with Eisenhower," *Japan Times*, November 19, 2016, https://www.japantimes.co.jp/news/2016/11/19/national/politics-diplomacy/abe-wooed-trump-golf-just-like-grandfather-eisenhower/#.XxSwLm5Fxyw.

87 Tim Kelly, "Abe Tries to Keep Japan on Trump's Radar Ahead of Singapore Summit," Reuters, June 9, 2018; Brian Murphy and Shibani Mahtani, "With Some Reservations, East Asian Countries Welcome the Trump-Kim Summit," *Washington Post*, June 12, 2018, https://www.washingtonpost.com/news/

Shimbun, July 27, 2015; "Honne no Anpo Gironde Rikai Fukameru Doryokuwo" [需要進一步努力謀求國家安全辯論的坦誠，以深化了解], *Nihon Keizai Shimbun*, July 17, 2016.

69 Michael Green and Jeffrey W. Hornung, "Ten Myths about Japan's Collective Self Defense Change," *The Diplomat* July 10, 2014, https://thediplomat.com/2014/ten-myths-about-japans-collective-self-defense-change/.

70 "Jonathan Soble, "Japan Moves to Allow Military Combat for First Time in 70 Years," *New York Times*, July 16, 2015, https://www.nytimes.com/2015/07/17/world/asia/japans-lower-house-passes-bills-giving-military-freer-hand-to-fight.html; Shingo Ito and Daniel Leussink, "Japan Parliament Passes Controversial Security Bills," AFP, September 18, 2015, https://news.yahoo.com/japan-passes-controversial-security-bills-law-172800247.html.

71 "Naikaku Shiji 41 percent Fushiji 51 percent Futatabi Gyakuten Anpohō 'Setsumei Fujūbun' Honsha Yoron Chōsa" [贊成與反對的比率又一次反轉：在《讀賣新聞》民調中，贊成政府的比率為 41%，反對比率為 51% —— 政府對安全法案的解釋不夠充分], *Yomiuri Shimbun*, September 21, 2015.

72 "Japan's Security Policy: Development of Security Legislation," Ministry of Foreign Affairs of Japan, updated April 12, 2016, https://www.mofa.go.jp/fp/nsp/page1we_000084.html.

73 "Dō Tsukaukade Kimaru Anpohō no Hyōka" [國家安全法案的評估要看它怎麼運用而定], *Nihon Keizai Shimbun*, September 19, 2015.

74 參見 Adam Liff, "Japan's Defense Policy: Abe the Evolutionary," *Washington Quarterly* 38, no. 2 (Summer 2015): 79–99; Adam P. Liff, "Policy by Other Means: Collective Self-Defense and the Politics of Japan's Postwar Constitutional Reinterpretations," *Asia Policy* 24, no. 2 (July 2017): 139–72; Jeffrey W. Hornung and Mike M. Mochizuki, "Japan: Still an Exceptional U.S. Ally," *Washington Quarterly* 39, no. 1 (Spring 2016): 95–116.

75 "Dō Tsukaukade Kimaru Anpohō no Hyōka."

76 "Anpo Hōanno Saiketsu Kyōkō Sengono Ayumi Kutsugaesu Bōkyo" [國家安全法案的輾壓：對日本戰後路線的憤怒], *Asahi Shimbun*, July 16, 2015.

77 "Tasukeai de Anzen Hoshōwo Katameru Michie" [透過互助邁向國家安全坦途], *Nihon Keizai Shimbun*, July 2, 2014.

78 "Anpo Hōan 44kakokuga Shiji Seifu Shiryō bei Ajia Shuyōkokuga Sandō" [政府文件顯示，四十四個國家支持安全法案，包括主要的歐洲與亞洲國家], *Sankei News*, August 20, 2015, https://www.sankei.com/politics/news/150820/plt1508200003-n1.html; "Anpohō Seiritsu Sekaino Me wa Kakkoku Seifu no Hannō" [安全法案的設立：外國政府的反應], *Asahi Shimbun*, September 20, 2015; "Anpohō Sekaiga Kangei Keikai Tōnan A Taichū Yokushiroku ni Kitai"

[安全法案：執政黨提出的十五個個案大多數與集體自衛有關], *Mainichi Shimbun*, May 28, 2014; *Report of the Advisory Panel on Reconstruction of the Legal Basis for Security*, June 24, 2008.

61 "Shūin Shinsakai: 'Anpo Hōseiwa Kenpō Ihan' Sankōnin Zenin ga Hihan" [眾議院憲法委員會：所有未宣誓證人都批判安全法違憲], *Mainichi Shimbun*, June 5, 2015.

62 Kazuya Sakamoto summary of lecture in *Keidanren*: "Abe Seiken no Gaikō Anzenhoshō Seisaku-Genjō to Kadai" [安倍政府的外交國家安全政策：地位與挑戰], *Keidanren Times*, No. 3192, September 18, 2014, https://www.keidanren.or.jp/journal/times/2014/0918_06.html.

63 "Questions from MP Inada and Response from Prime Minister Abe," Liberal Democratic Party of Japan, updated May 26, 2015.

64 "Meeting of the Special Committee of the House of Representatives on the Legislation for Peace and Security of Japan and the International Community," Lower House of the Japanese Diet, updated July 10, 2015.

65 "Meeting of the Special Committee on the Legislation for Peace and Security of Japan and the International Community," House of the Japanese Diet, updated August 4, 2015, https://www.sangiin.go.jp/japanese/annai/chousa/rippou_chousa/backnumber/2015pdf/20151214031.pdf.

66 Seiji Endo, " 'Sekkyokuteki Heiwashugi' o Hihanteki ni Kensho suru" [對「 主動貢獻和平」的一項批判], in *Tettei Kensho*: Abe Seiji [對安倍政治的徹底檢討], ed. Nakano Koichi, 116–124; Kyoji Yanagisawa, "Anzenhosho Seisaku: Sono Engen to Mujun" [安全政策的源起與矛盾], in Tettei Kensho: Abe Seiji [對安倍政治的徹底檢討], (Tokyo: Iwanami Shoten, 2016); 148–56; Akira Kato, *Nihon no Anzenhosho* [日本安全] (Tokyo: Chikuma Shobo, 2016). 這些都引用自秋山大輔的《安倍理論》（*The Abe Doctrine*）。欲知國會攻防細節，參見 "Meeting of the Special Committee," August 4, 2015; Kazuhito Kusunugi,"Diet Discussion Surrounding Permission for the Exercise of Collective SelfDefense," *Legislation and Research Report* (Upper House) 372 (December 2015): 40–44, https://www.sangiin.go.jp/japanese/annai/chousa/rippou_chousa/backnumber/2015pdf/20151214031.pdf; "Meeting of the Special Committee," July 10, 2015.

67 "Sanin Shingi Iri Yato Retteru Hari Gekika 'Dokusai no Michi' 'Kūdetā' " [當參議院展開這項法案的討論時，反對黨加強反制，為法案加上「通往獨裁途徑」以及「政變」標籤], *Sankei Shimbun*, July 28, 2015.

68 "Anpo Hōan Seikei ni Kage Konkokkai Seiritsu 'Sansei' 26 percent Domari 'Seiken Unei no Shuhō Warui' 38 percent ni (Honsha Yoron Chōsa)" [安全法案為內閣蒙上一層陰影：在本屆國會會期中，只有 26% 的人贊成它的通過，38% 的人不贊同內閣的處理] (Nikkei public opinion poll), *Nihon Keizai*

2019), 199.

50 *Defense of Japan* 2019.

51 "Cabinet Decision on Development of Seamless Security Legislation to Ensure Japan's Survival and Protect Its People," Ministry of Foreign Affairs of Japan, July 1, 2014, https://www.mofa.go.jp/fp/nsp/page23e_000273.html; *Report of the Advisory Panel on Reconstruction of the Legal Basis for Security*, May 15, 2014; 參見 "Collective Self-Defense," Sasakawa Peace Foundation USA, October 27, 2015, https://spfusa.org/research/collective-self-defense/.

52 參見 "Cabinet Decision on Development of Seamless Security Legislation."

53 "Tsuitōshō: Zen Naikaku Hōseikyoku Chōkan Komatsu Ichirōsan" [訃聞：前內閣法制局長官小松一郎], *Yomiuri Shimbun*, September 27, 2014.

54 "The Guidelines for Japan-U.S. Defense Cooperation," Ministry of Defense of Japan; "The U.S.-Japan Alliance," Congressional Research Service, June 13, 2019, https://crsreports.congress.gov/product/pdf/RL/RL33740.

55 "Address by Prime Minister Shinzo Abe to a Joint Meeting of the U.S. Congress:'Toward an Alliance of Hope,' " Ministry of Foreign Affairs of Japan, April 29, 2015, https://www.mofa.go.jp/na/na1/us/page4e_000241.html.

56 這些個別提出的法案——有些並不直接涉及集體自衛——有《自衛隊法》；《國際和平與合作法》；《日本周邊地區有事時確保日本和平與安全相關措施法》；《船隻臨檢作業法》；《武裝攻擊狀況應對法》；《武裝攻擊狀況發生時政府配合美國軍事行動採取措施法》；《有關特定公共設施使用法》；《海洋運輸限制法》；與《國家安全保障會議建立法》。欲知細節，參見 "Anpo Kanren Nihōan no Yōshi" [兩項有關安全法案的要點], Kyodo News, May 14, 2015; "Section 2. Outline of the Legislation for Peace and Security," in *Defense of Japan* 2016 (Tokyo: Japan Ministry of Defense, 2016), 213; Jeffrey Hornung, "Japan's 2015 Security Legislation: Change Rooted Firmly in Continuity," in *Routledge Handbook of Japanese Foreign Policy,* ed. Mary McCarthy (New York: Routledge, 2018).

57 "Security Legislation Q&A," *Komeito*, July 2016, https://www.komei.or.jp/campaign/sanin2016/topics/heiwaanzenhousei/qa.html

58 Daisuke Akiyama, *The Abe Doctrine: Japan's Proactive Pacifism and Security Strategy* (New York: Palgrave Macmillan, 2018), 53–133 on Apple ebook.

59 參見："2016 Sangiingiin Senkyo Kaku Bunya no Seisaku 39 Kenpō" [2016 年參議院選舉各領域的政策：39 憲法], Japanese Communist Party, June 2016, https://www.jcp.or.jp/web_policy/2016/06/2016-sanin-bunya39.html; "Seimei: Aratamete 'Sensōhō' Haishiwo Uttaeru" [聲明：再次呼籲廢止「戰爭法案」], *Shakaito*, September 19, 2017.

60 "Anpo Hōsei: Yotōkyōgi Teiji sareta 15 jirei Shūdanteki Jieiken ga Kahansū"

Shimbun, October 17, 2012.

40 我曾應邀參加這些討論。來自華府哈德森研究所的學者們，與下野時期的安倍的看法特別接近。想知道更多有關岡崎久彥等人對安倍的影響，參見 Hidekazu Sakai, "Return to Geopolitics: The Changes in Japanese Strategic Narratives," *Asian Perspective* 43, no. 2 (2019): 297–322, https://doi.org/10.1353/apr.2019.0012; Tomoko Nagano, " 'Jieitai wa Sensōsuru Guntaini Narimasuyo;' Abe Shushōno Burēn Okazaki Hisahikoshini Kiku Shūdanteki Jieiken" [首相智囊岡崎久彥對集體自衛的看法：「自衛隊要成為一支可以作戰的軍隊」], Huffington Post [日文版], May 19, 2014, https://www.huffingtonpost.jp/tomoko-nagano/okazaki-hisahiko_b_5349355.html.

41 Shinzō Abe, "150 Years ago in a nice hotel near the White House . . ." (Keynote Speech:"An Alliance of Maritime Nations: The United States and Japan," Willard Intercontinental Hotel, Washington, DC, April 17, 2009), 檔案見 https://web.archive.org/web/20140413184436/http://spfusa.org/program/avs/2009/4-17-09abe.pdf.

42 Tomohiko Taniguchi, "Japan: A Stabilizer for the U.S.-Led System in a New Era," *Asia Policy* 14, no. 1 (January 2019): 172–76, doi:10.1353/asp.2019.0004.

43 Shinzō Abe and Barack Obama, "U.S.-Japan Summit," White House, Washington, DC, February 22, 2013.

44 Phil Stewart, "Gates Pushes Japan on U.S. Troop Shift Plan," Reuters, October 21, 2009, https://www.reuters.com/article/uk-japan-usa-sb/gates-pushes-japan-on-u-s-troop-shift-plan-idUKTRE59K14820091021.

45 "Status of National Security Council," Kantei.

46 "Status of National Security Council." 參見 Cabinet Secretariat, *Overview of the Act on the Protection of Specially Designated Secrets (SDS),* https://www.kantei.go.jp/jp/topics/2013/headline/houritu_gaiyou_e.pdf; *National Defense Program Guidelines for FY2014 and Beyond*, Japan Ministry of Defense, December 17, 2013, https://web.archive.org/web/20140206212736/https://www.mod.go.jp/j/approach/agenda/guideline/2014/pdf/20131217_e2.pdf; "Medium Term Defense Program (FY2014—FY2018)," Japan Ministry of Defense, December 17, 2013, https://careersdocbox.com/US_Military/75676001-Medium-term-defense-program-fy2014-fy2018.html; *Building a Dynamic Joint Defense Force*, Japan Ministry of Defense, 檔案見 https://web.archive.org/web/20170322070652/https://www.mod.go.jp/e/publ/w_paper/pdf/2016/DOJ2016_2-2-1_web.pdf.

47 欲知細節，參見 Green, *By More than Providence*, 491.

48 "Kai: Inochigake no Shigoto Henshūiin Mochizuki Kōichi" [這是必須冒生命危險才能做的工作], *Yomiuri Shimbun*, July 24, 2014.

49 欲知細節，參見 *Defense of Japan* 2019 (Tokyo: Japan Ministry of Defense,

33 Maehara Seiji, "Japan Chair Forum: DPJ's Vision on Domestic and Foreign Policy," Center for Strategic and International Studies, December 8, 2005, https://www.csis.org/events/japan-chair-forum-dpjs-vision-domestic-and-foreign-policy; "Hatoyama Minshu Kanjichō: Bei Tsuijūkara Kokusai Kyōchōe Gaikō Seisaku Tenkan wo Uttae" [日本民主黨幹事長鳩山由紀夫：主張將外交政策從聽命於美國轉向到國際合作], *Mainichi Shimbun,* February 24, 2009; Kamei Shizuka, "Amerika Tsuijū Ippentō dewa Nihon no Kokueki Sokoneru" [對美國唯命是從有損日本國家利益], July 13, 2006, http://www.kamei-shizuka.net/daily/060713.html.

34 Paul S. Giarra and Akihisa Nagashima, "Managing the New U.S.-Japan Security Alliance: Enhancing Structures and Mechanisms to Address Post-Cold War Requirements," in *The U.S.-Japan Alliance: Past, Present, and Future,* ed. Michael J. Green and Patrick M. Cronin (New York: Council on Foreign Relations Press, 1999).

35 參見 Nagashima Akihisa, "Kan Seiken eno Kenpakusho: Kokuekino Hadawo Dōdōto Kakage Senryakuteki Gaikōe Kajiwo Kire!" [對菅政府的緊急政策建議：高舉國家利益旗幟，走向戰略外交], https://ameblo.jp/nagashima21/entry-12454916354.html; 想查閱英文版，參見 https://ameblo.jp/nagashima21/entry-12454916278.html.

36 *Defense of Japan 2012* (Tokyo: Japan Ministry of Defense, 2012), 115–29; *National Defense Program Guidelines for FY 2011 and Beyond*, Japan Ministry of Defense, December 17, 2020; "Hikaku Sangensoku Shōraiwa Minaoshi Shin Anpokon Hōkokusho Buki Kinyuwo Kanwa" [一個安全會議的一篇新報告說，今後將檢討非核三原則，武器出口的禁令也將放寬], *Nihon Keizai Shimbun*, August 28, 2010.

37 我當時應邀在日本民主黨集體自衛政策事務委員會作證，有關這個主題的分裂至為明顯 "Jieitai Kaigai Haken Minshu Kōkyūhō Seitei Kentō Getsunai Bukai Secchi Shūdanteki Jieiken mo" [日本自衛隊的海外派遣：日本民主黨考慮建立永久法，將集體自衛權行使作為它的小組委員會], *Mainichi Shimbun*, January 4, 2011.

38 Jim McNerney et al., *Partnership for Recovery and a Stronger Future: Standing with Japan After 3-11*, Center for Strategic and International Studies, November 2011, 33, https://csis-website-prod.s3.amazonaws.com/s3fs-public/legacy_files/files/publication/111026_Green_PartnershipforRecovery_Web.pdf.

39 "Shūdanteki Jieiken no Kaishaku Minaoshi Noda Shushō 'Seifu naide Giron' " [野田佳彥首相說，政府考慮檢討集體自衛的詮釋], *Asahi Shimbun*, July 10, 2012; "Minshu Kanshi Shushōni 'Hantai' Shūdanteki Jieiken no Kaishaku Minaoshide" [日本民主黨的菅直人反對首相對集體自衛詮釋的檢討], *Asahi*

the SDF to the Arabian Sea," *Asian Survey* 43, no. 2 (March/April 2003): 333; Larry Wortzel, "Joining Forces Against Terrorism: Japan's New Law Commits More than Words to U.S. Effort," Heritage Foundation, November 5, 2001, https://www.heritage.org/node/19076/print-display; Brad Glosserman, "Mr. Koizumi's Mandate," *Comparative Connections* 5, no. 4 (January 2004), http://cc.pacforum.org/2004/01/mr-koizumis-mandate/.

27 Norimitsu Onishi, "Japan's Troops Proceed in Iraq Without Shot Fired," *New York Times*, October 6, 2004, https://www.nytimes.com/2004/10/06/world/middleeast/japans-troops-proceed-in-iraq-without-shot-fired.html; Japan Ministry of Defense, "JDF: Japan Defense Focus (No. 9)," April 2008, 檔案見 https://web.archive.org/web/20130221220840/

28 *The threat from China at that point was highlighted in new defense planning guidance and the sudden presence of PLA navy submarines in Japanese straits.* 參見 "National Defense Program Guideline, FY 2005," Japan Ministry of Defense, December 10, 2004, https://japan.kantei.go.jp/policy/2004/1210taikou_e.html.

"China Sub Tracked by U.S. Off Guam Before Japan Intrusion," *Japan Times*, November 17, 2004, https://www.japantimes.co.jp/news/2004/11/17/national/china-sub-tracked-by-u-s-off-guam-before-japan-intrusion/; 日本問題學者保羅・米福德（Paul Midford）在他的研究中達成結論說，相對於老布希政府在第一次波斯灣戰爭中對日本施加的壓力，小布希政府在全球反恐戰爭中對日本施加的壓力小得多。在反恐戰爭中，白宮顯然無意對日本施壓，小泉首相自告奮勇代表美國向波斯灣與歐洲盟國施壓，完全扭轉了美、日兩國在 1990 年扮演的角色。

29 一群前美國國防部官員在 2009 年發表報告說，日本在中東的高度象徵性的佈署，事實上會導致美國分心，無法全力因應加強西太平洋防務的需求；參見 Michael Finnegan, *Meeting Unmet Expectations in the U.S.-Japan Alliance,* NBR Special Report No. 17, National Bureau of Asian Research, November 2, 2009, https://www.nbr.org/publication/managing-unmet-expectations-in-the-u-s-japan-alliance/.

30 "Japan's PM Rejects 2006 Plan for US Air Base Relocation," *Voice of America,* April 23, 2010; Gordon G. Chang, "Will Japan Become a Chinese Colony?" *Forbes*, September 3, 2009, https://www.forbes.com/2009/09/03/japan-china-yukio-hatoyama-opinions-columnists-gordon-chang.html.

31 Joshua Keating, "630 Members of Japan's Ruling Party Headed to China This Week," *Foreign Policy*, December 9, 2009, https://foreignpolicy.com/2009/12/09/630-members-of-japans-ruling-party-headed-to-china-this-week/.

32 欲知更多有關松下政經塾的資料，參見 https://www.mskj.or.jp/en/.

17 *Naikaku hōseikyoku secchi hō shikkō rei* [內閣法制局成立法執行令], Order No. 290 of 1952, Art. 8. (fn17, chap. 3), https://elaws.e-gov.go.jp/document?lawid=327CO0000000290.

18 *Kiyofuku Chūma, Saigunbi no Seijigaku* [重新武裝的政治問題] (Tokyo: Chishikisha, 1985), 129–33.

19 Ministry of Defense (Japan), "Buryoku Kōshi no Ittaika" [使用武力整合的解釋], http://www.clearing.mod.go.jp/hakusho_data/2003/2003/html/1521c100.html.

20 Hiroshi Masuda, "Kyū Nichibei Anpo Jōyaku ni iu Kyokutō Jōkō to wa Nanika?" [前美日安保條約的遠東條款是什麼？], in *Nichibei Dōmei Saikō: Shitte Okitai 100 no Ronten* [重新思考美日安保同盟：100 個需要知道的議題], ed. Nishihara Masashi and Tsuchiyama Jitsuo (Tokyo: Akishobo, 2010), 64–65; 參見 https://www.mofa.go.jp/mofaj/area/usa/hosho/qa/03_2.html; 1960 年的《美日安保條條約》第六條規定：為促進日本安全、維持國際和平與遠東安全，美國獲准使用在日本的陸海空軍事設施與用地。使用上述陸海空軍事設施與用地及駐日美軍應以另一協議約束。有關協議取代按照日本與美國在 1952 年 2 月 28 日於東京簽署安全保障條約第三條下行政協議。

21 Ministry of Foreign Affairs of Japan, "Japan-U.S. Joint Declaration on Security—Alliance for the Twenty-First Century," April 17, 1996, https://www.mofa.go.jp/region/n-america/us/security/security.html.

22 Green, *By More than Providence*, 406–8.

23 Green, *By More than Providence,* 406–8.

24 Michael J. Green and Igata Akira, "The Gulf War and Japan's National Security Identity," in *Examining Japan's Lost Decades*, ed. Yōichi Funabashi and Barak Kushner (London: Routledge, 2015). 當時認為日本扮演的財經角色至關重要的人很少，「沙漠風暴」行動總司令諾曼·史瓦茲柯夫（Norman Schwartzkopf）將軍是其中一人。不過日本給人一種難以磨滅的被動、膽小害怕的超級經濟強國的印象。

25 *Kokusai Rengo Heiwa Iji Katsudo to Ni Kansuru Horitsu Shiko Rei* [與聯合國維和行動與其他行動合作法案], Order No. 79 of 1992.

26 *Heisei Jūsan Nen Ku Gatsu Jūichi Nichi No Amerika Gasshū Koku Ni Oite Hassei Shita Terorisuto Ni Yoru Kōgeki To Ni Taiō Shite Okonawareru Kokusai Rengō Kenshō No Mokuteki Tassei No Tameno Shogaikoku No Katsudō Ni Taishite Waga Kuni Ga Jisshi Suru Sochi Oyobi Kanrensuru Kokusai Rengō Ketsugi To Ni Motozuku Jindō Teki Sochi Ni Kansuru Tokubetsu Sochi Hō* [為了因應 2001 年 9 月 11 日發生在美國的恐怖攻擊，與隨後的威脅，日本得依法採取特別措施，以支援外國為達成聯合國憲章宗旨而採取的活動，並根據聯合國相關決議案或國際組織要求，採取相關人道措施], Order No. 113 of 2001; 參見 Paul Midford, "Japan's Response to Terror: Dispatching

8 Dower, *Empire and Aftermath*, 38.

9 John G. Ikenberry, Liberal Leviathan: *The Origins, Crisis, and Transformation of the American World Order* (Princeton, NJ: Princeton University Press, 2011), 16–17, 21.

10 欲了解更多細節，參見 Richard J. Samuels, *Securing Japan: Tokyo's Grand Strategy and the Future of East Asia* (Ithaca, NY: Cornell University Press, 2008), 32–33.

11 慶應大學教授小熊英二在 2004 年告訴國會，憲法第九條引用的理由「不公平」，但數十年來一直是日本對美日同盟的核心做法。參見 Oguma Eiji, *Dai Kyūjōno Rekishiteki Keii ni Tsuite* [憲法第九條的歷史背景], Commission on the Constitution of the House of Representatives, May 12, 2004, http://www.shugiin.go.jp/internet/itdb_kenpou.nsf/html/kenpou/chosa/1590512oguma.pdf/$File/1590512oguma.pdf. Yoshida calling opponents of Article Nine "fools" is also noted in Kenneth Pyle, *Japan Rising: The Resurgence of Japanese Power and Purpose* (New York: Public Affairs, 2007), 230; and in Kiichi Miyazawa, *Tokyo-Washington no Mitsudan* [東京與華府間的秘密會談] (Tokyo: Jitsugyo no Nihonsha, 1956), 160; "Miyazawa Moto Shushō Kenpō Zenmen Minaoshi 'Hantai Riyū nai' " [前首相宮澤喜一說，沒有理由反對憲法修正案], *Nihon Keizai Shimbun*, February 18, 2004; "Miyazawa Kiichi shi Shūdanteki Jieiken 'Bubunteki Kōshimo' Kaishaku Henkōde Taiō Teian" [宮澤喜一：建議修改解釋，以促成局部使用集體自衛權], *Asahi Shimbun*, September 7, 2001.

12 Victor D. Cha, *Power Game: The Origins of the American Alliance System in Asia*, (Princeton, NJ: Princeton University Press, 2016), 181–82.

13 Peter J. Katzenstein and Nobuo Okawara, *Japan's National Security: Structures, Norms, and Policy Responses in a Changing World* (Ithaca, NY: East Asia Program, Cornell University, 1993); Thomas U. Berger, "From Sword to Chrysanthemum: Japan's Culture of Anti-militarism," *International Security* 17, no. 4 (1993): 119–50.

14 *Nipponkoku to Amerikagasshūkoku to no aida no anzen hoshōjōyaku* [美國與日本之間的安保條約], https://www.wikiwand.com/en/Security_Treaty_Between_the_United_States_and_Japan. 這個條約於 1951 年 9 月 8 日在舊金山簽署，於 1952 年 4 月 28 日生效。在 1946 年美軍占領下，吉田甚至連自衛權也放棄了，但根據 1954 年建立自衛隊的法律，吉田重建了日本自衛權。

15 Murase Shinya, "Shūdanteki Jieiken wo meguru Kenpō to Kokusaihō" [憲法與國際法的集體自衛權], in *Kokusai Hō no Jissen* [國際法的執行], ed. Yanai Shunji and Murase Shinya (Tokyo: Shinzansha, 2015), 78–80.

16 "Japan: Article 9 of the Constitution," Law Library of Congress, https://tile.loc.gov/storage-services/service/ll/llglrd/2016295698/2016295698.pdf.

106 "Nihon no Jiki Chū Chūgoku Taishi Naitei Hōdōni Pekin ga Zawatsuku Riyū" [北京對日本下一任駐中國大使的有關報導有雜音的理由], *JBPress*, July 7, 2020.

107 Shiraishi, "Abe Is Redefining Japan's China Policy."

108 Eri Sugiura, "Japan PM Hopeful Kono Calls for Regular Summit with China," *Nikkei Asia*, September 18, 2001, https://asia.nikkei.com/Politics/Japan-PM-hopeful-Kono-calls-for-regular-summit-with-China?

109 澳洲學者及記者馬利德（Richard McGregor）在〈日本新領導人如何處理中美日益緊張的關係？〉（*How Will Japan's New Leader Handle Growing China-US Tensions?*）一文中的妙喻。*Nikkei Asia*, September 22, 2020, https://asia.nikkei.com/Opinion/How-will-Japan-s-new-leader-handle-growing-China-US-tensions.

第三章　美國

1 有關民調出現在 Mike M. Mochizuki, "To Change or Contain: Dilemmas of American Policy Toward Japan," in *Eagle in a New World: American Grand Strategy in the Post Cold War Era*, ed. Kenneth A. Oye, Robert J. Lieber, and Donald Rothchild, 235–60 (New York: HarperCollins, 1996); Patrick E. Tyler, "U.S. Strategy Plan Calls for Insuring No Rivals Develop," *New York Times*, March 7, 1992; George and Meredith Lebard Friedman, *The Coming War with Japan* (New York: St. Martin's Press, 1991).

2 Michael J. Green, By *More than Providence: Grand Strategy and American Power in the Asia Pacific Since 1783* (New York: Columbia University Press, 2017), 468–69

3 Michael J. Green, *Arming Japan: Defense Production, Alliance Politics, and the Postwar Search for Autonomy* (New York: Columbia University Press, 1995), 3; Glenn H. Snyder,"The Security Dilemma in Alliance Politics," *World Politics* 36, no. 4 (1984): 466, https://doi.org/10.2307/2010183.

4 Tokutomi Iichiro, ed., *Koshaku Yamagata Aritomo den*, vol. 3 (Tokyo, 1933), 494–96, as quoted in Ian H. Nish, *The Anglo-Japanese Alliance: The Diplomacy of Two Island Empires, 1894–1907* (London: Athlone, 1966), 379–80. 當時山縣有朋認為，對日英同盟而言，德國是個有用的第三方——就像當年馬漢認為，對日英美同盟而言，德國是個有用的附屬品一樣。

5 Nish, *The Anglo-Japanese Alliance*, 13–14.

6 欲了解細節，參見 John W. Dower, *Empire and Aftermath: Yoshida Shigeru and the Japanese Experience, 1878–1954* (Cambridge, MA: Council on East Asian Studies, Harvard University, 1979), 417, 431; *Green, Arming Japan*, 31–52.

7 Dower, *Empire and Aftermath*, 218.

96 "Seifu, Kimitsu ya Gijutsu Mamoru Shikaku Sōsetsu e Kotoshi wa Keizai Anpo no Torikumi Honkakuka."

97 Akira Amari, "Amari Akira no Kokkai Repōto Sōran" [甘利明的國會報告第 410 號總述], *Amari Akira Official Blog*, August 6, 2020, https://amari-akira.com/01_parliament/2020/410.html.

98 Ito, "Japan's Economic Pragmatism," 2.

99 *Joint Statement of the Trilateral Meeting of the Trade Ministers of Japan, the United States and the European Union*, Washington, DC, January, 14, 2020, https://trade.ec.europa.eu/doclib/docs/2020/january/tradoc_158567.pdf.

100 "Keizai Anpo Senryaku" [經濟安全戰略], *Jiji*, December 16, 2020.

101 「在對中國的『政府開發援助』即將劃下句點之際，安倍首相表示，希望能營造一個兩國並肩合作的時代，透過全球開發合作議題的對話與人力資源交流，為區域與全球安定與繁榮做出貢獻。習近平主席也在致答詞時對日本的『政府開發援助』深表感激，對兩國的這類合作也做了正面回應。」Ministry of Foreign Affairs of Japan, "Prime Minister Abe's Visit to China: Overall Summary," https://www.mofa.go.jp/mofaj/a_o/c_m1/cn/page4_004452.html.

102 "Abe and Xi Pledge to Elevate Ties to a New Level," *Japan Times*, December 23, 2019.

103 根據「言論 NPO」2019 年 9 月進行的民調，45.9% 的中國境內受訪者說，他們對日本有「好」印象，創下這項民調於 2005 年展開以來最高紀錄，日本境內受訪者有 15% 說他們對中國有「好」印象，比之前一年（13.1%）略高，參見 *The 15th Joint Public Opinion Poll: Japan-China Public Opinion Survey 2019* (Tokyo: Genron NPO, October 2019), http://www.genron-npo.net/en/archives/191024.pdf.

104 "Japan Records Most Negative View of China as Unfavorable Opinions Surge, Survey Finds," *Japan Times*, October 6, 2020, https://www.japantimes.co.jp/news/2020/10/06/national/japan-most-negative-view-china-survey/. 皮尤發現，在 2020 年，84% 的日本受訪者「對習近平能做出對的事情沒有信心」（比 2019 年的 81% 多），79% 的日本受訪者說，中國在「新冠疫情爆發的事情上做得很糟』（在所有受訪國中，日本占比最高）；欲知更多細節，參見 Laura Silver, Kat Devlin, and Christine Huang,"Unfavorable Views of China Reach Historic Highs in Many Countries," Pew Research Center, October 6, 2020, https://www.pewresearch.org/global/2020/10/06/unfavorable-views-of-china-reach-historic-highs-in-many-countries/.

105 "LDP Policy Group, Not Party, Requests State to Cancel Xi's Visit," *Asahi Shimbun*, July 8, 2020, 檔案見 https://web.archive.org/web/20200710114435/http://www.asahi.com/ajw/articles/13526200.

pdf?XD7Hb3PUQExuZurkTIbdrWmF.ZYVNI6ph.

86 Mayumi Ogawa and Masako Nagashima, "(Jimintō Sōsaisen) Shushō San-sen Shiji e Asou, Nikai Goetsu Dōshū Shijiritsu Kyūraku ni Taikō" [（自民黨總裁選舉）為因應支持率暴跌，二階俊博與甘利明拋開競爭，支持安倍的第三任任期], *Sankei Shimbun*, April 11, 2018

87 Kei Ishinabe, " 'Donna Koto ga Atte mo Nitchū Yūkō wo Daijini': Jimin Nikai Toshihiro Kanjichō Chūgoku no Kokka Kankō Kyokuchō to Kaidan" [「無論如何，我們需要顧好日中關係」：自民黨幹事長二階俊博會晤中國國家旅遊局局長], *Sankei Shimbun*, May 13, 2017.

88 Ito, "Japan's Economic Pragmatism."

89 Yuichi Nohira and Natsuki Okamura, "Nikaiha, Kane to Posuto Shōaku Tahabatsu 'Fuman Maguma no yō' " [二階派控制金錢與位子：其他派系的不滿像「岩漿」一樣不斷冒出來], *Asahi Shimbun*, October 8, 2020, https://www.asahi.com/articles/ASNB77J7QNB7UTFK00J.html.

90 Ryo Aihara and Naoki Tsusaka, "Kokudo Kyōjin-ka Gonen Enchō ni Jūgochōen Shushō Shiji, Nikai-shi Kimoiri" [五年十五萬億日圓長期抗災策略：首相的指示，二階先生支持], *Asahi Shimbun*, December 1, 2020, https://www.asahi.com/amp/articles/ASND13HN5ND1UTFK004.html.

91 Ishinabe, " 'Donna Koto ga Atte mo Nitchū Yūkō wo Daijini.' "

92 Ito, "Japan's Economic Pragmatism." 參見 Central Committee of the Chinese Communist Party, "Proposals of the Central Committee of the Communist Party of China on Formulating the Fourteenth Five-Year Plan for National Economic and Social Development and the Visionary Goals for 2035," November 11, 2020, http://www.gov.cn/zhengce/2020-11/03/content_5556991.htm.

93 "Amari Keizaishō ga Jinin Kensetsu Gaisha kara Kinsen Juju, Hisho Ryūyō de Inseki" [經濟財政政策大臣甘利明辭職，為接受建設公司賄賂案負責], *Nihon Keizai Shimbun*, January 29, 2016, https://www.nikkei.com/article/DGXKASFS28H6F_Y6A120C1MM8000/.

94 "Keizai Anzen Hoshō Senryaku, Sōki Sakutei wo Nijūninen ni Suishinhō—Jimin Teigen" [自民黨的建議要求在 2022 年前提早擬定經濟國家安全戰略推廣法], *Jiji*, December 16, 2020; "Teigen 'Keizai Anzen Hoshō Senryaku Sakutei'ni Mukete" [建議：朝發展一項「經濟安全戰略」邁進], Liberal Democratic Party of Japan, December 22, 2020, https://www.jimin.jp/news/policy/201021.html.

95 "Seifu, Kimitsu ya Gijutsu Mamoru Shikaku Sōsetsu e Kotoshi wa Keizai Anpo no Torikumi Honkakuka" [政府創造資格條件，以保護機密情報與技術，在今年展開全面經濟安全努力], *Sankei Shimbun*, January 5, 2021, https://www.sankei.com/politics/news/210105/plt2101050013-n1.html.

https://www.washingtonpost.com/world/asia_pacific/japan-effectively-bans-chinas-huawei-zte-from-government-contracts-joining-us/2018/12/10/748fe98a-fc69-11e8-ba87-8c7facdf6739_story.html.

76 "Gaishi Kisei Seifu Kanyo Tsuyomeru Chūgoku Nentō ni Gijutsu Hogo" [加強政府在外匯規範方面的介入，以防中國竊取科技], *Nihon Keizai Shimbun*, October 9, 2019, https://www.mof.go.jp/english/international_policy/fdi/kanrenshiryou_20200325.pdf.

77 Alexandra Yoon-Hendricks, "Congress Strengthens Review of Chinese and Other Investments," *New York Times*, August 1, 2018.

78 "Japan to Pay Firms to Leave China, Relocate Production Elsewhere as Part of Coronavirus Stimulus," *South China Morning Post*, April 8, 2020. Takashi Tsuji and Kazuhiro Furuyama, "Japan Preps First Subsidy to Company Moving Production Out of China," Nikkei Asia, April 21, 2020, https://asia.nikkei.com/Spotlight/Coronavirus/Japan-preps-first-subsidy-to-company-moving-production-out-of-China; Japanese Ministry of Economy, Trade, and Industry, "Reiwa Ninendo Hosei Yosanan No Jigyo Gaiyo" [2020 會計年度追加預算概述] (slides, April 2020), 24.

79 "Korona de Seisan Kaiki Hojokin Kyōsōritsu 11bai Masuku ya Iyakuhin" [由於新冠疫情下鼓勵生產回流，申請政府補助的金額脹到預算的十一倍，許多申請者是口罩與醫療裝備廠商], *Nihon Keizai Shimbun*, September 8, 2020.

80 Takashi Shiraishi, "Abe Is Redefining Japan's China Policy for a Generation," *Nikkei Asia*, February 12, 2020.

81 River Davis, "U.S. Allies Capture China Tech Business Despite Washington's Curbs: Huawei Procures 5G Telecommunications Gear from Japan as Beijing Pushes for Global Edge," *Wall Street Journal*, June 29, 2020.

82 "Mapping the Future of U.S. China Policy," Center for Strategic and International Studies, 2020, https://chinasurvey.csis.org/.

83 "Beichū Tairitsu Shijō Yurasu Kiokushia Jōjō Enki Yushutsukiseini Kenen Kakkyōno Kabushikikōkaini Kage Haiteku Kabuno Uwane Omoku" [美中對抗撼動了市場，鎧俠（KIOXIA）因為擔心出口管制而延緩上市，為這支高科技股票的 IPO 計劃蒙上一層陰影], *Nihon Keizai Shimbun*, September 29, 2020.

84 "Japanese Business Rethinks Hi-Tech Deals with China," *Nikkei Asia*, September 3, 2020, https://asia.nikkei.com/Politics/International-relations/US-China-tensions/Japanese-business-rethinks-high-tech-deals-with-China.

85 Ito Asei, "Japan's Economic Pragmatism: Cooperating and Competing with China," *Strategic Japan 2021: The Future of Japan-China Relations*, Center for Strategic and International Studies, April 5, 2021, https://csis-website-prod.s3.amazonaws.com/s3fs-public/210405_Ito_Economic%20Relations.

July 8, 2017, https://asia.nikkei.com/Politics/Japanese-government-split-over-China-policy; "Nikaishi Dokujino Taichū Gaikō de Sonzaikan, Abeshushō tono Ondosa, Heigaimo" [二階俊博的對華外交政策與首相的不同，可能造成負面效果], *Jiji*, April 24, 2019.

68 "Chairman Nakanishi's Statements and Comments at His Press Conference," Keidanren, October 24, 2018, https://www.keidanren.or.jp/en/speech/kaiken/2018/1024.html#p5; "Nicchū Keizai Kyōrokude Kaizen Kyōchō Shūshuseki Rainen Hōnichino Hōkō" [日本與中國透過經濟合作強調改善的關係，習近平主席將於明年訪問日本], *Asahi Shimbun*, October 27, 2018.

69 Seguchi, "FDI Toward China."

70 Martin A. Weiss, *Asian Infrastructure Investment Bank (AIIB),* Congressional Research Service, February 3, 2017, 1, https://fas.org/sgp/crs/row/R44754.pdf.

71 參見 Ministry of Foreign Affairs of Japan, "Prime Minister Abe Visits China," October 26, 2018, https://www.mofa.go.jp/a_o/c_m1/cn/page3e_000958.html; Shi Jiangtao, "China-Japan Ties at 'Historic Turning Point' After Shinzo Abe's Visit, but Can the Goodwill Hold?" *South China Morning Post,* October 28, 2018, https://www.scmp.com/news/china/diplomacy/article/2170469/china-japan-ties-historic-turning-point-after-shinzo-abes-visit.

72 "Japan's Infrastructure Development Strategy: Supporting a Free and Open IndoPacific," Center for Strategic and International Studies, October 17, 2019. https://www.csis.org/events/japans-infrastructure-development-strategy-upporting-free-and-open-indo-pacific.

73 Wayne Morrison, *The Made in China 2025 Initiative: Economic Implications for the United States*, Congressional Research Service, updated April 12, 2019; "Chūgoku Shushō 'Seizō Kyōkokue Tenkan' " [中國總理的「轉為製造業強國」], *Nihon Keizai Shimbun*, March 5, 2015.

74 參見 Ministry of Internal Affairs and Communications, "Dai 5 sedai ido tsushin shisutemu no donyu no tame no tokutei kichikyoku no kaisetsu keikaku ni kakaru nintei shinsei no uketsuke kekka" [接受授權建立 5G 行動通信系統擴散特定基地台計劃申請的結果], February 26, 2019; *Yomiuri Shimbun*, "Japan to Ban Huawei, ZTE from Govt Contracts," Reuters, December 6, 2018, https://www.reuters.com/article/japan-china-huawei/japan-to-ban-huawei-zte-from-govt-contracts-yomiuri-idUSL4N1YB6JJ;Isabel Reynolds and Emi Nobuhiro, "China Says Unfair Treatment of Huawei Could Damage Japan Ties," *Bloomberg*, March 29, 2019, https://www.bloomberg.com/news/articles/2019-03-29/china-says-unfair-treatment-of-huawei-could-damage-japan-ties.

75 Simon Denyer, "Japan Effectively Bans China's Huawei and ZTE from Government Contracts, Joining U.S.," *Washington Post*, December 10, 2018,

Shimbun, June 10, 2004.

59 "China Apologizes to Japan After Minister's Car Attacked," Agence France-Presse, August 9, 2004.

60 "FY 2019 Survey on the International Operations of Japanese Firms," Japan External Trade Organization (JETRO), (slides, February 27, 2020), 15; James Brooke, "China's Economic Brawn Unsettles Japanese," *New York Times*, June 27, 2005; Ho Ai Li, "Japanese Investors Pick ASEAN over China," *Straits Times*, October 24, 2012.

61 Keith Bradsher, "Amid Tension, China Blocks Vital Exports to Japan," *New York Times*, September 22, 2010. 在中國於 2010 年展開稀土禁運後，日本加入美國與歐盟在 2012 年 5 月在世貿組織發動一次對中國的爭議訴訟案。欲知更多細節，參見 Smith, I*ntimate Rivals,* 192, 201–2.

62 Kiyoyuki Seguchi, "FDI Toward China: Japanese Companies Becoming More Aggressive," Canon Institute for Global Studies, March 11, 2019, https://cigs.canon/en/article/20190311_5631.html.

63 Japan Bank for International Cooperation, *Survey Report on Overseas Business Operations by Japanese Manufacturing Companies*, November 26, 2018, 8, https://www.jbic.go.jp/en/information/press/press-2018/pdf/1126-011628_2.pdf; Japan External Trade Organization, *2018 JETRO Survey on Business Conditions of Japanese Companies in Asia and Oceania*, December 20, 2018, 42.

64 Shino Yuasa, "Chinese Tourists Flock to Japan, Lift Weak Economy," Associated Press, June 29, 2010; Anna Fifield, "In Japan, Chinese Tourists Are a Welcome Boost—If a Loud, Messy One," *Washington Post,* February 19, 2015. 根據國土交通省發表的 2019 年白皮書，2018 年訪問日本的觀光客人數超過三千萬，創最高紀錄。在 2018 年，來自中國的觀光客訪觀光客總數 26.9%，但他們的消費額（一萬五千億日圓）卻占到訪觀光客消費總額 34.2%。欲知更多細節，參見 *Reiwa Gannen Kankō Hakusho* [2019 年觀光業白皮書], Ministry of Land, Infrastructure, Transport and Tourism, http://www.mlit.go.jp/common/001294465.pdf.

65 Satoshi Sugiyama, "With Xi Visit Now Delayed, Coronavirus Threatens to Spoil Abe's 2020," *Japan Times*, March 6, 2020. https://www.japantimes.co.jp/news/2020/03/06/national/xis-japan-visit-delayed-coronavirus-ruin-abes-year/#.XqJo5m4pA0o; Daniel Leussink, "Japan Warns of Coronavirus Hit on Tourism but Keeps 40 mln Visitor Target," Reuters, February 19, 2020, https://www.reuters.com/article/us-china-health-japan-tourism/japan-warns-of-coronavirus-hit-on-tourism-but-keeps-40-mln-visitor-target-idUSKBN20D0NR.

66 Green, *Japan's Reluctant Realism*, 97.

67 Tsukasa Hadano, "Japanese Government Split over China Policy," *Nikkei Asia*,

Shōtarō Naikaku Sambō Intabyū" [擁有全球大視野的安倍外交：與內閣特別顧問谷內正太郎的訪談], *nippon.com*, July 5, 2013, https://www.nippon.com/ja/currents/d00089/.
2014 年 4 月，安倍首相在官邸會晤了胡耀邦的一個兒子，同年 9 月，他說他要改善中日關係。"Shushō Ko Ko Yoho Chōnanto Yōkani Kidan" [安倍首相在 8 日會晤已故胡耀邦的一個兒子], *Nihon Keizai Shimbun*, April 16, 2014; "Shushō Nicchū Kankei 'Kaizen Shitai' " [首相：「要改善中日關係」], *Kyodo News*, September 23, 2014. 2014 年 7 月，前首相福田康夫在中國與習近平私下會晤，討論改善中日關係。"Fukuda Motoshushōto Shūshuseki Kaidan" [前首相福田康夫會晤習近平主席], *Asahi Shimbun*, August 3, 2014; 福田在 2014 年 10 月又一次會晤習近平為 11 月的高峰會奠基："Fukudashi Shū Kinpeito Kaidan" [福田會晤習近平], *Asahi Shimbun*, October 30, 2014.

54 皮尤研究中心在 2014 年春進行的民調顯示，在印度、美國、越南、馬來西亞、印尼、菲律賓、與泰國，相信安倍能在世界事務上做得對的人，比相信習近平的人多。特別是在美國，對習近平有信心的人占受訪人的 28%，對安倍有信心的人占受訪人的 49%。欲知進一步細節，參見 *Global Opposition to U.S. Surveillance and Drones, but Limited Harm to America's Image: Many in Asia Worry About Conflict with China*, Pew Research Center, July 14, 2014, https://www.pewresearch.org/global/wp-content/uploads/sites/2/2014/07/2014-07-14_Balance-of-Power.pdf.

55 「雙方承認，對於近年來出現在東中國海、包括在尖閣列島周邊水域的緊張情勢，他們有不同的看法，他們也都認為，透過對話與磋商，可以防止情勢惡化，可以建立一種危機管理機制，以免造成始料未及的情事。」參見 "Regarding Discussions Toward Improving Japan-China Relations," Ministry of Foreign Affairs of Japan, November 7, 2014, https://www.mofa.go.jp/a_o/c_m1/cn/page4e_000150.html.

56 Green, *Japan's Reluctant Realism*, 101.

57 根據日本對外貿易組織（JETRO）的統計數字，從 1987 到 2004 年，日本對外的外國直接投資（FDI）總額為兩百九十七億三千萬美元。"Japan's Outward and Inward Foreign Direct Investment," Japan External Trade Organization, https://www.jetro.go.jp/en/reports/statistics.html.

58 以一種典型經驗為例，由於中國的中產階級人數越來越多，日本東北的清酒製造業者開始大舉向中國外銷。"Michinoku Kuramoto no Chōsen Sake Urikome Kokunai Teimei Beidewa Shinchō" [東北清酒製造業者的追求：在國內市場停滯與美國市場成長之際推廣「清酒」], *Nihon Keizai Shimbun*, December 7, 2005. 日產、馬自達、與三菱也鎖定不斷成長的豪華車市場，參見 "Kōkyūshade Nerau Daishijō Juyō Tayōkani Taiō Pekin Mōtāshō" [為因應各式各樣需求，北京汽車展透過豪華車瞄準一個不斷成長的市場], *Asahi*

3 May 2009," Association of Southeast Asian Nations, October 10, 2012; Chalongphob Sussangkarn, *The Chiang Mai Initiative Multilateralization: Origin, Development and Outlook*, ADBI Working Paper 230, Asian Development Bank Institute, July 2010, 9, https://www.adb.org/sites/default/files/publication/156085/adbi-wp230.pdf.

45 "ASEAN wa kikini kessokuwo" [東南亞國家協會應該在面對危機時團結], *Nikkei Shimbun*, April 9, 2020.

46 Kitaoka Shinichi, "Kokuren Taishi Gemba Karano Teigen: Joninrijikokuiriwa Nihonga Hatasubeki Sekinindearu" [聯合國大使的現場建議：加入常任理事國是日本應該履行的職責], Japan Ministry of Foreign Affairs, January 2005, https://www.mofa.go.jp/mofaj/press/iken/05/0501.html; "Ampori Kaikakuwa Shushō Sentōni: Kikokushita Kitaoka Shin'ichi Kokuren Jiseki Taishi" [聯合國安理會改革應該由首相帶領：從日本常駐聯合國副代表卸任的北岡伸一], *Asahi Shimbun*, September 12, 2006.

47 On the East Asia Vision Group, 參見 "Ajia Tsūka Dekiruka? ASEAN+3 de Shikisha ga Miraizu" [「亞洲貨幣」可能嗎？東南亞國家協會 +3 財長會專家為未來構圖], *Asahi Shimbun*, November 6, 2001; Japan Ministry of Foreign Affairs, *Towards an East Asian Community: Region of Peace, Prosperity and Progress*, East Asia Vision Group Report 2001, 參見 Hisatsugu Nagao, "East Asian Community Closer to Reality," *Nikkei Weekly*, July 12, 2004.

48 Green, *By More than Providence*, 512.

49 Green, *By More than Providence*, 511.

50 欲知 2009 年民調結果，參見 Gill et al., *Strategic Views on Asian Regionalism*, 8; for the 2015 survey, 參見 Michael J. Green and Nicholas Szechenyi, *Power and Order in Asia: A Survey of Regional Expectations* (Washington, DC: Center for Strategic and International Studies, July 2014)

51 Liu Xiaoming, "China and Britain Won the War Together," *The Telegraph*, January 1, 2014, https://www.telegraph.co.uk/comment/10546442/Liu-Xiaoming-China-and-Britain-won-the-war-together.html.

52 "Abe Shushō Rekishi Ninshikide Murayama Danwa Keishō" [安倍首相將在歷史問題上遵照「村山聲明」], *Yomiuri Shimbun*, October 3, 2006.
在旅途結束後，安倍在記者會上說，「日本…過去曾為亞洲國家的人民造成巨大損傷與苦難，為亞洲人民留下傷疤。生活在這六十年的人都有這種感覺，而我也有同感。」"Press Conference by Prime Minister Shinzo Abe Following His Visit to China," *Kantei*, October 8, 2006, https://japan.kantei.go.jp/abespeech/2006/10/08chinapress_e.html.

53 在 2013 年 7 月的一次訪談中，當時擔任內閣特別顧問的谷內正太郎說，安倍有意恢復與中國的對話。"Chikyūwo Fukansuru Abe Gaikō Yachi

33 *Defense of Japan 2015* (Tokyo: Japan Ministry of Defense, 2015), 43–45; Smith, *Intimate Rivals*, 232–33.

34 Itsunori Onodera, "On the Publication of *Defense of Japan 2018*," in *Defense of Japan 2018* (Tokyo: Japan Ministry of Defense, 2018)

35 *Defense of Japan 2018*, 3, 106–7.

36 *Nippon no Boei 2019* [2019 年日本防衛] (Tokyo: Japan Ministry of Defense, 2019), 274. 一些專家發現，與其他國家相形之下，一旦入侵者逼近，日本更可能採取緊急因應行動，但即使納入這種更高戰備狀態的考量，日本緊急因應行動不斷增加的事實仍然值得注意，而且也引起蘭德公司（RAND Corporation）等智庫進行獨立評估參見，舉例而言，參見 Edmund J. Burke, Timothy R. Heath, Jeffrey W. Hornung, Logan Ma, Lyle J. Morris, and Michael S. Chase, *China's Military Activities in the East China Sea: Implications for Japan's Air Self-Defense Force* (Santa Monica, CA: RAND Corporation, 2018), https://www.rand.org/pubs/research_reports/RR2574.html.

37 "Remote Control: Japan's Evolving Senkakus Strategy," Asia Maritime Transparency Initiative (AMTI), Center for Strategic and International Studies, July 29, 2020, https://amti.csis.org/remote-control-japans-evolving-senkakus-strategy/.

38 Hideshi Tokuchi, "Will Japan Fight in a Taiwan Contingency: An Analysis of the 2021 Defense White Paper of Japan," The Prospect Foundation, August 20, 2021, https://www.pf.org.tw/article-pfen-2089-7283.

39 Cited with permission of Katō Ryōzō, April 9, 2021.

40 Green, *Japan's Reluctant Realism*, 80–82; "Taichū Enshakkan Hōshiki Minaoshi" [日圓貸款過程評論], *Nihon Keizai Shimbun*, January 1, 1995; "Kaku Jikken Mondai" [核子試爆問題], *Asahi Shimbun*, May 20, 1995.

41 "Chūgoku Shushō Senkaku 'Nihonga Nusunda' Potsudamu de Enzetsu" [中國總理說「日本偷了」釣魚台], *Nihon Keizai Shimbun*, May 27, 2013; Kimie Hara, "The Post-War Japanese Peace Treaties and the China's Ocean Frontier Problems," *American Journal of Chinese Studies* 11, no. 1 (April 2004): 1–24.

42 Green, *Japan's Reluctant Realism*, 229–69.

43 William W. Grimes, "The Asian Monetary Fund Reborn? Implications of Chiang MaiInitiative Multilateralization," *Asia Policy,* no. 11 (January 2011): 79–104; C. Randall Henning, "The Future of the Chiang Mai Initiative: An Asian Monetary Fund?" Peterson Institute for International Economics, Policy Brief 09–5, February 2009.

44 這項協議於 2009 年 5 月 3 日在印尼巴里的第十二屆東南亞國家協會 +3 財長會中達成。欲知更多資料，參見 "The Joint Media Statement of the 12th ASEAN Plus Three Finance Ministers' Meeting Bali, Indonesia,

27 "Biden Affirms Security Treaty Applies to Senkaku Islands in Suga Call," *Nikkei Asia*, November 12, 2020.

28 欲了解日本對中國的灰區與切香腸戰術的看法，參見 Tetsuo Kotani, "The Senkaku Islands and the U.S.-Japan Alliance: Future Implications for the Asia-Pacific," Project 2049 Institute, March 14, 2013, https://project2049.net/2013/03/14/the-senkaku-islands-and-the-u-s-japan-alliance-future-implications-for-the-asia-pacific/; Satoru Mori, "Countering Beijing's Unilateral Revisionist Actions in the East China Sea: The Case for a Restraint Compellence Approach," in *East China Sea Tensions: Perspectives and Implications, ed. Richard Pearson* (Washington, DC: The Maureen and Mike Mansfield Foundation, 2014), 51–58; Jesse Johnson, "Chinese Senkaku Swarm Tactic Spells Trouble for Japan," *Japan Times*, August 7, 2016, https://www.japantimes.co.jp/news/2016/08/07/national/politics-diplomacy/senkaku-swarm-tactic-spells-trouble-tokyo/#.Xy1rvUkpDs0; Lyle J. Morris, Michael J. Mazarr, Jeffrey W. Hornung, Stephanie Pezard, Anika Binnendijk, and Marta Kepe, *Gaining Competitive Advantage in the Gray Zone: Response Options for Coercive Aggression Below the Threshold of Major War* (Santa Monica, CA: RAND Corporation, 2019), https://www.rand.org/pubs/research_reports/RR2942.html.

29 Shinzo Abe, *A New Era Requires New Political Will: An Address by the Honorable Shinzo Abe, Former Prime Minister of Japan*, Brookings Institution, April 17, 2009, 7, https://www.brookings.edu/wp-content/uploads/2012/04/20090417_abe.pdf.

30 *Remarks by Former Japanese Prime Minister Shinzō Abe*, The Hudson Institute, October 15, 2010, 5, https://www.hudson.org/content/researchattachments/attachment/824/abe_final.pdf.

31 有關一般民眾：2010 年皮尤民調顯示，69% 的日本受訪者對中國有負面看法。欲進一步了解詳情，參見 *Obama More Popular Abroad Than at Home, Global Image of U.S. Continues to Benefit*, Pew Research Center, June 17, 2010, 51, https://www.pewresearch.org/wp-content/uploads/sites/2/2010/06/Pew-Global-Attitudes-Spring-2010-Report-June-17-11AM-EDT.pdf.

有關精英：戰略與國際研究中心 2009 年對精英進行的調查顯示，51% 的日本受訪者認為，中國今後十年是對和平與安定的一項威脅，欲進一步了解詳情，參見 Bates Gill, Michael Green, Kiyoto Tsuji, and William Watts, *Strategic Views on Asian Regionalism: Survey Results and Analysis*, Center for Strategic and International Studies, February 2009, 7, https://www.csis.org/analysis/strategic-views-asian-regionalism

32 *National Security Strategy, Kantei*, December 17, 2013, 12, https://www.cas.go.jp/jp/siryou/131217anzenhoshou/nss-e.pdf.

"Japan's Confused Revolution," *Washington Quarterly* 33, no. 1 (January 2010): 3–19; Michael J. Green, "The Democratic Party of Japan and the Future of the U.S.-Japan Alliance," *Journal of Japanese Studies* 37, no. 1 (January 1, 2011): 91–116.

23 Shingo Ito, "Japan's New PM Proposes East Asian Community to China," *Taiwan News*, September 23, 2009.

24 有關中國的反應，參見 "Chinese Premier Urges Japan to Release Chinese Skipper Immediately, Unconditionally," *Xinhua*, September 22, 2010; Sachiko Sakamaki, "Four Japanese Held in China as Boat Tensions Escalate," *Bloomberg Business*, September 23, 2010; Keith Bradsher, "Amid Tensions, China Blocks Vital Exports to Japan," *New York Times*, September 22, 2010; "U.S. Says China Must Clarify Rare Earth Exports," *USA Today*, October 28, 2010.

有關日本的反應，參見日本外務省 "Recent Developments in Japan-China Relations: Basic Facts on the Senkaku Islands and the Recent Incident" (slides, October 2010); Krisanne Johnson, "Q&A: Japanese Foreign Minister Seiji Maehara on China, the Yen," *Wall Street Journal*, September 25, 2010.

有關中國船長獲釋的消息，參見 Martin Fackler and Ian Johnson, "Japan Retreats with Release of Chinese Boat Captain," *New York Times*, September 24, 2010; Ayai Tomisawa and Jeremy Page, "Japan-China Tensions Enter New Phase," *Wall Street Journal*, September 26, 2010; "Kan Rejects Beijing's Demand for Apology," *Japan Times*, September 27, 2010.

欲進一步了解 2010 年尖閣列島事件詳情，參見 Manicom, *Bridging Troubled Waters*; Michael Green, Kathleen Hicks, Zack Cooper, John Schaus, and Jake Douglas, *Countering Coercion in Maritime Asia* (Washington, DC: Center for Strategic and International Studies, 2017), 66–94.

25 "Tokyo to Buy Disputed Islands, Says Governor Ishihara," *BBC News*, April 17, 2012, https://www.bbc.com/news/world-asia-17747934; "Senkaku 3-tōwo Kokuyūka" [政府要將尖閣列島三島嶼國有化], *Nihon Keizai Shimbun*, September 11, 2012; Tsuyoshi Sunohara, *Antō Senkaku Kokuyūka* [秘密爭執：國家採購尖閣列島] (Tokyo: Shinchōsha, 2013).

有關中國的反應，參見 *Defense of Japan 2013* (Tokyo: Japan Ministry of Defense, 2013), 172–73; "Chūgokukini Kinkyū Hasshin Saita Kūji, 12gatsu madeni 160kai" [為應付中國騷擾而緊急起飛的飛機大多為日本空中自衛隊飛機，到 12 月已達 160 架次], *Asahi Shimbun*, January 25, 2013.

26 Green, *By More than Providence*, 477; Nicholas Kristof, "Treaty Commitments; Would You Fight for These Islands?" *New York Times*, October 20, 1996; Larry A. Niksch,"Senkaku (Diaoyu) Islands Dispute: The U.S. Legal Relationship and Obligations,"EveryCRSReport.com (website), September 30, 1996.

起的結束] (Tokyo: Nikkei, 2013) (written by a former Ministry of Economy, Trade and Industry [METI] official); Naoki Tanaka, *Chūgoku Daiteitai* [中國，大停滯] (Tokyo: Nikkei, 2016) (written by a head of the Center for International Public Policy Studies (CIPPS), an independent think tank).

15 "Tanaka Moto Shushō, Kangeki no Namida—Kō Sōshoki ga Hōmon 'Taisetsuna Furuki Yūjin' " [前首相田中角榮感動落淚——總書記江澤民訪問「一位重要的老友], *Nihon Keizai Shimbun*, April 8, 1992.

16 Green, *Japan's Reluctant Realism*, 96–98.

17 有關小泉純一郎 10 月 9 日訪問蘆溝橋的報導，參見 "Hōchuno Koizumi Shushō Rokokyōde Aitōnoi, Shinryakuno Giseishani Owabi" [小泉首相在中國之行中，在蘆溝橋對日本侵華的犧牲者表達哀悼與歉意], *Mainichi Shimbun*, October 9, 2001. 有關小泉純一郎 8 月 14 日的靖國神社之行，參見 "Koizumi Shushō Yasukuni wo Maedaoshi Sampai" [小泉首相提前參拜靖國神社], *Asahi Shimbun*, August 14, 2001; "Dakyō no Sue no Yasukuni Jinja '13-nichi Sampai' " [經過一項妥協，於 13 日參拜靖國神社], *Nihon Keizai Shimbun*, August 14, 2001; "Koizumi Shushō ga Yasukuni Jinja Sampai '15-nichi' Sake Maedaoshi" [小泉首相提前參拜靖國神社，以避免『15 日』], *Yomiuri Shimbun*, August 14, 2001.

18 James Manicom, *Bridging Troubled Waters: China, Japan, and Maritime Order in the East China Sea* (Washington, DC: Georgetown University Press, 2014), 92.

19 Sheila Smith, *Intimate Rivals: Japanese Domestic Politics and a Rising China* (New York: Columbia University Press, 2015), 101, 118.

20 "Joint Statement Between the Government of Japan and the Government of the People's Republic of China on Comprehensive Promotion of a 'Mutually Beneficial Relationship Based on Common Strategic Interests,' " Ministry of Foreign Affairs of Japan, May 7, 2008, https://www.mofa.go.jp/region/asia-paci/china/joint0805.html.

21 Nicholas Szechenyi, "China and Japan: A Resource Showdown in the East China Sea?" *National Interest*, August 10, 2015, https://nationalinterest.org/blog/the-buzz/china-japan-resource-showdown-the-east-china-sea-13540; *Japan-China Joint Press Statement: Cooperation Between Japan and China in the East China Sea*, Ministry of Foreign Affairs, June 18, 2008, https://www.mofa.go.jp/files/000091726.pdf; *The Current Status of Chinese Unilateral Development of Natural Resources in the East China Sea*, Ministry of Foreign Affairs, March 21, 2020, https://www.mofa.go.jp/files/000091726.pdf.

22 《朝日新聞》在 2009 年選舉過後第二天舉行的民調顯示，81% 的選民認為，日本民主黨所以獲勝是因為人民想換一個政府，只有 38% 的選民認為日本民主黨憑政策獲勝，欲知更多細節，參見 Michael J. Green,

2 M. Taylor Fravel, "International Relations Theory and China's Rise: Assessing China's Potential for Territorial Expansion," *International Studies Review* 12, no. 4 (December 2010): 505; 參見 Steven E. Miller, "Introduction: The Sarajevo Centenary—1914 and the Rise of China," in *The Next Great War? The Roots of World War I and the Risk of U.S.-China Conflict*, ed. Richard N. Rosecrance and Steven E. Miller (Cambridge, MA: MIT Press, 2014).

3 "Why the China-US-Japan Balance of Power Is So Vital," *Straits Times*, September 13, 1997; 參見 "How US, Japan Can Help Integrate China into the World Community," *Straits Times*, November 20, 1996.

4 引用自 Henry A. Kissinger, *A World Restored: Metternich, Castlereagh, and the Problems of Peace* (Boston: Houghton Mifflin, 1973), 33. Originally from Viscount Castlereagh, *Correspondence, Dispatches, and Other Papers*, ed. Marquess of Londonderry, 12 vols. (London, 1848–52) 9:474, April 19, 1814.

5 Yuichi Hosoya, *Kokusai Chitsujo* [國際秩序] (Tokyo: Chuko Shinsyo, 2013), 139.

6 引用自 Kenneth Bourne, *The Foreign Policy of Victorian England*, 1830–1902 (Oxford: Oxford University Press, 1970), 388. The original text is from Derby's Ministerial Statement in the House of Lords, July 9, 1866.

7 Hosoya, *Kokusai Chitsujo*, 178.

8 Yukiko Koshiro, *Imperial Eclipse: Japan's Strategic Thinking About Continental Asia Before August 1945* (Ithaca, NY: Cornell University Press, 2013), 39.

9 Quoted in Ian H. Nish, *The Anglo-Japanese Alliance: The Diplomacy of Two Island Empires, 1894–1907* (London: Bloomsbury Academic, 1985), 378.

10 John W. Dower, *Empire and Aftermath: Yoshida Shigeru and the Japanese Experience, 1878–1954* (Cambridge, MA: Harvard University Press, 1979), 37.

11 有關吉田茂與歐洲，參見 Valdo Ferretti, "In the Shadow of the San Francisco Settlement: Yoshida Shigeru's Perception of Communist China and Anglo-Japanese Relations," *Japan Forum* 15, no. 3 (2003): 425–34. 艾森豪總統與他的副總統尼克森決定給岸信介一些迴旋空間，讓岸信介於 1950 年代末期與中國建立非正式貿易關係，因為兩人對岸信介的反共立場深信不疑。Nancy Bernkopf Tucker, *The China Threat: Memories, Myths, and Realities in the 1950s* (New York: Columbia University Press, 2012), 136–37.

12 Michael J. Green, *By More than Providence: Grand Strategy and American Power in the Asia Pacific Since 1783* (New York: Columbia University Press, 2017), 371.

13 Michael J. Green, *Japan's Reluctant Realism: Foreign Policy Challenges in an Era of Uncertain Power* (New York: Palgrave Macmillan, 2001), 79–81.

14 中國崩潰論的例子包括 Toshiya Tsugami, *Chūgoku Taitōno Shūen* [中國崛

士，衛藤除了在自民黨內活動外，還直接要求安倍拒絕對日本過去的一切進行批判。參見 Justin McCurry, “With Friends like These . . . Shinzo Abe’s Tactless Colleagues Cause Consternation,” *The Guardian*, February 21, 2014, https://www.theguardian.com/world/2014/feb/21/shinzo-abe-tactless-colleagues-japan-prime-minister. 在 2015 年，美國國會研究局也在報告中強調，安倍「結交的一些群體認為，日本因過去殖民與大戰時期的行為而遭到不公正指控。以日本海事協會為例，主張這類立場的這些團體，認為日本將大部份東亞地區從西方殖民帝國手中解放應該獲得鼓掌，認為 1946-1948 年的東京戰犯審判庭不合法，認為日本皇軍在 1937 年『南京大屠殺』的殺戮是誇大或捏造的。」參見 Congressional Research Service, CRS Report No. RL33436, September 29, 2015, https://crsreports.congress.gov/product/pdf/RL/RL33436/91.

70 Bastian Harth, “Interview–Tomohiko Taniguchi,” *E-International Relations*, April 29, 2019, https://www.e-ir.info/2019/04/29/interview-tomohiko-taniguchi/.

71 Kantei National Security Council, *National Security Strategy*, December 17, 2013, http://japan.kantei.go.jp/96_abe/documents/2013/__icsFiles/afieldfile/2013/12/17/NSS.pdf.

72 “A New Vision from a New Japan, World Economic Forum 2014 Annual Meeting, Speech by Prime Minister Abe,” *Kantei, January* 22, 2014. http://japan.kantei.go.jp/96_abe/statement/201401/22speech_e.html. 日本作為海洋國的禍福，對整個世界都有影響。身為安倍最親密智囊的兼原信克，在返回官邸出任副國家安全顧問前，對這個議題有以下陳述：「日本需要遵從美國領導的戰後自由秩序，從而保有與國際市場的通路，需要一種靠得住的能源補給，以及有保障的海上通道以供商品進出口之用。作為一個島國的日本，由於大多數進口仰賴海上商務，會因周邊海運線的任何阻斷而陷於險境。中國將南中國海軍事化的作法引起日本關切，反映了東京對這種險境的顧慮。」參見 Nobukatsu Kanehara, “Kokka Kokueki Kachito Gaikô Anzenhoshô” [國家，國家利益，價值，外交，與國家安全], in *Ronshû Nihon no Gaikô to Sôgôteki Anzenhoshô* [論文集：日本外交與全面國家安全], ed. Shotaro Yachi, 17–56 (Tokyo: Wedge, 2011).

第二章　中國

本章引言中引用之吉田茂的話：「你們每個人都得好好盯著中國」，是吉田茂於 1961 年在外務省新進人員講習班致詞時說的話，後來由外務省 1965 年新進人員講習班學員加藤良三轉給我。加藤良三從他的學長處一再聽到同樣這句話。以上說明經加藤大使於 2021 年 4 月 9 日同意刊登。

1 “End Drift to War in the East China Sea,” Financial Times, January 23, 2014, https://www.ft.com/content/7d713b60-8425-11e3-b72e-00144feab7de.

57 參見第三章標題 “Kokusai Kikō to Heiwa” [國際組織與和平], Kōsaka Masataka, *Kokusai Seiji* [國際政治] (Tokyo: Chūkō Shinsho, 1966).

58 Kōsaka Masataka, *Kaiyō Kokka Nihon no Kōsō* [日本作為一個海洋國的概念] (Tokyo: Chuô Kôron, 1965), 244–50.

59 Kōsaka *Kaiyō Kokka Nihon no Kōsō*, 354–55.

60 *Sōgō Anzen Hoshō Kenkyū Gurūpu Hōkokusho* [全面國家安全團體報告書], July 2, 1980; Sado Akihiro, “Anzen Hoshō Seisaku no Tenkai ni miru Nihon Gaikō no Kisō” [透過國家安全保障政策演進的日本外交基本面], *Kokusai Mondai 578* (January/February 2009).

61 我應邀在岡崎久彥的日本研究組發表演說，當岡崎去世時，我也碰巧正在東京。好幾十位著名保守派政治人物、知識份子、商界領導人、與亞洲外交官出席了他的追悼式，足以說明他的驚人影響力。可悲的是，儘管他對美日同盟的影響力如此巨大，我卻是出席他的追悼式的唯一美方代表。欲進一步了解岡崎久彥的影響力，可以參見 Hidekazu Sakai, “Return to Geopolitics: The Changes in Japanese Strategic Narratives,” *Asian Perspective* 43, no. 2 (2019): 297–322, https://doi.org/10.1353/apr.2019.0012.

62 欲了解雷根政府的海洋戰略詳細內容與理由，參見 Green, *By More than Providence,* 400–8.

63 欲進一步了解這段期間的狀況，參見 Eric Heginbotham and Richard J. Samuels, “Mercantile Realism and Japanese Foreign Policy,” *International Security* 22, no. 4 (Spring 1998): 171–203; Wayne Sandholtz, Michale Borrus, et al., *The Highest Stakes: The Economic Foundations of the Next Security System* (Oxford: Oxford University Press, 1992); Green, *Japan's Reluctant Realism*, 1.

64 Cited with permission of Aso Taro, April 8, 2021.

65 高坂正堯的門生、之後成為安倍的顧問的人包括：慶應大學的添谷芳秀，大阪大學的坂元一哉，以及京都大學的中西寬。

66 這類著名自由派國際主義者包括 Funabashi Yōichi, Inoguchi Takashi, and Fujiwara Kiichi. 參見 Funabashi Yōichi, Michel Oksenberg, and Heinrich Weiss, *An Emerging China in a World of Interdependence: A Report to the Trilateral Commission* (New York: Trilateral Commission, 1994); Takashi Inoguchi, “Conclusion: A Peace-and-Security Taxonomy,” *in North-East Asian Regional Security: The Role of International Institutions,* ed. Takashi Inoguchi and Grant B. Stillman, 181–205 (Tokyo: United Nations University Press, 1997).

67 Uesugi Takashi, *Kantei Hōkai* [首相官邸的崩潰] (Tokyo: Shinchō-sha, 2007), 19–20.

68 Abe Shinzō, lunch with the author, the Prime Minister's Office (*Kantei*), July 22, 2013.

69 這類人士中著名者包括櫻井良子等保守派評論員，以及衛藤晟一等政界人

Survival: Global Politics and Strategy 60, no. 6 (2018): 142. 有一些重要例外，包括反主流領導人三木武夫。他在 1970 年代中期推動對日本武器出口與核武器實施更反戰的控制。在執政黨內，日本應該如何選擇的有關辯論，不時讓人想起中江兆民筆下那三個「醉人」。在全球政治因冷戰而兩極化的同時，自民黨在日本外交政策前途的問題上，也分裂為相互攻訐的「研究組」。在 1964 年，九十八位國會議員組成「亞洲問題研究組」，主張加強支持台灣，對抗中國。另六十八位國會議員也組成「亞 - 非問題研究組」，主張加強與中國以及不結盟世界的關係。當尼克森於 1971 年展開美中復交行動，日本趕緊在第二年搶在美國前面與中國進行關係正常化時，這兩組人之間的差異變得令人困惑。日本的經濟這時隨中國的開放而同步成長，不過日本在日中關係中，似乎占有大哥的位子——日本與美國結盟，但為亞洲發言——讓人想起中江兆民三醉人的辯論也因此劃下完美句點。

48 Matake Kamiya, "Nihonteki Genjitsushugisha no Nationalism Kan" [日本式現實主義者的民族主義省思，國際政治] 170 (October 2012): 15; Matake Kamiya, "Nihonteki Genjitsushugisha no Kokusai Kikōkan" [日本式現實主義的國際背景] (presentation to Osaka University, December 12, 2016).

49 作者在 1980 年代以一名學生的身份訪問高坂正堯時，聽過他這樣抱怨。通常在他因為有機會以英語討論美日同盟而表示開心時，他就會這樣抱怨幾句。

50 Kōsaka Masataka, Kaiyokokka Nihon no Kosô [日本作為一個海洋國的概念] (Tokyo: Chūō Kōron Shinsha, 2008), 175; Inazō Nitobe, Bushido: The Soul of Japan (Philadelphia: Leeds and Biddle, 1900).

51 參見 Maruyama Masao, " 'Genjitsu'-shugi no Kansei: Aru HenshÛsha he no Tegami" [現實主義的陷阱：一封寫給某些編輯人的信], Sekai 77 (May 1952): 122–30.

52 Sakamoto Yoshikazu, "Chūritsu Nihon no Bōei Kōsō" [一個中立日本的防衛概念], in *Sengo Gaikō no Genten* [戰後外交政策的根源], 98–129 (Tokyo: Iwanami Shoten, 2004).

53 Thomas U. Berger, "From Sword to Chrysanthemum: Japan's Culture of Anti-militarism," *International Security* 17, no. 4 (1993): 119–50, https://doi.org/10.2307/2539024.

54 Kamiya Fuji, "Heiwa Kyôzon Tagenka Kokuren" [和平相互依存，多樣化，與聯合國], *Gendai no Me 5*, no. 4 (June 1964); Kamiya Fuji, *Gendai Kokusai Seiji no Shikaku* [當代國際政治省思] (Tokyo: Yuhikaku, 1966).

55 Masamichi Inoki, Kōsaka Masataka, and Kazuki Kasuya, *Inoki Masamichi Chosakushū* [豬木正道集] (Tokyo: Rikitomi Shobō, 1985).

56 Kōsaka Masataka, "Genjitsushugisha no Heiwaron" [現實主義者的和平觀], *Chuo Koron 78*, no. 1 (January 1963): 38–49.

Japan (New York: Dutton, 1921), 295.

37 Akira Iriye, *After Imperialism: The Search for a New Order in the Far East, 1921–1931* (Cambridge, MA: Harvard University Press, 1965), 4, 278, 284; William Wirt Lockwood, *The Economic Development of Japan: Growth and Structural Change* (Princeton, NJ: Princeton University Press, 1954), 63–70.

38 Beasley, *Japanese Imperialism*, 36–37. 史樂文（Charles Schencking）也提出有力論點說，有些歷史學者犯了錯誤，誤以為日本海軍也與軍國主義份子一起反對自由派政黨；參見 J. Charles Schencking, *Making Waves: Politics, Propaganda, and the Emergence of the Imperial Japanese Navy, 1868–1922* (Stanford, CA: Stanford University Press, 2005), 77.

39 Hiroyuki Agawa, *The Reluctant Admiral: Yamamoto and the Imperial Navy* (Tokyo: Kodansha International, 1979), 285–86.

40 Ballard, *The Influence of the Sea*, 296.

41 Iokibe Makoto, ed., *The Diplomatic History of Postwar Japan* (New York: Routledge, 2011). 日本有關大戰略的海洋與大陸辯論，也與英國與美國的有關辯論相互呼應。英國戰略家為英國的安全應該依賴皇家海軍的「木牆」，還是應該依賴對歐陸更直接的軍事與外交干預問題辯論了好幾世紀（see Simms, Three Victories and a Defeat, 53.）美國對太平洋的大戰略也是兩派人馬激烈辯論的產物，其中一派主張以日本與第一島鏈為核心，建立海洋戰略，另一派主張與中國在亞洲大陸建立陣地——這場辯論早在 1853 年已經展開，當時太平天國叛亂，美國駐中國公使要求使用馬修・培里的艦隊，展示武力以迫使中國開放，但遭培里拒絕（當然，培里把他的艦隊開到日本去了），最近一場這樣的辯論出現在歐巴馬政府，主題是美國是否應該犧牲日本、接受北京的「新型大國關係」建議。英、美兩國的海洋戰略辯論對日本本身的辯論有深遠影響，但日本海洋戰略思考成形較晚，早先受地緣狹隘屬性支配，而且強調軍事武力手段，帶來非常不一樣的結果。

42 Richard J. Samuels, *Securing Japan: Tokyo's Grand Strategy and the Future of East Asia* (Ithaca, NY: Cornell University Press, 2008), 32.

43 *Samuels, Securing Japan*, 30.

44 參見 Green, *Japan's Reluctant Realism*, 15–16; John W. Dower, *Empire and Aftermath: Yoshida Shigeru and the Japanese Experience, 1878–1954* (Cambridge, MA: Council on East Asian Studies, Harvard University, 1988), 375, 380, 386, 424–25.

45 欲知更多，請參見 Nathaniel Bowman Thayer, *How the Conservatives Rule Japan* (Princeton, NJ: Princeton University Pres, 1969), 12–13.

46 Hara Yoshihisa, *Kishi Nobusuke—Kensei no Seijika* (Kishi Nobusuke: Power politician), (Tokyo: Iwanami Shoten, 1995), 22, 28–29, 459.

47 Karl Gustafsson, Linus Hagström, and Ulv Hanssen, "Japan's Pacifism Is Dead,"

22 "Hotta Masayoshi's Memorandum on Foreign Policy" [日期不詳，可能在 1857 年 12 月 底], in *Select Documents on Japanese Foreign Policy: 1853–1868*, ed. and trans. W. G. Beasley (London: Oxford University Press, 1967), 165–68.

23 參見小標題 "Kaigun Kakuchō no Hitsuyō" [擴建海軍的需要], in Fukuzawa Yukichi, *Fukuzawa Yukichi Zenshū* [福澤諭吉選集], vol.16 (Tokyo: Iwanami, 1971).

24 參見 Watanabe, *A History of Japanese Political Thought*, 285.

25 舉例而言，家永三郎就曾批判他，指出佐藤信淵的概念與「大東亞共榮圈」之間的類同；參見 Saburō Ienaga, *The Pacific War: World War II and the Japanese, 1931–1945* (New York: Pantheon, 1978), 5.

26 Yoshida Shōin, "Letter to Yamada Uemon," in *Yoshida Shōin Zenshū* [吉田松陰選集] (Tokyo: Iwanami Shoten, 1940), 284.

27 Nakae Chōmin, *A Discourse by Three Drunkards on Government,* trans. Nobuko Tsukui (1887; Trumbull, CT: Weatherhill, 1984), 99–100.

28 Marius Jansen, *Sakamoto Ryoma and the Meiji Restoration* (New York: Columbia University Press, 1964)

29 John Moore, "The 'Nobody' Who Changed Japan,"*Japan Times*, June 8, 1999, https://www.japantimes.co.jp/culture/1999/06/08/books/book-reviews/the-nobody-who-changed-japan; Jun Hongo, "Sakamoto, the Man and the Myth,"*Japan Times*, April 27, 2010, https://www.japantimes.co.jp/news/2010/04/27/reference/sakamoto-the-man-and-the-myth. 根據生命保險公司（Lifenet Insurance Company）在 2010 年 1 月進行的民調，一千名受訪者中有 14.2% 的人說，坂本龍馬由於富有創意，展現強大領導改變了日本，最夠格稱為「日本版的巴拉克・歐巴馬」。

30 Andrew Gordon, *A Modern History of Japan from Tokugawa Times to the Present* (New York: Oxford University Press, 2003), 18, 57.

31 Kaishū Katsu, *Kaishū Sensei Hikawa Seiwa* [勝海舟先生田園詩般的故事] (Tokyo: Tekka Shoin, 1898).

32 Michael J. Green, *By More than Providence: Grand Strategy and American Power in the Asia Pacific Since 1783* (New York: Columbia University Press, 2017), 70–73.

33 Green, *By More than Providence*, 97.

34 S. C. M. Paine, *The Japanese Empire: Grand Strategy from the Meiji Restoration to the Pacific War* (Cambridge: Cambridge University Press, 2017), 178.

35 Satō Tetsutarō, *Teikoku Kokuboshiron* [帝國防衛史] (Tokyo: Tokyo Insatsu Kabushiki Kaisha, 1908).

36 George Alexander Ballard, *The Influence of the Sea on the Political History of*

實曾經授權有限度地建造歐洲帆船，甚至還組織過一次跨太平洋的探險，但他的接班人於 1640 年起禁止任何進一步的遠洋行船造船工作。

9 Stuart D. B. Picken, *Historical Dictionary of Shinto* (Blue Ridge Summit, PA: Scarecrow, 2010); *Nihonshoki/Kojiki citations from John Brownlee, Political Thought in Japanese Historical Writing: From Kojiki (712) to Tokushi Yoron (1712)* (Waterloo, ON: Wilfrid Laurier University Press, 1991), 10; Donald L. Philippi, trans., *Kojiki* (Tokyo: University of Tokyo Press, 1968), 257–58.

10 Citation is from Ihara Takushū, "Chūgoku to Nihon no Kokkōjuritsuno Kigen: Kenzuishi Onono Imoko" [中國與日本之間外交關係的起源：小野妹子的日本使命], *Ajia Gakka Nenpō* 6 (2012): 27–35; Delmer M. Brown, ed., *The Cambridge History of Japan* (Cambridge: Cambridge University Press, 1993), 182.

11 Watanabe Hiroshi, *A History of Japanese Political Thought, 1600–1901* (Tokyo: International House of Japan, 2012), 288.

12 Watanabe, *A History of Japanese Political Thought*, 283.

13 Watanabe, *A History of Japanese Political Thought,* 289.

14 Brendan Simms, *Three Victories and a Defeat: The Rise and Fall of the First British Empire* (New York: Basic Books, 2007), loc. 1236 of 3362 on iPad.

15 Michael J. Green, *Japan's Reluctant Realism: Foreign Policy Challenges in an Era of Uncertain Power* (New York: Palgrave Macmillan, 2001), 113; Christopher Harding,"Self-Defence and Self-Cultivation in the Genesis of Japanese Imperialism," in *Echoes of Empire: Memory, Identity and Colonial Legacies,* ed. Kalypso Nicolaïdis, Berny Sèbe, and Gabrielle Maas (London: I. B. Tauris, 2015), 175.

16 Joshua A. Fogel, *The Edwin O. Reischauer Lectures: Articulating the Sinosphere: Sino-Japanese Relations in Space and Time* (Cambridge, MA: Harvard University Press, 2009), 15–16; Brown, *The Cambridge History of Japan*, 206–8.

17 朝鮮半島不僅是中日競爭的標的，也是文化與科技從中國、甚至從印度移入日本的最近管道。日本透過朝鮮進口知識的紀錄，可以回溯到第四世紀。動亂、戰爭、以及日本從第四到第七世紀的幾次入侵，讓朝鮮人民生靈塗炭。朝鮮人與日本人雜處，將佛教帶進日本。佛教從印度經絲路傳入朝鮮半島的百濟。

18 Nishikawa Joken, *Nihon Suidoku*; cited in Watanabe, *A History of Japanese Political Thought,* 290.

19 Kaikoku-Heidan [有關海洋國軍事事務的討論], (1791; Toyko: Tonansha, 1923), 1:2.

20 W. G. Beasley, *Japanese Imperialism*, 1894–1945 (Oxford: Clarendon, 1987), 28.

21 Watanabe, *A History of Japanese Political Thought*, 291.

Shichōga Keikaikan, Hikaku Heiwa Kokkawo" [安倍政府：長崎市長表示關切：「非核與和平國家」], *Mainichi Shimbun*, December 19, 2012; "Abe Seiken ni Kyokuu Seijika Fujin Kankoku Medhia ga Kenen" [極右派政界人士加入安倍政府：南韓政府的關切], *Chuo Nippo*, December 12, 2012, https://s.japanese.joins.com/JArticle/165606?sectcode=A10&servcode=A00; "Japan Must Face Up to History in Abe Era," *People's Daily Online*, January 5, 2013, http://en.people.cn/90777/8078951.html.

33 Sheila Smith*, Intimate Rivals: Japanese Domestic Politics and a Rising China* (New York: Columbia University Press, 2014).

第一章　現代日本大戰略的歷史溯源

1 "Opinion Poll on Japan," Ministry of Foreign Affairs of Japan, March 18, 2020, https://www.mofa.go.jp/press/release/press4e_002784.html.

2 Kent E. Calder, "Japanese Foreign Economic Policy Formation: Explaining the Reactive State," *World Politics* 40, no. 4 (July 1988): 517–41.

3 Kanehara Nobukatsu, *Rekishi no Kyōkun: Shippai no Honshitsu to Kokka Senryaku* [歷史教訓：戰敗與國家戰略的理由] (Tokyo: Shinchōsha, 2020); 要找英文總結，參見 " 'Rekishi no Kyokun' Author Talk with Prof. Nobukatsu Kanehara," Sasakawa Peace Foundation USA, August 26, 2020, https://spfusa.org/event/rekishi-no-kyokun-author-talk-with-prof-nobukatsu-kanehara/.

4 Sato W., *Nihon no Suigunshi* (Maritime military history of Japan) (Tokyo: Hara Shobo, 1985), 19–20.

5 直到 1980 年代，許多首要日本政治學者仍然持續認為，日本有一種地緣政治造成的、歷經千年的封建政治文化，想了解日本的政治民主，就得將它視為一種重疊在這種封建政治文化上的現代體制，參見 Junichi Kyōgoku, *Nihon no Seiji* (also translated by Nobutaka Ike as *Political Dynamics of Japan*) (Tokyo: University of Tokyo Press, 1983).

6 William Theodore de Bary, *Nobility and Civility: Asian Ideals of Leadership and theCommon Good* (Cambridge, MA: Harvard University Press, 2004), 72.

7 James L. Huffman, *Japan in World History* (New York: Oxford University Press, 2010), 146; Masao Kikuchi and Yujiro Hayami, "Agricultural Growth Against a Land Resource Constraint: A Comparative History of Japan, Taiwan, Korea, and the Philippines," Journal of Economic History 38, no. 4 (December 1978): 839–64; Yoshi S. Kuno (Yoshi Saburo), *Japanese Expansion on the Asiatic Continent; A Study in the History of Japan, with Special Reference to Her International Relations with China, Korea, and Russia* (Berkeley: University of California Press, 1937), 9.

8 德川幕府切斷日本對外商務往來，以防止外力干預日本內政；德川家康確家勞倫茲・馮・史坦恩（Lorenz von Stein）談到這個理論之後，借自史坦恩的，至今仍是史學者爭論的議題。山縣有朋與伊藤博文等明治朝領導人在 1880 年代末期留學歐洲期間，都曾師事史坦恩。無論怎麼說，塑造外在環境以防阻對日本威脅的概念一直沒有改變——直到軍國主義份子與帝國陸軍軍官為擴張他們在朝鮮建立的、進軍大陸的初步據點，直到山縣有朋本人在 1895 年中國戰敗後，決定日本必須「擴大」這條線，為「領導亞洲」作準備，這項概念才遭到扭曲。參見 Jitsuo Tsuchiyama, "The Balance of Power in Korea, and Japan," *Japan Review* 2, no. 4 (Spring 2019): 29–33; Tomoyuki Muranaka, *Meijiki Nippon ni Okeru Kokubou Senryaku Tenkan no Haikei–Chousen wo 'Riekisen' to Suruni Itaru Made* [明治時代日本國防戰略對話背景——直到將朝鮮納入「利益線」為止], *Nihon University Graduate School of Social and Cultural Studies Bulletin*, No. 5 (2004): 100–11, https://atlantic2.gssc.nihon-u.ac.jp/kiyou/pdf05/5-100-111-muranaka.pdf; Roger F. Hackett, "The Meiji Leaders and Modernization: The Case of Yamagata Aritomo," in *Changing Japanese Attitudes Toward Modernization*, ed. Marius B. Jensen, Robert N. Bellah, et al. (Princeton, NJ: Princeton University Press, 1965), 249.

29 Kitaoka Shinichi, "The Strategy of the Maritime Nation Japan: From Fukuzawa Yukichi to Yoshida Shigeru," in *Conflicting Currents: Japan and the United States in the Pacific*, ed. Williamson Murray and Tomoyuki Ishizu, 39–50 (Santa Barbara, CA: Praeger, 2010).

30 "Japan's Proactive Contribution to Peace," Cabinet Public Relations Office, Government of Japan, Spring 2014, https://www.japan.go.jp/tomodachi/2014/spring2014/japans_proactive_contribution_to_peace.html.

31 對日本國際角色反戰規範的影響的最重要的解釋是 Peter J. Katzenstein and Yukio Okawara, "Japan's National Security:Structures, Norms and Policies," *International Security* 17, no. 4 (Spring 1993): 84–118;Thomas U. Berger, "From Sword to Chrysanthemum: Japan's Culture of Anti-militarism, "*International Security* 17, no. 4 (Spring 1993): 119–50; and Andrew L. Oros, *NormalizingJapan: Politics, Identity, and the Evolution of Security Practice* (Stanford, CA:Stanford University Press, 2008). 安倍政府：長崎市長表示關切：「非核與和平國家」

32 參見 Alexis Dudden, "Bullying and History Don't Mix: Ijime to Rekishiwa Aiirenai," *Asia-Pacific Journal* 10, no. 54 (December 2012), https://apjjf.org/-Alexis-Dudden/4752/article.html; Linda Sieg, "Japan's Shinzo Abe: Comeback Kid with Conservative Agenda," Reuters, December 16, 2012, https://www.reuters.com/article/us-japan-election-abe/japans-shinzo-abe-comeback-kid-with-conservative-agenda-idUSBRE8BF08A20121216; Shinya Oba, "Abe Seiken: Nagasaki

(New York: Columbia University Press, 1977); Karel van Wolferen, The Enigma of Japanese Power: People and Power in a Stateless Nation (New York: Vintage, 1989).

18 Quoted in Green, *By More than Providence*, 403.

19 Richard Samuels, *Rich Nation, Strong Army* (Ithaca, NY: Cornell University Press, 1996); Eric Heginbotham and Richard Samuels, "Mercantile Realism and Japanese Foreign Policy," *International Security* 22, no. 4 (Spring 1998): 171–203; Wayne Sandholtz et al., *The Highest Stakes: The Economic Foundations of the Next Security System* (Oxford: Oxford University Press, 1993).

20 參見 Michael J. Green, *Japan's Reluctant Realism: Foreign Policy Challenges in an Era of Uncertain Power* (New York: Palgrave Macmillan, 2001). 日本人所以如此重視階級與聲望，是因為受到日本戰略文化揮之不去的影響，參見 Kenneth Pyle, *Japan Rising* (New York: Public Affairs, 2008), and *The Japanese Question: Power and Purpose in a New Era* (Washington, DC: AEI Press, 1996).

21 Richard K. Betts, "Is Strategy an Illusion?" *International Security* 25, no. 2 (Autumn 2000): 22.

22 在《勉為其難的現實主義》發表以後，幾位學者就日本國內有關國家安全與政策的爭論提出權威論述，指出外來因素對日本的決策與體制改革的影響越來越大，不過他們沒有談到日本戰略在安倍主政時代的逐漸走向共識與一致。參見，例如 , Richard J. Samuels, Securing Japan: Tokyo's Grand Strategy and the Future of East Asia (Ithaca, NY: Cornell University Press, 2007); Andrew L. Oros, Japan's Security Renaissance: New Policies and Politics for the Twenty-First Century (New York: Columbia University Press, 2017); and Sheila A. Smith, Japan Rearmed: The Politics of Military Power (Cambridge, MA: Harvard University Press, 2019).

23 對於這些官僚摩擦的最經典的描繪，仍然首推 Richard Neustadt, *Alliance Politics* (New York: Columbia University Press, 1970).

24 有關安倍的個人與政治之旅的英文論述，最詳盡的是 Tobias S. Harris, *The Iconoclast: Shinzo Abe and the New Japan* (London: C. Hurst, 2020).

25 "Abe Seiken wo Hyoka 71 percent" [71% 的人給予安倍政府正面評價], *Asahi Shimbun*, September 24, 2020, https://www.asahi.com/articles/DA3S14609608.html.

26 Bonnie Bley, "Size vs Statecraft: How Japan and India Play the Major Power Game," Lowy Institute, January 6, 2019, https://www.lowyinstitute.org/publications/size-vs-statecraft-how-india-and-japan-play-major-power-game.

27 "Japan's Suga Is Voters' Favorite as Opposition Picks New Leader," Reuters, September 9, 2020, https://www.usnews.com/news/world/articles/2020-09-09/japans-suga-is-voters-favourite-to-succeed-pm-abe-poll.

28 「利益線」一詞是山縣有朋自己想出來的，還是在聽到奧地利學者與戰略

Diplomacy: Meaning, Motives and Implications," *Asia and the Pacific Policy Studies* 5, no. 2 (May 2018): 196–207.

9 *Asia Power Index* 2019: *Key Findings*, Lowy Institute, https://power.lowyinstitute.org/downloads/Lowy-Institute-Asia-Power-Index-2019-Key-Findings.pdf.

10 The White House, *National Security Strategy of the United States of America* (NSS) (Washington, DC: White House, 2017), 2–3, https://www.whitehouse.gov/wp-content/uploads/2017/12/NSS-Final-12-18-2017-0905.pdf; Japan Kantei [首相官邸], *National Security Strategy*, December 17, 2013, http://japan.kantei.go.jp/96_abe/documents/2013/__icsFiles/afieldfile/2013/12/17/NSS.pdf.

11 這個句子取自庫爾特・坎貝爾（Kurt M. Campbell）與傑克・蘇利文（Jake Sullivan）, "Competition Without Catastrophe: How America Can Both Challenge and Coexist with China," *Foreign Affairs* 98, no. 5 (September/October 2019).

12 Zack Cooper and Hal Brands, "It Is Time to Transform the US-Japan Alliance," *Nikkei Asia*, October 25, 2020, https://asia.nikkei.com/Opinion/It-is-time-to-transform-the-US-Japan-alliance.

13 Mireya Solís, "The Underappreciated Power: Japan After Abe," *Foreign Affairs* 99, no. 6 (November/December 2020): 123–32.

14 Masataka Nakagawa, "Japan Is Aging Faster Than We Think," *East Asia Forum*, October 17, 2019, https://www.eastasiaforum.org/2019/10/17/japan-is-aging-faster-than-we-think/; *Annual Report on the Ageing Society [Summary] FY 2019*, Cabinet Office Japan, June 2019, https://www8.cao.go.jp/kourei/english/annualreport/2019/pdf/2019.pdf.

15 "Annual Report on the Labour Force Survey 2018," Statistics Bureau of Japan, http://www.stat.go.jp/english/data/roudou/report/2018/index.html; "White Paper on International Economy and Trade 2013," Ministry of Economy, Trade and Industry, updated June 18, 2014, https://www.meti.go.jp/english/report/data/gIT2013maine.html; *Nichi EU EPA ni Tsuite* [有關日本與歐盟經濟夥伴關係協定], Ministry of Foreign Affairs of Japan, https://www.meti.go.jp/policy/trade_policy/epa/epa/eu/pdf/eu_epa_201901.pdf; *Defense White Paper 2018*, Ministry of Defense of Japan, 495.

16 Michael J. Green, *By More than Providence: Grand Strategy and American Power in the Asia Pacific Since 1783* (New York: Columbia University Press, 2017), 2–5.

17 卡爾・馮・渥夫倫（Karel van Wolferen）與其他批判日本混亂現象的人士，在戰後論文中複製了麥可・布雷克（Michael Blaker）對日本戰前決策的經典研究。參見 Michael Blaker, *Japanese International Negotiating Style*

注釋

前言

1 2010 年 4 月對《日本經濟新聞》讀者進行的一次民調發現，84.7% 的人同意對鳩山由紀夫的這項批判。秋田博之也在一篇與這項民調呼應的分析中指出，美國官員認為鳩山「不值得信任」。參見 Hiroyuki Akita, "Bei Seifu ga Kōgen Shinai Hatoyama Shushō e no 'Honne' "[美國政府對鳩山首相真正的想法], *Nihon Keizai Shimbun*, April 21, 2010.

2 Richard L. Armitage and Joseph S. Nye, *The U.S.-Japan Alliance: Anchoring Stability in Asia*, Center for Strategic and International Studies, August 2012, https://csis-website-prod.s3.amazonaws.com/s3fs-public/legacy_files/files/publication/120810_Armitage_USJapanAlliance_Web.pdf.

3 Shinzō Abe, "Japan Is Back: By Shinzo Abe, Prime Minister of Japan, February 22, 2013, at CSIS," Ministry of Foreign Affairs of Japan, February 22, 2013, https://www.mofa.go.jp/announce/pm/abe/us_20130222en.html.

4 Dean Acheson, *Present at the Creation: My Years in the State Department* (New York: Norton, 1969).

5 在 2012 年，日本人對中國的評價跌到歷年來最低點，不喜歡中國的日本人比例從前一年的 78.3% 增加到 84.3%；參見 "Genron NPO Dai Hachi-kai Nitchū Kyodō Yoron Chōsa no Kekka Kōhyō", [言論 NPO 宣佈第八次日中聯合民意調查的這項結果], *Genron NPO*, June 20, 2012, https://www.genron-npo.net/press/2012/06/npo-10.html.

6 Kenneth N. Waltz, *Theory of International Politics* (Reading, MA: Addison-Wesley, 1979), 168–70.

7 Rex Tillerson, "Defining Our Relationship with India for the Next Century: An Address by U.S. Secretary of State Rex Tillerson" (speech, Center for Strategic and International Studies, Washington, DC, October 18, 2017), https://www.csis.org/analysis/defining-our-relationship-india-next-century-address-us-secretary-state-rex-tillerson; Ankit Panda, "US, Japan, India, and Australia Hold Working-Level Quadrilateral Meeting on Regional Cooperation," *The Diplomat*, November 13, 2017, https://thediplomat.com/2017/11/us-japan-india-and-australia-hold-working-level-quadrilateral-meeting-on-regional-cooperation/.

8 Denghua Zhang, "The Concept of 'Community of Common Destiny' in China's

安倍晉三大戰略

Line of Advantage: Japan's Grand Strategy in the Era of Abe Shinzō

作者　麥可・葛林（Michael J. Green）
譯者　譚天
主編　洪源鴻
責任編輯　涂育誠
行銷企劃總監　蔡慧華
封面設計　兒日設計
排版　宸遠彩藝
社長　郭重興
發行人兼出版總監　曾大福
出版發行　八旗文化／遠足文化事業股份有限公司
地址　新北市新店區民權路一〇八之二號九樓
電話　〇二～二二一八～一四一七
傳真　〇二～八六六七～一〇六五
客服專線　〇八〇〇～二二一～〇二九
信箱　gusa0601@gmail.com
臉書　facebook.com/gusapublishing
部落格　gusapublishing.blogspot.com
法律顧問　華洋法律事務所／蘇文生律師
印刷　成陽印刷股份有限公司
出版日期　二〇二二年七月（初版一刷）
　　　　　二〇二二年七月（初版四刷）
定價　六〇〇元整
ISBN　9786267129548（平裝）
　　　9786267129555（EPUB）
　　　9786267129562（PDF）

國家圖書館出版品預行編目（CIP）資料

安倍晉三大戰略
麥可・葛林（Michael J. Green）著／譚天譯／初版／新北市：八旗文化出版
／遠足文化事業股份有限公司發行／ 2022.07

譯自：Line of advantage : Japan's grand strategy in the era of Abe Shinzo
ISBN 978-626-7129-54-8（平裝）

1. 安倍晉三（Abe, Shinzo, 1954-） 2. 外交政策 3. 國家戰略
4. 地緣政治 5. 日本

578.31 111009675